# काउंसिल हाउस

(सचिवालय)

उपन्यास-त्रयी : एक

# काउंसिल हाउस

(सचिवालय)

राजकृष्ण मिश्र

वाणी प्रकाशन

वाणी प्रकाशन का 'लोगो'
विख्यात चित्रकार मक़बूल फ़िदा हुसेन की
कूची से




ISBN : 978-81-8143-880-6

वाणी प्रकाशन
21-ए, दरियागंज, नयी दिल्ली-110002
द्वारा प्रकाशित

फोन : 0091#11#23273167, 23275710
फैक्स : 0091#11#23275710
ई-मेल : vaniprakashan@gmail.com
vani_prakashan@yahoo.com
वेबसाइट : www.vaniprakashan.com

प्रथम संस्करण : 1996
द्वितीय संस्करण : 2008



मूल्य : 425.00

आवरण सज्जा : वाणी प्रकाशन
शिव शक्ति प्रेस, शाहदरा दिल्ली-110032
द्वारा मुद्रित

COUNCIL HOUSE
*by* : Rajkrishan Mishra

# काउंसिल हाउस

(सचिवालय)

उस दिन संकटाप्रसाद की आँख सुबह ज़रा जल्दी खुल गयी थी, लेकिन वह बिस्तर पर लेटे हुए थे। उन्होंने न तो चाय लाने के लिए घण्टी बजायी, न ही हर रोज की तरह उठकर शीशे में अपना चेहरा देखा। उस दिन उनको, किसी बात की जल्दी नहीं थी। न तो उन्हें मार्निंग वाक पर जाना था और न ही शाम के इन्तजाम के लिए किसी को फोन करना था। बची हुई नींद, गर्म साँसों के खुमार में डूबकर करवट बदलने लगी थी। बस याद कर रहे थे वह उस खुशनुमा दौर के सिलसिले को जो न जाने कितने दिनों बाद उनकी जिन्दगी में आनेवाला था। कोई हल्की-सी सुरसुराहट उनके रोम-रोम में छूटने लगी थी। उन्हें लग रहा था, उनकी सुनसान वीरान जिन्दगी में, उदास रास्तों पर चलकर, वक्त का कोई हसीन टुकड़ा, उमंग का खूबसूरत लमहा धीरे-धीरे, दस्तक देने लगा था। गर्म साँसों में डूबी हुई उस उनींदी करवट, रोम-रोम से फूटती हुई उस हल्की-हल्की सुरसुराहट और वक्त की उस हसीन दस्तक को वह खूब पहचानते थे। यह सब उनकी पूरी जिन्दगी में दूर-दूर तक बिखरे रहे थे। लेकिन इधर न जाने कितने वर्षों से जैसे सबकुछ बदल गया था, जैसे वक्त ने उन्हें जिन्दा दफन कर छोड़ा था।

असल में संकटाप्रसाद, जब से आई. सी. एस. की नौकरी से रिटायर हुए उन्हें शाम से बड़ा डर लगता। दिन तो किसी-न-किसी तरह निकल जाता। ग्यारह बजे के आस-पास तैयार होने के बाद उन्हें करीब तीन घंटे गुजारने होते। कोई-न-कोई सोसाइटी, मीटिंग, मुलाकात, कुछ मिलने-जुलने वाले, एक-आध चिट्ठी पत्री—यह सब तीन घण्टे गुजारने के लिए काफी थे। दो-ढाई बजे तक, दोपहर का खाना लेने के बाद, वह सो जाते। सोकर वह उठते, यही कोई चार-साढ़े चार बजे। पाँच बजे के करीब उनकी चाय खत्म हो जाती और यहीं से शुरू हो जाता उनकी यातना का दौर ! संकटाप्रसाद को तरह-तरह से शराब पीने का शौक था। वह शराब को बड़े प्यार से 'लाल परी' कहा करते। पाँच से सात बजे तक गरमी में और पाँच से छह बजे तक जाड़े में वह अपनी बैठक में, कुर्सी को दरवाजे के ठीक सामने रखकर, किसी-न-किसी का इन्तजार किया

करते। उधर लोग-बाग शाम के वक्त उनके यहाँ जाना गुनाह समझते थे। शराब न लाने में खतरा था और लेकर आने में भी खतरा था। शराब न लाने पर संकटाप्रसाद उखड़ जाते और लेकर आने पर डिनर के लिए बाहर चलने को कहते।

संकटाप्रसाद हमेशा से ऐसे नहीं थे। आई. सी. एस. की नौकरी में आने के बाद से रिटायर होने तक उन्होंने मान, सम्मान और प्रतिष्ठा के मीनार खड़े किये थे। उस ज़माने में दूर-दूर तक उनकी चर्चा होती थी, उनके किस्से कहे जाते थे। तहसीलदार बाप के बेटे थे। घर में हुकूमत का माहौल था। हुक्म की तामील करनेवालों, वाह-वाह करनेवालों ने बचपन से ही उन्हें सिर पर चढ़ा रखा था। अपने तहसीलदार बाप से वह हमेशा डरते थे। बचपन से जवानी की तरफ बढ़ते वक्त एक बार उन्होंने अपने बाप के माल पर हाथ साफ कर दिया था। असल में घर के कारिन्दे की एक लड़की थी जो अक्सर उनके तहसीलदार बाप के पैर वगैरह दबाया करती। संकटाप्रसाद के बाप थे तो बड़े जालिम, लेकिन मन के रसिया थे। उन्होंने अपने जवानी के दिनों में, कुटुम्ब-के-कुटुम्ब साफ किये थे। लेकिन बुढ़ौती तक आते-आते बस कुछ-एक कोठेवालियाँ और यही कुछ नौकर-चाकरों की बेटियाँ ही बची थीं।

उस दिन संकटाप्रसाद के तहसीलदार बाप ने उनको रँगे हाथों पकड़ लिया था। उनके पैरों के नीचे से जमीन निकल गयी थी जब उन्होंने अपने ही बेटे शिवा को, पैर दबानेवाली नौकरानी के संग बिना कपड़ों के देखा था। तहसीलदार बाप ने उस दिन शिवा उर्फ संकटाप्रसाद को कपड़े भी नहीं पहनने दिये थे और अपनी सुतही छड़ी से, उनके चूतड़ और पीठ पर बेहद मार लगायी थी। कई दिनों तक बिस्तर पर छटपटाने के बाद संकदाप्रसाद के मन में अपने बाप के प्रति विद्रोह जागा था। तभी से बाप-बेटे में रोज किसी-न-किसी बात को लेकर झगड़े शुरू हो गये। संकटाप्रसाद ने आखिर एक दिन अपने बाप से कह ही दिया, ''आपको मुझसे क्या प्यार होगा, आप तो अम्मा के पास मजा लेने गये थे और जन्म हो गया मेरा।''

तहसीलदार बाप के सामने जमीन फट गयी थी, आसमान घूमने लगा था। बेटे के ये शब्द सनसनाते हुए तीर की तरह उनके दिमाग से उतरकर दिल में चुभ गये थे। उसके बाद कुछ और कहने-सुनने के लिए बचा नहीं था। कुछ ही दिनों बाद वह चल बसे। और लोगों की तरह, संकटाप्रसाद अपने बाप की मौत पर रोये नहीं थे। एक तरह की जीत का ही अहसास हुआ था उन्हें उस वक्त ! सवाल बाप का नहीं, सवाल बेटे के फर्ज का नहीं था, सवाल तेज़ घूमती हुई, भन्नाती हुई सुतही छड़ी का नहीं था जो उस दिन उनके बदन की खाल उतार लेने में लगी हुई थी, सवाल था उनके अन्दर दहकते हुए उस जज्बे का,

नफरत के उस सैलाब का, जो बिस्तर पर तड़पते हुए उनके अन्दर जन्मा था।

संकटाप्रसाद, असल में मुकद्दर के धनी थे। जीत तो उनकी तकदीर में लिखी हुई थी। लेकिन जीत के जिस सिलसिले की शुरुआत बाप की मौत के साथ शुरू हुई थी, उसी के साथ उनके अन्दर एक दहशत, एक खौफ न जाने कब आकर चुपके से बैठ गया था। न जाने वह बाप का श्राप था या चिता की लपटों से उपजा अहसास, जिसे चाहते हुए भी वह कुचल न पाये थे, या फिर नंगे बदन पर बरसती हुई छड़ी के सटाके थे ! कहीं कुछ तभी से बिगड़ गया था, छूट गया था। तब से न जाने कितने युद्ध उन्होंने दफ्तर में, घर में, जजबाती जिन्दगी में, चाहत में, नफरत में जीते थे। हर बार वह किसी-न-किसी तरह जीत ही जाते। बस एक जुनून, एक नशा उनके जिस्मानी और रूहानी व्यक्तित्व को साल-साल कर पकाता रहा था। हमेशा शालीन और चुस्त रहनेवाले संकटाप्रसाद बस यहीं आकर खुद अपने-आप से हार जाते। इस हार को पहचानने में, असल में, बड़ी देर कर दी थी। जिन्दगी के एक बड़े, लम्बे दौर में वह सब-कुछ पाते रहे, जीतते रहे, लेकिन हर बार उसी तरह कुछ-न-कुछ टूट जाता जैसे 42 साल पहले उन्होंने अपने लफ्जों की मार से तहसीलदार बाप को तोड़ दिया था, कुचल डाला था।

संकटाप्रसाद ने अपनी जिन्दगी का इतिहास खुद लिखा था और अपना इतिहास बनाने के चक्कर में न जाने कितनों को शहीद किया था। सबकुछ मिलता गया था उन्हें। एक तरह से छीनकर ही, उन्होंने सबकुछ पाया था। यह तो करीब जाने की बात थी। उनके करीब जाते ही, उनकी परछाईंभर से वह चीज खत्म हो जाती जिसे या तो वह प्यार की नजर से देखते या फिर नफरत से। बाप की मौत के बाद वह एक तरह से अकेले रह गये। गाँव में, घर में, रिश्तेदारी में सब लोग उन्हें ही तहसीलदार का कातिल समझने लगे थे। लेकिन उनकी माँ उन्हें बेहद प्यार करती थी। बचपन से लेकर बड़े होने तक उनकी माँ ने अपना सारा जीवन, अपनी सारी साधना बस बेटे के लिए अर्पित कर रखी थी।

पति का सुख तो संकटाप्रसाद की माँ को कभी मिला नहीं था। शादी के पहले साल ही संकटाप्रसाद का जन्म हो गया। अभी संकटाप्रसाद की आँख भी न खुली थी, छूत और सौर के दिन भी न पूरे हुए थे, तहसीलदार ने अपनी पत्नी को फिर गर्भवती कर दिया। आठ महीने की यताना के बाद मरा हुआ बच्चा पैदा हुआ तो तहसीलदार ने गालियाँ सुनायी थीं। उसके बाद सात साल तक, वह संकटाप्रसाद की माँ को गर्भवती करते रहे। और निहायत सादगी से लेकिन हिकारत के अन्दाज में, पूरी बोतल शराब पीकर, एक दिन ठहाका लगाकर उन्होंने कह दिया था, ''साली फिर गाभिन हो गयी !'' बस उसी दिन

संकटाप्रसाद की माँ उन्हें लेकर अपने मायके गयीं तो बस तहसीलदार की लाश उठने पर ही लौटकर आयी थीं।

उधर सात सालों तक लगातार बच्चे पैदा करने पर भी वह संकटाप्रसाद के अलावा किसी बच्चे को नहीं बचा पायीं। सारे बच्चों का जन्मा-अजन्मा सुख, वात्सल्य, ममता की समस्त छाँव उन्होंने संकटा के ऊपर निछावर कर दी थी। संकटाप्रसाद के लिए भी दुनिया सिमटकर माँ के आँचल में घिर आयी थी। माँ ने उन्हें पढ़ाया-लिखाया, बड़ा किया, किसी चीज की कभी कमी न होने दी। पढ़-लिखकर, बड़े होने पर वह कभी-कभार तहसीलदार बाप के यहाँ भी हो आया करते। तभी उनके बाप ने उन्हें रँगे हाथों पकड़कर छड़ी से पीटा था। बाप का पैसा, माँ का प्यार लेकर संकटाप्रसाद कैम्ब्रिज विश्वविद्यालय में पढ़ाई पूरी करने गये। वहाँ उन्होंने आई. सी. एस. का इम्तहान तो पास कर लिया, लेकिन दिन-रात उन्हें माँ की याद सताया करती। विलायत से लौटने पर जब वह माँ से मिलने गये थे तब उनके कितना स्वागत हुआ था ! फूल-मालाओं, बैण्ड-बाजे और दावतों के हुजूम में चारों तरफ उन्हें, कभी न खत्म होनेवाली खुशियों का सिलसिला दिखायी दे रहा था। लेकिन वह तो बस माँ के करीब बैठकर कितने दिनों से सालती हुई उस प्यारी-सी टीस का हिसाब करने लगे थे, जो विदेश में हर समय उन्हें तड़पाया करती थी। हर समय माँ के करीब बैठे रहा करते वह। माँ की सेवा, माँ का सुख, माँ का सम्मान, माँ का खयाल ही उनका मकसद बन गया था। जैसे वहीं कहीं आकर जिन्दगी ठहर गयी थी, वक्त रुक गया था। एक-एक पल, एक-एक क्षण, चलते-फिरते, एक ही पूजा, एक ही इबादत—माँ, सिर्फ माँ ! पहली पोस्टिंग पर जाते हुए थके-थके मन से उन्होंने माँ से विदा ली थी।

कुछ ही दिनों बाद संकटाप्रसाद को एक तार मिला। उनकी माँ छत से गिरकर मर गयीं। यह नियति का कौन-सा खेल था ? एक घुमनी, घुप अँधेरा जैसे उनके मन में घुसकर बैठ गया। बाप को नफरत से मारा था और माँ को प्यार से ! उस दिन का यह अहसास हमेशा-हमेशा उनका पीछा करता रहा। एक अजीब तरह की घुटन बार-बार उनकी साँसों के पीछे पड़ी रहती। कितना ही वक्त गुजर गया, लेकिन इस अहसास ने उनका पीछा नहीं छोड़ा। इसी अहसास से भागने के लिए वह शराब पीने लगे। तभी से जिस किसी से भी उन्हें प्यार होता उसकी तरफ वह बेरुखी से पेश आते। हर चीज से वह भागते रहे, दूर जाते रहे। एक बेरुखी, एक सर्द-ठण्डक, एक छोड़े रखने की आदत-सी उनकी बनती गयी थी। घर से, बीवी से जितना दूर भागते, उतना ही अकेलापन, हिस्सों-हिस्सों में बँटकर उन्हें घेर लेता। काफी दिनों बाद तक संकटाप्रसाद निहायत रूखे-सूखे, चिड़चिड़े किस्म के इन्सान बन चुके थे।

माँ की मौत के बाद जीवन में पहली और आखिरी बार संकटाप्रसाद रोये थे। कई दिनों तक उनकी आँखें गीली रही थीं, न जाने कितनी रातें उन्होंने जाग कर गुजारी थीं। दाह-संस्कार से लेकर, तेरहीं और बरसी तक उनके जीवन में जो यातना का दौरा चला था, उसकी डरावनी छाया आनेवाले कितने ही वर्षों तक उन्हें घेरती रही थी। एक अजीब तरह की मासूमियत, बच्चों की तरह फूट-फूटकर रोना, नौकरों-चाकरों की मदद करना, गरीबों की फरियाद सुनना, उनकी जिन्दगी का मकसद बन चुका था। माँ की याद में उन्होंने धर्मशाला बनवायी, मन्दिरों का जीर्णोद्धार करवाया, दवाखाना-अस्पताल खुलवाया, पौशाला-कुएँ लगवाये। स्कूल के बच्चों को मुफ्त दूध, किताबें बँटवाया करते। मुंशी, मुलाजिम, कारिन्दों और बेगार करनेवालों को बड़ी-बड़ी रकम देकर उन्होंने आजाद कर दिया। लोगों का कर्जा माफ कर दिया। तीर्थ-स्थानों पर माँ के नाम से दान दिया। गोदान, कलश-दान, पात्र-दान, वस्त्र-दान और धन का दान करते-करते वह थक गये, तब कहीं जाकर उन्हें पता लगा, वह कंगाल हो चुके थे। जमीन-जायदाद, हवेली, दुकानें, सीरदारी, अमलदारी, बाँटे की जमीन तक उनके हाथ से निकल चुकी थी। तब भी माँ के नाम से अस्पालत, स्कूल, कॉलेज, अनाथालय का न जाने कितना चन्दा बाकी था !

इस सबके पहले, विदेश जाने के पहले, जवानी से पहले नन्हे-से बचपन की छाँव में, उनकी जिन्दगी में शान्ति नाम की एक लड़की आ चुकी थी। संकटाप्रसाद को शान्ति, शिवा कहा करती। शिवा उनके घर का नाम था। असल में शान्ति से, शुरू के दिनों में शिवा का अपना कोई सीधा सम्बन्ध नहीं था। शान्ति तो शिवा की माँ के पास आयी करती। उन दोनों में एक खुफिया समझौता शिवा के बारे में हो चुका था। उसका पता उन्हें बड़े दिनों बाद लगा था। लेकिन एक बार न जाने कौन-सी बात पर शान्ति फूट-फूटकर रोने लगी। तब शिवा को किसी अनजाने मोह और जानी-पहचानी ममता की वजह से उसे चुप कराना पड़ा था। मासूम शान्ति की बड़ी आँखों से, निकलते हुए मोती-जैसे आँसुओं ने उस दिन शहर के संकटा को शान्ति का शिवा बना दिया था। उसके कितने दिनों बाद तक, शिवा और शान्ति एक-दूसरे का हाथ पकड़कर गाँव के किनारे, बस्ती से दूर एक ऊँचे टीले पर जाकर बैठ जाया करते और सूने आसमान की तरफ देखते-देखते जिन्दगी के तमाम रहस्य खोजते रहते, ढूँढ़ते रहते। उस समय शान्ति धीरे-धीरे बड़ी होती गयी और शिवा के मन में, उसकी जिन्दगी में, उसकी धड़कनों में दूर-दूर तक एक सुनहरी लालिमा की तरह बिखर गयी। पढ़ाई के लिए दूर चले जाने पर भी संकटाप्रसाद हर दिन, हर शाम, शान्ति को याद कर लिया करते। शान्ति पढ़-लिखकर बड़ी हो गयी थी, जब संकटाप्रसाद की माँ सीढ़ी पर से गिरी थीं। तार पाकर आते-आते भी संकटाप्रसाद

को तीन दिन लग गये थे। इन तीन दिनों में, उनकी माँ की हर साँस के संग बस शान्ति का नाम जुड़ा हुआ था। संकटाप्रसाद की गोद में आखिरी हिचकी लेते समय उनकी माँ ने शान्ति को ब्याह लेने की ही बात कही थी। उस वक्त संकटाप्रसाद अपनी माँ को कैसे बतलाते, उन्होंने खुद शान्ति से, मन-ही-मन ब्याह कर रखा था ! मन, शरीर और आत्मा से शान्ति उनकी, सिर्फ उनकी हो चुकी थी। शान्ति तब तक गाँव की कोई लड़की नहीं रह गयी थी। उसने ऊँची तालीम हासिल कर ली थी। वह देखने-सुनने में, ओढ़ने-पहनने में खानदानी शान के अनुरूप थी। आखिरी साँस लेती हुई माँ के करीब संकटाप्रसाद ने जब शान्ति को देखा था तब उसके व्यक्तित्व में एक शालीन खौफ के साथ निहायत अपनेपन की पहचान उनको दिखायी दी थी।

संकटाप्रसाद के जीवन में एक तूफान आया था। एक तरफ अपनेपन की पहचान में डूबी हुई वह शान्ति थी, जिसके हाथ में हाथ डालकर गाँव के किनारे, बस्ती से दूर, ऊँचे टीले पर खड़े होकर उन्होंने कसमें खायी थीं, वादे किये थे। दूसरी तरफ माँ के नाम का फर्ज था—उस एक नाम का फर्ज था जिसने उनकी पढ़ाई-लिखाई, ऊँचे पद की नौकरी तक को धो डाला था। उन्होंने पैसे के लिए मधु से शादी करने का फैसला कर लिया। नियति का कालचक्र उन्हें घुमा रहा था और वह सोच रहे थे भाग्य की विडम्बना को, जिसने माँ के नाम के लिए माँ के अन्तिम शब्दों को झूठा कर देने के लिए उन्हें मजबूर कर दिया था। इससे जुड़ा हुआ था उनकी खुद्दारी का वह खानदानी जज्बा जिसके तहत उन्हें अस्पताल, स्कूलों, अनाथालय को अपने किये गुप्त दान पूरे करने थे।

मधु असल में बड़े बाप की इकलौती बेटी थी। बाप गुजर चुके थे और माँ के पास लाखों की जायदाद थी। शहर में मधु, संकटाप्रसाद के साथ जब पढ़ती थी तभी से मन-ही-मन उन्हें चाहने लगी थी। यह तो बड़े दिनो बाद जब मधु संकटाप्रसाद को, विलायत जाते समय विदा करने आयी थी, तब उसने कहा था, ''आई लव यू।'' और संकटाप्रसाद ने तब मन-ही-मन कहा था, 'आई डू नॉट।' मन-ही-मन कहे गये शब्दों को उस समय संकटाप्रसाद मधु से नहीं कह पाये थे। लेकिन मधु की आँखों की थिरकन देखकर, उस समय उनको इतना जरूर लगा था, जैसे मधु कह रही थी, 'आई शैल गैट यू।' संकटाप्रसाद के विदेश चले जाने के बाद, मधु भी शान्ति की तरह उनका इन्तजार करती रही। उस समय संकटाप्रसाद बुझे हुए आदमी नहीं थे। उनके अन्दर आग थी, जज्बा था और सात समुन्दर पार भी जहाँ एक तरफ उनके मन में शान्ति के प्यार की फुलझड़ियाँ फूटती रहतीं, वहीं दूसरी तरफ कभी-कभी 'आई शैल गैट यू' की गूँज, कोई फुसफुसाहट उनके कुछ लमहे चुरा ले जाती। फिर भी संकटाप्रसाद ने मधु को कोई महत्त्व नहीं दिया। उधर मधु ने अपनी माँ से कभी कुछ माँगा

नहीं था। लेकिन उस बार मधु अपनी माँ के आँचल में सुबक-सुबककर रोयी थी। इसीलिए मधु की माँ ने नौकरी के बाद संकटाप्रसाद के ऊपर हाथ डालना शुरू कर दिया। सही मौका मधु की माँ के हाथ उस समय आया जब संकटाप्रसाद की गिरती हुई माली हालत का उन्हें पता लगा।

उन दिनों संकटाप्रसाद एक निहायत सीधे-सादे इन्सान थे और उनकी पत्नी मधु बेहद खूबसूरत ! बड़ी-बड़ी आँखें, गोल चेहरा, गुलाबी रंग, जवानी की अंगड़ाइयों में सराबोर मधु के अंग-अंग से हुस्न का करिश्मा फूटकर निकलता था। मधु जिधर से निकल जाती, एक महक, एक खुशबू, मदहोश जादू की तरह सब तरफ फैल जाती। और जैसे हर चीज ठहर जाती थी, हर बात रुक जाती थी। मधु अँधेरी रात के बाद निकलता हुआ चाँद थी, एक खूबसूरत सुबह थी जिसके आगोश में, जिसके दामन में तड़पते हुए अरमानों की, ख्वाबों की, खयालों की, तसव्वुर की हरकत थी। उसका बेपनाह हुस्न, उसकी मोहक अदाएँ एक उफनते हुए दरिया की मौजों की तरह तड़प-तड़पकर उछाल मारा करतीं।

उधर संकटाप्रसाद की माँ, उनके पीछे एक भुतहे किस्से की तरह लगी थीं। सुहागरात को उन्होंने अपनी पत्नी मधु से प्यार-भरी बातें नहीं की थीं। उसे बाँहों में भरकर प्यार नहीं किया था। फूलों की सेज पर, हाथों में मेहंदी, पैरों में महावर, गहनों और फूलों से लदी हुई सोलह श्रृंगार किये हुए मधु को उस रात संकटाप्रसाद की माँ का पुराण सुनना पड़ा था। दूसरे, तीसरे और चौथे दिन भी जब उनकी माँ की बातें खत्म नहीं हुईं तो मधु के अन्दर रुलाई का सैलाब उमड़ पड़ा। उसका धीरज, उसका विश्वास टूटने लगा। उसे संकटाप्रसाद से एक खास तरह का डर लगने लगा। जब भी संकटाप्रसाद उसे अपने सामने बातें करने के लिए बिठाते तो बस उसकी आँखें भर आतीं और आँचल में मुँह छिपाकर रोने लगती। उसे संकटाप्रसाद की माँ से घिन आने लगी थी। अपनी मरी हुई सास के लिए, मधु जो स्नेह और सम्मान मन में लेकर आयी थी, तब तक संकटाप्रसाद के नाटक से वह नफरत में बदल चुका था। उधर संकटाप्रसाद, पत्नी की आँखों में आँसू देखकर यही समझते, कि वह उनकी माँ की याद के आँसू थे। तब वह खुद भी अपनी आँखें भर लिया करते।

कहीं सातवें दिन जाकर संकटाप्रसाद ने वह काम किया था जो उन्हें सुहागरात के दिन करना चाहिए था। लेकिन इन सात दिनों में मधु के अन्दर विरोध और विद्रोह की ज्वाला सुलगने लगी थी। तभी तो पत्थर-सी ठण्डक ही मिली थी संकटाप्रसाद को मधु के बदन से, उस सातवें दिन। उसके बाद मधु ने सबकुछ नियति के ऊपर छोड़ दिया था। और संकटाप्रसाद अपने काम में जुट गये थे। कितने ही दिन गुजर गये, मधु अपनी माँ के घर गयी और लौट आयी, मौसम बदले, साल के ऊपर साल निकल गये, लेकिन मधु के बदन से,

संकटाप्रसाद को वही मुर्दा ठण्डक ही मिला करती जो उन्हें शादी के सातवें दिन मिली थी।

उन्होंने सब कुछ कर डाला—मधु को नंगी फोटो दिखायी, शराब पिलायी, सिनेमा दिखाया, घण्टों उसके जिस्म के अंग-अंग में आग लगाने की कोशिश की, लेकिन बस करीब जाते ही मधु के अन्दर न जाने कहाँ से ठंडक उठकर पैठने लगती। वह बेजान हो जाती, सुस्त होने लगती। मधु के सामने उसके सपनों का ताजमहल था और वह उसके करीब जाकर उसे छू भी नहीं सकती थी। उसी दिन के लिए तो उसने विलायत जाते वक्त, संकटाप्रसाद की आँखों में झाँककर किन्हीं गुमशुदा, गुमनाम ऊँचाइयों से 'आई शैल गैट यू' की गूँज, फुसफुसाहट के बीच आस्था और विश्वास के दीये जलाये थे। तमाम इन्तजार के बाद जब वह वक्त आया तो उसे लगा था, जिन्दगी में विश्वास ही सबकुछ नहीं होता। एक अजीब तरह की विरक्ति, एक औचक खालीपन उसके अन्दर करवट बदलने लगता। कितनी कोशिश की उसने, लेकिन जैसे उसके अहम् का कोई टुकड़ा अहसास के किसी किनारे से टकराकर बिखर गया था, टूट गया था। मधु ने सबकुछ अपने अन्दर समेट लिया।

उसके बाद शुरू हुआ उस यातना का दौर जिसके अँधेरों में वह ऐसा भटकी, ऐसा भटकी कि लौटकर आने का रास्ता भी बन्द हो चुका था। ऐसा नहीं था कि मधु पहले क्लब नहीं जाती थी। लेकिन शादी के बाद जब संकटाप्रसाद को दफ्तर के काम से फुरसत नहीं मिलती तब अकेले ही क्लब जाने लगी। क्लब में दोस्त भी मिले और शराब भी। धीरे-धीरे मधु एक चक्रव्यूह में फँसती गयी। पहले तो उसके अन्दर एक खास तरह का विद्रोह पैदा हुआ। वह सकंटाप्रसाद के करीब आना चाहती थी, इसीलिए उसने दूर जाना शूरू किया। एक जिद थी, एक जुनून था, एक रफ्तार में जिधर भी मन ने ढकेल दिया, वह बढ़ चली। लेकिन हैरत तो उसे एक बात पर थी, उसका खाविंद, उसका पति, उसका देवता उसे रोकता क्यों नहीं था ! रात के अँधेरे में काली परछाइयों के बीच, गैर मर्दों की बाँहों में झूलते हुए जब घर लौटकर आती और संकटाप्रसाद आराम की नींद सो रहे होते, तब मधु को अपने ऊपर नहीं, संकटाप्रसाद के ऊपर तरस आता। कभी-कभी तो घर के कोने-किनारे में, वह चुपचाप सुबक-सुबककर रोती रहती, तड़पती रहती। कई बार उसने फैसला किया, वह क्लब नहीं जायेगी, शराब नहीं पियेगी। फिर वह अपने को रोक नहीं पायी, क्योंकि संकटाप्रसाद ने उसे कभी मना नहीं किया। बचपन से ही मधु एक जिद्दी किस्म की लड़की थी। विशाल धन-दौलत, ऐशो-आराम के बीच, सबकुछ पाते-पहचानते हुए भी, शायद उसे जिस एक चीज की तलाश थी उसे संकटाप्रसाद वह दे नहीं पाये। संकटाप्रसाद ने उसे दिया तो सिर्फ माँ के नाम

का एक भुतहा किस्सा !

यहीं से संकटाप्रसाद के जीवन का वह दौर शुरू हुआ जो आगे तक हमेशा चलता रहा। कई सालों तक कोशिश करने के बाद उन्होंने मधु के पास जाना बन्द कर दिया। लेकिन मधु के पास जाना बन्द कर देने से उनकी यातना का सिलसिला नहीं खत्म हुआ। शुरू-शुरू में तो उन्हें एक जीत, घटिया चीज छोड़ देने, मधु को सजा देने और खुद को अनचाही स्थिति से अलग कर लेने जैसी उपलब्धि की अनुभूति हुई थी। उन्हीं दिनों, उन्होंने परायी औरतों को देखना-परखना शुरू कर दिया था। एस. डी. एम. की परिधि से निकलकर तब तक वह बड़े अफसर बन चुके थे। सबसे पहले संकटाप्रसाद कुछ मर्दमार औरतों के चंगुल में फँसे। ऐसे ही किसी दिन एक विलायती मेम को, जिसका साहब दौरे पर बाहर गया हुआ था, क्लब से शराब पीकर घर छोड़ने गये थे, जब नशे में चूर उस मेम ने उन्हें अपने बेडरूम में खींच लिया था। मेम असल में उनसे सात-आठ साल बड़ी थी, लेकिन जिस जिन्दादिली के साथ, उस रात वह उसके साथ सोये, उन्हें अपने ऊपर फख्र होने लगा। उसके बाद धीरे-धीरे सब-कुछ आसान होता गया। फौजी अफसरों की बीबियाँ, विधवाएँ, मातहत कर्मचारियों की पत्नियाँ, विभागीय अधिकारियों की औरतें और ठेकेदारों के जरिये आनेवाली रण्डियों ने उन्हें अच्छा-खासा औरतबाज बना दिया।

तब तक संकटाप्रसाद को अपनी औकात का पता लग चुका था। वह जाने-अनजाने मधु से नफरत करने लगे थे। जैसे-जैसे उन्हें अपने पुरुषत्व पर विश्वास होता गया, वैसे-वैसे मधु के ऊपर उनका शक जोर पकड़ लेने लगा। उन्होंने अपने अफसरी दिमाग से मधु को बेवफा, बदचलन और बदजात करार दे दिया। उन्हें इस बात का यकीन हो गया, मधु ने उनसे शादी जरूर की थी, लेकिन मन से उन्हें कभी स्वीकार नहीं किया। शक के अंगारों में सुलगते हुए वह जितनी शराब पीते, मधु से दूर बने रहने के लिए वह जितना दूसरी औरतों के करीब जाते, उतनी ही मधु के लिए उनके अन्दर नफरत बढ़ती जाती।

उधर मधु संकटाप्रसाद की नफरत से अनजान थी। उसके जिस्म से जो मुर्दा ठण्डक संकटाप्रसाद को मिली थी, वही ठण्डक वह तब वक्त के टुकड़ों-टुकड़ों में बाँटकर उसे लौटा रहे थे। अपने मन का खालीपन, अन्दर तक पैठी हुई ऊब, संकटाप्रसाद की बेरुखी जैसे भीतर-ही-भीतर, पर्त-दर-पर्त उस जहर को घोले जा रही थी, उस आग से उसे जलाये जा रही थी जो उसकी शख्सियत के साथ कब की जुड़ चुकी थी। एक अजीब दौर था मधु की जिन्दगी में। टूट-टूटकर वह बिखर रही थी। खुद अपने-आप से उसे भागना पड़ता। हर मर्द की बाँहों में उसे तलाश थी उस संकटाप्रसाद की जिसे उसने चाहा था और जिसे पाने के लिए उसने ख्वाबों के दरीचों में, उम्मीद की रौशन कनातें खड़ी

कर दी थीं। यह क्षोभ था, विद्रोह था, नफरत थी या आसक्ति थी, प्यार था—उसकी समझ में कुछ नहीं आ रहा था। तब तो उसकी माँ भी नहीं थीं। कौन रोकता उसे ? घर से, संकटाप्रसाद से, खुद अपने-आप से भागते-भागते वह थक गयी थी। तभी एक दिन कार-दुर्घटना में उसकी मृत्यु हो गयी।

संकटाप्रसाद का शक तब तक यकीन में बदल चुका था। उधर मधु के किस्से उनके पास पहुँचने लगे थे। संकटाप्रसाद के अन्दर सुलगता हुआ शक और नफरत का बवण्डर उबलकर, कितनी ही बार बाहर आने लगा था और उन्होंने उसे कुचल डाला था। वह कभी इस बात से अपने को अलग नहीं कर पाये थे कि मधु का पैसा, मधु की दौलत उन्होंने अपनी माँ की यादगार के लिए खर्च की थी। माँ की उस यादगार के साथ दफन हो गयी थी उनकी और शान्ति की दास्तान, वह तमाम निशानियाँ जिन्हें पोसकर, जिलाकर कितने वर्षों तक, उम्र के एक लम्बे दौर में, उन्होंने जिन्दा रक्खा था। फिर भी एक बार सबकुछ भूलकर उन्होंने मधु को अपना सबकुछ सौंप दिया था। लेकिन मुर्दा ठण्डक के उस दौर में खुद उनका विश्वास उठ चुका था। वह तब तक संघर्ष के उस घेरे में जा चुके थे जहाँ उनके लिए सबसे पहला काम था—मधु की दौलत से मुक्ति पाना। लेकिन यह काम इतना आसान नहीं था। कई लाख रुपये अपनी इस नयी नौकरी से जमा कर पाना उनके लिए मुमकिन नहीं था। कशमकश की जकड़न में बँधे हुए संकटाप्रसाद जिन्दगी की इस गुत्थी को सुलझाने में नाकाम रहे थे। उन्हीं दिनों न जाने कहाँ से शान्ति, माँ की आखिरी हिचकी से जुड़ी हुई, दूर—कहीं दूर से उड़कर करीब आने लगी थी। शान्ति का जज्बा, शान्ति का खयाल उन्हें अकसर एक चुभन, एक तड़प दे जाया करता। और तभी एक दिन मधु की लाश बंगले के अहाते में लाकर रखी गयी थी तो संकटाप्रसाद को रोना नहीं आया था। उन्हें एक तरह की यातना से मुक्ति का ही अहसास हुआ था।

संकटाप्रसाद को बिस्तर पर लेटे रहने से तब तक उलझन होने लगी थी। खुमारी उतर चुकी थी और उसके साथ ही उन्हें याद आयी टेलीफोन की वह घण्टी जो रात करीब ग्यारह बजे बजी थी जब वह खाने पर बैठ चुके थे। फोन दिल्ली से उनके शिष्य बी. पी. दलाल का था जो गृह मन्त्रालय में सचिव था। पहले तो संकटाप्रसाद को विश्वास नहीं हुआ, फिर उन्हें खयाल आया—क्या उतनी रात गये बी. पी. दलाल मजाक करेगा ? बी. पी. दलाल असल में उनसे राज्यपाल के सलाहकार की नियुक्ति के विषय में सहमति माँग रहा था। तीन दिन पहले प्रदेश में, राष्ट्रपति शासन लागू किया गया था। सरकार चलाने के लिए राज्यपाल के सलाहकारों की नियुक्ति होनी थी—यह तो संकटाप्रसाद को

मालूम था, लेकिन बेनाम, रुसवा, वर्षों पूर्व अवकाश-प्राप्त होकर, सड़ते हुए, उन्हें किसी काम लायक समझा जायेगा, इसका उन्हें ज़रा भी अन्दाजा न था। बिना किसी हुज्जत-तकल्लुफ के संकटाप्रसाद ने अपनी सहमति दे दी थी। कुछ नशे की लटपटाहट में, कुछ किरण मेहता के चलते-फिरते अन्दाज में बी. पी. दलाल की बात देर रात तक ठहर नहीं सकी थी। लेकिन सुबह बिस्तर में लेटकर वह आनेवाले वक्त को अपनी पकड़ में लेने लगे थे।

फोन असल में एक नहीं, दो आये थे। लेकिन दूसरा फोन पहले फोन के बाद आया था या पहले आया था, इसका पता लगाने के लिए उन्होंने सिलसिलेवार शाम के कार्यक्रम को तौलना शुरू कर दिया। आठ बजे के पहले तो कोई फोन नहीं आया, यह निश्चित था, क्योंकि किरण मेहता अपने पति के साथ आठ बजे ही आयी थी। तब तक उन्होंने सिर्फ डेढ़ पैग का बेस बनाया था। किरण मेहता के आने के बाद हमेशा की तरह सबकुछ बदल गया था। बैठक के दरवाजे बन्द हो चुके थे। दीवार, सोफा, फर्नीचर, कालीन, फ्रिज, रेडियो—यह तमाम चीजें और ठकुराइन अपनी बेटियों के साथ उनकी नजर से, उनके अहसास से ओझल हो चुकी थीं। ऐसे समय में जब मन, शरीर और आत्मा से उनका पूरा ध्यान किरण मेहता पर केन्द्रित था और जब उनके हाथों ने धीरे-धीरे किरण मेहता के पल्लू को अपनी पकड़ में लेना शुरू किया था, पहली बार टेलीफोन की घण्टी बजी थी।

बड़ी कोफ्त हुई थी, एक तरह की घिन आयी थी। यह किरण मेहता इधर कई बार से चकमा दे रही थी। जब वह अपने यहाँ संकटाप्रसाद को दावत पर बुलाती तो न जाने कहाँ से किसी मोटी-तगड़ी ननद को बिठा लेती और जब संकटाप्रसाद के यहाँ वह खुद खाने पर आती तो अपने झींगुरनुमा खाविन्द को ले आया करती, जो पूरे वक़्त निहायत फूहड़ तरीके से आँखें मिचमिचाया करता। न जाने किरण मेहता ने अपने खाविन्द को क्या सिखा रक्खा था, कि खाने के बाद हाथ धुलाने के लिए बाथरूम की बत्ती जलाने के वक्त भी, ही-ही करते हुए वह आ जाया करता। लेकिन उस दिन संकटाप्रसाद ने गाँठ बाँधकर तय कर लिया था—किरण मेहता पर उन्हें हाथ डालना था। लेकिन जैसे ही उनके हाथों ने हरकत शुरू की, पहली बार टेलीफोन की घण्टी बजने लगी थी। गलती उनसे यह हो गयी थी कि टेलीफोन उनके करीब नहीं था, बल्कि बैठक के दूसरे किनारे पर, एक तिपायी पर रखा हुआ था। टेलीफोन की घण्टी बजती रहे और उनके हाथ किरण मेहता की साड़ी के पल्लू को पकड़ में लिये रहें, यह तो मुमकिन नहीं था। मजबूरन संकटाप्रसाद को, किरण मेहता का पल्लू छोड़कर, बैठक के दूसरे किनारे पर रखे हुए टेलीफोन के पास जाना पड़ा था। टेलीफोन तक पहुँचने में, कुछ-न-कुछ कहते-बोलते हुए संकटाप्रसाद ने तीन बार पीछे

मुड़कर देखा था। पीछे मुड़कर देखने का मकसद असल में उनका यह देखने का था, कहीं आँखें मिचमिचाता हुआ, किरण मेहता का खाविन्द, ही-ही करते हुए, उसी कुर्सी पर न बैठ जाये, जिस पर वह बैठे हुए थे, या फिर वह किरण मेहता को अपनी कुर्सी पर न बैठा दे। कुर्सियों के चक्कर में फँसे हुए संकटाप्रसाद ने यह सोचकर टेलीफोन उठाया था, रांग नम्बर कह कर फोन रख देंगे। लेकिन एक तो टेलीफोन उठाने के बाद उन्होंने यह देख लिया था कि किरण मेहता और उसका खाविन्द कुर्सियों का कोई घपला नहीं कर रहे थे और दूसरे फोन पर उन्हें जो आवाज सुनायी पड़ी थी, उस आवाज को सुनने के बाद टेलीफोन को रांग नम्बर कह कर रख देना मुमकिन नहीं था। फोन असल में जी. एन. का था।

जी. एन. असल में निहायत छँटा हुआ धंधेबाज था। उसका कोई निश्चित पेशा नहीं था। वह केस खरीदता और बेचता था। संकटाप्रसाद, जी. एन. के बहुत पुराने आसामी थे। दिवाली, होली, क्रिसमस, न्यू ईयर, ईद और खुद संकटाप्रसाद के जन्मदिन पर वह एक क्रेट शराब उनके यहाँ भिजवा दिया करता। इसके अलावा हर बार जब वह मिलने आता या टेलीफोन पर बात करता तो संकटाप्रसाद की एक स्कॉच ड्यू हो जाती। इसीलिये जब जी. एन. का फोन आया था तो संकटाप्रसाद ने रांग नम्बर नहीं कहा था। संकटाप्रसाद और जी. एन. का यह खुफिया रिश्ता पिछले बीस वर्षों से चला आ रहा था। जी. एन. असल में 'सेल्फ मेड' किस्म का धन्धेबाज था और 'सेल्फ-मेड' का यह खिताब उसे संकटाप्रसाद ने ही बीस वर्ष पहले दिया था, जब उसने अपनी घरैतिन की हँसुली, पाजेब, कमरबन्द, गोलबन्द—सब-कुछ गिरवी रखकर संकटाप्रसाद के लिए स्कॉच की पहली बोतल खरीदी थी।

जिले में बाढ़ आयी हुई थी। हर बार बाढ़ के आने पर, अनाज की बोरियों के साथ, नोटों की बोरियाँ भी आया करतीं। नोटों की बोरियों के मुँह वर्क चार्ज, फूड फॉर वर्क, सड़क, बाँध, बँधिया और तमाम 'रिलीफ आपरेशन' के नाम पर खुला करते। लेखपाल, कानूनगो, तहसीलदार, एस. डी. एम., ए. डी. एम. और जिलाधिकारी तक सब-के-सब लोगों ने फिट कर रखे थे। जी. एन. का असल में खाने का कोई ठिकाना नहीं था। जिस गाँव में वह रहता था, वहाँ भयंकर सूखा पड़ गया था। वहाँ से बीस किलोमीटर की दूरी पर बाढ़ आयी थी। जिले के अधिकारियों ने, चूँकि मौसम बाढ़ का आ चुका था, सूखे को नजरअन्दाज कर दिया था। रोजी-रोटी का मसला था। जी. एन. की घरैतिन के पेट में बच्चा आ चुका था और दूर-दूर तक कहीं से, किसी प्रकार की आमदनी की कोई सम्भावना नहीं थी। तब जी. एन. ने, जिसका उन दिनों नाम घनानन्द बिठोरिया हुआ करता था, बहते पानी में हाथ धोने का फैसला कर लिया। नोटों की किसी

बोरी की उसे तलाश थी। लेकिन पेशेवर किस्म के धन्धेबाज हर स्तर पर लगे हुए थे। सब-के-सब सरकारी गजट में आ जाने सरीखे, गजेटेड धन्धेबाज हो चुके थे। स्थिति का जायजा लेने के बाद, जी. एन. ने संकटाप्रसाद को पकड़ा जो उस समय वहाँ कमिश्नर थे। कमिश्नर तक पहुँचने के लिए उसने पहले मोहर्रिर, पेशकार, चौबदार, पहलकार, चपरासी, खानसामा और चौकीदार को सम्भाला। इन लोगों के जरिये जी. एन. को पता लगा, संकटाप्रसाद उस दिन स्कॉच की तलाश कर रहे थे। स्कॉच की बोतल और जी. एन. के बीच दो सौ पचहत्तर रुपये का फासला था। उस फासले को पूरा करने के बाद एक शाम, खानसामा के जरिये, जी. एन., संकटाप्रसाद की बैठक में पहुँच गया। बोतल खुलने के दस मिनट बाद जी. एन. संकटाप्रसाद के पैरों में पड़ा हुआ था। देशी शराब पीते-पीते संकटाप्रसाद ऊब चुके थे। जब खानसामा ने उनसे बोतल और जी. एन. के रिश्ते की बाबत बताया, उन्होंने बस कदमों से उठाकर जी. एन. को सीने से लगा लिया। उसके बाद सबकुछ आसान होता गया। और फिर जब तक संकटाप्रसाद नौकरी में रहे मौके-बेमौके शराब की बोतलें और क्रेट जी. एन. पहुँचाता रहा।

जी. एन. की माँ के कोई औलाद जिन्दा नहीं बचती थी। उस समय किसी ज्योतिषी ने बताया था, जब तक जी. एन. का बाप सामने रहेगा तब तक उस घर में कोई औलाद जिन्दा नहीं रहेगी। एक दिन शाम को जब जी. एन. और उसके जुड़वाँ भाई का जन्म हुआ, तब काम पर से लौटते हुए, उसके बाप के कदम घर से ढोलक की आवाज सुनकर लौट पड़े थे। उस दिन के बाद जी. एन. का बाप कभी घर लौटकर नहीं आया। उधर जी. एन. के चाचा ने बाप को जाते हुए देख लिया था। असल में ज्योतिषी वाला वह किस्सा, जी. एन. के चाचा ने ही चलाया था। जब उसे यह इत्मीनान हो गया, कि जी. एन. का बाप गाँव छोड़कर चला गया था। तब रात के अँधेरे में उसने दोनों जुड़वाँ बच्चे पार कर दिये। बच्चों को कम्बल में लपेटकर जी. एन. का चाचा जब गाँव से बाहर ले जा रहा था, तब उसे दाई ने देख लिया जिसने बच्चों का जन्म करवाया था। दाई ने दबे पाँव जी. एन. के चाचा का पीछा किया। दोनों बच्चों को गाड़कर चाचा के चले जाने के तुरन्त बाद उसने बच्चों को मिट्टी के नीचे से निकाल लिया। लेकिन तब तक जी. एन. का भाई मर चुका था। जी. एन. को मन्दिर में छुपाकर दाई, उसकी माँ को बुला लायी। उसके बाद जी. एन. की माँ उसे लेकर रातों-रात गाँव में सारी जमीन-जायदाद छोड़कर, भाग गयी। वक्त गुजरता गया। जी. एन. की माँ ने हर तरह की मुसीबतों का सामना किया, लेकिन जी.

एन. को बड़ा कर लिया। तभी तो जी. एन. कभी-कभी कहा करता, ''मैं जितना जमीन से ऊपर हूँ उतना जमीन के अन्दर भी।''

उस दिन जी. एन. ने संकटाप्रसाद के फोन उठाते ही मुबारकबाद दी थी। राष्ट्रपति शासन में सलाहकार बनने की पहली खबर जी. एन. की थी। लेकिन संकटाप्रसाद उस समय मानसिक और शारीरिक रूप से किरण मेहता से उलझे हुए थे। उन्होंने जी. एन. की बात कुछ समझी, कुछ नहीं समझी। जी. एन. का फोन राजधानी से आया था। संकटाप्रसाद ने उसे तुरन्त आने के लिए कहकर फोन रख दिया। फोन रखने के बाद, वह किरण मेहता की तरफ बढ़े ही थे कि एक बार फिर से टेलीफोन की घण्टी बजने लगी। इस बार उन्होंने खतरा मोल नहीं लिया। रांग नम्बर कहकर टेलीफोन का रिसीवर अलग रख दिया। उस समय शाम के सवा आठ-साढ़े आठ का वक्त रहा होगा। तब से लेकर खाने की मेज पर बैठ जाने तक टेलीफोन का रिसीवर अलग रखा रहा। ठकुराइन के खाना लगा देने के बाद ही टेलीफोन का रिसीवर वापस चोंगे पर गया।

बस उसी के दस-पन्द्रह मिनट बाद दिल्ली से बी. पी. दलाल का फोन आया था। तब तक संकटाप्रसाद के सामने सारी स्थिति साफ हो चुकी थी। बी. पी. दलाल के फोन के साथ जी. एन. का फोन जुड़ चुका था। उनको एकाएक लगा, वह बिना मतलब बिस्तर पर लेटे हुए थे। बेडरूम में, उन्हें, किसी के आने का अहसास हुआ। उन्होंने घूमकर देखा तो ठकुराइन माथे पर पल्लू डाले हुए, ठुमकती हुई, चाय की ट्रे लेकर आ रही थी। पहले भी संकटाप्रसाद को कई बार लगा था, वैसे तो ठकुराइन की चाल बड़ी फूहड़ थी, लेकिन बस, उनके सामने ठुमक-ठुमककर चला करती।

ठकुराइन असल में नाउन थी, जिसे छोटी उम्र में संकटाप्रसाद की पत्नी, मधु साथ दहेज में लायी थी। उस समय वह ठकुराइन को मुन्नी कहा करते थे। वह तेरह वर्ष की रही होगी। मधु के साथ रहते-रहते मुन्नी धीरे-धीरे बढ़ती रही। मुन्नी के माँ-बाप मर चुके थे, उसके घर में सौतेली माँ उस पर बड़े जुल्म किया करती थी।

मुन्नी लौटकर अपने घर कभी नहीं गयी। संकटाप्रसाद के घर को ही उसने अपना घर मान लिया। फिर मधु के न रहने पर, वह एक तरह से पूरे घर की देखभाल किया करती। सारी जिम्मेदारी उसके ऊपर आ गयी थी। संकटाप्रसाद की नजर मुन्नी पर बड़े दिनो बाद पड़ी। जब घर में मधु नहीं रही तब एक दिन उन्होंने मुन्नी को पैरों से उठाकर सीने से लगा लिया था। तभी से उसे ठकुराइन का दर्जा मिल गया था। संकटाप्रसाद वैसे भी ठकुराइन का काफी खयाल रखते। अपने दफ्तर के एक फर्राश से उसकी शादी करवा दी। ठकुराइन

का घर कहीं पर था, उसका पति कोई भी था, लेकिन उसने अपना पति-परमेश्वर संकटाप्रसाद को ही माना। एक साधना की तरह, एक पूजा की तरह वह उनके घर में सबकुछ छोड़कर रहती रही। मन, कर्म और वचन से, सच्ची निष्ठा से उसने पूरी जिन्दगी उनकी सेवा की, हाजिरी बजायी। अफसरी के ज़माने में भी संकटाप्रसाद ने कभी ठकुराइन की इज्जत में कमी नहीं आने दी। फिर मधु के बाद उनकी देखभाल करनेवाला था भी कौन ? बिना किसी चाहत के, बिना किसी लालच के, 13 साल की कच्ची उम्र से 40 साल तक ठकुराइन ने उस घर में अपना सर्वस्व न्यौछावर कर दिया था।

ठकुराइन ने साइड टेबुल पर जब चाय की ट्रे रख उनके पैर छुए, तब संकटाप्रसाद ने बड़े तपाक से आशीर्वाद दिया था। उनके चहरे पर खुशी झलक रही थी। उन्होंने बड़े आशिकाना अन्दाज में ठकुराइन को बताया, उस दिन शाम तक उन्हें प्रदेश की सत्ता मिल जायेगी। यह सब शहर में उस दिन सबसे पहले संकटाप्रसाद के मुँह से ठकुराइन ने ही सुना था। जब तक ठकुराइन को संकटाप्रसाद ने अपने सलाहकार होने की खबर सुनायी, उसने उनके लिए चाय का प्याला तैयार कर दिया था।

ठकुराइन के जाने के बाद संकटाप्रसाद, धीरे-धीरे चाय की चुस्कियाँ लेते हुए, अपने कल के बारे में सोचने लगे। उन्हें मालूम था, आनेवाले कुछ दिनों तक वह बुरी तरह व्यस्त होनेवाले थे। दम मारने की भी फुरसत नहीं होगी। साथ में उन्हें इस बात का भी विश्वास होने लगा था, कम-से-कम कुछ दिनों तक शाम की शराब के लिए, किसी का इन्तजार नहीं करना होगा।

माधुरी साहा उन दिनों सचिवालय में, गृह-विभाग में विशेष सचिव थीं। उस दिन ठीक दस बजे गेट नम्बर आठ से, उनकी मोटर जब सचिवालय के अन्दर आयी, उस समय उनका मन, किसी दुश्चिन्ता के अँधेरों में घिरा हुआ था। उस दिन उन्हें तीन मीटिंगें करनी थीं। पहली मीटिंग ग्यारह बजे से मुख्य सचिव के कमरे में थी। दूसरी मीटिंग तीन बजे से उनके कमरे में थी। तीसरी मीटिंग कमेटी-रूम में साढ़े चार बजे थी। सेलेक्शन ग्रेड की समिति ने, उन्हें सचिव के पद के लिए चुन लिया था। इस विषय में मुख्य सचिव से उन्हें बात करनी थी। पहले उन्होंने तय कर रखा था, मुख्य सचिव के यहाँ वह मीटिंग से कुछ पहले पहुँच जायेंगी और पोस्टिंग के विषय में बात चलाने की कोशिश करेंगी। वैसे उन्हें मालूम था, एक-दो दिन में उनकी पोस्टिंग के आदेश हो जाने थे। व्यस्त कार्यक्रम के कारण, साधारण रूप से उस दिन उन्हें चुस्त और खुश रहना था। एक तो तरक्की का माहौल, दूसरे उन्हें लग रहा था कि बड़े दिनों बाद एक मौका आनेवाला है, जब

वह कितने साल पहले के अपने अपमान का बदला ले सकने की स्थिति में होनेवाली थीं। उन्होंने तय कर रखा था, इस बार उन्हें मुख्य सचिव से स्पष्ट रूप से स्वास्थ्य विभाग माँगना था। पिछले दस वर्षों से वह अपने सीने में उस रहस्य को दबाये हुए थीं, जो बार-बार किसी सूई की तरह उनके अन्दर चुभकर दर्द की अनेक पर्त उधेड़ जाता। एक नफरत का सैलाब उमड़ने लगता जिसमें वह न जाने कितनी दूर चली जातीं। वह तड़पन, वह चुभन, बार-बार उन्हें काटने को दौड़ती।

ड्राइवर ने लिफ्टवाले कॉरीडार के पास गाड़ी रोकी। जब तक ड्राइवर ने दरवाजा खोला, पर्स उठाते हुए उन्होंने अपने को संयत कर लिया था। कलफदार साड़ी के सामने हाथ रखकर वह मोटर से उतरीं, बिना किसी तरफ देखे हुए, लिफ्ट के करीब जाकर रुक गयीं। लिफ्ट ऊपर से नीचे की तरफ आ रही थी। इस बीच उन्होंने तिरछी नजर से अपने इर्द-गिर्द खड़े हुए लोगों को देख लिया। लिफ्ट का दरवाजा जैसे ही खुला, वह तेजी से लिफ्ट के अन्दर घुस गयीं। तभी उन्हें 'गुड मार्निंग मैडम' शब्द सुनायी पड़े। 'गुड मार्निंग' का उन्होंने कोई जवाब नहीं दिया और करीब-करीब घूरकर उस उप-सचिव को देखा जिसने उनसे 'गुड मार्निंग' शब्द कहे थे। लिफ्ट रुकने पर पहले गुड मार्निंग वाला उप-सचिव बाहर निकला, उसके बाद एक-दो और लोग, और फिर किसी झोंके की तरह माधुरी साहा बाहर आयीं। अपने कमरे की तरफ मुड़ते-मुड़ते, उन्होंने 'गुड मार्निंग' वाले उप-सचिव को धर पकड़ा।

''क्यों बोस, मीटिंग के कागज मेरी मेज पर रखवा दिये थे न ?'' माधुरी साहा ने रूखी और सख्त आवाज में बिना रुके हुए कहा था।

''हाँ आँ···नहीं, मैडम !''

चलना रुक गया मैडम का। साथ ही बोस ब्रेक लगने की तरह ठहर गया।

''क्यों नहीं ? कल शाम को पेपर्स माँगे गये थे न ! आई वाण्ट दैम एटवन्स ! यू मे गो नाउ···।''

कमरे में पहुँचते ही माधुरी साहा ने अपना पर्स मेज पर रख दिया और बजर दबा दिया। बजर की आवाज के साथ, चपरासी अन्दर आया।

''बजरंग !'' चपरासी के अन्दर पहुँचने से पहले ही उसका नाम मैडम के मुँह से निकल चुका था। असल में बजर बजने और चपरासी या स्टैनो के आने का समय उनकी रगों में पैठ चुका था। बजरंग ने अन्दर आते ही पानी का गिलास पेश कर दिया।

''शट अप ! मैंने पानी लाने को कहा था ?''

बजरंग चुप था।

''बोलो···मैंने तुमसे पानी लाने के लिए कहा था ?''

मैडम ऊँची आवाज में बोल रही थीं।

"नहीं।" बजरंग धीरे-से बोला।

"फिर क्यों लाये, तुम !" मैडम चीख रही थीं।

असल में पिछले तीन साल से बजरंग मैडम के साथ था। रोजाना, सचिवालय के अपने कमरे में पहुँचने पर मैडम हमेशा पानी माँगती थीं।

"गेट आऊट...और सुनो, दस मिनट तक कोई अन्दर नहीं आयेगा, स्टैनो भी नहीं।"

बजरंग चपरासी के जाने के बाद माधुरी साहा ने, कुर्सी के पिछले हिस्से पर अपनी गरदन टिका दी और फटी-फटी आँखों से छत की तरफ देखने लगीं। कुछ ही पलों में उन्हें सब याद आने लगा। वह सब याद आने लगा जिसे वह काफी दिनों से करीब-करीब भूल चुकी थीं। सत्ता के दौर से जुड़ी हुई, सम्मानित कुर्सी पर बैठकर, काफी-काफी दिनों से उनको सब ढूँढ़ने का, तलाश करने का समय नहीं मिल सका था। सबकुछ, वह सबकुछ जो बचपन से जवानी तक, फिर अधेड़ उम्र तक उनके साथ घट चुका था, एक भयावह, घिनौनी तस्वीर का हिस्सा था। उसे भूल चुकी थीं माधुरी साहा ! अतीत के गर्त में उन्होंने उन कसैली यादों को दफन कर छोड़ा था, लेकिन उसकी टीस कभी-न-कभी उन्हें छेड़ जाया करती। भूलने से सब भूला जा सकता तो आज एक बवण्डर की तरह उनकी सख्त, इस्पात से भी सख्त शख्सियत को भेदकर, न जाने किस अनजानी डगर से उठकर, खुद उनके सामने उनका अतीत न खड़ा हो गया होता।

रोज की तरह उस दिन भी माधुरी साहा अपने माल एवेन्यू के बंगले में सुबह टहल रही थीं। उनके चेहरे पर सन्तोष था, एक अजीब-सा सुकून था। उनको उस दिन की व्यस्तता का अहसास था। फिर सिचवालय में, एकआध रोज में, उनकी नियुक्ति सचिव के पद पर होनेवाली थी। उनकी रिपोर्ट अच्छी थी, सेलेक्शन ग्रेड में वह आ चुकी थीं। सब लोग उनके काम से खुश थे। आसमान साफ था, बगीचे में नम राजघाट की घास और दूर-दूर तक कोचिया की क्यारियों के बीच से, धीरे-धीरे टहलते हुए, वह देख रही थीं, अपनी आनेवाली खूबसूरत जिन्दगी की ऊँचाइयों की तरफ ! कोई भी शंका, कोई भी भ्रम, किसी तरह की वितृष्णा का कहीं नाम नहीं था। किसी भी तरह की कमजोरी उनकी फौलादी शख्सियत को भेद सकनेवाली नहीं थी।

माधुरी साहा शासन कर रही थीं। लोग झुककर उन्हें सलाम करते, उनकी इज्जत होती। वह तमाम मर्द, छोटे-बड़े, गोल-मटोल, पतले-चौड़े—वह मर्द जो पूरी

व्यवस्था को अपने शिकंजों में जकड़े हुए थे, वे सब-के-सब माधुरी साहा को अपने वश में कर सकने के काबिल नहीं थे। इस स्थिति का अनुभव उन्हें इधर चन्द वर्षों में ही हुआ था। इसके पहले तो माधुरी साहा तनाव और उलझन के बीच काँपती रहतीं। हर वक्त उन्हें न जाने कौन-सा खौफ खाता रहता ! हर तरफ उन्हें बस घूरती हुई निगाहें, लोभ, लिप्सा और भूख के दलदल में बिलबिलाते हुए, आदमी कहलानेवाले जानवर की घिनौनी शक्लों के अम्बार दिखायी देते। दहशत के अँधेरों में भटकती हुई माधुरी साहा, पूरे सचिवालय में एक अजीब दौर से गुजर चुकी थीं। लेकिन उस दिन ऐसा नहीं था। पहले की माधुरी साहा के अन्दर की कमजोर औरत मर चुकी थी। सूखी, सख्त और मजबूत शख्सियत का लबादा ओढ़कर एक नयी, एक अजीब माधुरी साहा का जन्म हो चुका था, जो मर्दों से नफरत नहीं करती थी, मर्दों से डरती नहीं थीं बल्कि जो अपनी दिमागी ताकत से लैस होकर शासन कर रही थी। पुलिस के आला अफसर, गृहविभाग के तमाम अधिकारी उनके नाम से थर-थर काँपते थे। पैनी, तेज़ दलीलों से वह हर उस चीज का मुकाबला किया करतीं जो व्यवस्था के लिए सही था, उपयुक्त था। कोचिया की क्यारियों और दूर-दूर तक फैले हुए पेड़ों की ठण्डी हवा के झोकों में उड़ते हुए अपने बालों को सम्भालते हुए, माधुरी साहा जैसे ही पोर्टिको से निकलकर अपने बेडरूम की तरफ बढ़ीं गैलरी में एक तिपायी पर रखे टेलीफोन की घण्टी बजने लगी। एक उल्लास के साथ उन्होंने फोन उठाया था। फोन मालती शर्मा का था, जो गृह-विभाग में उपसचिव थीं। एक धमाका हुआ था चारों तरफ। दीवारें जैसे फटकर उनके ऊपर गिरने लगी थीं। उनका गला सूख गया था, पैर काँपने लगे थे, जब मालती शर्मा ने संकटाप्रसाद के सलाहकार बनने की बात उन्हें बतायी थी।

भूपति दस साल की उम्र में शहर आया था। वैसे उसका घर गाँव में नहीं था। लेकिन एक छोटा-सा बुझता हुआ कस्बा, जहाँ टूटी-फूटी सड़कें और बिना बल्ब के लैम्प-पोस्ट थे, कोई शहर भी नहीं था। भूपति की बहन प्रदेश की राजधानी में रहती थी। भूपति अपनी बहन के यहाँ रहकर पढ़ने लगा। उसकी बहन के कई बच्चे थे। और पति मामूली हैसियतवाला आदमी। भूपति का नन्हा-सा दिमाग उस घर की हर चीज को, उसी तरह तौल रहा था, परख रहा था जिस तरह माँद में से हिरन धीरे-धीरे बाहर निकलकर दुनिया देखता है। यह तो भूपति का मुकद्दर था कि उसने रोते-बिलखते बच्चे, चीखती हुई औरत, साइकिल पर दौड़ता हुआ मर्द देखा था—एक ऐसा मर्द देखा था, जो सब्जी और दवा के लिए भागता रहता। भूपति के अन्दर एक डर, एक खौफ उसी समय से बैठने लगा

था। वह अकेले में रहने लगा। मकान की छत पर, सड़क से दूर, कभी-कभी नदी के किनारे बैठा रहता। चारों तरफ दुनिया बदल रही थी और भूपति के दिमाग में हलचल पैदा होने लगी थी। हाईस्कूल का इम्तहान देने तक भूपति उस माहौल से निकल चुका था। लेकिन तब तक वह अपने तसव्वुर में, अपने खयालों में जिन्दगी का एक नन्हा-सा, सुनहरा ख्वाब बुन चुका था। वह ख्वाब हकीकत से जुड़ा हुआ था, उस डर, उस खौफ से जुड़ा हुआ था, जो भूपति को माँद से निकलकर अपनी बहन के घर में मिला था।

भूपति पढ़ता रहा और उसका अकेलापन उसकी शख्सियत का हिस्सा बनकर रह गया। स्कूल से कॉलेज तक और उसके बाद पी. सी. एस. का इम्तहान देने तक भूपति ने अपने इर्द-गिर्द खुद अपना एक छोटा-सा संसार बसा लिया था। भूपति के संसार में दिमाग की दौड़, दिल की धड़कन, साँसों की गर्माहट थी। उसे अलग रहने का शौक था। गिटार बजाना, गीत गाना, लिखना-पढ़ना, सोचना, ख्वाब देखना, सच्चाई, अच्छाई, ऊँचाई—ये सब उसके अपने संसार के हिस्से थे। लेकिन वह लोगों के बीच ज्यादा देर तक नहीं रह सकता था। फिर अकेले में भी ज्यादा देर तक रहने में उसका जी घबड़ाने लगता। उसके अन्दर का जजबा, उसकी समझ उसे अपनी जिम्मेदारियों के प्रति आगाह करती। घर, दफ्तर, समाज, लोग और खुद उसकी अपनी जिन्दगी का पैमाना उसे बार-बार आगे बढ़ने को कहता।

भूपति डरपोक नहीं था। वह आगे बढ़ता, इन तमाम जिम्मेदारियों के साथ अपनी जिन्दगी के पैमाने छू लेने की कोशिश करता। बार-बार कोशिश करता, लेकिन एक जलन, एक चुभन, एक अजीब तरह का खालीपन उसके अन्दर भरने लगता। भूपति असल में माँद से निकलकर खोह में घुस गया था। जब भी उसे हकीकत का सामना करना पड़ता, वह घबरा जाता। उसे मालूम था, कभी-न-कभी उसे वह खोह भी छोड़ देनी पड़ेगी, जिस तरह उसने वह माँद छोड़ दी थी। उस दिन क्या होगा, वह क्या करेगा—इसकी फिक्र थी उसे ! इसीलिए भूपति अकेला था। उसने शादी नहीं की थी। उसे अपने ऊपर विश्वास नहीं था। उसकी पत्नी, उसकी होनेवाली बीवी, वह लड़की, वह औरत जिसके जिस्म, जिसकी रूह से उसका कोई फासला नहीं रहनेवाला था, भला उसे किस तरह स्वीकार करेगी ? फिर भी भूपति को अपने काम से लगाव था। पूरे मन से, पूरे दिमाग से, जोश और गर्मी के साथ वह काम करता। लेकिन वहाँ भी भूपति का टकराव होता उन तमाम लोगों से, उन तमाम चीजों से जो उसे बार-बार अपनी खोह में लौट जाने पर मजबूर कर दिया करतीं। उसका टकराव, उसकी लड़ाई, हालात से नहीं, लोगों से थी।

एस. डी. एम., एस. डी. ओ. के पदों से लेकर ए. डी. एम., डिप्टी

डायरेक्टर और ज्वाइण्ट-डायरेक्टर के पदों तक पहुँचते-पहुँचते जहाँ भूपति एक तरफ अकेलेपन का आदी हो चुका था, वहाँ दूसरी तरफ हालात से, जिन्दगी से उसने एक खुफिया समझौता कर लिया था। उसके अन्दर का अहम्, बेपनाह मौजों की तरह बार-बार उछाल मारता। उधर उसकी शख्सियत हमेशा जूझने के लिए बेकरार रहती। भूपति के अन्दर एक खास तरह की कस्बाई स्थिरता थी, जो इतना सब-कुछ होते हुए भी, अपनी जगह पर उसे रोके हुए थी।

असल में भूपति का सबसे बड़ा दुश्मन खुद भूपति था। पी. सी. एस. के इम्तहान में बैठते वक्त ही उसने सोचा था, शासन-तंत्र का हिस्सा बन जाने पर उसका क्या होगा ? औरों की तरह भूपति सरकारी नौकरी में आया था महज एक नौकरी के वास्ते, एक कैरियर के वास्ते। लेकिन प्रशिक्षण के दौरान ही उसे ज्ञान प्राप्त हो गया था।

भूपति ने प्रशिक्षण के दौरान अपने को समेटना शुरू कर लिया था, जबकि कोचर मदन, सत्य दुबे और प्रेमकुमार कितने खुश थे, कितनी उड़ान भर रहे थे। उनके लिए पॉकेट मनी से खुद अपनी तनख्वाह मिलना, उसी तरह एक अदद तरक्की थी, जिस तरह आनेवाले वक्त में, साल-दर-साल उन्हें बढ़ोतरी और तरक्की मिलनी थी। वे सब उसी तरह शासन और सत्ता की भीड़ में खो गये, जिस तरह, काफी दिन पहले बचपन से जवानी तक ब्रेकफास्ट, लंच, टी, डिनर, सिनेमा, ताश, सैर-सपाटा, रिश्तेदारी-शादी, कपड़े-पैसा, लड़की और दोस्त की परिधि में बँधे हुए, उन्होंने स्वार्थ और लोलुपता के अपने छोटे-छोटे दरवाजे और बड़ी-बड़ी खिड़कियाँ बना रखी थीं। भूपति उनको देखता तो वह सोचता, ये कौन थे ! यह कोचर, मदन, सत्य दुबे और प्रेमकुमार जैसे तमाम लोग जो उसे नौकरी की शुरुआत से ही मिलते गये, उसे लगा था कि इन सबने अपने इर्द-गिर्द एक छोटी-सी दुनिया, अपना एक संसार बना रखा है। लेकिन इनकी अन्दरूनी दुनिया में और बाहरी संसार में फर्क नहीं था। यह सब-के-सब भूपति की तरह न तो किसी माँद में से निकले थे और न ही किसी खोह में घुस जाया करते थे। यह लोग जिन्दादिली के साथ, पैसे के लिए, सुख के लिए, स्त्री के लिए, बच्चों के लिए, सेक्स के लिए निरन्तर संघर्ष करते रहते।

उन दिनों आदमी गाँव से शहर की तरफ भाग रहा था। मुल्क को आजादी मिल चुकी थी और खेतिहर देश को उद्योग-धन्धों का देश बनाया जा रहा था। बड़े उद्योग, उससे बड़ी योजनाएँ और योजनाओं से बड़ा पैसा चारों तरफ फैल रहा था। सदियों से चली आ रही मान्यताओं के साथ व्यक्ति, परिवार, इलाके, समाज, देश के बन्धन टूट रहे थे। खुद आदमी का अहं उसके अन्दर सिकुड़ता जा रहा था। अनजाने में मुल्क के अन्दर एक दिशाहीन सांस्कृतिक क्रान्ति होने लगी थी जिसके लम्बे दौर में अखबार, पत्र-पत्रिकाएँ, रेडियो, टेलीविजन, तमाम

आधुनिकतम साजो-सामान की चकाचौंध में, न जाने कितने कोचर, मदन, सत्य दुबे और प्रेमकुमार पैदा हो रहे थे।

भूपति असल में फँस गया था। उसे पहले तो काफी दिनों तक कुछ समझ में नहीं आया, वह कहाँ से शुरू करे और उसकी जगह क्या है ? फिर जब अपने मूल्य, अपने मानदण्ड के तहत उसने परगना, गाँव, जिला और विभाग का काम-काज देखना शुरू किया, बड़ी जल्दी उसकी समझ में आ गया था कि यह सब ज्यादा दिन चलनेवाला नहीं था। यह सब एक पूरी व्यवस्था का वह हिस्सा था, जो देश की गुलामी के दौर से विरासत में मिला था। वही कुर्सियाँ थीं, वही कमरे थे, उन्हीं दरों-दीवारों के बीच सिर्फ कुछ चेहरे बदल गये थे। फिर धीरे-धीरे कुर्सियों की तादाद, कमरों की तादाद, दीवारों की तादाद, फाइलों और कागजों की तादाद का कुकुरमुत्ती फैलाव एक जंगल की तरह फैल गया। एक घना जंगल, घुप्प अँधेरा, दूर-दूर तक घुटा हुआ सन्नाटा खाये जा रहा था। उस अँधेरे की तलहटी में तेज़ हचलच थी, उगती हुई जड़ों की हलचल, फैलती हुई डालों, टहनियों, पत्तियों, झाड़ियों, काँटों, कीड़े-मकोड़ों की हलचल थी जिसमें तरह-तरह के जानवर, उड़नेवाले, बैठनेवाले, रेंगनेवाले जानवर एक-दूसरे से दिन-रात किसी असीम भूख के तहत लड़ते रहते। वह तमाम दौर निकल चुका था, जब भूपति सचिवालय में उपसचिव, स्वास्थ्य विभाग के पद पर आया था।

सचिवालय के भूतल पर मुख्य सचिव डी. के. गोस्वामी का दफ्तर था। उस दफ्तर से लगा हुआ उनके व्यक्तिगत सहायक का कमरा था। व्यक्तिगत सहायक के कमरे के पीछे, मुख्य सचिव की चौकोर बैठक, बाथरूम से लगी हुई गैलरी के बाद पड़ती थी। उस चौकोर बैठक में एक कुशनदार सोफा और बीचोंबीच शीशे की टॉपवाली एक सेण्टर टेबल रखी हुई थी। बैठक के दाहिने किनारे पर एक परदा लगा हुआ था और दूसरी तरफ छोटी मेज के इर्द-गिर्द कुर्सियाँ पड़ी थीं। दफ्तर से बैठक में जानेवाले दरवाजे के दाहिनी तरफ, अलमारियाँ और बायीं तरफ एक लम्बी लकड़ी की रैक में करीब एक दर्जन ट्रे-नुमा ख़ाने बने हुए थे, जिनमें लाल, पीले, नीले और हरे फीतोंवाली फाइलें रखी थीं। खास दफ्तर का हॉलनुमा कमरा लम्बाई में बड़ा, चौड़ाई में छोटा था। कमरे के बायीं और दाहिनी तरफ कुर्सियों की लम्बी कतार थी। मेज के सामने की तरफ छोटे बैकवाली गद्दीदार चार कुर्सियाँ रखी थीं। मेज के ठीक ऊपर, सामने की दीवार पर पुराने किस्म की एक घड़ी लगी थी जिसमें दस बज रहे थे और जिसमें बायें कोने पर करीब आधा इंच शीशा चिटका हुआ था। मेज के पीछेवाली कुर्सी के बगल में दाहिनी तरफ एक साइड-टेबल थी, जिसमें तीन खाने थे। पहले खाने पर,

उस दिन की मीटिंग के कागजात अलग-अलग गड्डियों में रखे हुए थे। दूसरे खाने में स्टेशनरी, हैण्डबुक और मैनुअल थे। सबसे नीचेवाले खाने में पंचवर्षीय योजना, बजट, समितियों की रिपोर्टें थीं। मेज के दाहिने दराज में चाभी का गुच्छा लटक रहा था।

उस दिन डी. के. गोस्वामी दफ्तर आ चुके थे, लेकिन उस समय कमरे में नहीं थे। असल में बैठक के दाहिने कोने पर एक छोटे कमरे में, दीवार पर लगे हुए शीशे के सामने खड़े होकर डी. के. गोस्वामी अपने को देख रहे थे।

यह छोटा-सा कमरा एक तरह का ड्रेसिंग रूम था, जिसमें तौलिया, साबुन, क्रीम, बेसलीन, कुछ दवाइयाँ, कुछ टॉनिक रखे रहते। डी. के. गोस्वामी इन दिनों हारमोन के इन्जेक्शन ले रहे थे। यही कोई साल, डेढ़ साल पहले एक दिन उनको आत्मज्ञान हुआ कि वह बूढ़े होने लगे हैं। उनके चेहरे पर झुर्रियाँ करवटें बदलने लगी हैं। शर्मा-शर्मी में काफी दिनों तक वह खामोश रहे। सिर्फ इधर-उधर की किताबें पढ़कर बुढ़ापे को टालने के नुस्खे तलाशते रहे। फिर उन्होंने शिलाजीत खाना शुरू किया। लेकिन शिलाजीत की मात्रा अधिक हो गयी, या उनकी कोशिकाओं ने शिलाजीत को स्वीकार नहीं किया, या फिर पहले की किसी गड़बड़ की वजह से एकाएक खून निकलना शुरू हो गया। रोज सुबह बाथरूम में बहते हुए खून को देखकर उनकी रूह काँप जाती।

वैसे भी डी. के. गोस्वामी को बाथरूम में कुछ समय लगता था। कई बार वह फाइलों का निबटारा भी वहीं किया करते। ऐसे ही एक दिन जब फाइलें निपटाकर बाथरूम के कमोड से नीचे उतरे तो संगमरमर के सफेद फर्श पर खून की धार बहती हुई दीखी थी। कई दिनों तक इन्तजार किया था उन्होंने। फिर खून निकलना बन्द हो गया। डरकर उन्होंने शिलाजीत तो छोड़ दी, लेकिन मासिक धर्म की तरह महीने में दो-तीन बार खून निकलता रहा। डी. के. गोस्वामी जिन्दादिल इन्सान थे। उन्हें अपनी तन्दुरुस्ती का बड़ा खयाल रहता। उनके अन्दर की गरमाहट, दिलो-दिमाग की ताजगी दूर-दूर की उड़ानें लिया करती। प्रदेश के शासन-तंत्र का सबसे अहम हिस्सा होते हुए भी वह अपनी एक खास खुफिया जिन्दगी जिया करते। घर भरा-पूरा था, बच्चे बड़े हो चुके थे। डी. के. गोस्वामी उस वक्त पचास से ऊपर थे। औरतबाजी का उन्हें कभी शौक रहा नहीं, शराब वह पीते नहीं थे।

लेकिन न जाने कौन-सा नशा था जो तीन-चार साल पहले उनके अन्दर नारी-सुलभ भावनाएँ पैदा कर गया था। शरीर से थोड़ा स्थूल थे। फिर उम्र भी बढ़ चली थी, जिसकी वजह से उनके सीने काफी बड़े हो गये थे। वह अपने सीने अकसर दबाया करते। वैसे अपनी छाती की घुण्डियाँ दबाने की उनकी पुरानी आदत थी। स्कूल के दिनों से लेकर तब तक इस हरकत की उन्हें एक

तरह से आदत पड़ चुकी थी। अपने सीने की घुण्डियाँ और छाती का मांस नोचते-नोचते, डी. के. गोस्वामी को कई-कई बार ऐसा लगता, कहीं उनका सेक्स बदल गया, या फिर पुरुष के साथ उनके अन्दर स्त्री-सुलभ यौनभाव पैदा हो गया, तब क्या होगा ? बहुत दिन पहले जवानी और बचपन के बीच में उनके बाप के किसी दोस्त ने उनके साथ एक लम्बी यारी, एक लम्बी दोस्ती का दौर शुरू किया था। वक्त गुजरने के साथ डी. के गोस्वामी ने उस यारी को ठुकरा दिया था। फिर उनके बाप का दोस्त कभी लौटकर नहीं आया, लेकिन डी. के. गोस्वामी के अन्दर कभी-कभी उसकी याद लौट आया करती। खासकर ऐसे वक्त में जब वह अपने सीने की घुण्डियाँ मरोड़ा करते। एक दिन फाइलें निपटाने के बाद, बाथरूम के सफेद फर्श पर खून की धार बही तो डी. के. गोस्वामी को लगा, वही हो गया था जिसका उन्हें डर था। लेकिन उनका डर या उस डर से मिली हुई हल्की-सी खुशी गलत थी, बेबुनियाद थी। इसका पता उन्हें तीन महीने बाद लगा। डॉक्टर ने उनको बवासीर का रोग बताया था। उस दिन के बाद कई वर्ष गुजर गये, डी. के. गोस्वामी ने बड़ी दवाइयाँ खायीं, लेकिन खून निकलना बन्द नहीं हुआ। खासकर गर्मी के दिनों में एक-एक करके उनकी बवासीर फूटती, कई दिनों तक खून निकलता रहता। खून बहने के कारण कमजोरी के साथ डी. के. गोस्वामी में एक चिड़चिड़ापन आने लगता। कुछ इस वजह से और कुछ पनपते हुए बुढ़ापे को ज़रा आगे खिसका सकने की इच्छा की वजह से, मुख्य सचिव बनने के बाद, डी. के. गोस्वामी ने, डॉक्टर से हारमोन के इन्जेक्शन लगवाना शुरू कर दिया था।

जब डी. के. गोस्वामी को इत्मीनान हो गया कि हारमोन के इन्जेक्शन का असर चढ़ चुका था और चेहरे पर रंगत फैल चुकी थी तब वह हाथ से चुटकी बजाकर आनेवाले दिन से युद्ध करने के लिए, अपनी मेज की तरफ चल दिये। छोटे कमरे से बाहर निकलने के बाद उन्होंने परदा खींचकर कमरे का दरवाजा बन्द कर दिया। बैठक से निकलकर जब तक डी. के. गोस्वामी अपनी मेज पर आये तब तक वहाँ पर नियुक्ति-सचिव एस. एम. लाल और प्रोटोकॉल सचिव ए. हनीफ़ आकर बैठ चुके थे। डी. के. गोस्वामी के आते ही एस. एम. लाल और ए. हनीफ़ उठकर खड़े हो गये।

"गुड मार्निंग, सर !" हनीफ और एस. एम. लाल ने एक साथ कहा था।

"वेरी गुड मार्निंग टु यू।" डी. के. गोस्वामी हारमोन इन्जेक्शन के जोर में थे।

इससे पहले कि मेज के शीशे के ऊपर रखी हुई फाइल का फीता डी. के. गोस्वामी खोलते, एस. एम. लाल ने भिनभिनाते हुए कहा, "सर, तीन सचिवों की पोस्टिंग के आदेश आज निकलने हैं। इस समय के बाद पूरे दिन आपकी

मीटिंगें लगी हुई हैं। मैं रुककर आऊँ क्या ?"

डी. के. गोस्वामी ने एस. एम. लाल को न देखकर, फाइल का फीता खोलते हुए हनीफ से बात शुरू कर दी, "क्यों हनीफ़, व्हाट्स द मैटर ?"

"सर, संकटाप्रसाद साहब के यहाँ गाड़ी भेजनी है न !"

डी. के. गोस्वामी के हाथ से फाइल का फीता छूट गया। उन्होंने फाइल के ऊपर घूँसा मारते हुए कहा, "ओ गॉड ! मैं तो भूल गया था···यस, यू हैव टु अरेन्ज ट्रांसपोर्ट, सिक्यूरिटी, रूम, टेलीफोन, अर्दली ऐण्ड एवरीथिंग।"

"सो अवर ग्रैण्ड एस. पी. साहब इज बैक।" एस. एम. लाल ने खिली हुई बाँछें और फैलाकर कहा, लेकिन डी. के. गोस्वामी की घूरती हुई आँखों, उखड़े हुए चेहरे को देखकर उनकी खिली हुई बाँछें उसी तरह गायब हो गयीं जिस तरह किसी खिलौने की चाभी एकाएक रुक जाये। एस. एम. लाल का गोल-मटोल चेहरा झूल गया था और कम बालोंवाली चाँद जरा आगे खिसक आयी।

"लाल, यू मस्ट नो, ग्रैण्ड, ग्रेट, बास्टर्ड इज बैक।"

"यस सर ! यस सर !!"

"क्यों हनीफ़, एनीथिंग एल्स ?" डी. के. गोस्वामी हनीफ़ की तरफ मुखातिब हो चुके थे।

"सर, कोई सेरेमनी होगी ?"

"नो सेरेमनी, सीधा एक्जीक्यूटिव आर्डर, राज्यपाल के यहाँ से।"

"ओ. के. सर, थैंक्यू सर ! और आप मिलेंगे उनसे ?"

"डैम इट ! आई मस्ट गो।" कहते हुए डी. के. गोस्वामी ने टेलीफोन का बजर दबा दिया और पी. ए. के लाइन पर आते ही बोलने लगे।

"शंकर लाल, मैं दस मिनट के अन्दर संकटाप्रसाद साब से मिलने जाऊँगा। वहाँ से मुझे राजभवन जाना होगा। तुम एस. पी. साहब के यहाँ इत्तला करवा दो।"

हनीफ़ दरवाजे से निकल चुका था जब एस. एम. लाल ने खड़े होकर सचिव की पोस्टिंगवाली फाइल डी. के. गोस्वामी के सामने खोलकर रख दी। फोन रखने के बाद, डी. के. गोस्वामी ने दराज से सिगरेट निकालकर होठों में लगायी और माचिस से सिगरेट सुलगाने के बाद एक गहरा कश लिया। धुआँ छोड़ते हुए उन्होंने खास अन्दाज में बात शुरू की।

"लाल !"

"यस···सर !"

"जानते हो, एस. पी. साहब मेरे गुरु थे। उन्होंने मसूरी कॉलेज में मुझे पढ़ाया था।"

“या सर !”

“फिर भी मैंने उन्हें ग्रेट ग्रैण्ड बास्टर्ड कहा !”

“हाँ सर, मेरी भी राय उनके बारे में बहुत अच्छी नहीं थी।”

“नो, इट्ज नॉट दैट, द रीजन वाज हनीफ़।”

“हनीफ़ !”

धीरे-धीरे सिगरेट के धुएँ के बीच में डी. के. गोस्वामी ने सिर हिलाते हुए कहा, “यस, इट वाज हनीफ़ ! डू यू नो, हू द अदर एडवाइजर इज ?”

“नो सर !”

“के. डी. शर्मा, एक्स आई. जी.।”

“ओह, नो···सर, तब तो···।”

“यस, दैट इज करैक्ट। और तुम्हें याद होगा, के. डी. शर्मा ने सतीशबहादुर का सामान फिंकवा दिया था इसी हनीफ़ के लिए !”

“यस सर, सतीश बहादुर—हर वाइब्ज़ प्लेज़र-मैन।”

“दैट्ज राइट, सतीश बहादुर की वाइफ···।”

“यस सर, यस सर···हें हें सर···हें हें—यस सर, यस सर !”

सिगरेट खत्म हो चुकी थी। उसका आखिरी हिस्सा ऐश ट्रे में रगड़ते हुए, डी. के. गोस्वामी उठकर खड़े हो गये, उन्होंने मेज की दाहिनी तरफ लगी हुई घण्टी दबा दी।

“और···सर, मेरी फाइल ?”

“ओह यस, प्रॉब्लम क्या है ?”

“आपको याद होगा, सर, माधुरी साहा, सतीशबहादुर और गिरीश चतुर्वेदी की पोस्टिंग होनी थी। वैसे तो दो-एक दिन रुका जा सकता था, लेकिन बैंकॉक में ऐशियन हेल्थ कान्फ्रेन्स हो रही है, जिसके डेलीगेशन में सचिव-स्तर का आफिसर हमारे यहाँ से जाना है। सेण्टर से तीन टेलेक्स आ चुके हैं और स्वास्थ्य-सचिव जगन्नाथ प्रसाद एक महीने पहले रिटायर हो चुके हैं। विशेष-सचिव का पद वहाँ पहले ही खाली है, संयुक्त-सचिव उस हाई लेवल डेलीगेशन में जा नहीं सकता। फिर दस दिन में···।”

“देखो···लाल ! एडवाइजर्स नियुक्त हो चुके हैं। कोई पोस्टिंग आर्डर अब उनसे बिना पूछे नहीं किया जा सकता।”

“तो···सर, मैं कल की तारीख में कर दूँगा, लेकिन करना किसे है ?”

“तीन नाम कौन हैं ?”

“माधुरी साहा, सतीशबहादुर और गिरीश चतुर्वेदी।”

“गिरीश चतुर्वेदी को भेज दो।”

“लेकिन, सर, गिरीश चतुर्वेदी को अभी पन्द्रह-बीस दिन बाकी हैं छुट्टी

से लौटने में। सतीशबहादुर फाइरिंग कमेटी की रिपोर्ट लिखवा रहे हैं और फिर यह प्रमोटेड बास्टर्ड है।''

''यू मीन माधुरी साहा ?''

''यस...सर, शायद यही ठीक होगा।''

''दैन गो अहेड।'' कहते हुए डी. के. गोस्वामी कुर्सी से उठकर कमरे से बाहर चले गये।

सदाशिव नारायण बरुआ उन दिनों प्रदेश के राज्यपाल थे। देश के पूर्वी हिस्से की राजनीति में उनका बड़ा जोर था। करोड़ों रुपये की सम्पत्ति, महल, जमीन, जायदाद, कल-कारखाने, चाय के बड़े-बड़े बागान, कम्पनियों की मिल्कियत, सोना-चाँदी, गहना, जेवरात, शेयर, बाण्ड, सर्टिफिकेट मसलतन जैसे कारु का खजाना, कभी न खत्म होनेवाली दौलत हमेशा-हमेशा से उनके पास रही। दौलत, जायदाद के साथ ताकत और रुतबा, उनको खानदानी विरासत में मिला था। सदाशंकर बरुआ उनके बाबा का नाम था और शिवशंकर बरुआ उनके बाप का नाम ! सदाशंकर बरुआ के बाप ने अंग्रेजों के जमाने में विलियम साहब की सेवा करके पूरा एक इलाका मार दिया था। उस इलाके में एक दुर्ग था जिसकी लम्बी, ऊँची दीवारों को फाँदकर अन्दर जाना मुमकिन नहीं था। वैसे भी सदाशंकर बरुआ के बाप छोटे-मोटे पट्टीदार थे। एक दिन जब चाय के बागान की एक मजदूरिन के संग, विलियम साहब की जबरदस्ती का भेद खुल गया, तब उस इलाके के तमाम मजदूर लोग विलियम साहब के खून के प्यासे हो गये थे। मुसीबत के उस समय सदाशंकर के बाप ने, कई दशक से उजाड़ पड़े उस दुर्ग में विलियम साहब को छुपा दिया था। उस दुर्ग में, एक खुफिया रास्ता भी था जिसके जरिये, विलियम साहब उस इलाके के तमाम मजदूरों और काश्तकारों से बचकर निकल भागे थे। कई दिनों बाद सदाशिवशंकर बरुआ के बाप को पता लगा, कि वह इलाकेदार बन चुके हैं। विलियम साहब ने दस हजार रुपये में, पूरी जायदाद उनके नाम कर दी थी। दस हजार रुपयों का भुगतान उनको हजार रुपये साल के हिसाब से करना था। सदाशिवशंकर बरुआ के बाप ने, अपने जीवनकाल में न सिर्फ दस हजार रुपये का भुगतान कर दिया बल्कि एक-एक लम्बी सीरदारी, एक बहुत बड़ी जमींदारी खड़ी कर ली। पुराने दुर्ग में मरम्मत कराने के बाद उन्होंने उस दुर्ग को, अपनी सल्तनत, ताल्लुके का खास अड्डा बना लिया। दुर्ग के अन्दर रहने के लिए पहले से एक महल था। उस महल में उनका खानदान पनपने लगा।

सदाशंकर बरुआ ने अपने बाप, शंकर नारायण बरुआ के इलाके को

दुगना कर दिया। फिर शिवशंकर बरुआ ने जब ताल्लुके का इन्तजाम सँभाला तब तक उनकी मिल्कियत में तेल के कुएँ और सीसे की खानें जुड़ चुकी थीं। शिवशंकर बरुआ ने अपने इलाके में काफी काम करवाया था। स्कूल, अस्पताल, अनाथालय, धर्मशाला बनवाने के साथ, उन्होंने इलाके के तमाम लोगों को छोटी-छोटी हिस्सेदारी देकर जमीन बाँट दी। बरुआ खानदान का नाम, उन दिनों सातवें आसमान पर था जब सदाशिव नारायण बरुआ का जन्म हुआ। सात बच्चे घर में मर चुके थे पहले। सदाशिव नारायन बरुआ का जन्म होते ही उनकी माँ मर गयीं। इतने बड़े खानदान, इतनी तमाम दौलत का और कोई वारिस नहीं था, इसलिए शिवशंकर बरुआ ने पत्नी की मृत्यु का शोक भूलकर सारा ध्यान अपने बेटे को पोसने में लगा दिया। जब पाँच साल गुजर गये और शिवशंकर बरुआ को, बेटे के फेफड़े बटोरकर चीखने की आदत से यह पता लग गया कि वह जियेगा, तब कहीं जाकर उन्होंने यज्ञ किया, होम किया, पूरी राजसी शान-शौकत के साथ बेटे के जन्म की खुशियाँ मनायीं।

सदाशिव नारायण बरुआ ने जब तक बी. ए. का इम्तहान पास किया, पूरे मुल्क में आजादी की आग फैल चुकी थी। जुलूस, मीटिंग, जेल, हड़ताल, धरने की शक्ल में एक बवण्डर उठा था जिससे सदाशिव बरुआ न बच सके। उन्होंने अंग्रेजी हुकूमत की हिमायत करने का खानदानी दस्तूर तोड़ दिया। सदाशिव बरुआ ने उसके बाद बड़ी सूझ-बूझ और लगन के साथ आजादी की लड़ाई में हिस्सा लिया। उनका महल, उनकी जायदाद, उनका पैसा, उनके साधन इतने ज्यादा बड़े थे कि चारों तरफ, पूरे प्रदेश में, यहाँ तक कि देश के कोने-कोने में उनका यश, उनका नाम फैल गया। महात्मा गाँधी, जवाहरलाल नेहरू, सुभाषचन्द्र बोस, सरदार वल्लभभाई पटेल, डॉ. राजेन्द्रप्रसाद जैसे बड़े-बड़े नेता उनके यहाँ आते, उनके घर में ठहरते। धीरे-धीरे राष्ट्रीय पार्टी पर उनकी पकड़ बढ़ती गयी। फिर आजादी के बाद वह अपने प्रदेश के मुख्यमन्त्री बन गये।

सदाशिव बरुआ के प्रदेश में तब तक उनके विरोधियों ने सिर उठाना शुरू कर दिया था। राष्ट्रीय स्तर पर उनके विरोधियों के समर्थकों की संख्या बढ़ती जा रही थी। किसानों और काश्तकारों के उस प्रदेश में आस-पड़ोस के प्रदेश, यहाँ तक कि सीमा-पार से विस्थापितों के झुण्ड, लाखों की तादाद में रोजगार की तलाश में आ रहे थे उन दिनों। यह क्रम तभी शुरू नहीं हुआ था। यह तो न जाने कितने वर्षों से चला आ रहा था। रोजगार की तलाश में विस्थापित बाहर से आये थे, लेकिन थोड़े समय में ही उन्होंने प्रदेश की अर्थव्यवस्था पर अपनी पकड़ मजबूत करनी शुरू कर दी। धीरे-धीरे उनकी तादाद बढ़ती जा रही थी। तादाद बढ़ने से गुट बन रहे थे और गुट के नेता पैदा हो रहे थे। सदाशिव बरुआ की राजनीति परम्परागत थी। वह गुट और दल की जोड़-तोड़ में ज्यादा

दिन टिक नहीं सके। कुछ ही दिनों बाद उन्हें मुख्यमन्त्री-पद से हटा दिया गया।

सदाशिव बरुआ को छोटे-मोटे शिकार खेलने का शौक था। मुख्यमन्त्री-पद से हटने के बाद, बेनाम, रुसवा अपने छोटे-मोटे दल के साथ वह अपने इलाके की राजनीति में मशगूल रहा करते और कभी-कभार मुर्गाबियों के शिकार के लिए, जंगल में जाया करते। सदाशिव बरुआ शिकार खेलने अकेले कभी नहीं जाते थे। उनके साथ मुसाहिबों का, दोस्तों का, उठने-बैठनेवालों का पूरा एक काफिला चला करता। जंगल के अन्दर जाकर यह काफिला अलग-अलग टुकड़ियों में बँट जाता। इन टुकड़ियों में बारह बोर की दुनाली बन्दूक से मुर्गाबियों के शिकार का दंगल हुआ करता। एक बार, उन्हीं दिनों, जब जंगल में मुर्गाबियों के शिकार का दौर चल रहा था तब सदाशिव बरुआ मुर्गाबियों को छोड़कर किसी हिरण का पीछा करने लगे। उधर उनके दल के दूसरे लोग मुर्गाबियों का शिकार कर रहे थे। हिरण कहाँ पकड़ में आता ! सदाशिव बरुआ हारकर, अपनी चुनी हुई झाड़ी की तरफ लौटने लगे थे, जब दूसरी तरफ से मुर्गाबियों के झुण्ड के ऊपर उनके ही दल की किसी टुकड़ी के लोगों ने चार और छह नम्बर के छर्रे छोड़ दिये। बारह बोर की दुनाली बन्दूक से पच्चीस-तीस छर्रे, जो मुर्गाबियों के झुण्ड के ऊपर छोड़े गये थे, सदाशिव बरुआ की बाजू, पीठ, गरदन और दिमाग में घुस गये। उनकी चीख से जंगल में कोहराम मच गया। उसके बाद अस्पताल और आपरेशन का एक लम्बा सिलसिला चला। चूँकि छर्रे दूर से छोड़े गये थे, इसलिए सदाशिव बरुआ बच गये। बाजू, पीठ और गरदन में घुसे हुए छर्रे तो आपरेशन के जरिये निकाल दिये गये, लेकिन दिमाग में घुसे हुए छह छर्रे नहीं निकाले जा सके। वह छर्रे हमेशा-हमेशा के लिए उनके दिमाग, उनकी जिन्दगी का हिस्सा बन गये।

बीमारी, आपरेशन और अस्पताल में एक लम्बे अरसे तक बिस्तर पर लेटे रहने के दौरान सदाशिव बरुआ चुपचाप अपनी योजना बनाते रहे। तब मुख्यमन्त्री पद से हटे हुए उन्हें काफी दिन हो चुके थे। इसी बीच उनके विरोधियों ने राष्ट्रीय पार्टी में उनको खत्म कर दिया था। ठीक होने के बाद सदाशिव बरुआ ने एक काफी बड़ा आन्दोलन छेड़ दिया। यह आन्दोलन प्रदेश के मूल निवासियों की तरफ से आस-पड़ोस के प्रदेशों और सीमावर्ती इलाकों से आये हुए उन शरणार्थियों के खिलाफ था जिनकी संख्या बढ़ते-बढ़ते हजार गुनी हो चुकी थी। सदाशिव बरुआ ने असल में आन्दोलन तो सिर्फ अपने को व्यस्त रखने और अपना उखड़ा हुआ राजनीतिक धरातल जमाने के लिए छेड़ा था। साथ ही वह प्रदेश के नेताओं को उन्हें काट देने का मजा चखाना चाहते थे। कुछ ही समय में उस आन्दोलन ने एक विराट् रूप धारण कर लिया। उधर उस आन्दोलन के कारण न सिर्फ उस प्रदेश की सत्ता बल्कि उस प्रदेश में राष्ट्रीय

पार्टी का राजनीतिक भविष्य खतरे में पड़ गया।

पार्टी की हाई कमान ने स्थिति से निपटने के लिए सदाशिव बरुआ को राजधानी बुलाकर उन्हें राज्यपाल का पद दे दिया। हाई कमान ने सदाशिव बरुआ को अपने इलाके से तेरह सौ मील दूर उस प्रदेश का राज्यपाल बना दिया, जहाँ पर पार्टी का मुख्यमन्त्री, हाई कमान के दिशा-निर्देश के तहत पूरी आस्था और विश्वास के साथ काम नहीं कर रहा था। सदाशिव बरुआ मजबूत किस्म के, तीन-तिकड़म और जोड़-तोड़वाले नेता थे। उनकी बड़ी साख थी, उनका बड़ा नाम था। उनके राज्यपाल का पद-भार सम्हालने के चार महीने के अन्दर वहाँ के मुख्यमन्त्री को हटना पड़ा। उधर जो आन्दोलन सदाशिव बरुआ ने मुर्गाबियों के शिकार के दौरान हुए हादसे के बाद छेड़ा था, वह उनके प्रदेश छोड़ने से ठण्डा पड़ गया।

सदाशिव बरुआ असल में काफी दिनों से सत्ता के बाहर थे। हुकूमत करना, हुक्म देना उनके खून में, उनकी रगों में किसी नशे की तरह, कितने ही दिनों से, कितने ही सालों से घुसा हुआ था। राजनीतिक उठा-पटक में वह माहिर तो थे ही यहाँ के मुख्यमन्त्री को हटाकर वह खुद राष्ट्रपति शासन में एक बार सत्ता का सुख भोगना चाहते थे। उधर असंतुष्ट गुट के नेताओं ने प्रदेश के मुख्यमन्त्री के प्रति जेहाद छेड़ा हुआ था। सदाशिव बरुआ ने कुछ ऐसा चक्कर चलाया, हाई कमान को ऐसी रपट दी कि प्रदेश में कर्मचारियों की लम्बी हड़ताल के बाद राष्ट्रपति शासन लागू कर दिया गया। उधर सदाशिव बरुआ ने अपने इस कारनामे से हाई कमान का पूर्ण विश्वास प्राप्त कर लिया।

असल में सदाशिव बरुआ में डिप्रेशन साइकोसिस के लक्षण थे, जिसकी वजह से जितनी तेजी के साथ उनका दिमाग काम करता, उतनी ही तेजी के साथ उनका दाहिना पैर हिलता रहता। कभी-कभी सिर में बेतहाशा दर्द होता और आँखों के सामने अँधेरा छा जाता। डॉ. हरिभजन मांगलिक के जरिये वह अपने रोग का इलाज करवा रहे थे। हालाँकि उनको मालूम था, यह सिर का असहनीय दर्द, मुर्गाबियों के शिकार में, दिमाग में घुसे हुए छर्रों की वजह से था, लेकिन यह बात उन्होंने डॉ. मांगलिक को बतायी नहीं थी।

प्रदेश में राष्ट्रपति शासन लागू हो चुका था। पिछले तीन दिनों में, सदाशिव बरुआ ने प्रदेश की सत्ता सम्हाल ली थी। उनकी मदद के लिए दो सलाहकारों की नियुक्ति हो चुकी थी। उस दिन पहली बार उन्हें सचिवालय जाना था। लेकिन सवेरे सोकर उठने के बाद से ही उनके सिर के अन्दर एक जकड़न पैदा हो गयी थी। उन्होंने डॉ. मांगलिक को बुला लिया था। ऐसे ही दर्द का हमला सदाशिव बरुआ को चार-पाँच दिन पहले हुआ था। तब डॉ. मांगलिक ने उनके दिमाग के एक्स-रे कराये थे। दर्द का हमला चूँकि कभी-कभी होता था, उसका

समय निश्चित नहीं था, इसीलिए डॉ. मांगलिक ने उनके सिर के हिस्से के कई बार एक्स-रे लिये थे। उस दिन सुबह एक्स-रे-रिपोर्ट लेकर डॉ. मांगलिक राजभवन में जब पहुँचे तब कहीं जाकर सदाशिव बरुआ को यह पता लगा था कि मुर्गाबियों के शिकारवाले छर्रों ने, उनके दिमाग के अन्दर किसी चुम्बकीय दबाव के कारण, धीरे-धीरे खिसकना शुरू कर दिया था। ज़ब वह छर्रे अपनी जगह से खिसकने की कोशिश करते तो उनका सिर फटने लगता, बदन काँपने लगता।

जिस समय राज्यपाल के सचिव शेरसिंह गिल ने मुख्यसचिव डी. के. गोस्वामी और संकटाप्रसाद के आने की खबर उनको बतायी, उस समय तक बरुआ साहब के ऊपर दवा का असर हो चुका था, दिमाग में झटके लगना बन्द हो चुके थे। फिर भी थोड़ी-सी जकड़न बाकी थी जिसकी तरफ बिना ध्यान दिये सदाशिव बरुआ बाहर की बैठक में आ गये।

"गुड मार्निंग, सर !" डी. के. गोस्वामी ने झुकते हुए कहा। राज्यपाल ने डी. के. गोस्वामी की 'गुड मार्निंग' का कोई जवाब नहीं दिया और संकटाप्रसाद का हाथ पकड़कर उनको बैठक के दूसरे कोने में खींचते हुए ले गये, "हाऊ डू यू डू, एस. पी. साहब ! हम पहले मिल चुके हैं।"

"यस मिस्टर बरुआ, यस। आपके यहाँ आने पर मैं मुबारकबाद देने आया था।"

"लेकिन आपको अगर उस समय मालूम होता, कुछ ही महीनों बाद क्या होनेवाला था, तब आप शायद मुबारकबाद देने न आते।" बरुआ साहब हँस रहे थे।

"यू आर रांग, मिस्टर बरुआ ! तब तो मैं सिर्फ मुबारकबाद देने नहीं आता, बल्कि उसके बाद आपसे कई बार मिलता। आई एम इम्प्रेस्ड। यू आर सो डायनिमिक परसन !"

"आई एम प्लीज्ड टु मीट यू।"

इसी बीच शेरसिंह गिल, संकटाप्रसाद की फाइल लेकर आ गया।

"सर !"

सदाशिव बरुआ ने शेरसिंह के हाथ से संकटाप्रसाद का नियुक्ति-पत्र लेकर उसकी तरफ बढ़ा दिया।

"कांग्रेचुलेशन्स !"

"थैंक्यू मिस्टर बरुआ, थैंक्यू वेरी मच !"

शेरसिंह गिल के इधर आ जाने से डी. के. गोस्वामी अकेले पड़ गये। कांग्रेचुलेशन और थैंक्यू की आवाजें सुनकर, सोफे से उठकर वह हॉल में थोड़ा-सा आगे बढ़ आये। उन्होंने संकटाप्रसाद से कहा, "वन्स अगेन

कांग्रेचुलेशन्स, एस. पी. साब !''

सदाशिव बरुआ के अन्दर एकाएक क्रोध की लहर उठी। उन्होंने हिकारत से डी. के. गोस्वामी की तरफ देखा। उसी समय उनका दाहिना पैर तेजी से हिलने लगा। डी. के. गोस्वामी से वह कोई सख्त बात कहने जा रहे थे तभी साँस छोड़कर उन्होंने संकटाप्रसाद से बात करना शुरू कर दी, ''पूरी पुलिस फोर्स, पूरा अधिकारी वर्ग, एक अजीब सड़ाँध में पनप रहा है। वी हैव टु ओन अप, दे आर पैम्पर्ड ऐण्ड स्पोइल्ड, दे नीड शेक अप।''

''द सेम वे आई फील।'' संकटाप्रसाद ने हल्की-सी मुस्कराहट के साथ डी. के. गोस्वामी की तरफ देखते हुए कहा।

तभी शेरसिंह गिल दुबारा राजभवन के चोबदार को लेकर आ गया। चोबदार के हाथ में चाय की ट्रे थी। प्यालों में चाय बनाकर चोबदार ने सबसे पहले राज्यपाल को, फिर संकटाप्रसाद को दी और तीसरा प्याला बनाने लगा। संकटाप्रसाद ने डी. के. गोस्वामी की तरफ देखते हुए कहा, ''अरे गोस्वामी, इधर आओ न, वहाँ क्यों बैठे हो ! राज्यपाल साहब की यह बात सही है, प्रशासन में सुस्ती और कमजोरी है, लेकिन इसका मतलब यह नहीं कि इसके लिए जिम्मेदार तुम हो। क्यों, मिस्टर बरुआ ?''

डी. के. गोस्वामी संकटाप्रसाद के पास आकर बैठ तो गये, लेकिन उनके हाथ में चाय का प्याला पहुँचे, इसके पहले ही सदाशिव बरुआ उठकर खड़े हो गये और, ''एस. पी. साब, यू टेक योर टी, आई एम जस्ट कमिंग,'' कहते हुए बैठक से बाहर चले गये।

''क्यों भई गोस्वामी, क्या चक्कर है ?'' संकटाप्रसाद ने राज्यपाल के रुख की तरफ इशारा किया था।

''सर, क्योंकि भूतपूर्व मुख्यमन्त्री ने मुझे मुख्य सचिव बनाया था, इस लिए इनका यह खयाल है कि मैं उनका आदमी हूँ।''

''अरे भई, हम लोग तो भडुए हैं, भडुए ! जिसका राज उसका काज। देअर इज नथिंग टू वरी।''

''बट इट्स ह्यूमिलेटिंग।''

''आई नो इट।''

''और सर, आज शाम को आप क्या कर रहे हैं ?''

संकटाप्रसाद के चेहरे पर बड़ी देर बाद मुस्कराहट आयी थी।

''भई, आज तो सतीशबहादुर ने एडमिनिस्ट्रेटिव ऑफिसर्स कलब में डिनर रख दिया है।''

डी. के. गोस्वामी जैसे आसमान से गिर पड़े। एक बार उनके पैर के नीचे से जैसे जमीन खिसकने लगी। उनको लगा, उनके सितारे गर्दिश में हैं। उस रात

का खाना अगर संकटाप्रसाद ने मान लिया होता तो राज्यपाल की बेरुखी का कोई तो जवाब उनके पास हो जाता। फिर भी बात मोड़ते हुए उन्होंने आश्चर्यजनित खुशी में कहा, "एस. एम. लाल इस सो प्रोम्प्ट।"

"एस. एम. लाल ?"

"शिवमूर्ति लाल। उसे आप जानते होंगे ? श्री श. माथुर का दामाद।"

"अच्छा ! अच्छा ! प्राम्प्ट फॉर व्हाट ?"

"मैंने सचिवालय से चलते समय आपके सम्मान में डिनर का इन्तजाम करने को कह दिया था।"

डी. के. गोस्वामी की बात संकटाप्रसाद को अच्छी लगी थी, "दैट मीन्स, यू ऑल स्टिल केअर फॉर मी।"

"यस सर ! आप तो हम लोगों के गॉड…।"

सदाशिव बरुआ बैठक के अन्दर आ चुके थे।

"क्यों गोस्वामी, हू इज गॉड ?"

"गॉड-फादर, सर !"

"गॉड-फादर ! आई थिंक गोस्वामी, वह स्टेज अब गुजर चुकी है जब तुम्हें गॉड-फादर की जरूरत हो।"

राज्यपाल सदाशिव बरुआ बैठक में आने के बाद दुबारा बैठे नहीं थे, इसलिए संकटाप्रसाद और डी. के. गोस्वामी उठकर खड़े हो गये। तभी शेरसिंह गिल ने आकर राज्यपाल से कहा, "सर, पी. एम. हाउस ऑन द लाइन !"

## दो

नानकपुर गाँव और नेपाल की पूर्वी पहाड़ियों में मुश्किल से तीस किलोमीटर का फासला होगा। नेपाल की पहाड़ियाँ जितनी पास नजर आतीं, उतनी थीं नहीं। नानकपुर गाँव के दक्षिण-पूर्वी किनारे पर काफी घना जंगल था, जिसकी शुरुआत छोटे-छोटे अनेक बीहड़ों से होती। कहनेभर को ही ये बीहड़ छोटे थे। एक-दूसरे में मिलते-मिलते इनका आकार बहुत बड़ा हो जाता। अन्दर-ही-अन्दर गहराई तक फैलते-फैलते बीहड़ उस तीस किलोमीटर चौड़े जंगल में समा जाते। उत्तर-पूर्व में था घाघरा नदी के किनारे घना जंगल, सैकड़ों मील दूर तक। घाघरा नदी के दूसरी तरफ बीस किलोमीटर चौड़ी रेती में कोई सवारी नहीं जा सकती थी। इस तरफ से नेपाल की पहाड़ियों तक पचास-साठ किलोमीटर की गहराई में और दूसरी तरफ से कम-से-कम कई सौ किलोमीटर की लम्बाई तक

सारा-का-सारा जंगल था। पहाड़पुर और नानकपुर के बीच के जंगल को छोड़कर पश्चिम की तरफ से पूर्व को घाघरा नदी में नाव के काफिले, व्यापारियों के माल-असबाब ददही और साम्भलपुर तक ले जाते थे। उसके आगे, रेल-लाइन थी, जहाँ से लकड़ी, चावल, मसाला, घी और तरह-तरह की चीजें बिहार और बंगाल भेजी जातीं। पहाड़पुर को जो सड़क सीधे नानकपुर से जोड़ती उसी से फैजाबाद, जौनपुर बनारस तक पहुँचा जा सकता था।

आजादी के कुछ दिन पहले से जमींदारों के जुल्म के शिकार लोगों ने इस इलाके में घुसना शुरू कर दिया था। उधर नेपाल की पहाड़ियों से उतरकर कई दस्ते यहाँ बस गये। पास के जिलों से भी जुर्म करके लोग-बाग यहाँ भाग आते। धीरे-धीरे यह लोग दूर-दूर तक धावा मारने लगे। धन्धा कोई था नहीं, बस लूट-पाट करके अपना काम चलाया करते। उन्हीं दिनों पश्चिम से नेपाल के अन्दर जाने के लिए और नेपाल से इस तरफ आने के लिए तस्करों ने यहीं से चोर-रास्ता बना लिया था। कई पुश्तों तक इनके बारे में कोई जानकारी नहीं थी। पुश्त-दर-पुश्त लूटमार के जरिये यह लोग अपना काम चलाते रहे। धीरे-धीरे इनके गिरोह बनते गये। पगडण्डियाँ बँट गयीं, गलियारों को ढाट लगाकर खोप दिया गया, इलाकों की हद बाँध दी गयी। जंगल के काफी अन्दर जाकर छोटी-मोटी गुफाएँ, पहाड़ियाँ थीं। इन्हीं गुफाओं और पहाड़ियों पर इन लोगों के अड्डे थे। एक-एक गिरोह में दस से लेकर तीस तक गिरोही हुआ करते। कई गिरोहों में औरतें-बच्चे भी थे। यह लोग बाद में अपने पुश्तैनी गाँव जाया करते। इनके पास हथियारों की कोई कमी नहीं थी। शुरू-शुरू में, कुछ दिनों पहले तक कुछ बन्दकें लूटी गयीं। लेकिन समय के साथ हथियारों की आमद का इनका अपना सिलसिला बनता गया। फिर तादाद बढ़ने की वजह से छोटी-मोटी लूटमार से इनका काम नहीं चलता था। डकैती, खून, फिरौती के लिए अपहरण के साथ यह लोग कमीशन के आधार पर जुर्म करने लगे। तस्करी का माल लाने-ले-जाने का इनका पूरा यातायात बन गया। लाखों-करोड़ों का माल नेपाल की पहाड़ियों से उतारकर जंगल में डाल दिया जाता। इस माल को धीरे-धीरे नदी और सड़क के रास्तों से, देश के कोने-कोने में पहुँचा दिया जाता।

नानकपुर गाँव में के. डी. साहब ने रिटायर होने के बाद अपना फार्म बनाया था। कुछ जमीन तो उनके बाप की पहले से वहाँ थी, लेकिन अफसरी के आखिरी दिनों में उन्होंने करीब पन्द्रह सौ एकड़ और जमीन ले ली थी। के. डी. साहब का फार्म कोई मामूली फार्म नहीं था। कोई दो-ढाई हजार एकड़ का विशाल साम्राज्य था उनका। उसमें ट्रैक्टर, ट्रेलर, जीप, खेती के औजार, खाद, कीटनाशक दवाओं के भण्डार, एक दर्जन ट्यूबवेल, नालियाँ, छोटी नहरों के अलावा मुर्गियाँ, गाय, भैंसें और घोड़े भी थे। उनकी अपनी अलग सुरक्षा-व्यवस्था

थी, जिसके अन्दर गारद की चार चौकियाँ और तीन ऊँचे टावर थे, जिनमें सर्चलाइट लगी हुई थी।

के. डी. साहब असल में कृष्णदत्त शर्मा थे, लेकिन शायद ही कोई उनको इस नाम से जानता था। उनके बाप रायबहादुर विष्णुदत्त शर्मा अंग्रेजों के ज़माने में नामी-गरामी हस्ती थे। उनका दबदबा, उनकी शोहरत पूरे दक्षिणी इलाके में फैली हुई थी। विष्णुदत्त शर्मा के बाप ब्रह्मदत्त शर्मा पठार के बेताज बादशाह कहे जाते थे। दमोह रियासत के राजा की मृत्यु के बाद, अंगरेजों से मिलकर उन्होंने पूरी रियासत, किसी फ़र्जी इक़रार-नामे के तहत, अंग्रेज़ी साम्राज्य में मिला दी थी। तभी से पूरा शर्मा खानदान हूकूमत का कृपापात्र बन गया था। के. डी. साहब के बाप ने अपने बेटे को हुकूमत की सेवा में लगा दिया था। 1942 के आस-पास, जब के. डी. पुलिस फोर्स में भर्ती हुए, चारों तरफ विद्रोह की ज्वाला धधक रही थी। के. डी. का रंग-रूप, चेहरा-मोहरा, बनावट अपनी माँ पर गया थी। रायबहादुर विष्णुदत्त शर्मा की पत्नी कृष्णा आधी हिन्दुस्तानी थी और आधी विलायती। उस ज़माने में, आधी विलायती होने का मतलब किसी अंग्रेज़ की औलाद से होता था। लेकिन कृष्णा शर्मा के साथ ऐसा नहीं था। वह तो अंग्रेज़ मेम के पेट से पैदा हुई थीं, लेकिन बाप हिन्दुस्तानी था। मसलतन, के. डी. साहब के खून में अंग्रेजियत कूट-कूटकर भरी हुई थी।

सन् 1942 में के. डी. किसी अंग्रेज़ से कम नहीं लगा करते थे। स्वतन्त्रता-सेनानियों को कुत्ते-बिल्ली की तरह दुतकारते, मारते-पीटते और मौका पाकर गोलियों से भून दिया करते थे। उछाल मारते हुए जवानी के जोश में उन्होंने बड़े करतब दिखाये थे। पूरे अंग्रेज़ साम्राज्य का बोझ जैसे उन्हीं के कन्धों पर आ गिरा था और वह थे जो उसे उठाये हुए चारों तरफ कहर ढा रहे थे। रात के सन्नाटे में, उनके घोड़े की टाप सुनकर, घरों के दीये बुझा दिये जाते, खिड़की-दरवाजे बन्द कर दिये जाते। रोते हुए बच्चे उनके नाम से चुप होते, शैतान लड़कों को उनके फोटो से डरा दिया जाता था। जुझारू लड़के तक उनकी छाया से दूर भागते थे। लम्बा शरीर, चौड़ी छाती, ऊँचा माथा, सब मिलाकर के. डी. खूबसूरत लेकिन खौफनाक शख्सियत के मालिक थे। न जाने कितने घर उन्होंने उजाड़े, न जाने कितनी औरतों की माँग पोंछ डाली और न जाने किस-किस माँ की गोद उन्होंने सूनी कर दी ! गाँव-के-गाँव, खानदान-के-खानदान के. डी. ने तबाह किये थे। क्यों न करते, वह थे रायबहादुर के बेटे ! बहरहाल उनकी उपलब्धियाँ इतनी अधिक थीं, बिट्रिश साम्राज्य उन्हें एक के बाद एक तरक्की देता गया। कुछ वर्षों में वह सुपरिन्टेण्ड्रेण्ट ऑफ पुलिस का काम देखने लगे।

भारत को जब आजादी मिली, के. डी. साहब ने बड़ी कोशिश की कि

वह भी अंग्रेज़ों के साथ हिन्दुस्तान से चले जायें। लेकिन अंग्रेज़ उन्हें भला कहाँ ले जाते ! कई रात, कई दिन, हफ्तों तक के. डी. अपने भविष्य की चिन्ता में परेशान रहे थे। उनको यही लग रहा था कि अब बारी आयी है हिन्दुस्तानियों की। बदहवास, बेचैन, डरे-डरे-से के. डी. जुल्म के उस दौर को सोचकर बेताब हो रहे थे, जो अब उनके ऊपर बरपा होनेवाला था। उनको विश्वास था, कांग्रेस के नेता उन्हें छोड़ेंगे नहीं। प्रदेश में सत्ता का जो तन्त्र उभरकर सामने आ रहा था, उसके कितने लोगों की उन्होंने मुण्डिया तोड़ी थीं, कितनों को लूला और लँगड़ा बना दिया था। और जब उनकी समझ में कुछ नहीं आया तो वह चुपचाप इस्तीफा देकर अपने गाँव चले गये।

लेकिन के. डी. का इस्तीफा मंजूर नहीं हुआ। प्रदेश सरकार को तजुर्बेकार अफसरों की तलाश थी। ऊँचे ओहदों पर से विलायती अफसरों के चले जाने से पुलिस फोर्स को चलाना मुश्किल हो गया था। उन्हें वापस बुलाकर सुपरिन्टेण्डेण्ट ऑफ पुलिस बना दिया गया। उसके बाद के. डी. बदल गये। नयी हुकूमत की तीमारदारी वैसे ही करने लगे, जैसे अंग्रेजी हुकूमत की किया करते थे। अब मालिक नये थे और वह उनके वफादार नौकर।

कुछ वक्त जरूर लगा था के. डी. को बदलने में। लेकिन एक बार बदलने के बाद, उनसे ज्यादा वफादार, इशारे समझनेवाला अफसर पूरी पुलिस फोर्स में नहीं था। आजाद हिन्दुस्तान की आजाद सरकार के वह प्रदेश स्तर के पहले पुलिस महा-निरीक्षक थे। जहाँ एक तरफ उनके अन्दर अंग्रेजियत का गरूर था, वहीं दूसरी तरफ एक खास तरह की लम्पटता भी थी। कुछ रायबहादुर विष्णुदत्त शर्मा के पुत्र होने की वजह से, कुछ विलायती सोहबत के असर से, और कुछ हिन्दुस्तानियों को अरसे तक बेंत, बूट और लाठियों से पीटते रहने की वजह से, के. डी. पुलिस-सेवा के अन्त तक अपने अन्दर की ऊब और घुटन को नहीं मिटा पाये। हिकारत की नजर से देखते थे वह खद्दरधारी नेताओं को। पहले की तरह सामान्य लोगों से उनका सम्पर्क टूट चुका था। लेकिन सत्ता के ऊँचे स्तर पर फिर भी के. डी. को उन्हीं लोगों से निपटना पड़ता जिन्हें उन्होंने अपने अंग्रेज़ी ज़माने में जुतिआया था। के. डी. का पहले ज़माने में एक और नाम था। वह नाम था टाइगर। अंगरेज़ हुक्मरान, आला अफ़सर उन्हें प्यार से 'टाइगर' और अदब से 'टाइगर के. डी.' कहा करते थे, जबकि भारतीय उन्हें विलायती नाम का देशी कुत्ता।

चुनाव में फर्जी वोट डलवाने, डिब्बे बदलवाने, लोगों को वोट न डालने देने की तरकीबों-करतबों की शुरुआत उन दिनों शुरू हो चुकी थी, जब के. डी. रिटायर होनेवाले थे। लेकिन इन करतबों के गुर उन्हें मालूम नहीं थे। फिर भी एक चुनाव में न जाने किस तरकीब से उन्होंने सत्ताधारी दल को हारी हुई

आठ-दस सीटें दिलवा दी थीं। असल में झण्डाधारी दल, जिसका उस इलाके में जोर था, के. डी. को 'कुत्ता-कुत्ता' कहकर बदनाम कर रहा था।

झण्डाधारी दल और के. डी. का टकराव किसी तबादले को लेकर शुरू हुआ था। के. डी. ने झण्डाधारी दल के नेताओं को, पुराने जोश में कमरे से बाहर निकाल दिया था। तभी से 'के. डी. कुत्ता है,' 'अंग्रेज़ी कुत्ते का नाम टाइगर' और 'टाइगर का नाम के. डी.' कहकर झण्डाधारी दल के नेता प्रचार किया करते। जब के. डी. खुद सबकुछ भूलकर राष्ट्र की सेवा में लगे हुए थे, उनके अस्तित्व को चुनौती देने के लिए इस तरह का आन्दोलन छेड़ा गया था। उन्हें झण्डाधारी दल के नेताओं से नफरत हो गयी थी। अपनी नफरत के तहत के. डी. ने कुछ ऐसी रणनीति बनायी, पूरे इलाके में जहाँ उनका जोर था, झण्डाधारी दल चुनाव हार गया। चुनाव के बाद एक काफी बड़ा जुलूस निकाला गया जिसमें 'वोट हमारे कहाँ गये—के. डी. कुत्ते की झोली में' और 'के. डी. कुत्ता हाय-हाय' किस्म के नारे लगाये गये।

बहरहाल, सत्ताधारी दल में के. डी. की प्रतिष्ठा सातवें आसमान पर पहुँच गयी। उसी वर्ष उन्हें रिटायर होना था। रिटायर तो वह हो गये, लेकिन उन्हें एक के बाद एक प्रतिष्ठा मिलती गयी। कभी कमीशन के चेयरमैन, कभी कमेटी के मेम्बर, एक बार तो राज्यपाल-पद के लिए भी उनका नाम चला था। तभी उनके दो जवान लड़के एक गाड़ी-दुर्घटना में मारे गये। उन्होंने लोगों से मिलना-जुलना छोड़ दिया और अपने नानकपुरवाले फार्म पर रहने लगे।

उस दिन कृष्णदत्त शर्मा उर्फ के. डी. उर्फ टाइगर बड़े अच्छे मूड में थे। शाम का वक्त था। धुँधलका धीरे-धीरे आसमान से जमीन की तरफ उतरने लगा था। फसल की कटाई करीब-करीब पूरी हो चुकी थी। सोना बरसा था—उस बार उनके खेत में। कुछ महीनों तक उन्हें आराम करना था, सिर्फ आराम ! सुबह टहलना, दिन में सोना, शाम को पीना और रेडियो सुनना—यही तीन-चार काम करने थे उन्हें। वह धीरे-धीरे टहलते हुए अपने फार्म-हाउस की तरफ बढ़ रहे थे कि तभी उन्हें पीछे से जीप का हार्न सुनाई दिया। इससे पहले कि के. डी. पीछे मुड़कर गाड़ी की तरफ बढ़ें सर्किल इन्सपेक्टर भैरवसिंह खुद उनके करीब आ गया।

भैरवसिंह धाँसू किस्म का पुलिस अफसर था। सर पर टोपी, अर्धवृत्ताकार चेहरा, तीन-साढ़े तीन इंच के करीब की घुमावदार मूँछ—आधे इंच की गहराई में उभरी होंठ को दाबे हुई थी। निचला होंठ, ऊपरी हिस्से से कम मोटा था। लेकिन चबाने की वजह से ठोड़ी तक कुछ लटक गया था। बादामी रंग के सपाट जबड़ों का

कटाव ठोड़ी और निचले होंठ पर जैसे बढ़ते-बढ़ते रुक गया था। पान, सुर्ती, तम्बाकू के बदरंग दाग उसके मोटे दाँतों के ऊपर जमे हुए थे। कान और गरदन के बीचोंबीच, दाहिनी तरफ को भागता हुआ एक चोट का निशान था जिसने पूरे चेहरे को लपेट में ले रखा था। मझोला कद, फूला हुआ सीना, ढरकता हुआ पेट और टेढ़ी टाँगें उसके व्यक्तित्व में, अच्छा-बुरा कोई खास अन्दाज पैदा करती थीं। जो लोग भैरवसिंह को जानते थे वह यह भी जानते थे कि उसकी शख्सियत पूरी थी, अधूरी नहीं। कहीं कोई गड़बड़ नहीं थी। उसके शरीर का प्रत्येक हिस्सा किसी नपे-तुले नक्शे की तरह, एक-दूसरे से बँधा हुआ था। भैरवसिंह की हँसी और भैरवसिंह का पंजा दूर-दूर तक मशहूर था। मशहूर तो उसकी आँखें भी थीं, लेकिन वह दूसरे सन्दर्भ में। जहाँ एक तरफ, उसकी हँसी के ठहाकों से दीवार काँपने लगती, उसके पंजों की वास्तविक या मानसिक पकड़ से निकल भागनेवाला कोई नहीं था। लेकिन उसकी लाल आँखों को लोग शैतान की आँखें कहा करते। उन आँखों से बचकर निकल जाना, आग का दरिया पार करने के बराबर था।

भैरवसिंह ने बड़े पापड़ बेले थे। बचपन में उसके बाप मर गये। विधवा माँ ने अपने भाई के यहाँ रखकर उसे पाल-पोसकर बड़ा किया था। भाई के कई औलादें थीं, बड़ा परिवार था, जिसमें भैरवसिंह दूसरे दर्जे के सदस्य की तरह बड़ा हुआ था। ऊपरी हिस्से के मकान में, नीचे से पानी लाकर, बड़े-बड़े हण्डों में जमा करना पड़ता। उसकी माँ दिन-रात खाना, बरतन-चौका करती और वह खुद ऊपरी काम में लगा रहता। उसके बाद भी माँ के भाई के लड़के उसे अक्सर टिपिया दिया करते। काम-काज जब खत्म हो जाता, सब लोग खाकर जब सो जाते, तब कहीं जाकर भैरवसिंह, औंघाते-औंघाते, उस दिन का पाठ याद किया करता। फिर उसे लालटेन के खर्च का ताना अलग सुनना पड़ता। भैरवसिंह के बाप असल में, अफीम की तस्करी के दौरान की दौड़-भाग में किसी दिन पुलिस की गोली का शिकार हो गये थे। उसकी माँ के सीने में धधकता हुआ नफरत का सैलाब, भैरवसिंह को बहुत आगे तक बहा ले गया था। उसकी दुनिया पुलिस ने उजाड़ी थी। जुल्म और हिकारत की तह से उभरकर जीता-जागता एक सपना भैरवसिंह की आँखों में बस गया था। बचपन से जवानी तक भैरवसिंह उसी सपने के साथ बढ़कर, जीकर बड़ा हुआ था। नन्हे-से धड़कते दिल में पुलिस-अफसर बनने का यह सपना काफी दिनों तक भैरवसिंह को छलता रहा। वर्जिश, दौड़ और भिगोये हुए चने की बुनियाद पर आखिर एक दिन भैरवसिंह पुलिस सब-इन्सपेक्टर बन गया। बस इसी दिन का उसे इन्तजार था। एक अदद वर्दी, लकड़ी की कुर्सी, कमर में रिवाल्वर और कन्धों पर तमगे—यही इसकी सपनों की दुनिया के खूबसूरत आयाम थे।

यह सब-कुछ मिल जाने के बाद भी, भैरवसिंह के अन्दर से नफरत नहीं गयी। पन्द्रह वर्ष तक उसने माँ के सीने से पायी हुई नफरत को उसी तरह पाला था जिस तरह पुलिस-अफसर बनने के सपने को। घर की हिकारत, दूसरे दर्जे की जिन्दगी ने इस नफरत को कहीं ज्यादा, कितने ही अधिक अनुपात में बढ़ा दिया था। उसके मन में धड़कते हुए जज्बात नहीं थे, एक सुलगता हुआ विद्रोह था, एक ऐसी अजनबी बगावत थी, जिसकी न तो कोई इन्तिहा थी और न ही कोई हद ! बस ऐसी मनःस्थिति में जिन्दगी से जूझते हुए, भैरवसिंह का वह 'जय भवानी' रूप बना था, सँवरा था। एक अजीब-सी, एकतरफा ढलान उसके अन्दर घर कर गयी थी।

''नमस्कार, सर !''

''नमस्कार ! आप...अन्दर चलें।''

''अन्दर तो चलूँगा सर, लेकिन मुँह मीठा करवायेंगे न !''

''क्यों भई ! क्या बात है ? शाम के वक़्त मुँह मीठा कब से करने लगे ?''

''चलिए, सर ! बताता हूँ...अच्छी खबर लाया हूँ।''

''अब मेरे लिए अच्छी खबर भला क्या होगी ?''

''है, सर ! हम सबके लिए अच्छी खबर है।'' भैरवसिंह के. डी. के साथ चलते-चलते कह रहा था।

''तो क्या एनसाइक्लोपीडिया का तबादला हो गया ?'' के. डी. ने हँसते हुए कहा।

''नहीं हुआ तो अब हो जायेगा।''

''कैसे भला ?'' के. डी. ने फार्म-हाउस के बगीचे में पड़ी बेंत की कुर्सी पर बैठते हुए कहा, ''यह क्या पहेलियाँ बुझा रहे हो, भैरवसिंह ?''

''बात यह है, सर, आपको राज्यपाल का सलाहकार बनाया जा रहा है, यह पूरे पुलिस-फोर्स के लिए गौरव की बात है।''

''मुझे राज्यपाल का सलाहकार ?''

''हाँ, सर !''

''मेरी याद कैसे आ गयी उन लोगों को ?''

''पुलिस-फोर्स डीमॉरलाइज है इस वक्त, शायद इसीलिए।''

''लेकिन मुझसे तो पूछा नहीं गया ?''

''दिल्ली से रेडियोग्राम आया है। क्लेक्टर दौरे पर हैं। मुझे पता लगा... मैं तुरन्त यहाँ आ गया।''

''तो यह है खुशखबरी ! अच्छा बोलो, क्या लोगे ? मुँह कड़वा करोगे

या मीठा।''

''दोनों, सर ! पहले कड़वा, फिर मीठा।'' भैरवसिंह खी-खी कर रहा था।

के. डी. ने हाथ से ताली बजायी। अन्दर से खाकी कमीजधारी दौड़ता हुआ आया।

''दो चाय और मीठा !'' के. डी. ने हुक्म दिया था।

उन दिनों नानकपुर-पहाड़पुर के पूरे इलाके में के. डी. साहब और जिलाधिकारी में खास तरह का शीत-युद्ध चल रहा था। भैरवसिंह असल में के. डी. साहब के साथ था। महीने में एक-दो बार वह उनके यहाँ हाजिरी लगाने आ जाया करता था। जिलाधिकारी हरीस्वरूप जौहरी को भैरवसिंह और के. डी. साब की मिली-भगत के बारे में पता था। उन्होंने भैरवसिंह को तो डकैती के एक मामले में फाँस लिया था। लेकिन के. डी. साब पर उनका जोर नहीं चल पा रहा था, क्योंकि भैरवसिंह के जरिये जिले की पुलिस-फोर्स के. डी. साब का साथ दे रही थी।

भैरवसिंह और हरीस्वरूप जौहरी, जिन्हें जिले के लोग खुन्ना जौहरी के नाम से जानते थे, दोनों में भिड़न्त एक छोटे मामले को लेकर शुरू हुई थी। खुन्ना जौहरी कायस्थों के बड़े खानदान से ताल्लुक रखते थे। देश के शासन-तन्त्र में उनके रिश्तेदार ऊँचे ओहदों पर थे। फिर पढ़े-लिखे होने की नुमाइश वह कुछ ज्यादा करते थे। उनकी बीवी रत्ना जौहरी दक्षिण प्रदेश के राज्यपाल नर्मदाप्रसाद खरे की बेटी थी। बड़े घर की होने की वजह से रत्ना जौहरी के खर्चे, खुन्ना जौहरी की आमदनी से कहीं ज्यादा थे। यूँ तो रत्ना जौहरी के अपने एकाउण्ट में काफी रुपया था, लेकिन उन्हें जब अपने एकाउण्ट से रुपया निकालना पड़ता तो खुन्ना जौहरी को कई दिन तक ताने सुनने पड़ते। रात में उन दिनों रत्ना जौहरी भुनकी रहतीं, भुकुरी रहतीं। खुन्ना जौहरी की अपनी पूँजी, उनके बाप का पैसा काफी पहले ही रत्ना जौहरी की शापिंग और ससुर नर्मदाप्रसाद खरे के यहाँ आने-जाने में खर्च हो चुका था। जब वेतन का ब्योरा उनके सामने होता तो उसे देखकर खुन्ना जौहरी के अन्दर रुलाई फूटने लगती। जाहिराना तौर पर उस वेतन में रत्ना चौहरी नामक पत्नी के साथ, खुन्ना जौहरी उर्फ हरीस्वरूप जौहरी उर्फ एनसाइक्लोपीडिया का जिन्दा रहना मुमकिन नहीं था।

भैरवसिंह और खुन्ना जौहरी के बीच झगड़े की वजह और कुछ नहीं, ब्रिटानिका एनसाइक्लोपीडिया थी, जिसका एक सेट खुन्ना जौहरी के ससुर नर्मदाप्रसाद खरे ने उनकी शादी पर खासतौर पर उपहार में दिया था। उन दिनों ब्रिटानिका एनसाइक्लोपीडिया करीब सात-आठ हजार की आया करती थी।

खुन्ना जौहरी किसी जिले में जब जिलाधिकारी बनकर जाते थे तो जिले के व्यापारी, बड़े लोग, मिल-मालिक वगैरा उनके यहाँ सौजन्यतावश मिलने आया करते। पहले दौर में ही खुन्ना जौहरी इन लोगों को नाप-तौल लेते थे। नाप-तौलकर परखकर वह आठ-दस लोगों को छाँट लिया करते। सौजन्यता के दौर के बाद मेल-मुलाकातें होती रहतीं। उन मुलाकातों के दौरान, पढ़ाई-लिखाई का जिक्र होता, जिसके साथ जुड़ जाती उनकी अपनी लाइब्रेरी। खुन्ना जौहरी ने जिन आठ-दस लोगों को छाँटा हुआ होता, वह एक-एक करके उनके घरेलू पुस्तकालय को देखने आते। कई जिलों में रहने के बाद किताबों का अच्छा-खासा भण्डार उनके पास हो गया था। जब चुने हुए लोग उस अच्छे-खासे घरेलू पुस्तकालय को देखने आते तब वह स्वाभविक रूप से खुन्ना जौहरी को खुश करने के लिए पुस्तकालय की भूरि-भूरि प्रशंसा करते ! बस यहीं पेंच था। जब पुस्तकालय की प्रशंसा हो रही होती, तभी खुन्ना जौहरी धीरे-से ब्रिटानिका एनसाइक्लोपीडिया का सेट न खरीद पाने की अपनी दयनीय स्थिति का जिक्र कर दिया करते। शिष्टतावश धनी व्यापारी या मिल मालिक खुद अपने एकाउण्ट में से एक सेट मँगा लेने के लिए कह देता। आठ-दस दिन के बाद उस धनी व्यापारी या मिल-मालिक को सेट आ जाने की सूचना भेज दी जाती। तब वह पहले से बताये हुए तरीके के तहत आठ हजार नकद का भुगतान करने आता। उस समय खुन्ना जौहरी उसे वही सेट दिखला देते जो उनके ससुर नर्मदाप्रसाद खरे ने शादी में उपहार में दिया था। चूँकि यह रैकेट कई जगह चल चुका था, इसलिए भैरवसिंह को मालूम था। इस बार जब खुन्ना जौहरी यहाँ आये तब भैरवसिंह ने पहले से ही ब्रॉडकास्ट कर दिया था ब्रिटानिका एनसाइक्लोपीडिया के फसली जुकाम के बारे में।

वैसे खुन्ना जौहरी की खुन्दक की वजह भैरवसिंह का महज यह कह देना नहीं था। वह तो नाराज इस वजह से थे कि उनकी पत्नी रत्ना जौहरी के खर्चों का क्या होगा ? इसके पहले, जहाँ भी गये खींच-तानकर दो-तीन वर्ष में आठ-दस लोगों से 80,000 रुपये तक झटक लिया करते। उसके अलावा काफी कुछ डाली, सौगातों और दावतों में बटोर लिया जाता। ससुर नर्मदाप्रसाद खरे के यहाँ आने-जाने के खर्च का अगर काण्टिन्जेन्सी फण्ड से इन्तजाम कर लिया जाये तो सिर्फ ब्रिटानिका के जरिये उनकी पत्नी रत्ना जौहरी को सम्हाला जा सकता था। लेकिन उस बार भैरवसिंह ने सारा खेल बिगाड़ दिया था। उनके आने से पहले उनकी शोहरत वहाँ पहुँच चुकी थी। खुन्ना जौहरी के कुदरती आँखों ने सब भाँप लिया था। ब्रिटानिका का रैकेट वहाँ चलनेवाला नहीं था, जबकि रत्ना जौहरी के खर्चे पहले से अधिक बढ़ चुके थे। अपनी पत्नी को खुन्ना जौहरी भला क्या समझाते ! वहाँ तो उनके पुरुषार्थ का प्रश्न था। लेकिन काफी

कोशिश करने के बाद भी उन्हें और कोई रास्ता नजर नहीं आया था। ऊपर से के. डी. साहब के भैरवसिंह के पीछे मौजूद रहने की वजह से, वह और ज्यादा दुखी होने लगे थे। काफी हाथ-पैर मारने के बाद भी जब और कोई रास्ता उन्हें नजर नहीं आया, तब एक दिन डकैती में बरामद हुए माल को खजाने में जमा न किये जाने पर उन्होंने भैरवसिंह को फाँस लिया था, लेकिन उससे खुन्ना जौहरी की समस्याओं का कोई हल नहीं निकल पाया।

खुन्ना जौहरी, जब के. डी. साब के फार्म-हाउस में पहुँचे तो भैरवसिंह वहाँ बैठा हुआ था। उन्होंने दूर से ही भैरवसिंह को पहचान लिया था। एक बार तो उनका मन हुआ, ड्राइवर से गाड़ी वापस ले चलने को कहें, लेकिन सामने के. डी. साब बैठे हुए थे और इतने करीब पहुँच जाने के बाद गाड़ी मोड़कर वापस ले जाना अजीब-सा लगता। गाड़ी रुकते ही, चोबदार ने पीछे का दरवाजा खोला। उसी वक्त के. डी. साहब उठकर खड़े हो गये।

खुन्ना जौहरी का रंग गोरा नहीं था। मझोला कद, दोहरा बदन, गोल चेहरे पर महीन फ्रेम का चश्मा उनके अभिजात्य को बढ़ा रहा था। सीधे खड़े हुए बाल उनके सिर को सारे बदन से अलग पेश करते। उस दिन खुन्ना जौहरी के लिए एक अजीब स्थिति थी। वह जिस आदमी को निकट भविष्य में ठीक करने की योजना बना रहे थे, वह खुद प्रदेश की सत्ता का अहम हिस्सा बनने वाला था।

"गुड इवनिंग, सर !" खुन्ना जौहरी ने के. डी. साब से तपाक से हाथ मिलाया।

"गुड इवनिंग !" के. डी. साब 'सर' लफ्ज खुन्ना जौहरी के मुँह से निकलने पर मुस्करा रहे थे।

खुन्ना जौहरी के वहाँ उस वक्त पहुँचने के पीछे साफ-साफ के. डी. साब को सेट करने की योजना थी। उन्होंने इसी बीच योजना बना रखी थी, जिला छोड़कर किसी कारपोरेशन का प्रबन्ध-निदेशक बनने की। के. डी. साब के साथ अपने शीत-युद्ध के बारे में भी उन्होंने सोचा था। लेकिन एडवाइजर बनने की पहली सूचना देने की कोशिश से वे असल में के. डी. साब को ठीक करना चाहते थे। ब्रिटानिका रैकेट के खुल जाने की वजह से उस जिले में उनका गुजारा होनेवाला नहीं था। उधर रत्ना जौहरी के खर्च उनकी जान के ऊपर बने हुए थे। अपने ससुर नर्मदाप्रसाद खरे से उन्होंने मुख्यसचिव को कहला तो दिया था, लेकिन के. डी. साब के वहाँ पहुँचने पर स्थिति उलट सकती थी। उधर भैरवसिंह के. डी. साब को उनके खिलाफ भड़कायेगा। फिर भी वह एक चान्स लेना चाहते

थे।

“यहीं बैठेंगे या अन्दर चलें ?” के. डी. साब ने खुन्ना जौहरी से पूछा।

“अब बैठना क्या है, सर ! यहीं बात करते हैं।”

“बैठिये तो !” के. डी. साब ने कुर्सी की तरफ इशारा किया। इस बीच में भैरवसिंह, फार्म के मैनेजर से अलग हटकर बात करने लगा था। भैरवसिंह के हट जाने से खुन्ना जौहरी को एक प्रकार की मुक्ति का अहसास हुआ था।

“सर ! आपको तो मालूम होगा। आपको एडवाइजर बनाने का निर्णय लिया जा चुका है। मुझे सहमति भेजनी है आपकी।”

“कब तक ?”

“आज, अभी।”

“लेकिन ज्वाइन करने का वक्त ?”

“आज रात सम्भवतः घोषणा निकल जायेगी। कल किसी वक्त आप ज्वाइन कर लें। मैंने गाड़ी का इन्तजाम कर दिया है। कल सुबह कितने बजे गाड़ी भेज दूँ मैं ?”

“नौ बजे।”

“एक बात और, सर !”

“क्या ?”

“मेरे बारे में कुछ लोग आपसे कहते होंगे। आई डोन्ट केयर आल दैट। क्योंकि मेरा कानशेन्स क्लियर है। अब बताइये न सर, आपने तो मुझसे कहा नहीं था न, सर ?”

“किस बारे में।”

“आपका नाम पद्मविभूषण के लिए, आठ-दस दिन हुए भेजा था। शायद उसी से उन लोगों को आपकी याद आयी होगी।”

“रियअली ?”

“हाँ, सर, मैं आपको कम्यूनीकेशन की कापी दिखा दूँगा।”

खुन्ना जौहरी ने एक तीर से दो निशाने मारे थे। एक तो के. डी. साब को ठीक किया था, दूसरे भैरवसिंह को साफ कर दिया था।

के. डी. साब के चेहरे से लग रहा था, खुन्ना जौहरी की बात असर कर गयी है।

इन्सपेक्टर हीरालाल वल्द मनसुखलाल, थाना चौक पहाड़पुर, के जीवन में बड़े संकट का समय आया था। यूँ तो बात साधारण-सी थी। हीरालाल का तबादला हो गया था, लेकिन इस तबादले के साथ जुड़ी हुई थी हिकारत और बदनामी

की दास्तान, जिसकी वजह से हीरालाल को रात में नींद नहीं आती थी और दिन में इधर-उधर मामला रफा-दफा करने में दौड़-भाग करनी पड़ती थी। फिर चौक थाने में, पिछले कई वर्षों में इन्सपेक्टर हीरालाल ने अच्छा-खासा रुतबा और रसूख बना लिया था। सारा जमा-जमाया खेल उखड़ चला था। उसे पुलिस में वर्दी-पानी के हिसाब पर लगाया जा रहा था। खेलने-खानेवाले हीरालाल को यह सब भला क्या रास आता ! उसने गंगाजली उठायी थी कि अगर उसे चौक थाने से हटाया गया तो वह घाघरा में डूब मरेगा।

पहाड़पुर इलाके में मुंशी अवतारीलाल और सेठ गोवर्धनदास के बीच उन दिनों ठन गयी थी। मुंशी अवतारीलाल खानदानी आदमी थे, उनके पास नदी से मछली पकड़ने का ठेका था। उधर सेठ गोवर्धनदास जंगल से लड़की के लट्ठे काटकर नदी के रास्ते मंझनपुर तक ले जाते थे। उनके कई भट्ठे थे, रेत का भी काम था उनके पास, और साथ में सराफ़े की दुकान पहाड़पुर में और एक नानकपुर में थी। दूर-दराज के इलाके से सोने-चाँदी के जेवरात उनके यहाँ आया करते, जिन्हें रातों-रात गलाकर वह खरे सोने की पटिया और खरी चाँदी की तकिया बना लिया करते। जिस तरह लोगों के जिन्स के गोदाम होते उसी तरह सेठ गोवर्धनदास ने अपने दुमजिंले मकान के तहखाने में चार-छह फुट की दर्जनों कोठरियाँ बना रखी थीं, जिनमें वह खालिस सोने की पटिया और चाँदी की तकिया के साथ नेपाली इलाके से आमद होनेवाले सोने के बिस्कुट रखा करते। अपनी हैसियत के आधार पर वह सराफ़ा-मण्डी के प्रधान थे।

मुंशी अवतारीलाल कहने-भर को मछली पकड़वाने का काम किया करते। मछली हर वक्त कहाँ मिलतीं ? यह तो फसली काम था। उनका असली धन्धा सराफ़े में दलाली का था। बड़े असामियों के माल को इधर-उधर करने में उनका जवाब नहीं था। बड़े-बड़े शहरों में उनके नाम के सिक्के चलते। मुंशी अवतारीलाल के हाथ के लिखे हुए पुर्जों पर लाखों रुपये का लेन-देन हो जाता। उनकी बात, उनकी जबान की कीमत आँकनेवाला कोई नहीं था। सेठ गोवर्धनदास से वैसे तो उनका कोई झगड़ा नहीं था, लेकिन वह उनके माल की दलाली नहीं करते थे। सराफ़े में पच्चीस-तीस दुकानें और थीं, उन्हीं के मालिकों के साथ उनका सिला था, लेन-देन था। सेठ गोवर्धनदास उनकी निगाह में टिकियाचोर थे, जो सोने-चाँदी की तौल और दलाली की रकम चुपके-चुपके दाब लिया करते। सराफे के काम में विश्वास और जुबान पर सारे सौदे होते थे। मुंशी अवतारीलाल काम से काम रखते और इधर-उधर के चक्करों से दूर रहते। उनकी साख इतनी ज्यादा थी कि दूर-दराज के इलाकों में लोग उनके माल पर सट्टा खेलते, लाखों रुपये का लेन-देन कर डालते। मुंशी अवतारीलाल का अपना कोई माल नहीं होता। लेकिन हर सराफ़े की दुकान में आनेवाला माल दस दिन

के लिए उनकी मिलकियत में आ जाता।

उन दिनों पहाड़पुर में एक था सराफ़े का बाजार और एक थी शाखू की लकड़मण्डी। लकड़मण्डी पर सेठ गोवर्धनदास का कब्जा था और सराफ़े पर मुंशी अवतारीलाल का। पहाड़पुर न तो गाँव था, न शहर। उस समय पहाड़पुर कस्बे की श्रेणी में भी नहीं डाला जा सकता था। वहाँ तो कुछ था ही नहीं। खोमचेवाले, पान-बीड़ीवाले, एक-आध बनिया-बक्काल, दो-तीन लेन-देन का कारोबार करनेवाले रस्तोगियों की गद्दियाँ थीं। एक्के-ताँगेवाले, टट्टू-खटखटेवाले, लोगों को लाद-फाँदकर दूर के गाँवों में ले जाया करते। सराफ़े, लकड़मण्डी और लेन-दने करनेवाले रस्तोगी पास के गाँव में रहते थे। नानकपुर की सड़क से लेकर पहाड़पुर तक कोई चालीस गाँव थे। मुंशी अवतारीलाल और सेठ गोवर्धनदास चैल गाँव में रहते थे, जो पहाड़पुर से करीब तीन किलोमीटर पर था। चैल गाँव के उत्तर में मंझनपुर से पाँच किलोमीटर पहले चौक थाना बस्ती व बटरिया गाँव से लगा हुआ था।

सेठ गोवर्धनदास चलते-पुर्जे असामी थे। जितना ध्यान वह व्यापार में लगाते थे, उतना ही ध्यान वह हाकिम लोगों को ठीक करने में भी लगाया करते। थाने का एक-एक सिपाही उनका गुलाम था। परगना-अधिकारी से लेकर कलेक्टर तक; कृषि, स्वास्थ्य, बिजली, सिंचाई से लेकर जंगलात के विभागीय अधिकारियों तक, सौगातों का कभी न खतम होनेवाला सिलसिला वह चलाये रखते। होली, दिवाली, दशहरा, नया वर्ष, कभी बच्चे का मुण्डन तो कभी देवी की पूजा, गरज यह कि किसी-न-किसी बहाने, कुछ-न-कुछ सबके यहाँ पहुँचता रहता। यह सब वह कोई अपनी जेब से नहीं करते। वह कहा करते थे, "इन्ही लोगों से कमाता हूँ तो इनकी झोली में कुछ-न-कुछ डाल देता हूँ।" सौगातें सिर्फ सौगातें नहीं होतीं, उनके साथ जुड़ी होतीं नकद रकमें—या व्योहारी या त्योहारी।

सेठ गोवर्धनदास का टोकरा मशहूर था। उस टोकरे में कई पर्तें होतीं। पहली पर्त में होतीं छुआरे की गोलियाँ, दूसरी पर्त में बादाम के साथ किशमिश, तीसरी पर्त काजू की होती, चौथी पर्त सेब या अनार की, पाँचवीं पर्त रुपयों की, छठी पर्त मिठाई की। पर्त की तादाद और उसमें रहनेवाला माल अफसर की औकात के मुताबिक होता। औकात बहुत-कुछ फायदा पहुँचाने की सीमा पर निर्धारित होती। लेकिन गोवर्धनदास फायदे के अलावा सुरक्षा की तरफ भी ध्यान रखते। थाने में चलनेवाले मिठाई के डिब्बे, कलेक्टर तक पहुँचते-पहुँचते पर्तदार टोकरा बन जाते। यह सिलसिला कोई आज का नहीं था, यह तो उनके यहाँ खानदानी तरीके से पुश्त-दर-पुश्त, हफ्ते-महीने और साल-के-साल, काफी दिनों से चला आ रहा था। उनके बाप घनश्यामदास ने यह कारोबारी गुर उनको गद्दी पर बिठाते ही दे दिया था।

उन दिनों नानकपुर-पहाड़पुर के बीचवाले विशाल जंगल में डकैतों की छोटी-छोटी टुकड़ियाँ थीं। सब मिलाकर करीब नौ गिरोह और सात टुकड़ियों में एक सौ पचास लोग थे। इसमें पचास-साठ बुड्ढे थे और बीस-तीस लड़के। यह लोग मौके-बेमौके आपस में भिड़ जाया करते। उन दिनों ददही में हर शनिवार को बाकायदा छोटे-मोटे हथगोलों, छुरी, चाकू, कारतूस का बाजार लगा करता था। बेंत की डलियों में लड़के-मर्द, यहाँ तक कि औरतें हथगोले, छुरी, चाकू, कारतूस लेकर बैठते। जंगल में गिरोही, डकैत, शोहदे, बदमाश, शहरी गुण्डे, चोर, उचक्के, दूर-दूर से वहाँ आकर माल खरीदते। शाम होते-होते सारा माल साफ हो जाता।

ददही और जंगल के बीच में एक नदी थी, जिसे पारकर वहाँ पहुँचा जा सकता था। ददही की चौहद्दी के पार नानकपुर के उत्तर में नेपाल की पहाड़ियों की तलहटी में था वह बारूद का कारखाना जहाँ से इन लोगों को हथगोलों की आमद होती थी। उन्हीं दिनों कलकत्ते में नक्सलबाड़ी लोग खूब मारे गये थे। जबरदस्त धर-पकड़ के दौरान जो बच सके वह भाग लिये। नक्सलबाड़ी दल भी बँट गया था। एक हिस्सा बंगाल के अन्दरूनी इलाके से होकर पूर्वी बंगाल में बिखर गया था और दूसरा हिस्सा पश्चिमी बिहार में। बिहार में भी कई गुट थे, लेकिन वह सब केन्द्रीय समिति के प्रति वफादार थे। बंगाल के गोरा भौमिक नक्सलबाड़ी गुट का कमाण्डर शालूसिंह बिहार से भागकर नानकपुर के जंगल में आ गया था। शालूसिंह एम. एस—सी. पास था। उसे हथगोले, मोलोटोव काकटेल बनाने की विधि का ही ज्ञान नहीं था, बल्कि वह पहले भी कई छोटे-मोटे बम-कारखाने लगा-चला चुका था। सरकारी पुलिस के दबाव में बंगाल और बिहार में बम के कारखाने करीब-करीब बन्द हो चुके थे। चालीस हजार से ऊपर इन्कलाबी, हथियार के बिना इधर-उधर धक्के खा रहे थे। क्रान्ति का आंदोलन टूट चुका था। तभी शालूसिंह ने नानकपुर जंगल के पीछे बारूद की खानों को ढूँढ़ निकाला था। किसी को उन खानों के बारे में पता नहीं था। शालूसिंह ने वहाँ अपना छोटा-सा कारखाना एक पहाड़ी गुफा में बना लिया था। उसके यहाँ हथगोले, छोटे आकार से लेकर बड़े आकार तक के, बनते और उन्हें बिहार, बंगाल, असम तक भेजा जाता।

शालूसिंह तो बारूद के कारखाने में जुट गया था, लेकिन उसके दो साथी अभयंकर और मोहिन्दर जंगल में ही रुक गये। यह लोग पढ़े-लिखे ही नहीं, बल्कि अपने बैचों के टॉपर थे। लाल सलाम, लाल किताब और माओ, यही तीन आदर्श थे इनकी जिन्दगी के। जब तक यह लोग कलकत्ते में थे वहाँ के नक्सलाइट आन्दोलन को इन लोगों ने दूर-दराज के इलाकों में फैलाया। पाँच-पाँच हजार की टुकड़ियाँ हुआ करती थीं, जिनके सदस्य मोहल्लों और

गलियों में, सड़क, स्टेशन, कचहरी, थानों पर गुरिल्ला तरीकों में हमला किया करते। गुरिल्ला युद्ध का चक्रव्यूह इनकी दिमाग की उपज थी। अभयंकर घोष और मोहिन्दर घटक घोषपाड़ा और बर्दवान के रहनेवाले थे। लेकिन इनकी ननिहाल मुंगेर, बिहार में थी। पढ़ाई-लिखाई के दौरान ही साम्यवादी छात्र संगठन में भरती हुए थे। गोरा मजूमदार ने इन्हें वर्षों तक कैम्प में पका-पकाकर माओवाद की घुट्टी पिलायी थी। वक्त ने पलटा खाया, इनका दल तितर-बितर होने लगा। पुलिस और भेदियों से बचने के लिए दोनों मुंगेर आ गये। लेकिन वहाँ से भागना पड़ा था उन्हें। तभी शालूसिंह भी इनसे आ मिला था और तीनों छुपते-छिपाते किसी अड्डे की तलाश में नानकपुर आ गये थे। फिर इन्होंने सम्पर्क-सूत्र बनाया। कुछ बिहार के, कुछ बंगाल के वालटिंयर घेर-घारकर इकट्ठा किये। देवरिया, गोरखपुर से यह लोग बिहार के अन्दर-अन्दर भटकते रहते। नानकपुर से लेकर बंगाल के अनेक इलाकों तक करीब दो दर्जन इन्कलाबी दौड़ और चक्कर में लगे थे। इनके जरिये खबर, पैसा, हथियार, गोले बारूद की आमद-रफ्त होती रहती।

अभयंकर घोष और मोहिन्दर को करीब तीन वर्ष लगे थे नानकपुर के बागियों को अपनी लाल सेना में शामिल करने में। छोटे-मोटे जुर्म करनेवाले गिरोह से लेकर बड़ी डकैतियाँ डालनेवालों तक को इन्होंने एक झण्डे के नीचे इकट्ठा किया। मुख्य रूप से जंगल में तमाम बाशिन्दे जमींदारों, कर्जखोरों, व्यापारियों और पूँजीपतियों के सताये हुए थे। किसी की माँ उठा ली थी, किसी का बाप मार दिया गया था। कोई अपनी जमीन-खेत से हाथ धो बैठा था तो किसी को बेगार पर जोत दिया गया था। किसी को पुश्तैनी कर्ज के तहत बँधुआ मजदूर बनकर भूस्वामियों के खेतों पर आधी खुराक पर काम करना पड़ता था। कोई लाठियों की, कोड़ों की मार से भागा था तो कोई खून, डकैती, चोरी के फर्जी जुर्म से बचने के लिए। इन विसंगतियों में फँसे हुए जंगल के गिरोही लोगों को अभयंकर और मोहिन्दर की साम्यवादी विचारधारा में शामिल होने में कोई ज्यादा दिक्कत नहीं हुई। जिन चन्द लोगों ने लाल सेना में आने से इन्कार कर दिया, उन्हें या तो मार-काट कर फेंक दिया गया या ऐसे लोग जंगल छोड़कर चले गये। तीन वर्ष के अन्दर पूरा एक संगठन खड़ा हो गया था, चौकियाँ बन गयी थीं। औरतों, बूढों, बच्चों और लड़कों को बंजारों के भेष में भेद लेने के लिए बाहर भेज दिया जाता। चालीस गाँवों के पूरे इलाके में इनका जाल बिछ गया था। हर चार गाँव के ऊपर एक परिवार बसा दिया गया था, जिसके जरिये राशन-पानी, भेद-खबर जंगल के अड्डे तक पहुँच जाया करती।

लाल सेना बनने से पहले चौक थाना जंगल पार्टी के गिरोहियों का सम्पर्क-सूत्र था। चौक थाने की आमदनी के कई जरिये थे। जहाँ एक तरफ

जंगल पार्टी के गिरोहियों से हफ्ता और माहवारी बँधा हुआ था, वहीं दूसरी तरफ सराफ़े-मण्डी में लूट के सोने-जेवरात का भी हिस्सा मिलता। साखू की लकड़मण्डी अलग थी, घाते में। वहाँ जंगल से काटी हुई लकड़ी नीलाम होती। इस लकड़ी को काटने का ठेका मिलता किलोमीटर के हिसाब से। यह कागजी नहीं, फसली ठेका होता जिसमें चौक थाने, जंगलातअधिकारी और जंगल-पार्टी का हिस्सा होता। जिस समय भैरवसिंह इस इलाके में आया था, हफ्ता आता था। जंगलपार्टी का हफ्ता, सराफ़ेमण्डी का हफ्ता और लकड़मण्डी का हफ्ता, हीरालाल इन्सपेक्टर के जरिये जमा होता था। लेकिन उसके कुछ ही दिनों बाद जंगल पार्टी का हफ्ता आना बन्द हो चुका था। वहाँ तो लाल सेना बन चुकी थी। पहले तो हीरालाल ने काफी शोर मचाया, हल्ला किया, कई धमकी-भरे फरमान भेजे, लेकिन फिर वह चुप होकर बैठ गया और किसी मौके की तलाश करने लगा। जिस मौके की तलाश हीरालाल-भैरवसिंह को थी, वह मौका आखिर उन्हें मिल ही गया। जंगल की लाल सेना ने नेपाल की पहाड़ियों में घुसकर व्यापारियों के एक काफिले को लूट लिया था।

असल में पहले व्यापारी नदी के रास्ते से सम्भलपुर तक जाते थे। लेकिन जंगल-पार्टी के आतंक की वजह से उन लोगों ने नदी का रास्ता छोड़कर सड़क-मार्ग से पहाड़ियों के नीचे-नीचे जाना शुरू कर दिया था। ऊपर से अकेले न जाकर इन व्यापारियों के काफिले निकलते थे, जिनमें बन्दूकधारी नेपाली चौकीदार भी होते थे। जब तक जंगलपार्टी के गिरोह अलग-अलग थे, नेपाली चौकीदार काफिले की सुरक्षा के लिए काफी थे। लेकिन उनके एक हो जाने से और फिर अभयंकर और मोहिन्दर का नेतृत्व मिल जाने के बाद नेपाली चौकीदार नाकाफी होने लगे। यह लोग तूफान की तरह पहाड़ियों से उतरकर आते और सारा माल लूटकर ले जाते।

उस बार करीब चालीस लाख के सोने-चाँदी के जेवरात तीन-चार महीने के अन्दर जमा हो गये थे। इनका सौदा सेठ गोवर्धनदास के जरिये होना था। माल मिल जाने के बाद गोवर्धनदास जंगलपार्टी के हिस्से का बीस लाख नकद रुपया अपनी सराफ़े की दुकान पर देनेवाले थे और बाकी बीस लाख रुपया, जो अभयंकर-मोहिन्दर के हिस्से का था, पटना में सेठ गोवर्धनदास के चचेरे भाई सेठ मुकन्ददास के जरिये दिया जाना था। भैरवसिंह को पूरे सौदे की भनक हीरालाल के जरिये मिल चुकी थी। लाल सेना को सबक सिखाने के लिए भैरवसिंह कितने दिनों से तड़प रहा था। वैसे तो उसने पुलिस के मुख्यालय को लाल सेना, जंगलपार्टी के गठन और गतिविधियों की जानकारी हफ्ता बन्द होने के बाद ही दी थी। एक भारी पुलिस-फोर्स को जमा किया जा रहा था। इसमें हैलीकाप्टर के जरिये सर्वेक्षण की योजना भी शामिल थी। लेकिन भैरवसिंह उस

हमले से पहले, हफ्ते के भारी नुकसान को न सिर्फ पूरा कर लेना चाहता था, बल्कि उसे मालूम था कि इन लोगों से बड़ी रकम जमा की जा सकती है।

सेठ गोवर्धनदास को जब भैरवसिंह ने बुलाया था, तभी सेठ को अन्देशा हुआ था, कुछ डर लगा था, क्योंकि पुलिस का सारा लेन-देन इन्सपेक्टर हीरालाल के जरिये होता था। भैरवसिंह की शैतान आँखों से वैसे भी गोवर्धन का पाखाना ढीला होने लगता। लेकिन मजबूरी थी, सेठ को जाना पड़ा। भैरवसिंह ने सेठ को आखिर अपनी पकड़ में ले लिया। सेठ की क्या मजाल थी जो भैरवसिंह का विरोध करता ! पहले तो भैरवसिंह से बचने के लिए सेठ ने सोचा, पूरा सौदा अपने चचेरे भाई के जरिये पटना में करवा देगा। लेकिन फिर लालच में पड़ गया वह। भैरवसिंह ने जो रास्ता बताया था उसके तहत सारा माल उसका होगा। उसे सिर्फ जंगलपार्टी के द्वारा न दिये गये हफ्तों का भुगतान करना होगा। लाल सेना के अभयंकर और मोहिन्दर खुद पैसे लेने आ रहे थे। इनसे सेठ खुद भी दुखी था, क्योंकि यह लोग निहायत चालाक किस्म के थे और माल का सही मूल्य लगाने के लिए सेठ को मजबूर किया करते, जबकि पुराने समय में जंगलपार्टी के गिरोही लोगों से सेठ जब-तब माल औने-पौने दाम देकर झटक लिया करता था।

षड्यंत्र के मुताबिक अभयंकर-मोहिन्दर जब माल लेकर अपने साथियों के साथ आयेंगे, तब उनसे सारा माल लेकर सेठ अपने तहखाने में चला आयेगा। तहखाने में माल लेकर जाते वक्त, वह खिड़की से रूमाल फेंक देगा। रूमाल गिरते ही भैरवसिंह गोली चलाने का हुक्म देगा। भैरवसिंह ने मंझनपुर सदर थाने और पुलिस लाइन से पुलिस का एक दस्ता बुलवा लिया था। भैरवसिंह ने अपने कुदरती दिमाग से पूरे षड्यन्त्र के एक-एक हिज्जे को बैठा लिया था। सारा आपरेशन खुफिया तरीके से बनाया गया था, उसके बारे में भैरवसिंह के अलावा किसी को मालूम नहीं था। उस दिन अँधेरा होते ही सेठ गोवर्धन की कोठी घेर ली गयी।

मुंशी अवतारीलाल को चालीस लाख के जेवरात की खबर लग चुकी थी। लेकिन सौदा चूँकि सेठ गोवर्धनदास के साथ हो चुका था, सिवाय हाथ मलने के और कुछ नहीं रह गया था। जिस माल का भुगतान चालीस लाख का होना था, उसकी कीमत एक करोड़ से कम नहीं होगी, यह मुंशी अवतारीलाल को पता था। चालीस लाख के माल पर साठ लाख का मुनाफा पूरे सराफ़े बाजार को हिला देने के लिए काफी था। सामान्य रूप से इतनी कीमत का माल किसी एक सराफ़ की औकात से बाहर था, इसलिए दलालों के जरिये पूरे सराफे में उसका लेन-देन होता तो उसका फायदा सभी को पहुँचता। सब हाय-हाय कर रहे थे, छाती पीट रहे थे।

उधर मुंशी अवतारीलाल एकमुश्त इतने बड़े माल को अपने हाथ से निकल जाते हुए, देखता नहीं रह सकता था। फिर भी कोई रास्ता किसी को नजर नहीं आ रहा था। सेठ गोवर्धनदास ने अपने चचेरे भाई मुकुन्ददास के साथ मिलकर, एक ही झटके में, सभी के पैरों के नीचे से जमीन निकाली थी। वैसे तो मुंशी अवतारीलाल का पुलिस में कोई सिलसिला नहीं था। न तो चौक थाने में और न ही और कहीं उसका व्यौहार या लेन-देन था। क्योंकि वह खुद दुकानदार नहीं था, इसलिए हफ्ते वगैरह में भी उसका नाम नहीं लगता। सराफ़े के सभी दुकानदार, चौक थाने के इन्सपेक्टर हीरालाल के यहाँ हफ्ता जमा कर दिया करते। बस उसी के अन्दर मुंशी अवतारीलाल का भी हिस्सा शामिल रहता। उसे, इसके अलावा पुलिस, हाकिम, प्रधान से सीधा सिलसिला रखने की कोई जरूरत नहीं थी। लेकिन काफी दिनों से भैरवसिंह के दफ्तर में काम करनेवाला दीवान मूलचन्द उसके यहाँ आता-जाता था। दोनों एक गाँव के थे, एक-दूसरे के यहाँ, दूर-दराज की रिश्तेदारी भी थी। और फिर दोनों का गाँजे की चिलम का साथ भी था।

गरज यह कि दीवान मूलचन्द ने चिलम का दम लगाते-लगाते एक रात मुंशी अवतारीलाल से सेठ गोवर्धन के यहाँ पुलिस के घेरा डालने की बात कह डाली। इतना मुंशी अवतारीलाल के लिए काफी था। उनके खुराफाती दिमाग ने हरकत करना शुरू कर दिया। रूमाल गिरने के बाद गोली चलेगी। सवाल एक गोली का था। पहली, सिर्फ पहली गोली का था…अगर पहली गोली रूमाल गिरने से पहले चल जाये…मुंशी अवतारीलाल का मुँह, खुला-का-खुला रह गया था यह सोच कर। जात के मुंशी, पेशे से दलाल, ऊपर से साठ लाख के मुनाफे में आठ-दस की दलाली की रकम बार-बार खुड़पेंच मचा रही थी। रूमाल गिरने से पहले चलनेवाली गोली का कमाल उनकी नजर के सामने साफ-साफ था। यह तो पाँसा पलटनेवाला खेल था, एक लम्बा दाँव था, जैसे साँप के बिल में कोई फूँक मार दे, जैसे कोई बर्रों का छत्ता छेड़ दे, सैकड़ों बिच्छुओं से भरी हाँडी फोड़ दे। मुंशी अवतारीलाल की समझ में सबकुछ आ रहा था। अगर पुलिस के घेरे के बीच से रूमाल गिरने से पहले एक गोली चल जाये तो बिना भैरवसिंह के इशारे के सारा पुलिस-दस्ता गोली चलाकर सेठ गोवर्धनदास की कोठी पर हमला कर देगा। माल का लेन-देन रुक जायेगा। लाल सेना के लोग माल लेकर भाग जायेंगे, दुबारा कभी सेठ गोवर्धनदास की तरफ रुख नहीं करेंगे। यह तो तय था, आगे-पीछे माल यही सराफ़े में बिकना था। और सेठ गोवर्धनदास के हटते ही मुंशी अवतारीलाल की अपने-आप, खुद-ब-खुद माल पर पकड़ हो जायेगी। ऊपर से जंगलपार्टी का सेठ गोवर्धनदास के साथ लेन-देन हमेशा-हमेशा के लिए खत्म हो जायेगा। करोड़ों का लेन-देन, लाखों की दलाली, कमीशन, बट्टा,

खर्चा, भत्ता ! दिन फिर जायेंगे। न जाने कितने वर्षों से एक कोठी, सेठ गोवर्धनदास जैसी कोठी बनाने का सपना उसे छलता आ रहा था। बार-बार वह सपंना मुंशी के हाथों से फिसल जाता। लेकिन इस बार उउसे लगा, सिर्फ एक गोली के जरिये वह उस हसीन, गुदगुदाये हुए सपने के कितना करीब होगा !

फिर भी सवाल था, वह गोली चलायेगा कौन ? मुंशी अवतारीलाल को तो गोली चलाना आता ही नहीं था और न उसके पास बन्दूक थी। मुंशी अवतारीलाल के सिर पर खून सवार था। कत्ल की रात आ चुकी थी। बस अगले दिन शाम को आठ बजे के करीब सेठ गोवर्धनदास के यहाँ पुलिस का घेरा देना था। लेकिन तब तक पहली गोली दागनेवाला असामी, मुंशी अवतारीलाल को नहीं मिला था। यह बिस्तर पर करवट बदल रहा था।

जाड़े के दिन थे। कई दिन से आसमान पर बदली छायी हुई थी। सर्द हवा के झोंके, दरवाजे और खिड़कियों में से सुरसराते हुए, मुंशी के पलंग के चारों तरफ, जैसे भन्ना रहे थे। कमरे के दूसरे कोने पर कमलदार आले में दीया जल रहा था, जिसकी हल्की-हल्की रोशनी छत की धन्नियों तक पहुँच रही थी। मुंशी अँधेरों को टटोलते हुए धन्नी के कड़े-पटरे-कोन-किनारे गिन रहे थे, नाप रहे थे। उनके मन में पहली गोली का सवाल धधक रहा था और उनके दिमाग में गोली चलानेवाले के चक्कर चल रहे थे। जैसे तमाम जिन्दगी, सारा वक्त बस उसी एक गोली पर आकर ठहर गया था। अपने मुंशी दिमाग से, व जितना कुछ कर सकते थे, कर चुके थे। यह ईजाद—पहली गोली की ईजाद, यह करिश्मा, यह खोज उनके कुदरती दिमाग की फितरत थी। तभी रोशनदान के उस पार से किसी पक्षी के फड़फड़ाने की और पीछे कहीं से बिल्ली के रोने की आवाज आयी। उसी के साथ दरवाजे की कुण्डी खड़खड़ाने लगी। एक पल को पैर के तलुवों से नाक के नथुने तक मुंशी के अन्दर सर्द डरावनी ठण्डक फैल गयी। उसे लगा, किसी ने उनकी गोट पकड़ ली। भैरवसिंह या फिर सेठ गोवर्धनदास के हाथ गरदन के इर्द-गिर्द उसे कसते हुए लगे थे। एक दम घोटनेवाली घुटन अन्दर तक पैठने लगी। उधर हवा की सरसराहट से आले पर रखे हुए दीये की रोशनी बार-बार मचल रही थी। कुछ देर और ऐसा चलता तो मुंशी की जान निकल जाती, लेकिन कोई उनका नाम लेकर पुकार रहा था। दरवाजे की साँकल लगातार खटखटाता जा रहा था।

दरवाजा खोलने से पहले पूछ-ताछ कर ली थी मुंशी ने। वह बिन्दादीन सराफ़ था, जो हाथ में झोला, ऊपर से कम्बल ओढ़े हुए अन्दर दाखिल हुआ था। बिन्दादीन सराफ़ असल में मुंशी की अपनी जात का था, गरजमन्द था, विश्वास के लायक था और उसके पास बन्दूक भी थी। उसे देखकर मुंशी के मुँह से खुशभरी चीख निकल पड़ी। मुंशी अवतारीलाल को तरस आ रहा था,

हैरत हो रही थी अपनी नादानी पर। जब वह तरह-तरह के खौफनाक मंजर से गुजर रहा था, जब पहली गोली दागनेवाला कोई नहीं मिल रहा था, जब वह करीब-करीब टूटने लगा था, तब भी उसे बिन्दादीन सराफ़ का खयाल क्यों नहीं आया था ?

नानकपुर जंगल, जिसके अन्दर से अभयंकर घोष और मोहिन्दर घटक को आना था, तीन तरफ से नदी, रेत, बीहड़, और दलदल से घिरा हुआ था। चौथी तरफ थीं नेपाल की पहाड़ियाँ, जिनमें कई दर्रों से गुजरकर लाल सेना के लोग गाँव के अन्दर दाखिल हो सकते थे। सेठ गोवर्धनदास की कोठी गाँव की हद पर थी, लेकिन उसका पिछवाड़ा पहाड़ी सड़क के सिरे पर जाकर मिलता था। कोठी के सामने नब्बे डिगरी के कोण में शाखू, देवदार के झुरमुट और घनी झाड़ियाँ थीं। झाड़ियों की तीन सतरें एक के बाद एक से जुड़ी हुई थीं। इन्हीं झाड़ियों में पुलिस-दस्ते के पच्चीस चुने हुए जवान अपनी बन्दूकों के घोड़ों पर उँगली ताने बैठे थे। पूरी कोठी के अहाते में अँधेरा था। बस जिस खिड़की से रूमाल गिरना था वहाँ एक लैम्प-पोस्ट की रोशनी पड़ रही थी।

मुश्किल से पाँच मिनट लगे होंगे। लाल सेना के लोग कोठी में दाखिल हो गये थे कि धाँय से गोली चलने की आवाज हुई, जिसके साथ पच्चीस जवानों ने कोठी के साथ दरवाजे की तरफ चार्ज किया। अन्दर से गोली चलने की आवाज आयी और लाल सेना के लोग पिछले दरवाजे से लगी दीवार फाँदकर पहाड़ी सड़क पर उतर गये।

भैरवसिंह को इस बात का पता था, लाल सेना के लोग लौटकर सामने नहीं आयेंगे, पीछे के रास्ते से भागेंगे; लेकिन उसमें कुछ समय तो लगेगा। रूमाल गिरने के बाद पहली गोली चलनी थी। उस गोली के साथ पुलिस दस्ता तीन टुकड़ियों में बँटकर तीन तरफ से कोठी को गिरफ्त में लेगा। पहला दस्ता सामने के दरवाजे से बायीं तरफ की दीवार को पीछे तक घेर लेगा; दूसरा दस्ता दौड़ते हुए अन्दर जायेगा और तीसरा दस्ता सामने दरवाजे से दाहिनी तरफ को दौड़कर पीछे का दरवाजा और दाहिनी तरफ की दीवार को खेप लेगा। पुलिस के दस्ते ने ठीक इसी तरह हमला किया था। लेकिन बीच में वह वक्त कम पड़ गया था जिसके अनुपात में लाल सेना के लोग सेठ की बैठक से निकलकर पीछे की तरफ पहुँचते। लाल सेना के अभयंकर और मोहिन्दर सेठ की बैठक में गये ही नहीं। वह तो कोठी में एक तरफ से दाखिल हुए और दूसरी तरफ से निकल गये। भैरवसिंह ने अपनी जीप उधर पहाड़ीवाली सड़क पर एक झुरमुट में खड़ी करा रखी थी। गोली चलने के बाद किसी को रोकना बेकार था। इसलिए वह

खुद भागकर जीप तक पहुँच गया। जीप स्टार्ट करके उसने सीधे दक्षिण की तरफ सड़क पर दौड़ा दी।

भैरवसिंह के वापस लौटने तक सारा खेल खत्म हो चुका था। उधर की दौड़ भी बेकार थी, बस जंगल में डूबते हुए कुछ धब्बे ही दिखायी दिये थे उसे। लेकिन माल तो गाँव में था, इसका उसे पूरा विश्वास था, क्योंकि जेवरात का उतना वजन लेकर वह लोग भाग नहीं सकते थे। तभी सेठ के आँगन से खून की लकीर दीवार के उस पार तक दिखी। वह लकीर आगे जाकर तालाब के पास खत्म हो गई थी। जाहिर है, जिस आदमी को गोली लगी थी, वह गाँव से बाहर नहीं जा सका होगा। भैरवसिंह ने दो-दो की दस टुकड़ियाँ गाँव के चारों तरफ तैनात कीं और पाँच सिपाहियों के साथ हीरालाल को पूरे गाँव की तलाशी लेने के लिए कहा और खुद वापस जीप में जाकर बैठ गया। आधी रात तक गाँव की तलाशी होती रही, लेकिन न तो माल मिला और न ही जख्मी आदमी। आखिर हारकर पुलिस-दस्ते लौटने लगे। लेकिन जाने से पहले हीरालाल इन्सपेक्टर दो बन्दूकधारी सिपाहियों को नजर रखने के लिए गाँव में छोड़ गया था।

पुलिस-दस्ते के निकलते-निकलते पूरे गाँव में तबाही और मुर्दनी नजर आ रही थी। न जाने कितने घरों का सामान उजड़ गया था, न जाने कितने घरों में खाना नहीं बना था। बच्चे भूख से बिलबिला रहे थे। औरतें घर की कोठरियों में छिपी हुई थीं, मर्द लोग हक्का-बक्का इधर-उधर गोल में खड़े हुए बातें कर रहे थे। लेकिन यह सब तो उन घरों में था, जहाँ सब सही-सलामत था। कई घरों में चूल्हे टूट गये, कई घरों की दीवारें ढह गयी थीं। एक अजीब तरह की मनहूसियत सारे गाँव में छायी हुई थी। तभी पूरे गाँव में खबर फैल गयी, बुधलाल की नयी-नवेली बहू गायब है। मशाल जलाकर पूरे गाँव में दुल्हन की तलाश होने लगी। दुल्हन तो मिल गयी, लेकिन उसकी छीछालेदर हो चुकी थी। गाँववालों के सिर पर खून सवार हो गया। भैरवसिंह पहले ही जा चुका था, हीरालाल पुलिस-दस्ते के साथ निकल गया था। गाँववालों के सामने दिखे वही दोनों सिपाही जिन्हें हीरालाल पीछे छोड़ गया था। गाँववालों के तेवर देखकर सिपाहियों ने गोली चलानी शुरू कर दी। ज्यादा देर तक सिपाही गोली नहीं चला पाये। पीछे से घेरकर गाँववालों ने उनकी बन्दूकें छीन लीं। एक सिपाही तो भाग निकला, लेकिन दूसरे को पकड़कर गाँववालों ने बाँध लिया। पूरे गाँव में कोहराम मचा हुआ था। इसी बीच खबर आयी, जिस औरत की छीछालेदर हुई थी वह कुएँ में डूबकर मर गयी। गाँव के मर्दों ने उस सिपाही को पेड़ से बाँध दिया। वह उसे जलाने जा रहे थे, तभी सेठ गोवर्धनदास आ गये। उनके समझाने-बुझाने पर सेठ गोवर्धनदास के साथ गाँव के मर्दों का काफिला एक सिपाही और दो

बन्दूकें लेकर परगना-अधिकारी के बंगले की तरफ चल दिया।

इन्सपेक्टर हीरालाल जब भैरवसिंह के बंगले पर पुलिस-दस्ते के साथ पहुँचा तो बड़ी देर हो चुकी थी। भैरवसिंह तब तक पूरी बोतल गटक चुका था। उसके अन्दर नफरत, घिन और क्रोध का मिला-जुला तूफान धधक रहा था। एक तरह से वह उल्लू बन गया था। उसकी सारी उम्मीद पर पानी फिर गया था। जैसे उसके अन्दर एक फिसलन बार-बार उठती और उसकी खिल्ली उड़ाकर चली जाती। भैरवसिंह के दिमाग में गदर मचा था। एक तरफ से सेठ गोवर्धनदास और दूसरी तरफ से लाल सेना के लोग गोला-बारूद फेंक रहे थे। बड़ी दूर ऊँचे आसमान से सोने-चाँदी के तमाम छोटे-छोटे टुकड़े उसकी तरफ गिर रहे थे। और वह उन्हें सम्हाल नहीं पा रहा था। रोक नहीं पा रहा था। अभयंकर और मोहिन्दर को तो उसने एक तरह से लाइन पर डाल दिया था। लेकिन सेठ गोवर्धनदास के यहाँ एक बार उसकी धज्जियाँ उड़ गयी थीं।

वही एक बात बार-बार भैरवसिंह को कुरेद रही थी। आखिर वह पहली गोली किसने चलायी थी ? अगर पहली गोली समय से पहले न चली होती तो उस समय सारा खजाना उसके पास होता। बार-बार उम्मीद से वह अपने बंगले के बाहरी दरवाजे की तरफ देख रहा था। सब कुछ हीरालाल के ऊपर था। हीरालाल की वापसी तक भैरवसिंह को सहारा था किसी अनहोनी का, छत फाड़कर टपकनेवाली किसी सफलता का, किसी करवटी हालत का। बेसब्री के साथ शराब के हर घूँट में भैरवसिंह बार-बार अपने अन्दर बसे किसी साँप की फुँफकार सुन रहा था। उसे लग रहा था, शराब का हर कतरा उसकी रग में जाने कौन-सी बारूद के छोटे-छोटे टुकड़ों में घुल-मिलकर फूट रहा था। न जाने कितने विस्फोट हो रहे थे भैरवसिंह के अन्दर, जब इन्सपेक्टर हीरालाल बंगले के अन्दर दाखिल हुआ।

भैरवसिंह उठकर खड़ा हो गया, "क्यों हीरालाल, क्या हुआ ?"

"कुछ नहीं मिला, बड़ी···!"

"हरामजादे ! बास्टर्ड !! तुम लोगों को भिण्डी बाजार में लालटेन बेचनी चाहिए। सुअर जैसा मुँह लेकर खड़े हो गये···ओह गॉड !"

हीरालाल पर सीधा हमला किया था भैरवसिंह ने। पहले ही दौर में उसके पैर उखड़ गये। फिर भैरवसिंह के बैठते ही वह भी बैठ गया। तभी उसकी नजर बोतल में बची दो घूँट शराब पर पड़ी। गले में दो खिस्सा घूँट निगलकर उसने लालच-भरी निगाह से बोतल की तरफ देखा।

"अच्छा, हीरालाल ! सेठ गोवर्धनदास कहाँ है ? और लोग···।"

भैरवसिंह आगे न बोल सका। न जाने कब अन्दर-ही-अन्दर बारूद की चिन्दियों ने नन्ही-नन्ही फुलझड़ियों का रूप ले लिया जो एक झटके के साथ

छोटी-छोटी असंख्य गुदगुदी बनकर सीधे दिमाग में जाकर ठहर गयीं। भैरवसिंह का पारा नीचे की तरफ उतर आया। इस बीच, हीरालाल तीन-चार बार बोतल की तरफ देख चुका था। पारा गिरने के साथ भैरवसिंह की आँखों में हँसी, होठों में जकड़न आ गयी थी। माथे पर, नाक के ठीक ऊपर की चमड़ी सिकुड़ने लगी थी और दाहिने गाल पर घाव का निशान जैसे पीछे की तरफ भागने लगा था। इसी बीच भैरवसिंह ने हीरालाल को बोतल की तरफ देखते हुए पकड़ लिया।

"क्यों हीरालाल, क्या वर्दी में होते हुए पीओगे ?"

"सर ! टोपी तो उतार दी है, बैज हटाये देता हूँ।"

"नैवर माइण्ड !" भैरवसिंह ने गिलास और शराब हीरालाल की तरफ बढ़ा दी और खुद दूर, कहीं दूर जलते-बुझते, सितारों को देखने लगा। उसकी आँखों में, उस वक्त हँसी की चमक एक अजीब तरह की वहशियत का रूप अख्तियार करती जा रही थी। उसके अन्दर का 'मैं' बार-बार उससे कह रहा था, 'चालीस लाख का माल गाँव के अन्दर है।'

"देखो हीरालाल, मुझे यह मालूम है, माल इस वक़्त गाँव में है। तभी तो तुम्हें यहाँ देखकर मेरा खून खौल उठा था।"

"सच ! लेकिन हमने तो चप्पा-चप्पा ढूँढ़ लिया।" यह पटियाला का झटका था।

"तुम्हें पता होगा, पहली गोली किसने चलायी ?"

"ओ ! सर !!" हीरालाल घिघिया रहा था।

"और तुमने सेठ गोवर्धनदास के यहाँ से गयी खून की लकीर का पीछा भी किया होगा ?"

"हाँ सर, किया था। खून की लकीर तालाब पर खत्म हो गयी थी।"

"क्यों, भागते वक़्त वह आदमी माल को कहीं और नहीं गिरा सकता था ?"

"यस सर ! क्यों नहीं ?"

"कैसे ? कब ? और कहाँ ?"

हीरालाल लड़खड़ा गया।

"देखो सब-इन्सपेक्टर हीरालाल, तुम्हारे साथ दिक्कत यह है, जब तुम खुद जुर्म करते हो तब तो तुम अपनी अक्ल को साथ रखते हो, लेकिन जब तुम जुर्म की तहकीकात करने जाते हो तब तुम्हारी अक्ल घास चरने चली जाती है।"

"साब, अब आपका मुकाबला कौन करेगा ?"

"यह बात नहीं है...अच्छा, तुम थके होगे, तुम्हारे लिए शराब और...?"

"हाँ, सर !"

भैरवसिंह ने ताली बजायी, अर्दली से कुछ उबले हुए अण्डे और शराब की बोतल लाने के लिए कहा और उठकर बरामदे में टहलने लगा। उसका दिमाग मेंढक की आँख की तरह उचक-उचककर अभी कुछ देर पहले हुए हादसे को पकड़ में लेने की कोशिश कर रहा था। उसे—भैरवसिंह को लग रहा था, कोई अहम मुद्दा लेकिन कोई बड़ी साधारण-सी बात उसके जहन में आकर फँस चुकी है। उसी बात को, वह चुपके-चुपके टटोलने की कोशिश कर रहा था। इस बीच हीरालाल ने गिलास में शराब डाल ली थी। उसने एक गिलास भैरवसिंह की तरफ बढ़ाया। भैरवसिंह वापस कुर्सी पर पहुँच गया। उसने हाथ में गिलास लेकर धीरे-धीरे सिप करना शुरू किया और फिर कुर्सी पर बैठ गया। उधर हीरालाल ने ताबड़तोड़ दो अण्डे मुँह में डाले और पूरा गिलास गटक गया।

''हीरालाल !'' भैरवसिंह ने मेज पर खाली गिलास रखते हुए कहा।

''साब !''

''सेठ गावेर्धनदास की कोठी पर मैं कहाँ था ?''

''सिपाही-दस्ते के ठीक पीछे !''

''और तुम कहाँ थे ?''

''साब, आपके पीछे !''

''पहली गोली कहाँ से चली थी ?''

''मेरे पीछे से, हुजूर !''

''अच्छा, कौन हो सकता है पहली गोली चलानेवाला ? गोली तो मुझे चलानी थी। पहला फायर, रूमाल देखने के बाद मुझे करना था न !''

''हमारे किसी आदमी ने वह गोली नहीं चलायी।''

''क्यों, कैसे विश्वास है तुम्हें ?''

''साब, आपको तो पता है, वह आवाज बारह बोर की बन्दूक की थी जिसमें सोलह छर्रे निकलते हैं। वह बन्दूक मुर्गाबियों के शिकार में काम आती है।''

''शाबाश ! यही मैं सुनना चाहता था...।''

''और...।''

''और वह गोली चलानेवाला कौन हो सकता है ?''

''कौन...आखिर कौन...?'' हीरालाल ने दूसरा गिलास खत्म कर दिया था।

''देखो हीरालाल, पहली गोली हमारे किसी आदमी ने नहीं चलायी। अभयंकर और मोहिन्दर के लोग ऐसी खतरनाक गलती करेंगे नहीं...। सेठ गोविन्ददास...वह क्यों करेगा भला ? अच्छा हीरालाल ! इस इलाके में कितने आदमियों के पास बारह बोर की बन्दूक के लाइसेंस हैं ?''

''सिर्फ तीन, सर !''

''कौन तीन ?''

''सेठ गोविन्ददास...।'' हीरालाल करीब-करीब चीख रहा था।

''शीः शीः...धीरे बोलो...।''भैरवसिंह ने डाँटा।

''हाँ, सर...!''

''बाकी दो और कौन हैं ?''

''एक तो मोहन बाबू।''

''कौन मोहन बाबू ?''

''सेठ के दामाद...। लेकिन साब, उनकी बन्दूक यहाँ नहीं है...लखनऊ गयी है बनने...।'' हीरालाल फुसफुसा रहा था।

''और तीसरा कौन ?''

''बिन्दादीन !''

''कौन बिन्दादीन ?''

''सर्राफ बिन्दादीन।''

''मुंशी अवतारीलाल का दोस्त ?''

''हाँ साब !''

''लेकिन वह क्यों चलायेगा गोली...?''

''मेरी भी समझ में नहीं आता...।''

''और वह आदमी...जो जख्मी होकर सेठ की कोठी से भागा था।''

''तालाब...!''

''तालाब...तालाब मैं नहीं जानता...। वह आदमी मुझे चाहिए...। हीरालाल ...समझे...?''

''हाँ साब !''

''और सुनो, माल गाँव के अन्दर है।''

''सच, साब ?''

''और पहली गोली चलानेवाला भी।''

''कौन...?''

''वही बिन्दादीन...कुछ भी करो, रात निकलने से पहले उससे सब उगलवा लो और...।''

''समझ गया, साब !''

''तुम कुछ नहीं समझे, हीरालाल !'' भैरवसिंह ने सख्त लेकिन धीमी आवाज में कहा, जिसमें कड़क-भरी चीख थी। ''मुझे हर हालत में सवेरा होने से पहले माल चाहिए। जला दो पूरे गाँव को, हर घर उजाड़ दो। कुछ भी करो, सवेरा होने से पहले माल बरामद कर लो, नहीं तो कुछ हाथ नहीं आयेगा...'' कहकर भैरवसिंह उठकर खड़ा हो गया। ''किसी को वहाँ छोड़ा है ?''

"हाँ साब...दो सिपाही सेठ की कोठी के पास तैनात हैं।"

"ठीक है, अब तुम जाओ ! कितने सिपाही जायेंगे ?"

"यही कोई छह-सात...।"

"नहीं, बारह...पन्द्रह तक ले जाना...। वह बिन्दादीन भी तो है। दो सिपाही सड़क पर रहेंगे।"

"साब ! आप उधर आयेंगे ?"

"नहीं...मैं सड़क पर रहूँगा...जीप में...!"

"जयहिन्द, सर !"

"जयहिन्द !"

हीरालाल के जाने के बाद भैरवसिंह वहीं बरामदे में टहलने लगा। दूर-दूर तक झींगुर के बोलने की आवाज आ रही थी। यह आवाज चारों तरफ फैले हुए सन्नाटे को और खौफनाक बना रही थी। अँधेरे में उड़ते हुए जुगनू गोल-गोल घूम रहे थे। बंगले के अहाते में बिजली के खम्भे से लगा खड़ा हुआ कुत्ता, किसी पत्ते खड़कने की आवाज पर भौंक रहा था। वैसे तो उस कुत्ते को झींगुर की आवाज भी अच्छी नहीं लगती थी। फिलहाल भैरवसिंह उस कुत्ते को देख रहा था। जुगनू, सन्नाटेदार अँधेरा, लैम्प-पोस्ट के साथ कुत्ता जुड़ चुका था। तभी कुत्ते ने दीवार की तरफ भागना शुरू कर दिया। दीवार के ठीक सामने जाकर कुत्ता रुक गया और मुँह उठाकर उस हद-दीवार के उस पार न जाने किस अनजाने खतरे को बूझकर भौंकने लगा।

जब कुत्ता लैम्प-पोस्ट से हटकर हद-दीवार तक लँगड़ाता हुआ गया था, तभी भैरवसिंह का माथा ठनका था। वह उस वक्त बरामदे में था। उस बरामदे को अगर सेठ गोवर्धनदास की बैठक मान लिया जाये तो कुत्ता जहाँ खड़ा था, करीब-करीब वहीं पर सेठ की बैठक के सामनेवाले आँगन में उस आदमी के गोली लगी होगी जो जख्मी होकर फरार हो गया था। तब क्या गोली कोठी के अन्दरूनी हिस्से से चलायी गयी थी ? भैरवसिंह की साँस एक पल के लिए ऊपर की ऊपर रह गयी। इसलिए वह आदमी दस्ते के सिपाहियों की गोली से घायल नहीं हो सकता, क्योंकि तब तक दस्ते की दूसरी टुकड़ी कोठी के अन्दर नहीं पहुँची थी। तब याद आया था भैरवसिंह को ! हीरालाल के पीछे से पहली गोली किसी और ने चलायी थी। उसी के साथ पुलिस-दस्ते ने फायर किया था। लेकिन पुलिस-दस्ते की फायरिंग के बीच अन्दर से भी एक फ़र्क किस्म की ऊँची धाँय आवाजवाली गोली चलाने की आवाज आयी थी। तो कहीं माल सेठ के यहाँ तो नहीं रह गया और वह जख्मी फरार कहीं सेठ के यहाँ अन्दर की तरफ चलायी गोली से तो घायल नहीं हुआ ? भैरवसिंह के जबड़े के रोयें अंधीरियों समेत खड़े हो गये और उसकी मूँछों के अन्दर हलचल होने लगी।

सब-इन्सपेक्टर हीरालाल उन दिनों चौक थाने का इन्चार्ज था। भैरवसिंह की वह बड़ी इज्जत करता था। बड़ी मिन्नत और जी-हुजूरी के बाद पच्चीस हजार रुपये में उसने इस थाने की पोस्टिंग खरीदी थी। यह उसकी इज्जत का सवाल था। भैरवसिंह ने उसकी खुद्दारी को ललकारा था। हीरालाल न लम्बा था, न छोटा। न मोटा था, न दुबला। न गोरा था, न काला। वह बहादुर नहीं था, लेकिन डरपोक भी नहीं था। उसके अन्दर एक खास तरह की उलटबासी चला करती थी उन दिनों। जब वह पुलिस फोर्स में दाखिल हुआ था उसके अन्दर जुर्म की एक हद बनी हुई थी। वह सामान्य रूप से मुजरिम, कानून और जुर्म को अलग-अलग ख़ानों में रखता था। कान्स्टेबल बनकर भरती हुआ था वह। साहब लोगों की जी-हुजूरी की, बाग-बगीचे सम्हाले, उगालदान-पानदान ठीक रखे, सब्जी-भाजी से लेकर बच्चों तक को खिलाया। फिर सड़क की ड्यूटी की और तब कहीं जाकर थाने में लगा था वह। नीचे से ऊपर उठा था वह। उसने सब-कुछ देखा था। दरोगा, बड़े दरोगा, डिप्टी और सदर-साहब तक एक-एक की फितरत का हिसाब था उसके पास। शुरू के दिनों में उसके अन्दर उसका अपनापन कितनी-कितनी बार, मालूमियत और मासूमियत के जज़्बे से सराबोर रहा करता। फिर न जाने कैसे इनाम-इकराम दस्तूरी बन गया और दस्तूरी घूस। उसके अन्दर महकते हुए जज्बे का अमृत न जाने कब, न जाने कहाँ सूख गया था, हवा में उड़कर विलीन हो गया था ! तभी से उसके अन्दर की सख्ती, एक खास तरह की मनहूसियत, उलटबासी बनकर चला करती। पहले की तरह उसका मन और दिमाग एक नहीं था। मन को तो उसने न जाने कितने-कितने दिनों पहले, इनाम से दस्तूरी और दस्तूरी से घूस बनते-बनाते, दफन कर दिया था। और तभी से उसका दिमाग, दिल से अलग होकर चलने लगा था।

हीरालाल का दस्ता जैसे ही गाँव की हद पर पहुँचा, सिपाही भोलाराम न जाने कहाँ से प्रकट हो गया। उसने बुधलाल की बीवी का किस्सा, सिपाही किशनदास और अपनी दुर्दशा के साथ दोनों बन्दूकें छिन जाने की बात गर्म पानी के साथ बतायी। उसकी फटी हुई कमीज, बाल और उसका मातमी चेहरा, ऊपर से सिपाही किशनदास को जला देने की कोशिश और फिर गाँव के मर्दों का बन्दूकों और किशनदास के साथ कलेक्टर के नुमाइन्दे एस. डी. एम. के कैम्प में चौक थाने और भैरवसिंह की शिकायत करने के लिए चले जाना, आग में घी की तरह था। हीरालाल तो सब-इन्सपेक्टर दिनेश त्यागी को जख्मी फरार और माल के बारे में बताकर बिन्दादीन सराफ़ की खोज में चला गया। उधर पुलिस की टुकड़ी ने अपने साथियों का बदला लेने की ठान ली। यह सीधा तमाचा चौक थाने और भैरवसिंह के ऊपर था। बागियों को कुचलना था। सबने मिलकर फैसला किया—गाँव की हर औरत को बुधलाल की औरत बना दिया

जाये। हर घर से सोना-चाँदी-जेवरात निकाल लेने का वैसे भी आदेश था। जख्मी फरार को भी ढूँढ़ना था। पुलिस-दस्ता खूनी फिरंगियों की तरह गाँव के ऊपर टूट पड़ा। थोड़ी ही देर में हर घर से रोने-चिल्लाने-चीखने-तड़पने की आवाजें आ रही थीं। छोटे बच्चों का चीत्कार, अँधेरी रात के सन्नाटे को चीरकर औरतों, लड़कियों और कमसिनों के हाहाकार में मिलकर समूचे माहौल को खौफनाक बना रहा था। एक-एक घर को नेस्तनाबूद करने की कोशिश हो रही थी। सराफ़ा लुट गया था। चारों तरफ आग के शोले धधक रहे थे।

तभी गाँव से लगे बगीचे से गोली चलने की आवाज़ आयी थी। सब-इन्सपेक्टर हीरालाल वल्द मनसुखलाल थाना चौक पहाड़पुर ने एक मुठभेड़ में सराफ़ बिन्दादीन को मार गिराया। दोनों तरफ से कई राउण्ड गोलियों के चले थे। यह बात और थी बिन्दादीन सराफ़ की बन्दूक से चलनेवाली गोलियाँ खुद सब-इन्सपेक्टर हीरालाल ने चलायी थीं।

जिस समय सब-इन्सपेक्टर हीरालाल ने बिन्दादीन को शूट किया था, करीब-करीब उसी वक्त सर्किल-इन्सपेक्टर भैरवसिंह अपनी जीप में वहाँ पहुँचा था। उसके हाथ में एक एअरबैग था जिसमें चालीस लाख के जेवरात थे। किसी को पता नहीं था। हीरालाल को भी नहीं—भैरवसिंह कब सेठ गोवर्धनदास के यहाँ गया था और कब वहाँ से निकलकर जीप तक पहुँचा था !

## तीन

जिला जेल की बैरक नं. 12 में उस दिन सवेरे शान्ति जरा जल्दी उठ गयी थी। रात की कालिमा मिट चुकी थी और सवेरे की हल्की-हल्की धूप नम पत्थरों और सीखचों को चीरती हुई उसकी बैरक में आने लगी थी। दूर-दूर तक सन्नाटा था, सिर्फ जेल के दरख्तों पर चिड़ियों के चहकने की आवाज आ रही थी। चिड़ियों की आवाज, हवा की सनसनाहट और नम पत्थर, सीखचों और सूरज की किरणों को चीरती हुई बड़ी दूर से कोयल की आवाज बीच-बीच में आ रही थी। यह कोयल की आवाज इधर कई दिनों से शान्ति को तंग कर रही थी। न जाने कौन-सा रिश्ता था, न जाने कौन-सा बैर था जिसकी वजह से जब भी कोयल की आवाज शान्ति के कानों में गूँजती, एक अजूबा खालीपन उसके अन्दर बैठने लगता ! पूरी एक जिन्दगी का हिसाब, लमहा-लमहा, टुकड़ों-टुकड़ों में बँटी हुई टूट-टूटकर, तार-तार होती हुई पूरी एक जिन्दगी का अक्स छोटे-छोटे हिस्सों में जुड़कर उसके सामने घूम जाता। जेल की सख्त दीवारों के पीछे सीखचों

से सटी हुई, दूर खाली आसमान में उस दिन भी शान्ति तलाश कर रही थी अपना वह सितारा, जो हर किसी की जिन्दगी में एक बार जरूर मिलता है। शान्ति असल में उम्र के इस दौर में कभी-कभी अपने से पूछा करती—सितारे, यह आसमान, यह चाँद, यह जमीन, यह स्वर्ग, यह दुनिया, यह सब उसके किस काम के हैं ? एक तपिश, एक कशिश उसकी धड़कनों से उसकी साँसों से उठकर खुद-ब-खुद कह दिया करती, अहसास करा देती उसे—सबकुछ खत्म हो गया है। लेकिन अभी भी उसका एक सितारा, उसके खून, उसके जिस्म का एक हिस्सा कहीं पर है जरूर। और उसी के लिए शान्ति जिन्दा थी। पत्थर की दीवारों पर सर पटककर उसने जान नहीं दी थी।

उस दिन साफ आसमान के नीचे, बगीचे में नम घास के ऊपर, कोचिया की क्यारियों के किनारे-किनारे, धीरे-धीरे टहलते हुए माधुरी साहा ने अपनी शख्सियत को तौलना शुरू किया था। सचिवालय में सचिव के पद पर उनकी नियुक्ति होनेवाली थी। माधुरी साहा के अन्दर की कमजोर औरत तो कब की मर चुकी थी। उसकी जगह किसी सख्त, सफल और विचारशील औरत का जन्म हो चुका था। जिन्दगी माधुरी साहा की पकड़ में थी और वह खुद इतने बड़े मुल्क के इतने बड़े प्रदेश की सत्ता की एक अहम कड़ी थीं। माधुरी साहा का काम करने का तरीका कतई पेशेवर था। वह दिल और दिमाग को अलग-अलग रखकर काम किया करतीं। वैसे भी वक्त ने तमाम रास्तों से गुजरकर माधुरी साहा को जिस्मानी और रूहानी यातना का एक कभी न खत्म होनेवाला सिलसिला ही दिया था। बचपन क्या था, अगर वह खुद कभी अपने बचपन को छूने की कोशिश करतीं तो याद के तौर पर दो लाल-लाल आँखों का खौफ लरजकर सामने आ जाता। दुनिया की हर मासूम लड़की की जिन्दगी में सबसे खुशनसीब, सबसे अहम, सबसे खूबसूरत मोड़ जिन्दगी का वह होता है, जब वह बचपन की देहरी लाँघकर कुँवारेपन की तरफ बढ़ती है। एक नशा जैसे रगों में दौड़ने लगता है, न जाने कितने छोटे-छोटे रेशे पूरे जिस्म में फैलकर और फिर इकट्ठा होकर फुलझड़ी की तरह फूट पड़ते हैं। मस्ती और खुमार का एक ऐसा नशा गहराने लगता है जिसके सामने दुनिया की सारी दौलत, संसार का सारा सुख अनजान बनकर रह जाता है। लेकिन माधुरी साहा की जिन्दगी में बचपन से जवानी का दौर किसी गुमनाम डर के अँधेरों से गुजर गया था।

बगीचे में दूर-दूर तक हवा के झोंकों में उड़ते हुए अपने बालों को सम्हालते हुए माधुरी साहा उस दिन जब पोर्टिको पार करके बेडरूम की तरफ जा रही थीं, तभी मालती शर्मा का फोन आया था। संकटाप्रसाद के एडवाइजर बनने

की खबर सुनकर उनके हाथ से रिसीवर छूटकर गिर पड़ा था। इससे पहले उनके काँपते हुए पैर, चेहरे की उड़ी हुई रंगत कोई देखे, वह अपने बेडरूम के अन्दर चली गयी थीं, दरवाजा अन्दर से बन्द कर लिया था।

बेडरूम का दरवाजा बन्द था और माधुरी साहा बिस्तर के ऊपर औंधी लेटी हुई अपनी तकदीर का हिसाब कर रही थीं। यह कौन-सी दौड़ थी जो बीस बरस बाद एक घिनौनी हकीकत, एक बदनुमा-बदमिजाज दाग, अफसरी का लबादा ओढ़कर उनके सामने आनेवाला था ! एक विस्फोट हुआ था, जिसने एक बार तो उनके समूचे व्यक्तित्व को हिला दिया था। लेकिन दूसरे ही क्षण क्रोध की एक तेज़ लहर जैसे उनके पैरों के नाखून से सिर के बालों तक दौड़ गयी थी, जिसके साथ सारी जिन्दगी का नक्शा उनके सामने घूमने लगा था। और उसके साथ ही माधुरी साहा ने बचपन से जवानी तक की उस माधुरी की परछाईं को भगा दिया था जो एक बार फिर गुमनाम, गुमशुदा हैसियत बनकर संकटाप्रसाद के नाम के जरिये सामने आने लगी थी। अब माधुरी साहा को लाल आँखों का डर नहीं रहा था। मर्दों को देखकर उनके अन्दर दहशत नहीं पैदा होती थी, बल्कि एक अजीब तरह का नियन्त्रित विद्रोह उनके अन्दर जाग जाया करता था।

बेडरूम के पलंग पर माधुरी साहा से ज्यादा देर नहीं रुका गया। वह उठकर जाने की तैयारी करने लगीं। फिर भी मन उदास हो गया था। कोई एक चुभन, खालीपन के बीच पैठकर बार-बार उनके अन्दर मरोड़ पैदा कर रही थी। इसीलिए दफ्तर पहुँचने तक बाहरी तौर पर व्यवस्थित होते हुए भी माधुरी साहा के अन्दर एक घुमनी बार-बार चक्कर लगा रही थी। सख्त-दर-सख्त पर्तों के नीचे दबी हुई उनकी वह यादें कसमसा रही थीं, जिनके साथ जुड़ा हुआ था सारा बचपन और जवानी का एक लम्बा दौर ! माधुरी साहा असल में सब-कुछ होते हुए भी यह तय नहीं कर पायी थीं, उनकी जिन्दगी में खौफ के अँधेरों में भटकता हुआ उनका बचपन और गुनाह और जुल्म से रौंदी हुई उनकी जवानी हकीकत थी या ऊँची इमारत के कमरे में एक ऊँची कुर्सी पर बैठी हुई उनकी वह हस्ती हकीकत थी जो अपने ठण्डे दिमाग से शासन कर रही थी ? एक तरफ उनके मन की गर्माहट के साथ बार-बार, चुपके-चुपके, दबे पाँव आकर, पुरानी-से-पुरानी यादें, किसी नश्तर की तरह चुभ जातीं और वह भी तब जब वह उफ तक करने की स्थिति में नहीं थीं। दूसरी तरफ उनके दिमाग की कुदरती हरकतें, सत्ता और प्रशासन के गुर उन्हें काफी मजबूत बना चुके थे। यादों को तो वह दफन कर चुकी थीं, बस चन्द हिसाब बाकी थे जिन्हें उन्हें अभी करना था। उस दिन तो उन्हें लगा था, वह भी वक्त आनेवाला है जब वह अपनी जिन्दगी को पूरी तरह से सम्हाल लेनेवाली हैं।

बजरंग चपरासी को डाँटकर भगा देने के बाद माधुरी साहा ने कुर्सी के पिछले हिस्से पर अपनी गर्दन जब टिकायी थी, उस वक्त वह न तो कुछ सोच रही थीं और न ही उन्हें कुछ याद था। लेकिन छत, कमरे की छत यूँ ही देखते-देखते उन्हें याद आयी थी वह रात, जब उनका मासूम विश्वास काँच की शीशी की तरह गिरकर टूट गया था। वह कयामत की रात थी या उनके नसीब की मौत, किसी जानवर की वहशियत थी या आदमी का पतन ! वह कौन-से संस्कार थे, किस रिश्ते की बात करतीं वह, यह उनकी समझ में नहीं आया था।

शान्ति के चले जाने के बाद अब संकटाप्रसाद के जीवन में कुछ भी नहीं बचा था। टूटते-टूटते उम्मीद का वह आखिरी कतरा जो शान्ति के साथ जुड़ा था, खत्म हो चुका था। जिन्दगी उनके साथ कैसा मायावी खेल खेल रही थी ! संकटाप्रसाद सोचते-सोचते उलझन के दायरों में घूमने लगते। माधुरी उम्र के सैलाब में उन्हें बहाकर लिये जा रही थी। उनकी और माधुरी की उम्र में 25 साल का फर्क था। वक्त की दौड़ में वह माधुरी का साथ कहाँ तक दे सकेंगे, इसकी भी चिन्ता थी उन्हें। न जाने क्या होता जा रहा था ! माधुरी जब भी उनके करीब आती, उनसे चिपट जाती तो उनके खून का दौरा तेज़ हो जाता। शान्ति के हमेशा-हमेशा के लिए चले जाने के बाद माधुरी उसी रूप में उसी उम्र में, जैसे सिमटकर आ गयी थी उनके सामने, उनके पास। लेकिन यह छाया, शान्ति का यह रूप, यह प्रतिबिम्ब कितना मोहक था, कितना नशीला था ! जहाँ एक तरफ उन्हें डर लगता, वहीं दूसरी तरफ उनके अन्दर यह अहसास करवटें बदलने लगा था कि मांधुरी के बिना जिन्दा रहना उनके लिए कितना मुश्किल था !

उस दिन दफ्तर से लौटने में जरा देर हो गयी थी। माधुरी वहीं दीवान पर लेटी हुई थी। उसके चेहरे पर एक मस्ती-भरी, लुभावनी मुस्कराहट थी। उसने एक बार करवट बदली और फिर अँगड़ाई ली। एक ऐसी अँगड़ाई, जिसने उसके बदन के जोड़, कटाव, उभार मोहक बना दिये थे, उत्तेजक बना दिये थे। संकटाप्रसाद के बदन में आग लग गयी थी। भरपूर जवानी जैसे उसके कपड़ों में समा नहीं पा रही थी और वह बेचैन-सी, उनींदी अँगड़ाइयों से फूटकर निकलती हुई अदाओं से उस कमरे के पूरे माहौल में खुमार के हल्के-हल्के बुलबुले जगा रही थी।

माधुरी जिस दीवान पर लेटी थी, वहाँ से कुछ दूर पर संकटाप्रसाद खड़े थे। उन्होंने नाइट-गाऊन पहन रखा था, जिसकी एक जेब में उनका हाथ था। उनके दूसरे हाथ में पाइप था और वह माधुरी को घूर रहे थे। उनकी आँखों

में एक भूख थी, एक तड़प थी। एक बार तो उन्होंने, अपना दूसरा हाथ गाऊन की जब से निकालकर माधुरी के गदराये बदन की तरफ बढ़ा दिया। लेकिन अगले ही क्षण ज़ैसे किसी अहसास के धमाके ने उसके अन्दर से सारी ताकत निकाल ली, उस जज्बे को उड़ा दिया। तब उन्होंने अपना हाथ पीछे खींच लिया और दीवान से अलग हटकर मैटलपीस के पास आ गये थे। उन्होंने मैटलपीस पर अपना पाइप रख दिया और वहीं खड़े हुए माधुरी को देखते रहे। लेकिन उनके अन्दर चल रही रूहानी और जिस्मानी कशमकश ने उन्हें ज्यादा देर तक खड़ा नहीं रहने दिया और वह माथा पकड़कर वहीं जमीन पर बैठ गये। उन्हें लग रहा था कि उम्र की उस डगर पर माधुरी के साथ जोश और मस्ती के सैलाब की तरंगों से उनका बँधे रहना, सवेरे से रात तक किसी पूर्ण रूप से जागरूक हस्ती का हिस्सेदार बने रहना कितना मुश्किल होता जा रहा था ! माधुरी उन्हें एक पल को भी छोड़ने को तैयार नहीं थी। वह तो संकटाप्रसाद के इर्द-गिर्द एक बेल की तरह लिपटती चली गयी थी।

उसके लिए दुनिया के सारे मर्द माधव थे या माधव के वह लफंगे दोस्त जिनकी भयानक यादों, माधव की लाल-लाल आँखों के डर के ऊपर चढ़कर किसी खौफनाक मंजर का हिस्सा बनकर उसके अन्दर करवटें बदलती रहती थीं। फिर वक्त ने कौन उसे ठहरने दिया था ? माधव की लाल आँखों का डर दूर भी नहीं हुआ था कि तेरह साल की उम्र में स्कूल के एक माली ने बेरहमी से उसके साथ बलात्कार किया था। इसकी चर्चा कुछ ऐसी चली काफी दिनों तक उसका स्कूल जाना बन्द हो गया। उधर जैसे बदनसीबी उसका इन्तजार कर रही थी। कई महीनों बाद जब उसने स्कूल जाना शुरू किया, तभी एक पिकनिक पार्टी में कॉलेज के लड़कों ने कोल्ड ड्रिंक में नशीली गोलियाँ मिलाकर उसकी छीछालेदर कर डाली थी। जिन्दगी के ऊपर से जैसे उसका यकीन उठ गया था। यह दुनिया उसके लिए एक डरावना सपना बनकर रह गयी थी। उसके चारों तरफ हर मर्द एक वहशी जानवर की तरह घूरता हुआ, भयानक चेहरे बनाता हुआ, ज़िद और जबरदस्ती का घिनौना मुखौटा लगाये नजर आता। माधुरी की दुनिया धीरे-धीरे सिमटती गयी और बस संकटाप्रसाद की छाती पर आकर ठहर गयी।

उधर खुद संकटाप्रसाद की समझ में कुछ नहीं आ रहा था। एक तरफ उनको मौत की अन्धी घाटियाँ नजर आ रही थीं और दूसरी तरफ माधुरी एक मोहक सपने की तरह उनकी बाँहों में समायी हुई तड़प रही थी। वह सोच रहे थे कि यह कैसी जिन्दगी, यह कौन-सी विडम्बना थी जिसमें ईश्वर ने उन्हें डाल दिया था ! कभी तो उनकी रगों में एक झुनझुनी, सुन्न पड़ती हुई सर्द ठण्डक पैठने लगती और दूसरे ही क्षण क्रोध की तपती हुई लहर उठती उनके जहन

में, जिसके साथ एक जलती हुई साँस का झोंका निकलता उनके अन्दर से। दस साल, काश सिर्फ दस साल वह उम्र को पीछे ढकेल सकते तो शायद वह सबकुछ मिल जाता जिसके लिए वह तड़पते रहे थे। एक मासूम बच्चे की तरह वह तलाशते रहे थे जिन्दगी के तमाम अँधेरों के बीच प्यार का वह रास्ता, गर्माहट की वह रोशनी जो कभी नहीं मिली उन्हें। कभी माँ का प्यार, कभी शान्ति का प्यार, कभी मधु की बेवफाई, बस सबकुछ उनसे यूँ ही छिनता चला गया था। उन्हें लगता जैसे जिन्दगी कोई अजीब खेल उनके साथ खेल रही है। कन्धों पर फैले रेशमी बालों को सहलाते हुए जब माधुरी अपना चेहरा उनकी महफूज छाती में छिपा लिया करती तो कई बार उनके अन्दर जिन्दगी से बगावत कर देने का खयाल जागने लगता। यह तो वक्त ने उन्हें जीते जी मार डाला था। उनके सामने जोश के समन्दर में लहराती हुई, झूमती हुई जवानी और मस्ती के खुमार में डूबी हुई माधुरी का बेपनाह हुस्न था और उस हुस्न से जुड़ी हुई थीं शान्ति की वह तमाम मुर्दा यादें जो हमेशा से उन्हें छेड़ती रही थीं।

शान्ति को तो वह जिन्दगी के दौर में बहुत पीछे छोड़ आये थे। जब मधु की बेवफाई ने उनकी जिन्दगी में बारूद बिखेरनी शुरू कर दी थी, भले ही शान्ति की याद चिड़ियों की तरह उड़कर गुबार की शक्ल अख्तियार कर लेती, सबकुछ सह लिया करते थे वह। लेकिन जिस दिन से शान्ति माधुरी को उनके घर पर, उनकी निगरानी में छोड़ गयी थी, उन्हें लगा था कि एक दोहरी तलवार थी जिसके ऊपर चलते-चलते कभी भी वह गिर सकते थे, खत्म हो सकते थे। शान्ति की वह तमाम यादें, जो माँ की आखिरी हिचकी के साथ जुड़ी हुई थीं, एक-एक करके खूबसूरत नशे की तरह उनके सामने, उनकी आँखों के सामने, दुबारा जन्म ले रही थीं, पल रही थीं, बड़ी हो रही थीं। संकटाप्रसाद के सामने जिन्दगी के दो हिस्से थे और दोनों रू-ब-रू सामने खड़े थे।

संकटाप्रसाद को शान्ति से बेहद प्यार था। उस वक्त की शान्ति जो न जाने किस बात पर पहली बार रोयी थी, जब उसकी बड़ी-बड़ी आँखों से बहते मोती जैसे आँसुओं ने संकटाप्रसाद के अन्दर मोहब्बत का, प्यार का पहला जज्बा पैदा किया था, जैसे एक बार फिर कितने-कितने सालों के बाद माधुरी की शक्ल में, उनके ड्राइंगरूम में उस दिन आकर खड़ी हो गयी थी। एक बार तो संकटाप्रसाद को विश्वास ही नहीं हुआ था। लेकिन माधुरी, शान्ति की बेटी थी और सिर्फ बेटी ही नहीं, जैसे खुद उसने अपना रूप, अपनी शक्ल, अपनी खूबसूरती, अपनी महक, अपनी अदाएँ और खुद का अपना सारा-का-सारा प्यार उनके सामने जीता-जागता रख दिया था। धीरे-धीरे संकटाप्रसाद के लिए यह बेमानी हो गया था। वह शान्ति है या माधुरी। मतलब तो रह गया था बस उस महक से, माधुरी के उस बेपनाह हुस्न से जो उन्हें बार-बार उसी स्वर्ग के

करीब खींच ले जाता था, जिसे वह सालों पहले बस्ती से दूर, गाँव से बाहर उस ऊँचे टीले पर छोड़ आये थे।

संकटाप्रसाद के पास वक्त कम था। उम्र बढ़ती जा रही थी और माधुरी भी बड़ी हो चुकी थी। स्कूल के माली का बलात्कार और कॉलेज के लड़कों के जरिये उसकी छीछालेदर हो चुकी थी। उसके बाद माधुरी के लिए यह दुनिया रहने के नाकाबिल हो चुकी थी और लोग वहशी जानवर बन चुके थे। उसे किसी पर भरोसा नहीं था। बस संकटाप्रसाद ही उसकी दुनिया की शुरुआत थे और वही उसका अंजाम। उधर संकटाप्रसाद के अन्दर एक निहायत घुटी हुई वासना ने जन्म ले लिया था। वह देखना चाहते थे, पूरी तरह जानना चाहते थे, जो शान्ति माँ की हिचकी के साथ उनसे अलग हो गयी थी, वह कैसी थी ! उसके जिस्म की गोलाइयाँ, उसकी हर चीज वह हासिल करना चाहते थे। और वह उन्हें मिल सकती थी माधुरी से। लेकिन शान्ति अभी जिन्दा थी। जेल की दीवारों के पीछे वह अपने पति माधव के खून की सज़ा भुगत रही थी। उसका जिस्म खत्म हो चुका था और वह टूट चुकी थी। कई वर्षों से उसने संकटाप्रसाद से मिलना भी छोड़ दिया था। तब संकटाप्रसाद के अफसरी दिमाग ने एक खुफिया योजना बनायी, जिसके तहत एक रात खाने में बेहोशी की दवा मिलाकर उन्होंने माधुरी को बेहोश किया और पूरी रात उसे शान्ति समझकर उसके जिस्म से खेलते रहे। एक बार, सिर्फ एक बार के लिए उन्होंने यह खुफिया योजना बनायी थी, लेकिन माधुरी की बेपनाह खूबसूरती और बेदाग हुस्न ने उन्हें उस खुफिया योजना को कई बार अमल में लाने के लिए मजबूर कर दिया।

उन दिनों माधुरी सारी दुनिया के लोगों से अलग होकर, अपने उम्र के सारे लड़कों को छोड़कर संकटाप्रसाद की शरण में आ चुकी थी। संकटाप्रसाद उसके लिए माँ भी थे और बाप भी। परमेश्वर से ज्यादा विश्वास था उनके ऊपर। वह पूजती थी उन्हें। लेकिन जब संकटाप्रसाद की खुफिया योजना काफी दिनों तक चलती रही तो आखिर एक रात जब बेहोशी की तादाद का असर, जो धीरे-धीरे कम हो रहा था, पूरी तरह उसे बेहोश नहीं कर पाया था, उसने उन्हें रँगे हाथों पकड़ लिया था। तब कहीं जाकर उसे पिछले चन्द महीनों से चल रहे सारे खेल का पता लगा था। माधुरी के लिए यह बहुत बड़ी बात थी। माधव की लाल आँखों के डर से भी बड़ी बात, कॉलेज के लड़कों की छीछालेदर से बड़ी बात ! उसके लिए तो उसका पूजाघर, उसकी इबादत का मुकाम टूट गया था। जैसे आग के तमाम गोले, जैसे बारूद का कोई धमाका एक झटके में उसे उड़ा गया था। वह आदमी जिसे वह बाप कहती थी, जो उसकी माँ का यार था और जिसकी महफूज छाती में सिमटकर उसने सारी दुनिया से नफरत की थी, वह आदमी एक दरिन्दे की तरह उसके जिस्म से, उसकी रूह से पाक

खुशबू छीन रहा था और वह भी अनजाने में, अँधेरे में ! माधुरी फिर वहाँ रुकी नहीं। और उसी दिन से उसके अन्दर से वह खौफ, वह डर जो हमेशा-हमेशा से उसे सताता रहा था, न जाने निकलकर कहाँ भाग गया था !

बजरंग चपरासी जब माधुरी साहा की डाँट खा कर उनके पी. ए. जिन्दल के कमरे में पहुँचा तो उसका चेहरा फक था। उधर दरवाजे के पीछे खड़ा हुआ माधुरी साहा का पी. ए. जिन्दल सब सुन चुका था। उसे इस बात की एक तरह से खुशी हो रही थी कि वह खुद मैडम के सामने नहीं पड़ा था और वह दिन बजरंग और बॉस की डाँट-भरी शहादत से शुरू हो रहा था। माधुरी साहा के साथ काम करना कोई हँसी-खेल नहीं था। यह तो जिन्दल का ही कमाल था जो करीब एक साल से उनके साथ लगा हुआ था। उसकी सफलता का मुख्य कारण उसकी चुस्ती और माधुरी साहा की आँखों से आँखें न मिलाना था।

उसने बहुत-से अफसर देखे थे। उसके पैमाने में अफसरों की तीन किस्में हुआ करती थीं—पहली किस्म के अफसर झींगुर हुआ करते जो वक्त-बेवक्त बिना बात, हवा में उछलते रहते। दूसरी किस्म के अफसर सिटियाबाज थे, जिनका सारा वक्त शराबबाजी, औरतबाजी या मर्दमारी, अपने-अपने सेक्स के अनुसार, में गुजरता। तीसरी किस्म के अफसर उसकी निगाह में थोड़े ऊँचे थे और वह उन्हें सियार की श्रेणी में रखता था, जबकि कुछ खास लोगों को ही उसने रँगे हुए सियार का दर्जा दे रखा था। यह सियार किस्म के अफसर उसकी निगाह में, वह हुआ करते थे जो आमने-सामने तो चाकलेटी लड़कों की तरह सिर हिलाते रहते, लेकिन जहाँ सामना खत्म हुआ, बस सियार की तरह हुआँ-हुआँ चिल्लाने लगते थे। उसके विश्लेषण में झींगुर और सिटियाबाज अफसर न सिर्फ काम के मामले में अहमक हुआ करते थे, बल्कि मौके-बेमौके वह कुछ भी ऐसा कर सकते थे जिसकी सामान्य रूप से कल्पना भी नहीं की जा सकती। लेकिन उसकी राय में इस श्रेणी के अफसर किसी का नुकसान नहीं किया करते। सियार वाली तीसरी किस्म के अफसर भले ही रँगे हो या बेरँगे, निहायत चालाक और बगुलाभगत हुआ करते। यूँ तो सचिवालय में अफसरों की बारह श्रेणियाँ बनाई गयी थीं, लेकिन जिन्दल ने अपनी तमाम खोजपूर्ण नौकरी के बाद उन्हें तीन किस्मों में तब्दील कर दिया था। लेकिन उसे हैरत इस बात पर होती थी कि अपनी तमाम कोशिशों के बाद वह माधुरी साहा को न तो बारह श्रेणियोंवाली सामान्य लिस्ट में और न तीन श्रेणियोंवाली अपनी विशेष लिस्ट में शामिल कर पाया था। उसे काफी दिनों से लग रहा था, उसने अफसरों की श्रेणियाँ बनाने में कहीं-न-कहीं, कोई-न-कोई गलती जरूर कर दी है। इसलिए

जब बजरंग अन्दर से डाँट खाकर आया था तो कनेक्टिंग-डोर के बन्द होने के बाद, उसने बजरंग को धमकाया था, "और जाओ, खीसें निपोर के !"

असल में जिन्दल उस दिन बड़े इत्मीनान से था, क्योंकि उसे मालूम था कि अगर हनुमान जी की कृपा हुई, उस दिन माधुरी साहा का तबादला हो जायेगा और उसे भी यातना से मुक्ति मिल जायेगी। उसका अच्छा-खासा सर्विस-रिकार्ड था, इसलिए हमेशा उसे डर बना रहता—न जाने कब माधुरी साहा, बजरंग की तरह उसके ऊपर बरस पड़ेंगी। उसके बाद क्या होगा, यह तो ब्रह्मा को भी नहीं मालूम था।

मुख्यसचिव के पी. ए. शंकरलाल से जिन्दल का याराना था, जिसकी खास वजह उसकी बदचलन बीवी थी, जिसका इस्तेमाल गाहे-बगाहे शंकरलाल किया करता। बजरंग चपरासी के डाँट खाकर आने के बाद जिन्दल को जब यह मालूम हुआ, मैडम ने दस-पन्द्रह मिनट तक किसी को अन्दर आने की मनाही कर दी है तो उसे एक तरह की खुन्दक होने लगी थी, क्योंकि उसका इरादा मैडम को उस दिन की मीटिंग के कागजात बगैरा देकर खिसक जाने का था। एक तो उसे बिजली का बिल जमा करना था; दूसरे, उसे अपनी पत्नी के अनियमित मासिक धर्म की दवा लेनी थी। साथ में उसने सोच रखा था, शंकरलाल से अपनी पोस्टिंग की बात करेगा। उसे असल में कोई कोटा-परमिट वाला विभाग चाहिए था। यह सारा कार्यक्रम उसने इस आधार पर बनाया था कि मैडम को उस दिन तीन मीटिंगों में जाना था, जिसकी वजह से करीब-करीब सारा दिन उसे मिल जाता था।

लेकिन बजरंग ने दिन की शुरुआत हीं ग़लत कर दी थी। वह जी-हुजूरी के मूड में दाँत निकालते हुए अन्दर गया था, क्योंकि शायद उसे भी यह मालूम पड़ गया था, मैडम की तरक्की हो चुकी थी और उनके साथ यह उसका आखिरी दिन था। इसीलिए जो वक्त जिन्दल को मैडम के पास फाइल निपटाने में गुजारना था, वह वक्त वह नम्बरों का गणित जोड़कर अपनी पोस्टिंग और उससे जुड़ी हुई आमदनी के हिसाब में गुजार रहा था।

तभी टेलीफोन की घण्टी बजी। फोन की घण्टी बजने से जिन्दल का गणित गड़बड़ करने लगा। वह कुछ देर टेलीफोन को घूरता रहा। उसने तुरन्त फोन इसीलिए नहीं उठाया कि फोन अगर गृह-सचिव के यहाँ से होगा और अगर गृह-सचिव माधुरी साहा से बात करना चाहेंगे तो वह जवाब क्या देगा ! इसलिए और कि गृह-सचिव कटखन्ने किस्म का आदमी था और उसका पी. ए. निहायत हरामजादा। वह एक मिनट भी टेलीफोन पर इन्तजार करना अपनी तौहीन समझता था। जाहिर था, फोन अगर गृह-सचिव के यहाँ से था तो वह जहाँ एक तरफ माधुरी साहा से उनकी बात नहीं करा सकता था, वहीं दूसरी तरफ वह

गृह-सचिव के हरामजादे पी. ए. को यह भी नहीं बता सकता था कि माधुरी साहा से उन लोगों का सम्पर्क क्यों नहीं हो सकता था। लेकिन हारकर फोन उसे उठाना पड़ा। वह बच गया था, क्योंकि फोन मुख्यसचिव के पी. ए. शंकरलाल का था।

आई. ए. एस. में आने के बाद से माधुरी साहा के अन्दर धीरे-धीरे काफी तब्दीली आ गयी थी। उनके अन्दर एक सम्पूर्ण व्यक्तित्व का विकास हो चुका था जो शुद्ध पेशेवर स्तर का था। उनके अन्दर की 'फिफ्थ सेन्स' ठीक उस वक्त उनसे सम्पर्क बनाने लगती जब किसी कार्यक्रम या किसी क्रियाकलाप के बारे में उनकी एक निश्चित धारणा बन चुकी होती और उस धारणा के इस्तेमाल का समय भी निश्चित हो चुका होता। इसीलिए जब माधुरी साहा यादों के दरीचों में, खयालों की दुनिया में न जाने कहाँ-कहाँ खोने लगतीं तब उन्हें उनकी 'फिफ्थ सेन्स' वापस ले आने के लिए दिमाग पर दस्तक देने लगती। एक दुख-भरा जीवन था उनका। सदमे और हादसों ने उनकी तमाम जिन्दगी को बाँध रखा था। दूर-दूर तक अपना कहनेवाला कोई नहीं था। बस मन के किसी कोने-किनारे से उनकी माँ की एक धुँधली-सी तस्वीर कभी-कभी उभर आया करती। लेकिन इससे पहले कि माधुरी साहा उसकी गर्माहट का अहसास कर सकें, वह धूमिल छाया अन्धकर के गर्त में खो जाती। कितने-कितने दिनों तक माधुरी साहा ने अन्धकार के उस गर्त और मन के कोने-किनारे से उभरती हुई अपनी माँ की धूमिल छाया के बीच का फासला दूर करने की कोशिश की थी। लेकिन हर बार वह नाकाम रही थीं। संकटाप्रसाद ने तो उन्हें यह भी नहीं बताया था कि उनकी माँ कहाँ चली गयी थी और फिर लौट कर क्यों नहीं आयी।

उस दिन सवेरे मालती शर्मा का फोन आने से पहले माधुरी साहा ने खुद तय कर रखा था कि ग्यारह बजे की मीटिंग से पहले उन्हें मुख्यसचिव से अपनी पोस्टिंग के सिलसिले में बात करनी है। उधर पहली मीटिंग के कागजात भी उन्होंने तब तक नहीं देखे थे। इसीलिए उनकी 'फिफ्थ सेन्स' उस दिन एक बार फिर उनको यादों की घाटियों से खींचकर वापस आने के सिगनल देने लगी थी। खयालों में डूबे रहने पर भी उनके दिमाग में हल्की-हल्की घण्टियाँ बजने लगीं जिसके साथ उनकी आँखें खुल गयीं।

जिन्दल ने पहला टेलीफोन तो झेल लिया, लेकिन दूसरे टेलीफोन पर उसके पैर काँपने लगे, क्योंकि दूसरा टेलीफोन शिवमूर्तिलाल, नियुक्ति-सचिव के यहाँ से आया था और वह खुद बोल रहे थे। उन्हें तुरन्त मैडम से बात करनी थी। जिन्दल को ऐसे अफसरों से उलझन हुआ करती थी जो अपने पी. ए. के जरिये फोन न करके खुद फोन किया करते। मैडम ने अच्छी-खासी मुसीबत खड़ी कर दी थी। उसे मालूम था कि उसका नम्बर उसी वक्त गड़बड़ कर गया है, जब

हिसाब पूरा हुए बिना शंकरलाल का फोन आ गया था। उसके बाद उपसचिव बोस हाँफता हुआ, मीटिंग के कागजात लेकर आ खड़ा हुआ था। जिन्दल ने उसे बहुतेरा समझाया, शंकरलाल का फोन आ चुका है और मीटिंग मुल्तवी हो चुकी है। उसने बोस को विश्वास दिलाने के लिए यह बताया कि उसका बिजली का बिल और उसकी बेगम का मासिक धर्म मीटिंग मुल्तवी होने से खतरे में पड़ गया है। लेकिन बोस डटा रहा। फिर चूँकि बोस के रहते जिन्दल अपने नम्बरों में वह तब्दीली नहीं कर पा रहा था जो उसे ठीक लग रही थी, उसका दिमाग गर्म होने लगा। तभी शिवमूर्तिलाल का फोन आया, जिन्हें उसने बजर खराब होने का बहाना करके टरका दिया था। फिर भी उसे डर बना हुआ था कि कहीं कटखन्ने गृह-सचिव के यहाँ से फिर फोन आ गया या फिर शिवमूर्तिलाल खुद हाजिर हो गये तो वह क्या करेगा ! उसे हैरत इस बात पर हो रही थी कि मैडम आखिर कर क्या रही हैं ! हालाँकि दस मिनट से ऊपर हो चुके थे, लेकिन न तो जिन्दल की और न ही बोस की इतनी हिम्मत थी वह मैडम के कमरे के अन्दर जाये, या बजर दबाकर बात कर ले। जिन्दल की बेचैनी बढ़ती जा रही थी, क्योंकि उसे नहीं मालूम था, मैडम की 'फिफ्थ सेन्स' सिगनल देने लगी है और इसीलिए जब मैडम ने अन्दर से बजर दबाया वह करीब-करीब कुर्सी से उछल पड़ा।

माधुरी साहा की 'फिफ्थ सेन्स' ने जब धीरे-धीरे दस्तक देना शुरू किया था तो उनके चारों तरफ अनेक तस्वीरें गडमड घूम रही थीं। लेकिन उनकी आँखें खुल चुकी थीं, कुर्सी के पिछले हिस्से पर टिका हुआ उनका सिर आगे की तरफ झुक आया था। सामने एक बड़ी-सी मेज थी, सचिवालय की सबसे बड़ी मेज। कुर्सी और मेज की दूरी ही बस वह दूरी थी जिसे सत्ता, शासन के अधिकार और उस अधिकार के काबिज होने की दूरी कहा जाता है। वह सोच रही थीं, सारी जिन्दगी, जब तक वह एक डरे हुए मेमने की तरह काँपती रहीं, कुछ नहीं मिला उन्हें। संकटाप्रसाद का घर छोड़ने के बाद ही उस माधुरी साहा का जन्म हुआ था, जो उस दिन सचिवालय के एक विशाल कमरे में एक बड़ी मेज के पीछे बड़ी कुर्सी पर बैठी थी। लेकिन शायद उसी दिन उस औरत की मौत भी हो गयी थी जिसे उसके अन्दर, उसकी माँ ने जियाआ होगा। तो ठीक ही हुआ था। वह औरत ही तो उसकी माँ की तरह उसके अपने दुख और दर्द की परछाईं थी।

एक लम्बा सिलसिला शुरू हुआ था संघर्ष का उसके जीवन में संकटाप्रसाद का घर छोड़ने के बाद। उस वक्त तक उसके पेट में संकटाप्रसाद का बच्चा ठहर चुका था। छिः-छिः-छिः ! उस दिन की बात सोचकर उसे घिन आ रही थी। वह कौन-सा मातृत्व था, वह कौन-सी माँ कहलाती, किस तरह के बच्चे

को वह जन्म देती ! किस तरह वह बच्चे को प्यार करती, बड़ा करती ? तब उस काली अँधेरी रात को याद कर माधुरी साहा के अन्दर की सारी उष्णता रोम-रोम से निकलकर न जाने कहाँ चली जाती और रह जाता तब एक सर्द बेजान खालीपन। माधुरी साहा को याद आ रहा था—वह सब कितना घिनौना था ! तब वह उस घिन को मल-मलकर नहाते वक्त निकाला करती थी। कुछ दिन और लगे थे सब ठीक-ठाक होने में। वह घर छोड़कर...शहर छोड़कर स्टेशन पर खड़ी गाड़ी में बैठ गयी थी। वह तो देवेन्द्रनाथ साहा अपनी पत्नी के साथ उसी डिब्बे में आ गये थे, नहीं तो माधुरी को न जाने और क्या-क्या सहना पड़ता, भोगना पड़ता। डी. एन. साहा की पत्नी ने उसे पहले अपने घर में शरण दी, फिर बच्चों के स्कूल में पढ़ाने की नौकरी दिलवाकर वर्किंग गर्ल्स हॉस्टल में उसके रहने का इन्तजाम करवा दिया। बिल्कुल अपनी बहन सरीखा प्यार दिया था डी. एन. साहा की पत्नी ने। कुछ ही दिनों बाद किसी खतरनाक बीमारी से लड़ते हुए उनकी मृत्यु हो गयी। लेकिन मरने से पहले माधुरी का हाथ डी. एन.. साहा के हाथ में दे चुकी थीं वह। तब तक माधुरी आई. ए. एस. के इम्तिहान में बैठ चुकी थी। कुछ ही दिनों बाद डी. एन. साहा ने उससे विवाह कर लिया। उस समय वह कस्टम में असिस्टेण्ट कलक्टर थे।

माधुरी साहा की पाँचवीं सेन्स का आखिरी हमला काफी जोरदार रहा। उन्होंने चौंककर चारों तरफ देखा और टेलीफोन का बजर दबा दिया जिसे सुनकर जिन्दल उछल पड़ा था।

जिस समय जी. एन. वहाँ हाल्दार की तलाश कर रहा था, उस समय शहर के फाइव स्टार होटल के एक कमरे में बरुण हाल्दार डॉ. मांगलिक के साथ शराब पी रहा था।

"बरुण, तुम्हें मालूम है, कितने दिनों में पी रहा हूँ ?"

"नहीं, लेकिन इतना मालूम है कि आपने पी है।" बरुण हाल्दार हँस रहा था।

"व्हाट डू यू मीन ?"

"आई मीन, व्हाट आई सैड।"

"यू सैड ? क्या-क्या कहा तुमने ?"

"यही कहा न कि मुझे मालूम है तुमने कितनी शराब पी है।"

"हाऊ—कैसे ?"

बरुण हाल्दार को हँसी का दौरा पड़ा। वह हँसता जा रहा था। सिगरेट के धुएँ को हाथों से हटाते हुए उसने बोतल की तरफ इशारा किया, "इतनी

पी है तुमने।''

''शिट ! मिस्टर बरुण हाल्दार, यू आर शिट। ब्लीचिंग बफैलो शिट !''

''बट डॉक्टर शिट, यू डोण्ट वरी, यू आर हिट !''

कहने को तो बरुण हाल्दार ने कह दिया, लेकिन वह नुक्ता जो उसने हँसते हुए कहना शुरू किया था, खत्म होते-होते अचानक खुद उसे चुभ गया था। डॉ. मांगलिक का चेहरा फक था।

''डैम इट, यू आर राइट। आई एम हिट। तुम हँस रहे थे। यू वर लाफिंग, बरुण !''

''डॉक्टर, कुछ तीर ऐसे होते हैं जो दो शिकार करते हैं।''

''आई एम सॉरी, बरुण।''

''आज कितने दिनों बाद हँसी आयी थी मुझे, आई बाज लाफिंग, बट यू डॉक्टर, सन ऑफ ए बिच, तुम्हारी वजह से वह सब फिर याद आ गया है।''

''तुम उसे भूलना चाहते हो, बरुण !'' डॉक्टर की आँखें फैल गयी थीं।

''गले की फाँसी कोई भूल सकता है ? मुझे तो लगता है, इस बार हमें कोई नहीं बचा सकता।''

''बचना होगा, बरुण ! वी हैव ए लांग लाइफ।''

''ऐण्ड ए लॉट आफ मनी।'' बरुण खी-खी कर हँसने लगा।

''बरुण ! मैं कहे देता हूँ, हँसो मत तुम। यू डोण्ट लॉफ नाऊ !''

''क्यों ?''

''इसलिए कि तमाम जिन्दगी हमें रोना न पड़े।''

उसी वक्त टेलीफोन की घण्टी बजने लगी। बरुण ने गिलास मेज पर रख दिया और टेलीफोन की तरफ चलने लगा। तभी डॉ. मांगलिक ने गले से शराब का घूँट गटकते हुए उसे चेतावनी दी, ''देखो, नो गर्ल्स टु-नाइट !'' बरुण हाल्दार ने, ''नेवर माइण्ड'' कहते हुए टेलीफोन का रिसिवर उठा लिया। उधर जी. एन. ने बरुण हाल्दार के मुँह से 'नेवर माइण्ड' सुनकर दाँव फेंका।

''क्यों बरुण सेठ, नेवर माइण्ड व्हाट ?''

''अरे जी. एन. व्हेअर, व्हेअर आर यू ?''

''नेवर माइण्ड।''

''आई माइण्ड इट।...लेकिन वह नेवरमाइण्ड डॉक्टर के लिए था।''

''डॉक्टर ! क्या कह रहा था डॉक्टर ?''

''कह रहा था स्साला, नो गर्ल्स टु-नाइट।''

उधर से जी. एन. ने हँसना शुरू किया। ''क्यों, व्हाई नॉट ?''

''दैट मैलिसीडिन बिच इस किलिंग अस।''

''अच्छा बरुण ग्रेट, कर क्या रहे हो तुम ?''

''पी रहा हूँ।'' इस बार बरुण हाल्दार हँसने लगा।

''इनसिडेण्टली, मेरे पास एक खबर है।''

''अच्छी है या बुरी ?''

''यह तुम खुद तय कर लेना।''

''दैन शूट !''

''नॉट लाइक दिस।''

''तू आ न इधर। हैव ड्रिंक्स विद अस। डॉक्टर भी है, खाना साथ खायेंगे।''

''दिस इज डैम चीप।''

''तब बोलो न।''

''दैट पब्लिसिटी टाउट, क्या नाम था उसका ? हूँ-हूँ मैडम—मैडम—मैडम शीला सिंह। यस, यस बरुण ग्रेट, टुडे आई वाण्ट शीला सिंह !''

''ओ. के.। यू कम हिअर, वी शैल ट्राय।''

''ओ. के. ! मैं···।''

''वेट ए मिनिट, खबर क्या थी, बता दो पहले···।''

''आकर बताता हूँ।''

''नो। गिव सम हिण्टस।''

''रुक नहीं सकते, यार ?''

''जी. एन. बॉस, अभी तक रुके ही थे न ! अब रुकने का वक्त कहाँ है ?''

''दैट्स राइट।''

''यस।''

''ओ. के. ! तो खबर यह है, माधुरी साहा बिकम्स मेडिकल सेक्रेटरी टुडे।''

जी. एन. का फोन जिस वक्त बरुण हाल्दार के पास आया था, डॉ. मांगलिक बहुत दुखी थे। उन्हें कुछ भी अच्छा नहीं लग रहा था। यहाँ तक कि शराब का एक-एक घूँट वह इस तरह पी रहे थे जैसे कोई आदमी बिना जरूरत के काफी देर से रखे हुए प्याले की ठण्डी चाय को पीता है। इसीलिए 'नो गर्ल्स टु-नाइट' का फतवा उन्होंने दिया था। वाकई में डॉ. मांगलिक कष्ट में थे। विजिलेन्स की जाँच हो चुकी थी और तमाम कोशिशों के बाद भी पिछले मन्त्रिमण्डल के स्वास्थ्य-मन्त्री ने घास डालने से इन्कार कर दिया था। असल में डॉक्टर मांगलिक ने, जो प्रदेश के स्वास्थ्य विभाग के अतिरिक्त-निदेशक थे,

दस साल से चले आ रहे 'शिड्यूल ऑफ ड्रग्स' को बदलकर उसमें मैलिसीडिन की टैवलेट, कैप्सूल और इन्जेक्शन शामिल कर लिये थे। जब टेण्डर निकाला गया उस वक्त मैलिसीडिन दवा की एजेन्सी बरुण हाल्दार के पास थी।

बरुण हाल्दार गल्ले की दलाली का काम छोड़ चुका था और इधर उसने कई बड़ी कम्पनीवालों की एजेन्सी ले रखी थी। जिन कम्पनियों की एजेन्सी उसके पास थी, उनके सामान सालों में कहीं-कहीं एक-दो बार बिका करते। इससे कई सालों के बाद सामान की आमद होती। तब कहीं जाकर बरुण हाल्दार को पैसे मिलना शुरू होते। इस काम में पैसा तो था, लेकिन खेल बड़ा लम्बा खिंचता। जाहिराना तौर पर बरुण हाल्दार के पास वक्त की कोई कमी नहीं थी। वह सिर्फ ऐश करने बम्बई, कलकत्ता, दिल्ली जाया करता था।

ऐसे ही किसी दौर में एक बार उसकी मुलाकात विलियम हाकिन्स से हुई। विलियम हाकिन्स का भी धन्धा बरुण हाल्दार जैसा था। फर्क सिर्फ इतना था, बरुण हाल्दार प्रदेश स्तर का धन्धेबाज था जबकि विलियम हाकिन्स अन्तर्राष्ट्रीय स्तर का। विलियम हाकिन्स को इन दिनों एक नुमाइन्दे की जरूरत थी जो विश्व के इस क्षेत्र में उसका काम देख सके। गाँजा और अफीम की तस्करी से लेकर दवाओं के ठेके तक की योजनाएँ थीं उसके पास। बरुण हाल्दार के लिए भ्रष्टाचार तक तो ठीक था, लेकिन तस्करी वगैरा में उसकी रुचि नहीं थी। दवाओं का धन्धा वह इसलिए नहीं करना चाहता था कि उसे उतनी सारी दवाओं के नाम याद रखने में दिक्कत होती। फिर उसे दो-चार रुपयों की दवाओं से किसी बड़े धन्धे की बू भी नहीं आती।

दवाओं के क्षेत्र में विलियम हाकिन्स का धन्धा सिर्फ फार्मूलों की खरीद और बिक्री तक सीमित था। सरकारी, गैर-सरकारी और व्यक्तिगत रूप से काम कर रहे वैज्ञानिकों से उसकी दोस्ती थी। यहाँ तक कि विश्वविख्यात दवा-कम्पनियों के शोध एवं अनुसन्धान-घटकों में उसने पहुँच के रास्ते बना रखे थे। कई बार लाखों डालर के खर्च के बाद जब तक विश्वविख्यात दवा-कम्पनी उस फार्मूले के आधार पर उत्पादन करे, उससे पहले ही विलियम हाकिन्स उस फार्मूले को किसी-न-किसी 'इटालियन सॉल्ट' उत्पादक' के हाथ बेच देता। इटली, फ्रान्स, जर्मनी और ब्रिटेन में उन दिनों ऐसे बहुत-से उत्पादक थे जिनका काम सस्ते किस्म के 'इटालियन सॉल्ट' बनाना था जो किसी भी अंग्रेजी दवा का आधारभूत कच्चा माल होता है। बीसवीं सदी के सातवें दशक में, खासकर इटली में इस तरह के तमाम व्यावसायिक प्रतिष्ठान बन गये थे जिनका काम वहाँ के 'माफिया' वाले दादा लोगों की मदद से विश्वविख्यात दवा-कम्पनियों से नुस्खों की चोरी करके उससे सम्बन्धित सॉल्ट का उत्पादन करना होता था। इस तरह के फार्मूले और उनसे बने हुए सॉल्ट मुख्य रूप से तस्करी के जरिये विकासहीन

और विकासशील देशों में पहुँचाये जाते। विलियम हाकिन्स खासकर इटली का नुमाइन्दा था। वह उनके जरिये, बिना किसी लिखा-पढ़ी के फार्मूला और सॉल्ट एशिया और अफ्रीका के विकासशील देशों में बेचता था।

बरुण हाल्दार के लिए यह सारी योजना किसी खूबसूरत ख्वाब की तरह थी, जिसमें इतना पैसा था जितना उसे आनेवाले सात जन्म तक मिलने की उम्मीद नहीं थी। विलियम हाकिंस की मुलाकात के खुशनुमा दौर में, बरुण हाल्दार ने मैलिसीडिन का सौदा कर लिया। मैलिसीडिन का फार्मूला एक अजीबोगरीब फार्मूला था। इसे विलियम हाकिन्स ने एक सैलानी वैज्ञानिक से खरीदा था।

असल में वह सैलानी वैज्ञानिक भारत के विभिन्न क्षेत्रों की 'स्टेपल डाइट' और उनसे उत्पन्न होनेवाली बीमारियों पर खोज करने आया था। उस खोजपूर्ण यात्रा के दौरान देश के एक क्षेत्र में उसने पाया कि वहाँ के लोग खेसारी दाल बहुत खाते हैं। उसने खेसारी दाल का वैज्ञानिक विश्लेषण किया। उस विश्लेषण के बाद सैलानी वैज्ञानिक को यह विश्वास हो गया, खेसारी दाल खानेवाले लोग अन्धे होने चाहिए। लेकिन उसके सर्वेक्षण के अनुसार उस क्षेत्र में सामान्य रूप से अन्धों की संख्या, खेसारी दाल न खानेवाले क्षेत्र के लोगों से बहुत ज्यादा नहीं थी। इस हैरतमन्द स्थिति को देखकर तब तक सैलानी वैज्ञानिक को मजा आने लगा था। वह कुछ दिन और रुक गया। सैलानी वैज्ञानिक ने अपने अनुसन्धान के बाद तय किया था कि खेसारी दाल खानेवालों को अन्धा होना चाहिए। उसकी यह खोज, उसका यह निर्णय सही था। वह गलत हो ही नहीं सकता था, क्योंकि उसका एक वैज्ञानिक आधार था, लेकिन फिर भी अन्धों की तादाद कोई खास ज्यादा नहीं थी। इसकी वजह, उसके अनुसार थी–लोगों की 'सपोर्टिंग डाइट' में दूध, घी और फल की मात्रा का होना। उस क्षेत्र के आर्थिक सर्वेक्षण के बाद सैलानी वैज्ञानिक इस नतीजे पर पहुँचा, पिछले कई सालों से दिन-पर-दिन महँगाई बढ़ने के कारण लोगों की 'सपोर्टिंग डाइट' करीब-करीब खत्म हो चुकी है। इसलिए लोगों को अन्धा होना चाहिए। लेकिन अन्धापन कई पुश्तों में आना था और हर पुश्त के साथ अन्धापन, रतौंधी, रेटिनापंचर, बेरी-बेरी बढ़ता जाना था।

सैलानी वैज्ञानिक के अनुसार पिछले तीस वर्षों में जो दो पुश्तें नयी पैदा हुई थीं, वह उस समय अन्धे होने के लिए तैयार थीं। खास कर दूसरी पुश्त को नहीं सम्भाला गया तो तीसरी पुश्त, तीस से लेकर चालीस प्रतिशत तक अन्धी हो सकती थी। चौथी-पाँचवीं पुश्त में अन्धेपन की तादाद बढ़कर साठ प्रतिशत हो जानी थी। वैज्ञानिक की खोज पूरी नहीं हुई थी कि उसकी बीवी ने समन्दर-पार अपने मुल्क में तलाक का मुकदमा दायर कर दिया, जिसकी वजह

से घबराकर, इससे पहले वह लोगों के खाने-पीने और अन्धे होने के सिलसिले को और पुख्ता वैज्ञानिक रूप देता, अपने देश वापस लौट गया।

उधर सैलानी वैज्ञानिक की बीवी ने तलाक के मुकदमे में यह साबित कर दिया कि साल के तीन सौ पैंसठ दिन में से सिर्फ नब्बे दिन वह अपने मुल्क में था और बाकी दिन उसे अकेला छोड़कर न जाने कहाँ-कहाँ घूमता रहा। वैज्ञानिक को तलाक का मुकदमा सुलझाने के लिए पैसों की जरूरत थी। इसीलिए उसने विलियम हाकिन्स से उस फार्मूले का सौदा कर लिया जो उसने खेसारी दाल खानेवाले लोगों के ऊपर विकसित किया था, लेकिन जो तब भी वैज्ञानिक दृष्टिकोण से अधूरा था। सैलानी वैज्ञानिक से विलियम हाकिन्स ने जो फार्मूला लिया था, उसका विवरण और वैज्ञानिक आधार भी उसके पास आ गया था। बरुण हाल्दार ने विलियम हाकिन्स से न सिर्फ वह फार्मूला खरीदा था, बल्कि उसके आधारभूत 'सॉल्ट' का भी इन्तजाम कर लिया था। विलियम हाकिन्स ने अपनी इटलीवाली कम्पनी से बरुण हाल्दार का सौदा तय करा दिया।

इसके बाद बरुण हाल्दार का सारा काम आसान हो गया। उसने कलकत्ता की एक दवा-कम्पनी के साथ साझेदारी करके मैलिसीडिन खुद बनाना शुरू कर दिया। लेकिन जिस रफ्तार से दवाइयाँ बन रही थीं, बरुण हाल्दार को उससे सन्तोष नहीं था। वह तो किसी लम्बे चक्कर में था। उधर विलियम हाकिन्स ने वही फार्मूला कुछ दूसरी विदेशी कम्पनियों को भी बेच दिया था। उन विदेशी कम्पनियों ने व्यावसायिक उत्पादन के बाद बाजार में मैलिसीडिन की खेप के ऊपर खेप भेजनी शुरू कर दी। लेकिन उन विदेशी मुल्कों में, सरकारी तौर पर जब मैलिसीडिन का विश्लेषण किया गया तो वहाँ की जलवायु और खान-पान देखते हुए मैलिसीडिन का उलटा असर पाया गया। इसीलिए सरकारी स्तर पर वहाँ इसकी बिक्री के ऊपर प्रतिबन्ध लगा दिया गया।

उधर डॉ. मांगलिक ने दस-पन्द्रह वर्षों से चले आ रहे 'शिड्यूल ऑफ ड्रग्स' को बदलकर उसमें मैलिसीडिन शामिल कर ली थी। उन दिनों प्रदेश का स्वास्थ्य और सेवा विभाग अपनी अनुमोदित सूची के अनुसार करीब छह-सात करोड़ रुपये की कीमत की करीब एक सौ बाहर दवाइयाँ खरीदा करता था। डॉ. मांगलिक ने किया सिर्फ इतना था कि सियोलडीन, सल्फाडीन और टेयूडीन नाम की तीन दवाइयाँ काटकर इनकी जगह मैलिसीडिन डाल दी थी। यह सब डॉ. मांगलिक ने एक निहायत सरकारी तरीके से किया था। उन दिनों बंगला देश की लड़ाई के बाद लाखों की तादाद में शरणार्थी भारत आये थे और उन शरणार्थियों के साथ कुछ खास किस्म की बीमारियाँ भी आयी थीं। इनमें से कुछ बीमारियों ने राष्ट्रीय स्तर पर महामारी का रूप अख्तियार कर लिया था। खासकर सेफलाइटिस नाम की एक बीमारी बंगला देश से चलते-चलते प्रदेश में

आकर भयंकर रूप से फैल गयी थी।

डॉ. मांगलिक ने पहले तो 'सेफलाइटिस रोको' सप्ताह चलाया, फिर पखवाड़ा ! उसके बाद सप्ताह और पखवाड़े की उपलब्धियों पर विचार करने के लिए प्रदेश स्तर की मीटिंग बुलाई। इस मीटिंग में गाँव, शहर और जिला स्तर के तमाम डॉक्टर आये और उनकी रिपोर्ट के अनुसार सेफलाइटिस का सप्ताह और पखवाड़ा मनाना एक बात थी। लेकिन उसका मुकाबला करना दूसरी बात। करीब-करीब सभी डॉक्टरों की यह राय थी, तब उनके स्टाक में जो दवाएँ थीं उनसे तो सेफलाइटिस का मुकाबला करना दूर रहा, उसे छू सकना भी असम्भव था। उधर लाखों की तादाद में सेफलाइटिस से पीड़ित मरीज प्रदेश के अस्पतालों में बिना किसी इलाज के तड़प रहे थे। डॉ. मांगलिक ने उन्हीं डॉक्टरों से नयी दवाओं का सुझाव देने के लिए कहा।

बरुण हाल्दार ने, असल में अस्पताली डॉक्टारों को पहले से पटा रखा था। अपनी मैलिसीडिन का पूरा साहित्य, बड़े स्तर पर वह पहले ही बाँट चुका था। उस साहित्य में उसने मैलिसीडिन के वैज्ञानिक आधार और उसकी उपयोगिता के तमाम फर्जी और असली प्रमाण-पत्र लगा रखे थे। डॉक्टरों की रिपोर्ट के आधार पर एक कमेटी नियुक्त की गयी। उस कमेटी के चेयरमैन थे डॉ. मांगलिक। कमेटी के सदस्यों ने देश के विभिन्न भागों का दौरा किया। कई दवा बनानेवाली कम्पनियों से सेफलाइटिस की दवा के न होने का लिखित इकरार लेने के बाद मैलिसीडिन को प्रदेश शासन की अनुमति के बाद दवा खरीदनेवाली सूची में शामिल कर लिया। उधर मैलिसीडिन बनानेवाला कोई था ही नहीं, तब बरुण हाल्दार को करीब नब्बे लाख का आर्डर मिला।

मामला जनवरी में तय हुआ था और 31 मार्च तक बरुण हाल्दार को नब्बे लाख रुपये की मैलिसीडिन सप्लाई करनी थी। कलकत्ते की जिस टटुपूँजिया कम्पनी में बरुण हाल्दार ने मैलिसीडिन बनाने का इन्तजाम किया था, वहाँ तो पाँच वर्षों में भी नब्बे लाख का माल नहीं बन सकता था। उधर बरुण हाल्दार का खेल 31 मार्च तक पूरा माल सप्लाई करके भुगतान लेने का था। उसने विलियम हाकिंस से दुबारा सम्पर्क स्थापित किया, जिसने उसे मैलिसीडिन की वह तमाम पेटियाँ दिलवा दीं, जिसे विदेशी मुल्क में प्रतिबन्धित किये जाने की वजह से समुद्र में फेंकने की तैयारी हो रही थी। हजारों पेटियों की वह मैलिसीडिन की खेप समुद्र में फेंकने के लिए ले जायी गयी, लेकिन फेंकी नहीं गयी। चुपचाप उसे एक जहाज में लादकर बरुण हाल्दार के पास भेज दिया गया। बरुण हाल्दार ने वह सारा माल किसी बिचकुलिए के जरिये कलकत्ता मँगा लिया था, जहाँ पर उनकी पैकिंग बदलकर, सत्तर लाख की मैलिसीडिन को नब्बे लाख की बनाकर, बाकायदा एक्साइज और सभी टैक्स जमाकर कानूनी गेट पास

के जरिये आर्डर में लिखी हुई जगहों पर भेज दिया।

डॉ. मांगलिक को आज तक समझ में नहीं आया था, उन्होंने घपला किया क्या था ! उनके हिसाब से सरकारी नीति, दिशा-निर्देश और नियम के अनुसार, सारी खरीद हुई थी। उनके फँसने का कोई रास्ता था ही नहीं। लेकिन फिर भी डॉ. मांगलिक फँसे हुए थे। इसकी वजह थी, मैलिसीडिन उन्होंने तमाम सरकारी नियम, कानूनी और मैनुअल के अनुसार खरीदी थी। यह कुछ हद तक सेफलाइटिस नाम की बीमारी की रोकथाम के लिए भी थी, इसका वैज्ञानिक विश्लेषण सही था, यह सेफलाइटिस रोकने के साथ में, आनेवाली पुश्तों के अन्धेपन को रोकने का काम भी करनेवाली थी। उसका रेट और भुगतान का तरीका सब सही था। लेकिन बस डॉ. मांगलिक ने यह दवा सिर्फ सौ साल पहले खरीद ली थी और उसकी तादाद हजार गुनी ज्यादा थी।

माधुरी साहा का नाम जी. एन. ने जब टेलीफोन पर बरुण हाल्दार की जिद के कारण बताया, बरुण हाल्दार मुँह से सीटियाँ बजाने लगा। लेकिन जी. एन. ने उसकी सीटी का कोई जवाब नहीं दिया और सिर्फ हँसकर टेलीफोन रख दिया था। फोन कट जाने के बाद बरुण हाल्दार रिसीवर को काफी देर घूरता रहा। एक सेकेण्ड को उसे चक्कर आ गया। उसका तो खेल बिगड़ गया था। टेलीफोन के रिसीवर को वापस रखने के बाद उसने पीछे मुड़कर देखा तो डॉक्टर मांगलिक न जाने कब उठकर चले गये थे। लेकिन उनका गिलास वहीं रखा था। विचारों की दुनिया में खोया हुआ बरुण हाल्दार उस मेज तक आया जहाँ उसका अपना गिलास और शराब की बोतल रखी हुई थी। उसने पहले गिलास में बची हुई शराब पी डाली और फिर चुपचाप बोतल से गिलास में शराब डालने लगा। कमरे में सन्नाटा था, सिर्फ हल्की-सी एअरकण्डीशनर चलने की आवाज आ रही थी। गिलास में शराब डालते वक्त बरुण हाल्दार का दिमाग कहीं और था, जिसकी वजह से शराब कुछ ज्यादा ढल गयी थी। उतनी ही देर में बाथरूम के फ्लश चलने की आवाज आयी। इससे पहले, वह बोतल की ढकनी बन्द करे, डॉ. माँगलिक सामने आकर खड़े हो गये।

"अरे बरुण ! तुम्हारे गिलास में इतनी शराब कैसे ?"

बरुण हाल्दार को अकेलापन खटक रहा था, तभी तो डॉ. मांगलिक को देखते ही उसके होंठों पर फिर वही शैतान मुस्कराहट खेलने लगी थी। लेकिन डॉ. मांगलिक को यह पता लग चुका था कि बरुण हाल्दार की मुस्कराहट में कोई दम नहीं है और दम अगर कहीं है तो उस गिलास में जो सामने मेज पर रखा हुआ है और जिसमें खालिस शराब भरी हुई है। बरुण हाल्दार के चेहरे

को घूरते हुए डॉ. मांगलिक यह पता लगाने की कोशिश करें कि चक्कर क्या था, उससे पहले बरुण हाल्दार ने उन्हें हाथ बढ़ाकर रोक दिया, "डॉक्टर, वी आर इन फॉर ग्रेट ट्रबल !"

"क्यों, हुआ क्या, बात क्या है ?"

"बात ?" बरुण हाल्दार अजीब पशोपेश में था। न तो वह गिलास उठाकर शराब पी सकता था और न ही उसकी समझ में यह आ रहा था, वह डॉक्टर को जवाब क्या दे। उसकी निगाह उस समय कमरे से बाहर, दूर-दूर तक फैले हुए पेड़-पौधों, फूल-पत्तियों की तरफ थी।

शाम का वक्त हो चुका था। एक सन्नाटा, एक धुँधलका जैसे आसमान से उतरकर पेड़-पौधों, फूल-पत्तियों को छूता हुआ, कमरे में शीशे के पैनल को पार करता हुआ, सीधे उसके दिमाग में घुसने लगा था। उसका उस वक्त न तो मजाक का मूड था और न ही वह इस स्थिति में था, बातों को तरतीबवार सोचकर कुछ भी तय कर सके। लेकिन कमरे में वह अकेला नहीं था। डॉक्टर सामने खड़ा हुआ उसे घूर रहा था। एक हाथ में उसके बोतल थी और दूसरे हाथ में बोतल की ढकनी और सामने मेज पर खालिस शराब का भरा हुआ गिलास रखा था। बिजली की द्रुत गति से उसके अन्दरूनी तन्तुओं ने हरकत करनी शुरू कर दी।

उधर डॉ. मांगलिक के आने पर उसके होठों पर जो फीकी मुस्कराहट पैदा हुई थी, वह गायब हो चुकी थी। तभी उसे अहसास होने लगा, उसकी स्थिति क्या है। उसका बायाँ हाथ बोतल की तरफ बढ़ा, जो उसके दाहिने हाथ में थी। बोतल की ढकनी बन्द करते-करते उसकी नजर सामने गिलास पर पड़ी। उसने बोतल रख दी और गिलास उठा लिया। कायदे से उसे पहले उस गिलास की शराब कम करनी थी और उसमें पानी मिलाना था। लेकिन उसने ऐसा नहीं किया। गिलास उठाने के बाद वह महज डॉक्टर की नजरों से बचने के लिए शीशे के उस लम्बे पैनल के पास जाकर खड़ा हो गया जो कमरे को बाहर के बगीचे से जोड़ता था। उधर डॉ. मांगलिक जिनके उसूल के मुताबिक पैंतालीस साल की उम्र के बाद आदमी को दो बार सण्डास जाना चाहिए, दुबारा सण्डास हो आये थे या अंग्रेजी भाषा में फ्रैश हो चुके थे। बरुण हाल्दार की चुप्पी, गिलास में खालिस शराब का भरा होना और बरुण हाल्दार के एक हाथ में बोतल और दूसरे हाथ में ढकनी होना किसी खुफिया मंजर की तरह डराने लगा था। उन्हें याद आ गया था, सण्डास जाने से पहले कोई फोन आया था और सण्डास से लौटने के बाद तक बरुण हाल्दार की हालत बिगड़ चुकी थी। उन्हें लगा, दुबारा सण्डास जाने के इरादे को वह कुछ और देर मुल्तवी कर सकते थे और ऐसा न करके उन्होंने कोई बड़ी बेवकूफी कर डाली थी, जिसका खमियाजा उस वक्त

उन्हें भुगतना पड़ रहा था। डॉक्टर को हैरत इस बात पर हो रही थी, जब वह सण्डास गये थे तब तो बरुण हाल्दार बड़े अच्छे मूड में था और करीब-करीब चहक रहा था और अब वह न तो उनकी किसी बात का जवाब दे रहा है और न ही उसने बोतल रखने के बाद गिलास की शराब कम की है। वह तो कमरे के दूसरे किनारे पर खड़ा हुआ उसी गिलास से बिना पानी मिलाये हुए शराब पी रहा था।

मामला क्योंकि मैलिसीडिन का था, वह खुद आज ऐश के मूड में नहीं थे। जाहिर था कि फोन पर कोई ऐसी बात जरूर हुई थी, जिसकी वजह से बरुण हाल्दार का सन्तुलन बिगड़ चुका था। डॉ. मांगलिक ने लौटकर यह भी देखा था, एक बार, इतनी देर में सिर्फ एक बार जब उन्होंने बरुण हाल्दार को छेड़ने की कोशिश भी की थी तब उन्होंने पाया था, उसके चेहरे पर एक डरावना तनाव, होठों पर निहायत बेहूदे किस्म की मुस्कराहट ! बरुण हाल्दार चूँकि भरा हुआ गिलास पी रहा था और उनका गिलास खाली था, इसलिए डॉ. मांगलिक ने सबसे पहले तो अपना हिसाब बराबर करने का फैसला किया। फैसला क्या था, बस कोशिश थी। उन्होंने चुपचाप पहले तो अपने गिलास की तलहटी में बचे हुए शराब के कुछ कतरे खत्म किये और फिर उसमें बोतल से शराब उड़ेल ली। शराब उन्होंने सामान्य पैमाने से कुछ ज्यादा ही डाली थी, लेकिन पानी कम मिलाया। तब तक उन्हें इस बात का भी अहसास हो चुका था, उस दिन उनके पीने की रफ्तार कुछ कम थी। उधर बरुण हाल्दार खालिस शराब से भरा गिलास इतनी देर में आधा निगल चुका था। जाहिराना तौर पर मामला संगीन लग रहा था। चूँकि वह फ्रैश हो ही चुके थे, इसलिए कुछ देर पहले ही जो पैग उन्होंने गिलास में बनाया था और जिसे समाप्त करने में सामान्य रूप से दस-पन्द्रह मिनट का समय लगता, वह एक ही बार में गटक गये। सामने रखे हुए फिश-फिंगर के एक-दो टुकड़े उन्होंने मुँह में डालकर चबाना शुरू कर दिया। साथ-ही-साथ उनका बायाँ हाथ बोतल की तरफ बढ़ा, जिसके साथ स्वाभाविक रूप से उनके दाहिने हाथ ने ढकनी खोल डाली।

फिश-फिंगर उनको अच्छी लग रही थी, हालाँकि उनकी समझ में यह आज तक नहीं आया था, इस गोलीनुमा छोटी-सी चीज को फिंगर, जिसका अर्थ हिन्दी में उँगली होता है, क्यों कहा जाता है ! बहरहाल, फिश-फिंगर की उत्पत्ति के इतिहास को छोड़कर पहले उन्होंने इत्मीनान से गिलास में शराब डाली, जिसकी तादाद इस बार पहले से अधिक थी। करीब-करीब आधा गिलास भर गया था, क्योंकि शराब डालते वक्त फिश-फिंगर के आखिरी रेशे को दाँतों से कुचलते हुए, दबी निगाहों से उन्होंने बरुण हाल्दार की तरफ देख लिया था। गिलास में शराब थोड़ी कम हो गयी थी।

डॉक्टर की निगाह दुबारा जब तक अपने गिलास पर आयी, शराब उसमें ज्यादा गिर चुकी थी। कायदे से उन्हें ज्यादा गिरी हुई शराब को गिलास में से अलग करना चाहिए था। लेकिन उन्होंने ऐसा नहीं किया। तब वह बरुण हाल्दार से पीछे नहीं रहना चाहते थे। मामला चूँकि मैलिसीडिन का था और उसमें दोनों फँसे थे, इसलिए उनके अन्दर गुपचुप इस खयाल ने अँगड़ाई ली थी कि कहीं बरुण ज्यादा पी गया और वह खुद कम नशे में रहे तो बातचीत का रुख एकतरफा हो जायेगा। फिश-फिंगर की बात तब तक उनके दिमाग में थी। बिना शराब कम किये हुए उन्होंने गिलास में पानी ऊपर तक भर लिया। फिर पानी का जग मेज पर रखने के बाद, फिश-फिंगर के बाकी टुकड़े उन्होंने एक सैलानी की तरह अपने मुँह में ठूँस लिये। फिश-फिंगर को चबाकर बेस बनाने के बाद उन्होंने शराब पीना शुरू कर दिया। मुँह का स्वाद बदलने लगा। कड़वापन, कसैलापन गाल के अन्दरूनी रेशों को जलाने लगा, जिसकी परवाह किये बिना थोड़ा-सा पानी और मिलाने के बाद डॉक्टर ने एक साँस में गिलास खींच दिया। इसके पहले, डॉक्टर मांगलिक खाली गिलास को मेज पर रखकर, शराब की जलन से आँख में पैदा हुए आँसुओं को पोंछें, एक झन्नाती हुई आवाज उनके कान में पड़ी। बरुण हाल्दार ने कमरे के दूसरे कोने से अपना खाली गिलास फर्श की कारपेट पर पूरा जोर लगाकर फेंका था।

बरुण हाल्दार के सिर पर खून सवार था। गिलास की पूरी शराब उसके दिमाग में चढ़ गयी थी। उसने चिल्लाना शुरू कर दिया, ''डॉक्टर, यू सन ऑफ ए बिच, तुम आराम से बैठे हो !''

डॉ. मांगलिक ने गिलास मेज पर रख दिया, लेकिन उनके मुँह में कसैलापन था। फिश-फिंगर के टुकड़े खत्म हो चुके थे और आँखों में जलन के आँसू थे। वह कुछ बोल नहीं पाये। लेकिन बोलने की कोशिश उन्होंने जरूर की। जो कुछ भी उन्होंने कहा, वह न तो बरुण हाल्दार सुन सका और न ही खुद उन्हें सुनायी दिया।

''डॉक्टर ! यू नो, वी हैव बीन चीटेड।''

तब तब डॉ. मांगलिक की बुद्धि उनके कब्जे में आ चुकी थी। लेकिन फ्रैश होने के बाद शराब के पैग भी अन्दर जा चुके थे। मन-ही-मन रोते हुए उनके दिमाग में पहले तो गुदगुदी की लहरें उठने लगीं और उसके बाद एक निहायत खूबसूरत हँसी पैदा होने लगी। डॉक्टर ने उसे रोका, क्योंकि उन्हें इसका पता नहीं था कि उन्हें हँसना चाहिए या नहीं। उधर बरुण हाल्दार कुछ चीटिंग सरीखी बात कर रहा था। अपनी अन्दरूनी ताकत को इकट्ठा करते हुए नशे के जोर को ढकेलकर उन्होंने बरुण हाल्दार को चुनौती दी, ''बरुण ! तुम्हें अकल कभी नहीं आयेगी।''

"आ इ ऐ ग–री।" बरुण हाल्दार ने पाँच शब्द जैसे पाँच मील की रफ्तार से बोले थे।

"बरुण बिफोर यू पास आउट टैल मी, व्हाट हैपिण्ड !"

तब तक बरुण हाल्दार बुरी तरह लड़खड़ाता हुआ कुर्सी पर बैठ गया। कुर्सी पर बैठते ही उसने मेज पर एक मुक्का मारा। शराब की बोतल फिसल कर नीचे लुढ़क गयी और डॉक्टर का खाली गिलास फिश-फिंगर की प्लेट से टकराते हुए उसकी गोद में आ गया। इस बद्‌तमीजी के लिए, इससे पहले कि डॉक्टर कुछ कहे, बरुण हाल्दार ने उसे रोक दिया, "नेवर माइण्ड, दिस इज नॉट इम्पॉर्टेण्ट।"

बरुण हाल्दार एक झटके में बोल गया था, "यू नो, वी हैव फेल्ड, सतीशबहादुर को उन हरामजादों ने मेडिकल-सेक्रेट्री नहीं बनाया।"

"लेकिन हमने रुपये दिये थे।"

"दिये तो थे, वह साला डी. के. गोस्वामी, हारमोन के इन्जेक्शन के चक्कर में भूल गया होगा।"

"आर्डर हो गये क्या ?"

"यस, डैम इट !" बरुण हाल्दार करीब-करीब चीख रहा था।

"किसके–कौन हुआ ?"

"तुम्हारी माँ, यू बास्टर्ड ! मदर फकर।"

"कुछ बताओगे ?" डॉक्टर को नींद आने लगी थी।

"माधुरी साहा इज द न्यू मेडिकल-सेक्रेट्री। उस हरामजादे जी. एन. का फोन था और लगता है उसने यही बताने के लिए..."

डॉक्टर के मुँह से सीटी की आवाज निकली। उनकी नींद गायब हो गयी। शराब का नशा काफूर हो गया। वह बरुण हाल्दार की तरफ इस तरह देख रहे थे जैसे वह कोई दूध-पीता बच्चा हो। उसके बाद वह उठकर खड़े हो गये। उन्होंने मेज का पूरा चक्कर लगाकर कारपेट से शराब की बोतल उठायी और उसे बरुण हाल्दार को पकड़ाते हुए कुछ कहने की कोशिश करने लगे। तभी उनके अन्दर अनायास एक हँसी का दौर उठने लगा। वह ठहाका मारकर हँसने लगे। कमरा अगर बन्द न होता और बन्द भी होता लेकिन साउण्ड-प्रूफ न होता तो डॉ. मांगलिक की लगातार हँसी के ठहाके सुनकर दूर, बड़ी दूर तक शायद लोग किसी खौफ और दहशत से रुक जाते। यह कोई साधारण हँसी नहीं थी। यह हँसी का वह दौर था जिससे एक वहशीपन, एक पागलपन उठकर कँपकँपी मचा रहा था। जब काफी देर तक डॉक्टर की हँसी का दौर बन्द न हुआ तो बरुण हाल्दार ने उठकर डॉ. मांगलिक के कन्धे पकड़ने की कोशिश की। लेकिन इस कोशिश में वह लड़खड़ा कर उनके पैरों के पास गिर पड़ा।

शिवमूर्तिलाल को अगर मालूम होता कि माधुरी साहा कितने वर्षों से चुपचाप स्वास्थ्य विभाग में एक नम्बर की पोजीशन पर आने के सपने देख रही थीं और वह भी डॉ. मांगलिक को तबाह करने के लिए तो शायद वह उनकी पोस्टिंग स्वास्थ्य विभाग में करने का प्रस्ताव मुख्यसचिव के सामने कभी नहीं रखते। उनको मालूम था, डॉ. मांगलिक राज्यपाल का इलाज कर रहे हैं। राज्यपाल सदाशिव नारायण बरुआ से काफी बेतकल्लुफी थी उनकी। लेकिन एक तो उनको यह सब मालूम नहीं था, दूसरे माधुरी साहा की वह इज्जत करते थे। शिवमूर्तिलाल सचिवालय में अपने दोस्तों, साथियों के बीच कई बार मजाक भी करते। सचिवालय के तमाम मर्द अफसर तो पट के नीचे जनाना हैं, जाँघियानुमा हॉफ जनाना पेटीकोट पहनते हैं, जबकि माधुरी साहा पूरा जनाना पेटीकोट पहनकर भी मर्द है।

माधुरी साहा को बजर दबाने पर पहली सूचना शिवमूर्तिलाल के फोन की मिली थी। जिन्दल ने जानबूझकर अच्छी खबर पहले बतायी थी। जिन्दल ने अन्दाज लगा लिया था, शिवमूर्तिलाल ने माधुरी साहा को क्यों फोन किया है। दूसरी सूचना, जिन्दल ने मुख्यसचिव के यहाँ होनेवाली मीटिंग के टलने की दी और फिर धीरे-से उप-सचिव बोस के बैठे रहने की बात भी बता दी थी। मैडम ने सबसे पहले बोस को चलता किया। उसे अन्दर आने की भी इजाजत नहीं मिली। जिन्दल के पास फाइल छोड़कर वह चला गया। उसके बाद मैडम ने शिवमूर्तिलाल से बात की। शिवमूर्तिलाल मैडम की तरक्की और तबादले दोनों की बधाई देता रहा। काफी देर बात की उसने। सरकारी कोटे से अपने लड़के को मेडिकल कॉलेज में दाखिल करवाने का आश्वासन भी झटक लिया उसने। माधुरी साहा को स्वास्थ्य-सचिव बनाने का प्रस्ताव मुख्यसचिव ने अनुमोदित कर दिया था। उनको उसी दिन कार्य-भार सम्हाल लेना था।

तबादले की खबर मिलने के बाद माधुरी साहा ने उस दिन की बाकी दो मीटिंगें रद्द कर दीं। कुछ जरूरी फाइलों का निपटारा किया और अपने चार्ज के कागजात तैयार कराने लगीं। करीब चार बजे लिखित आदेश भी आ गया उनके तबादले का। उसके तुरन्त बाद उन्होंने स्वास्थ्य-सचिव का काम सम्हाल लिया।

मांगलिक—मांगलिक—मांगलिक, यह चार लफ्ज माधुरी साहा के जहन में बार-बार चक्कर लगा रहे थे। संकटाप्रसाद के नाम से जुड़ा हुआ उस दिन सवेरे ही उनके अन्दर एक तूफान जागा था। जैसे वर्षों पुरानी कब्र खोदकर, कोई नरकंकाल मिट्टी के अन्दर से उठकर खड़ा हो जाये, उस नरकंकाल को देखकर जैसे किसी को खुद अपनी पुरानी-से-पुरानी जिन्दगी याद आ जाये, कुछ घाव हरे हो जायें और उनसे रिसता हुआ दर्द पोर-पोर में बसने लगे। संकटाप्रसाद के नाम से तो माधुरी साहा को घिन आयी थी। एक अजीब तरह की वितृष्णा

जैसे उनके अन्दर घर करने लगी थी, सारा बदन जैसे फिर से गन्दा हो गया था। उनका मन कर रहा था, वह घर जाकर बाथरूम में घुस जायें, एक-दो नहीं दर्जनों बार साबुन रगड़कर अपने बदन को मलती जायें, धोती जायें, तब कहीं जाकर वह चिपचिपाहट कम होगी जो संकटाप्रसाद के नाम से उनके अन्दर पैदा होने लगी थी।

फिर पूरी जिन्दगी का घटनाक्रम बन्द कमरे की दीवारों पर झलकने लगा था। एक नाम, सिर्फ एक नाम के साथ कितना कुछ जुड़ा हुआ था, कितनी बड़ी एक उम्र जुड़ी हुई थी। फिर उनके अन्दर पाँचवीं सेन्स ने दस्तक देनी शुरू कर दी थी और उन्होंने जल्दी-जल्दी घटना-क्रम को लपेट डाला था। लेकिन बाकी पूरे दिन उनके अन्दर कुछ और खटकता रहा था और वह था मांगलिक, डॉ. मांगलिक का नाम। लेकिन इस नाम से उनके अन्दर कोई घिन नहीं पैठतीं बल्कि एक आग भड़क उठती। नफरत और क्रोध के अंगार-सरीखे धधकने लगते। सचिव के पद का भार लेने के बाद माधुरी साहा के चेहरे पर एक मुस्कराहट आयी थी, किसी संघर्ष में विजय की मुस्कराहट। संकटाप्रसाद के घर से भागने के बाद और देवेन्द्रनाथ साहा से विवाह के बीच यही एक आदमी था—डॉ. मांगलिक, जिसने उनको दबाकर रखना चाहा था। नौकरी करते-कराते, वर्किंग वीमेन हॉस्टल पहुँचते-पहुँचते माधुरी साहा का गर्भ काफी आगे बढ़ चुका था। तब हॉस्टल की एक लड़की उन्हें डॉ. मांगलिक के पास ले गयी थी। डॉ. मांगलिक ने उनका आपरेशन किया था। उनको उस मुसीबत से तो छुटकारा मिल गया, लेकिन डॉक्टर ने आपरेशन का न जाने कौन-सा सबूत रख छोड़ा था अपने पास !

उस रात शान्ति को नींद नहीं आयी और सवेरे देर तक वह सो न सकी। उसकी आँखें कड़वा रही थीं। सारी रात न जाने कहाँ-कहाँ से, खयालों के दर-मिजाज परिन्दे अँधेरे में, सन्नाटे में उड़ते और खामोशी चीख बन ठहर जाती। तसव्वुर और अहसास का यह सिलसिला इधर कई दिनों से उसके अन्दर, पर्त-दर-पर्त यातना को उधेड़कर रख देता। ऐसी हालत में शान्ति को डर लगता, वह खौफ के मारे मर जाती। उम्र के एक लम्बे दौर में वह टूटती रही और धीरे-धीरे उसका अपने ऊपर से विश्वास उठ गया था। बदनसीबी का भी एक दौर होता है, लेकिन उसकी बदनसीबी किसी छोटे-मोटे दौर की तरह नहीं, एक समूची जिन्दगी का हिस्सा हमेशा-हमेशा से बन चुकी थी।

शान्ति को जब जेलर साहब ने उसकी रिहाई की बात बतायी थी तो खुशी से पागल नहीं हुई थी वह। उसने जेलर साहब को धन्यवाद नहीं दिया था बल्कि

एक सूनापन, एक अजीब-सी जकड़न उसकी रगों में बैठ गयी थी। उसके लिए तो पूरी दुनिया एक जेल थी, जिसमें उसे लगता था कि जन्म-जन्मान्तर से वह कैदी बनकर वक्त काट रही है। उससे न तो कुछ जुड़ा हुआ था और न ही कुछ अलग। उसके अन्दर एक बार फिर सवालों का सैलाब आया। उसे लगा था, जैसे दस फुट जमीन के अन्दर से वह तमाम यादें, जिन्हें उसने चाहे-अनचाहे दफन कर दिया था, उठकर रू-ब-रू उसके आ खड़ी हुई हैं। और उसके बाद जेल की बैरक में, अँधेरी रात के सन्नाटे में वह टटोलती रही थी उन तमाम पुरानी कड़ियों को जिनके साथ एक लम्बी सीधी लकीर उभरकर सामने आने लगी थी।

बस इसी तरह शुरुआत होती थी। जेल में आने के बाद एक लम्बी काली लकीर उभरकर सामने आती। फिर वह लकीर छोटे-छोटे हिस्सों में बँट जाती। और फिर यह छोटे-छोटे हिस्से किसी गोल दायरे में, उसकी बन्द और खुलती हुई आँखों के सामने घूमने लगते—एक घुमनी की तरह, रफ्तार पकड़ते हुए लकीरों के यह तमाम टुकड़े, मकड़ी के किसी जाले की तरह उसके मन को, उसकी आत्मा को घेर लेते और शान्ति उदास, वीरान, उजड़े हुए, बिखरे हुए, टूटे हुए हिस्सों को जोड़-जोड़कर, कभी न खत्म होनेवाली तलाश में भटकती रहती। शान्ति बूढ़ी हो चुकी थी। खुरदरे हाथ, सफेद बाल, झुर्रियोंवाला चेहरा और उसकी आँखों पर सफेद कमानीदार चश्मा लग चुका था। लेकिन उसके चेहरे पर एक ऐसी चमक थी, एक ऐसा आत्मविश्वास था जिसे देखकर चाँद-सितारे काँप उठते।

शान्ति इधर कई सालों से अपनी जिन्दगी से और अपनी जिन्दगी से जुड़ी तमाम यादों से दूर, बहुत दूर चली गयी थी। लेकिन रिहाई की बात एक नश्तर बनकर चुभ गयी थी उसके मन में। जहाँ एक तरफ इन तमाम सालों में जैसे उसके पैरों में भारी पत्थर बँध गये थे, वहीं दूसरी तरफ कभी-कभी अँधेरी, काली, सन्नाटे से भरपूर रातों में, एक दीये की तरह, माधुरी का नाम, उसकी बेटी माधुरी का नाम, धड़कनों में, साँसों में, जहन के हिस्से-हिस्से में एक गर्माहट, एक अनूठा अपनापन छोड़ जाता। सबकुछ तो पीछे छूट चुका था, तो भला शान्ति याद किसे करती ? उसके माँ-बाप, उसका घर-संसार, उसके सपनों का राजकुमार, उसका पति, उसकी बच्ची—सबकुछ कुछ इस तरह बिखरता रहा, टूटता रहा कि कहीं कुछ रोकने, कुछ थामने का वक्त ही नहीं मिला।

यह कौन-सी आग थी, यह कौन-सा जन्म था, यह कौन-सी जिन्दगी थी—अपनी बैरक में बैठकर शान्ति सोच रही थी। सवाल उसके सामने जेल से छूटकर कहीं और जाने का नहीं था। कई बरस पहले, रात के अँधेरे में मन को टटोलते हुए, उसने अपने-आपसे पूछा था—आखिर उसे चाहिए क्या ?

…वह जिन्दा क्यों थी ?…क्या यह सबकुछ पाने के लिए उसने अपने पति माधव का खून किया था ? माधव ने जो कुछ भी किया था, वह हर मर्द किसी-न-किसी रूप में, किसी-न-किसी तरह किया करता है। शिवा ने भी तो वही किया था। माधव एक कालिख की तरह उसकी अंदरूनी तह को काला कर गया था, जबकि शिवा ने वह प्यार का रोशन दिया, जो उसके नन्हे धड़कते मन में खुद उसी ने जलाया था, बुझा दिया था।…शिवा के चले जाने के बाद जैसे पूरी जिन्दगी स्याह हो गयी थी, हर लम्हा काला हो गया था।…और माधव ने उस दिन बस एक झटके से उसके मन की तमाम ग्रन्थियों को खोलकर रख दिया था, जिसके बाद उसे कुछ भी याद नहीं रहा था।

कई बरस पहले जेल की सलाखों के पीछे शान्ति ने यह समझ लिया था कि उसे जिन्दा रहने का कोई हक नहीं है। तभी तो उसने शिवा की हर कोशिश नाकाम कर दी थी और माधव के खून का इल्जाम भरी अदालत में अपने सिर पर ले लिया था। उसने तो मौत माँगी थी। उस दिन भी उसने मौत माँगी थी, जब बस्ती से बाहर, ऊँचे टीले पर शिवा उसे अकेला छोड़कर चला गया था। और, पति का खून करने के बाद भी उसने मौत माँगी थी। उस बार माधव ने उसे बचाया और इस बार शिवा ने उसे मरने नहीं दिया था। उसे फाँसी नहीं हुई थी। वह बच गयी थी। लेकिन शान्ति ने तय कर लिया था, भले ही वह दुनिया उसे मरने न दे, वह जिन्दा भी नहीं रहनेवाली है। मौत और जिन्दगी का यह सफ़र उसे कितने सालों से छलता आया था। वह सोचा करती, इतनी बड़ी दुनिया में इतने तमाम लोगों में अगर सिर्फ वह न होती तो ऐसी कौन-सी कमी आ जाती, किसी का कौन-सा नुकसान हो जाता ? एक असीम यातना का संकट उसे हमेशा डसता रहा था और वह एक घुप्प अँधेरे से निकलकर, अन्धी ढलानों की तरफ ढलती चली गयी थी। फिर भी शान्ति जिन्दा थी। पति का खून करने के बाद भी जिन्दा थी। मन की तमाम खुशियाँ, सपनों के तमाम दायरे, जिन्दगी की हर खुशी कुर्बान करने के बाद भी जिन्दा थी और उसे इन्तजार था बस एक उस आखिरी लम्हे का जब वह यह तो देख ले, उसके जिगर का टुकडा, उसके जिस्म का हिस्सा, उसकी अपनी कोख से जन्म हुआ उसका विश्वास कहाँ है, किस हाल में है ? तरह-तरह के खयाल आते थे उसके मन में। कभी अच्छा सोचती थी कभी बुरा, कभी हँसती थी तो कभी रोती थी। बस हर पल, हर साँस जैसे वहीं आकर ठहर गयी थी, रुक गयी थी।

माधुरी, शान्ति की अपनी बेटी माधुरी, न जाने कहाँ थी, लेकिन उसकी पहचान आज भी उसके अन्दर थी और जब जेलर साहब ने उसे रिहाई का हुक्म सुनाया था तब उसके अन्दर बड़े दिनों बाद वह छोटी-सी खुशी उठकर बड़ी,

बहुत बड़ी होने लगी थी जिसके इन्तजार में कितनी ही रातें उसने काली की थीं और कितने ही दिन स्याह किये थे।

## चार

मालती शर्मा उस दिन अच्छे मूड में थीं। कुछ दिन पहले उन्होंने गृह-सचिव शाखा में, उप-सचिव के पद का भार सम्हाला था। जिलों की कानून व्यवस्था, जिलाधिकारियों की पत्रावली, बन्दूक और कारबाइन के लाइसेन्स का काम उन्हें दिया गया था। वैसे तो गृह-सचिव मोहनकृष्ण कौल कटखन्ने किस्म का आदमी था, लेकिन मालती शर्मा से इधर कुछ शराफत से पेश आ रहा था। इसकी खास वजह थी, जो मालती शर्मा की समझ में कुछ-कुछ आ रही थी। मोहनकृष्ण कौल को असल में फाइलों में शिकार खेलने का शौक था। शुरू-शुरू में मालती शर्मा ने साधारण रूप से कानून और व्यवस्था के मामले, परम्परागत तरीके से निपटाने की कोशिश की थी। तीन-चार महीने तो उनकी समझ में ही नहीं आया था कि पुलिस-व्यवस्था, जिला-अधिकारी और कानून की धाराओं में कब और कहाँ फर्क करना चाहिए। आधे मामले सिफारिश से निपटाये जाते, बाकी आधे कहीं-न-कहीं, कागजी घोड़ों की तरह इधर-उधर दौड़ा दिये जाते। कागजी घोड़े दौड़ाने में मालती शर्मा का जवाब नहीं था। आख्या, विचारार्थ, मीटिंग, कमेटी, सब-कमेटी, विशेष रपट, रेफरेन्स, आदेश के लिए वह प्रत्येक कागज को वहीं वापस भेज देतीं जहाँ से वह आया होता। बीच का समय वह गृह-सचिव और उनकी कार्यप्रणाली को समझने-जानने में गुजार चुकी थीं। सिफारिशी फाइलों का निपटारा तो और भी आसान था। अनुभाग की रपट, अनु-सचिव के जरिये जब उनके पास पहुँचती तो वह सिर्फ दस्तखत की चिड़िया बैठाकर फाइल आगे बढ़ा देतीं। काफी दिन गुजर चुके तब कहीं जाकर मालती शर्मा को सब कुछ समझ में आने लगा था। गृह-सचिव की अफसरी उठा-पटक से भी वह वाकिफ हो चुकी थीं। फाइलों में शिकार कैसे खेला जाता है, यह भी उन्हें मालूम हो गया था।

हरीस्वरूप जौहरी उर्फ खुन्ना जौहरी, कलेक्टर की एक खुफिया रपट सर्किल-इन्सपेक्टर भैरवसिंह और चौक थाना पहाड़पुर के थाना इन्चार्ज हीरालाल के खिलाफ कुछ दिनों पहले मुख्यसचिव के नाम से आयी थी। मुख्यसचिव डी. के. गोस्वामी ने उस खास गुप्त रपट पर अग्रिम कार्यवाही के लिए गृह-सचिव को लिखा। रपट चूँकि निहायत खतरनाक, सनसनीखेज और हैरतअंगेज कारनामे

से ताल्लुक रखती थी, गृह-सचिव ने मालती शर्मा को व्यक्तिगत रूप से बुलाकर जाँच करने को कहा था।

रपट पढ़कर एक बार तो मालती शर्मा की आँखों के सामने अँधेरा छा गया था। यह जुर्म नहीं था, हुक्म-अदूली नहीं थी, अनुशासनहीनता नहीं थी, नौकरी के नियमों और जिम्मेदारियों का उल्लंघन नहीं था; एक गाँव, एक इलाके पर सीधा-सादा हमला था, एक बड़ी डकैती थी। डकैती तक ही मामला नहीं था। लूटमार, हिंसा, बलात्कार, फर्जी एकाउण्टर तक था उसमें। ऊपर से यह सबकुछ किसी डकैत ने, पेशेवर मुजरिम ने या विदेशी एजेण्ट ने नहीं किया था, बल्कि नानकपुर-पहाड़पुर की पुलिस-फोर्स ने किया था। उसमें सेठ गोवर्धनदास का एफिडेविट लगा हुआ था, चालीस लाख के जेवरात की डकैती का ! सराफ़े का पूरा इलाका, किसी और ने नहीं खुद पुलिस-फोर्स ने लूट लिया था। इस रपट में मोहनकृष्ण कौल को न सिर्फ शिकार की बू आयी थी, बल्कि पूरी पुलिस-फोर्स को जप लेने के आसार नजर आये थे। लेकिन खुन्ना जौहरी के बारे में गृह-सचिव की राय अच्छी नहीं थी। मालती शर्मा को कागज देते वक्त एक बार मोहनकृष्ण कौल हिचकिचाये थे। उन्होंने मालती शर्मा से पूछा भी था, क्या वह उस खतरनाक मामले से अलग रहना चाहेंगी ? मालती शर्मा ने खुद जिद करके मामला अपने हाथ में ले लिया था। जाहिर था कि दाँव-पेंच के पैंतरे चलने थे। कुछ इस तरह मामला आगे बढ़ना था कि भैरवसिंह-हीरालाल के साथ में खुन्ना जौहरी भी गिरफ्त में आ जायें।

पहले तो मालती शर्मा की समझ में नहीं आया, इस मामले की जाँच की भी जाये तो कैसे ? ऊपर से गृह-सचिव ने जाँच को गुप्त रखने का आदेश दिया था। जाहिराना तौर पर जाँच के लिए घटना-स्थल पर जाना चाहिए, लेकिन सचिवालय का प्रशासन घटना-स्थल पर कहाँ जाता ! जाँच का दूसरा तरीका स्थानीय पुलिस के जरिये रपट मँगाने का था। लेकिन इस मामले में, वह तरीका भी अख्तियार नहीं किया जा सकता था, क्योंकि आरोप खुद स्थानीय पुलिस के ऊपर लगाये गये थे। जाँच का तीसरा तरीका जिलाधिकारियों के जरिये तथ्य जानने का था। वहाँ तो परगनाधिकारी से लेकर जिलाधिकारी तक की रपट लगी हुई थी।

कलेक्टर खुन्ना जौहरी ने गाँव के लोगों की शिकायत पर एस. डी. एम. के माध्यम से आरोप-पत्र तैयार करवाया था, जिसकी विस्तृत गवाहियाँ फाइल में पत्रावली के साथ संलग्न थीं। दो सरकारी बन्दूकें, गाँववालों ने मालख़ाने में जमा करवायी थीं। पहले आरोप-पत्र के बाद एक दूसरा आरोप-पत्र भी था जिसमें सार्वजनिक लूटमार, सार्वजनिक बलात्कार, मारपीट और गुण्डागर्दी के गम्भीर आरोप थे। कलेक्टर खुन्ना जौहरी ने सराफ़ा व्यापारी संघ की तरफ से

दिया गया एक प्रतिवेदन भी भेजा था, जिससे सराफ़ बिन्दादीन की हत्या का मामला बनता था। सेठ गोवर्धनदास की, चालीस लाख के जेवरात की लूट की शिकायत अलग थी। कागज पर प्रशासकीय दृष्टिकोण से कार्यवाही पूरी थी। सामान्य रूप से भैरवसिंह और सब-इन्सपेक्टर हीरालाल को निलम्बित करके, लाइन-हाजिर किया जा सकता था। लेकिन मोहनकृष्ण कौल ने कोई कच्ची गोलियाँ नहीं खेली थीं। कलेक्टर की रपट एकतरफा हो सकती थी। फिर मामला खुन्ना जौहरी का था। इसलिए ज़रा एहतियात की जरूरत थी। मालती शर्मा ने यह संकेत बहुत पहले समझ लिया था।

मालती शर्मा के उस दिन अच्छे मूड में होने के कई कारण थे। पहला कारण तो इसी नानकपुर-पहाड़पुर के मामले को लेकर था। जब वह खुद यह तय नहीं कर पा रही थीं कि उस सनसनीखेज के मामले की जाँच कैसे, कब और कहाँ से शुरू करें, तभी पूरी परिक्रमा लगाकर आई. जी. पुलिस के यहाँ से वह फाइल आ गयी थी जिसमें नानकपुर के जंगल में छिपे हुए गिरोही डकैतों और नक्सलवादियों के खिलाफ विस्तृत स्तर पर पुलिस-अभियान का प्रस्ताव था। चूँकि जंगल तीन तरफ से रेत, दलदल और नदी से घिरा हुआ था और चौथी तरफ नेपाल की पहाड़ियाँ थीं, इसलिए जंगल में आग लगाने और हेलीकॉप्टर के जरिये बम-वर्षा करने का सुझाव था। सारा आपरेशन एक ही वक्त में, एक साथ होना था जिसमें एक हजार के सशस्त्र पुलिस-दस्ते को भाग लेना था। इस आपरेशन में पुलिस के अतिरिक्त कई अन्य विभाग सम्मिलित थे और नक्सलवादी लोगों का राजनीतिक पक्ष शामिल था, इसलिए प्रशासकीय स्तर पर शासन की संस्तुति आवश्यक समझी गयी थी।

न जाने क्यों इस फाइल को देखकर मालती शर्मा के होठों ने कोई मरदाना हरकत करनी चाही थी। इस फाइल के आ जाने के बाद नानकपुर-पहाड़पुर काण्ड की शक्ल ही बदल जाती थी। कलेक्टर खुन्ना जौहरी की एकतरफा रपट में कई मोड़, कई मुद्दे, कई नयी बातें पैदा हो जाती थीं। इस प्रस्ताव की तारीख, नानकपुर-पहाड़पुर काण्ड के तीन महीने पहले की थी। यह पूरा प्रस्ताव भैरवसिंह की छानबीन के बाद और पुलिस के गुप्तचर विभाग की संस्तुति के साथ भेजा गया था। इस प्रस्ताव में गुप्तचर विभाग की सूचना के आधार पर यह भी लिखा हुआ था, इलाके के चालीस गाँवों में जंगलपार्टी के लोग फैले हुए हैं—खासकर चैल, पहाड़पुर और नानकपुर का सराफ़ा बाजार और सराफ़ लोगों की रिहाइश का इलाका जंगलपार्टी की गतिविधियों से जुड़ा हुआ है। भैरवसिंह ने इस बात की तरफ भी इशारा किया था कि जंगलपार्टी के गिरोही लूटमार करके जमा किया हुआ सोना-चाँदी, इन सराफ़ों के जरिये निकासी में भेजते थे। इस फाइल के मिलने के बाद भैरवसिंह को बुलाना जरूरी हो गया था।

मालती शर्मा का मूड अच्छा होने का दूसरा कारण मेलीसीडिन काण्ड की फाइल थी, जो उसी दिन विजिलेन्स सेल से उनके पास आयी थी। इस फाइल में डॉ. मांगलिक और बरुण हाल्दार फँसे हुए थे। यह मामला वैसे सिर्फ नब्बे लाख रुपये का था। लेकिन इससे कई और सवाल जुड़े हुए थे--एक तो मैलिसीडिन जिस बीमारी के इलाज के लिए थी, वह बीमारी कभी-कभी किसी-किसी को होती थी, जबकि स्वास्थ्य-विभाग को उन दवाइयों के क्रय के लिए पैसा दिया जाता था जिनसे सामान्य बीमारियों का इलाज किया जा सके और जिनसे आम आदमी को राहत मिले। दूसरे, इस दवा का विदेशों में इस्तेमाल बन्द किया जा चुका था, क्योंकि इसके प्रयोग से दवा का इस्तेमाल करनेवाले के दिमाग पर प्रतिकूल असर पड़ता था। इस प्रतिकूल असर के कारण जो मैलिसीडिन स्वास्थ्यविभाग ने खरीदी थी उससे कई इलाकों में कुछ लोग पागल हो गये थे। दवा का प्रयोग बन्द किया जा चुका था। इसके अलावा विजिलेन्स जाँच के दौरान यह भी पता लगा था कि बरुण हाल्दार की कम्पनी के पास जिस दवा के बनाने का लाइसेन्स था उसका फार्मूला, मैलिसीडिन से भिन्न था। ऊपर से इसे बनाने के कच्चे माल के आयात के कागजात पूरे नहीं थे। कच्चे माल के आयात का लाइसेन्स काफी कम मात्रा का था। वह सॉल्ट्स जिनसे मैलिसीडिन बनायी जा सकती थी, आयात नहीं किये गये थे।

एक बार तो मालती शर्मा की रूह काँप उठी थी यह घपला देखकर। लेकिन फिर डॉ. मांगलिक और बरुण हाल्दार की दयनीय स्थिति के बारे में सोचकर मालती शर्मा को मजा आने लगा था। वह समझ रही थी, मोहनकृष्ण कौल के लिए यह मामला अच्छा-खासा शिकार है। उसी दिन उन्होंने गृह-सचिव से बातचीत कर ली। डॉ. मांगलिक को निलम्बित करके भ्रष्टाचार का मुकदमा चलाया जाना था। और बरुण हाल्दार को डी. आई. आर. में गिरफ्तार करवाना था। इस तरह के सनसनीखेज मामलों में मालती शर्मा के अन्दर रोमांच पैदा हो जाता। ऐसे लोगों को कागज में फाँसकर रगड़ देने में उन्हें एक खास तरह की आत्मतुष्टि होती थी।

मालती शर्मा के अच्छे मूड होने का तीसरा कारण, कुछ-कुछ व्यक्तिगत था। बड़े दिन बाद मोनिका लाल का फोन आया था। मोनिका लाल का फोन, करीब-करीब उसी वक्त आया था जब नानकपुर-पहाड़पुर काण्ड की नयी फाइल मिलने के बाद वह पुरानी फाइल निकालकर देख रही थीं। नानकपुर-पहाड़पुर कांड की फाइल, गृह-सचिव के आदेश से उन्होंने अनुभाग में नहीं भेजी थी। वह फाइल हमेशा उनकी खास अलमारी में रहती थी। जब कभी फाइलें निबटाकर वह फुरसत पा जातीं तो अलमारी से नानकपुर-पहाड़पुर काण्ड की फाइल निकालकर देखने लगतीं।

असल में वह पूरी फाइल नहीं देखती थीं। खुन्ना जौहरी की रपट, एस. डी. एम. की आख्या, अतिरिक्त जिलाधिकारी की जाँच से उनका कोई वास्ता नहीं था। वह तो बार-बार बुधलाल की बीवी और गाँव की तमाम औरतों के सामूहिक बलात्कार का विवरण पढ़ा करतीं। जिसने भी लिखा था, वह विवरण इतना रोमांचकारी था कि उसे पढ़ते-पढ़ते उनके अन्दर, अजीब तरह की प्रतिक्रियाएँ होने लगतीं। कभी तो उनकी साँस ऊपर-नीचे होने लगती, सीने की गोलाइयों में ऐंठन पैदा हो जाती और पेट से लेकर जाँघों के नीचे तक असंख्य चींटियों के रेंगनेजैसी एक सुनसुनी, रोएँ-रोएँ में बस जाती। और उसके बाद, बस मीठा-मीठा-सा दर्द उछाल मारने लगता। एक अजीब तरह की सिकुड़न, जकड़न उनके पैर के तलुओं में होने लगती। तब मालती शर्मा को बस यही लगता, वह खुद चैल गाँव की एक औरत थीं, लेकिन उस सामूहिक बलात्कार में उन्हें छोड़ दिया गया था। हालाँकि न जाने कितने मर्द, न जाने कितने दिनों से उन्हें एक तरफ से उछालकर दूसरी तरफ फेंक रहे थे। उनके पैरों में धीरे-धीरे एक कँपकँपी पैदा हो जाती, जो घुटनों की सख़्ती को पार करती हुई जाँघों में गुदगुदी मचा दिया करती। तब मालती शर्मा को यही लगता, उनका धड़कता हुआ दिल उनके जिस्म के अन्दर से निकलकर बाहर चला जा रहा है और वह खुद दोनों हाथों से उसे पकड़कर रोकने की कोशिश कर रही हैं।

इसीलिए तो मालती शर्मा नानकपुर-पहाड़पुर फाइल को निकालकर देखने की ज्यादातर कोशिश नहीं करतीं। उनकी कोशिश तो यही रहती कि वह फाइल उन्हें न देखनी पड़े। लेकिन उस दिन जंगल-पार्टी के खिलाफ पुलिस के अभियान-प्रस्ताव वाली फाइल जब आयी तो कुछ तो मजबूरन और कुछ उस मीठे-मीठे दर्द के लिए जान-बूझकर मालती शर्मा ने पुरानी फाइल निकाल ली थी। हालाँकि अपनी मेज से साथ अलमारी तक उठकर जाने में, हर बार की तरह, पैर के तलुओं से निकल रही शहदनुमा तरी चप्पल के चमड़े में फँसकर चिपचिपाहट पैदा कर रही थी। एक अजीब-सी फिसलन उठकर खड़ी होने लगी थी। कुर्सी, दीवार, दरवाजे, यहाँ तक कि अलमारी के पल्ले पकड़-पकड़कर उन्होंने फाइल निकाली थी। अब तो फाइल छूने-भर से उनके अन्दर सबकुछ तार-तार होने लगता। फाइल लेकर मेज तक वापस आने में कुछ सेकेण्ड ही लगे होंगे। लेकिन बस इतनी ही देर में उनका जी खराब होने लगा था। कुछ कर डालने का मन करने लगा था—कुछ भी, कुछ भी, बस कुछ भी ! भले ही और कुछ नहीं तो मेज पर रखे तमाम कागज, कलमदान, पेपरवेट, फाइलें घुमनी की रफ्तार में घूमने लगे। कहीं से कोई आकर उन्हें उछाल दें, वह कमरे में लगे पंखे की पंखड़ियाँ पकड़ लें और तभी पंखा गोल-गोल, तेज रफ्तार में घूमने लगें। कुर्सी-मेज, स्टूल, साइड रैक—सब उलट-पुलट जायें। लेकिन ऐसा कुछ भी नहीं

हुआ। मेज, कुर्सी, तमाम कागज, कलमदान, पेपरवेट, फाइलें—सबकुछ अपनी-अपनी जगह पर था। फाइल के कुछ पन्ने पलटने के बाद अपने को वह आगे होनेवाले हमले के लिए तैयार करने लगी थीं। तभी मोनिका लाल का फोन आ गया था।

मोनिका लाल का फोन आने के बाद मालती शर्मा का काम में जी नहीं लगा था। शाम के चार बज चुके थे। मोनिका लाल ने सात बजे घर पर आने के लिए कहा था। घर पहुँचने से पहले मालती शर्मा को कई काम और करने थे। इससे पहले कि गृह-सचिव का बुलावा आये या कोई और चक्कर खड़ा हो जाये, उन्होंने वहाँ से खिसक जाने का फैसला कर लिया था। उन्होंने चपरासी को बुलाने के लिए मेज पर लगी घण्टी दबाने के लिए हाथ बढ़ाया, लेकिन उनका हाथ घण्टी की घुण्डी पर जाकर ठहर गया। वैसे वह टेलीफोन बजर के जरिये अपने पी. ए. को भी बुला सकती थीं। लेकिन इस वक्त उनकी जो हालत थी, उस हालत में वह किसी का सामना कर सकने की स्थिति में नहीं थीं। तब तक उनका दिमाग आनेवाले खूबसूरत लमहों में डूब चला था। न जाने कितनी छोटी-छोटी खुशियाँ, फुलझड़ियों की तरह उनकी रगों में घुसकर फूटने लगी थीं। उस वक्त उनका दिमाग, उनका ध्यान, सब तरफ से हटकर बस मोनिका लाल के ऊपर केन्द्रित हो चुका था। दफ्तर से निकलकर उन्हें मोनिका लाल के लिए चाकलेट लेनी थी और लेनी थी एक पारदर्शी नाइटी जिसके अन्दर मोनिका लाल को समाकर वह उसे अपने करीब देखना चाहती थीं, भोगना चाहती थीं। मालती शर्मा ने अपने चपरासी को नहीं बुलाया और न ही उन्होंने अपने पी. ए., बी. डी. शर्मा को अपने चले जाने की सूचना दी। वह चुपचाप उठकर कमरे से बाहर निकल गयीं।

मालती शर्मा का यही मन कर रहा था कि कमरे के सामनेवाली गैलरी से नीचे तक जानेवाली आखिरी सीढ़ी तक और फिर बाहर मोटर तक पहुँचने में कोई उनको न रोके, कोई उनसे बात न करे; दुआ-सलाम, नमस्कार, गुड इवनिंग, कोई कुछ भी न कहे उनसे। लेकिन ऐसा नहीं हुआ। न जाने कहाँ से राजेश गहलौत सामने आ गया। मालती शर्मा किसी और दुनिया में थीं। उस वक्त। इसीलिए राजेश गहलौत करीब-करीब उनसे टकरा गया था। एक पल को मालती शर्मा की आँखें राजेश गहलौत की आँखों पर ठहर गयीं। उनके हाथ से वैनिटी बैग छूटकर नीचे गिरने लगा। दूसरे ही क्षण उन्होंने वैनिटी बैग सम्हाल लिया और सीढ़ियाँ उतरकर नीचे चली गयीं। मालती शर्मा को हमेशा की तरह, तब भी यही लगा था कि राजेश गहलौत नाम का आदमी हमेशा यह कैसे जान लेता है कि वह कब अपने कमरे से निकलकर बाहर आयेंगी !

मोनिका लाल की उम्र उस समय कोई इक्कीस-बाईस साल की रही होगी। बहादुरगंज के इलाके में कोई अच्छा स्कूल नहीं था, इसीलिए उसके बाप ने उसे पढ़ने के लिए शहर भेज दिया था। मोनिका लाल की माँ पूजा-पाठ पर बड़ा विश्वास करती थीं। जबसे मोनिका लाल ने होश सम्हाला उसने अपनी माँ को बस दिन-रात व्रत-उपवास, माला-हवन करते ही देखा। हरतालिका का व्रत, प्रदोष का व्रत, बृहस्पति और शुक्र का व्रत, सोमवार और मंगल का उपवास करते-करते वह मर गयीं। सारी जिन्दगी बस पति और बच्चों के कल्याण के लिए ही वह करती-मरती रहीं। मोनिका लाल के बाप की अच्छी कमाई थी। बस-ट्रक के ठेके, एक लोहे के तार का कारखाना और कागज का थोक व्यापार भी था। मोनिका लाल के बाप ज्यादातर पैसे के हिसाब में डूबे रहते। उन्हें कभी इस बात की फुरसत नहीं रही, उनकी बीवी क्या करती है, उनके बच्चे कहाँ जाते हैं। मोनिका लाल के पूरे खानदान में औरतों का जो हुजूम था उसमें सब इसी तरह की औरतें थीं जो ताजिन्दगी घूँघट, चूड़ी, बिन्दी, काजल, व्रत, उपवास में बिता दिया करतीं।

मोनिका लाल बचपन से जिद्दी स्वभाव की थी। कुछ माँ की दुर्दशा और कुछ दूसरी खानदानी औरतों को देखकर उसके अन्दर काफी पहले से एक खास तरह का विद्रोह पनपने लगा था। मोनिका लाल शुरू से कॉनवेण्ट स्कूल में पढ़ी। कॉलेज की पढ़ाई के दौरान उसने बड़ी-बड़ी बातें सीखने-जानने की कोशिश की और विश्वविद्यालय तक पहुँचते-पहुँचते मोनिका लाल के अन्दर समय से पहले आनेवाली परिपक्वता आ चुकी थी। उसे लगता, इस दुनिया के सारे मर्द, दुनिया की सारी औरतों को अपने कब्जे में रखकर शासन करना चाहते हैं। मर्दों के शासन के सबसे बड़े हथियार थे पेटीकोट, ब्रेसियर, धोती, घूँघट, बड़े बाल, बिन्दी, लिपस्टिक, फेशियल और सैण्ट। मोनिका लाल का विद्रोह उसकी अन्दरूनी तह तक घुसा हुआ था। कभी-कभी उसे लगता, तमाम मर्द जो उसके चारों तरफ थे, बस इन्हीं हथियारों से लैस होकर, सदियों-शताब्दियों से बस एक अदद जंग लड़ रहे थे। यह जंग, यह लड़ाई सिर्फ औरतों के खिलाफ थी।

मोनिका लाल के इन्कलाब की शुरुआत असल में बचपन से ही अधेड़ उम्र की औरतों के चक्कर में पड़ने से हो गयी थी। सबसे पहले कॉनवेण्ट स्कूल के हॉस्टल की वार्डेन ने उसके ऊपर हाथ डाला था। उस वार्डेन का अपना एक गोल था, जिसमें मोनिका लाल खिलौने की तरह घूमने लगी। इस गोल में कई विधवा किस्म की और कई छोड़ी हुई औरतें थीं। इन लोगों को अपने लिए अलग-अलग मर्द आसानी से नहीं मिलते थे। मोनिका-सरीखी कई-एक लड़कियाँ थीं जो इस गोल में चला करतीं। कभी-कभी तो कई लड़कियाँ, कई औरतें मिलकर मौज-मस्ती करती थीं। फिर धीरे-धीरे मोनिका लाल इन लोगों से अलग

हो गयी। उसने खुद अपनी हमउम्र लड़कियों का गुट बना लिया, क्योंकि उसे उन मोटी, अधेड़ औरतों से घिन आने लगी थी। लेकिन तब तक उन औरतों ने मोनिका लाल के अन्दर मर्दों के प्रति एक खास तरह की हिकारत पैदा कर दी। ऐसा नहीं था कि वह हमउम्र लड़कों के साथ नहीं रहती या उसे मर्द जाति से नफरत थी। वह तो सिर्फ मर्द और औरत के बराबरी के दरजे की कायल थी। 'विमेन लिब' की तमाम पत्रिकाओं को पढ़ते-पढ़ते उसके अन्दर यह जज्बा, यह खयाल पैठ गया था कि इस ज़माने की लड़कियों को समाज में, देश में, विश्व में खुद अपनी जगह बनानी चाहिए। पहले की अधेड़ औरतों के चंगुल से जब से वह आजाद हुई थी, तब से वह अपनी हमउम्र की लड़कियों के साथ एक सामान्य सम्बन्ध के तहत रहती थी। उसकी दोस्ती की बस एक शर्त थी—चूड़ी-बिन्दी, धोती, घूँघट, ब्रेसियर से प्रत्येक लड़की दूर रहेगी। वह कोई समाज-सुधारक नहीं थी, न ही उसने किसी इन्कलाब का ठेका ले रखा था। यह तो बस विश्वास की बात थी। वह यह देखना चाहती थी—क्या सामान्य रूप से बन्धनों से अलग रहकर जिया जा सकता है ?

इधर कई वर्षों से मोनिका लाल के जीवन में कोई औरत उस तरह से नहीं थी, जैसे पहले ज़माने में रहा करती थीं। वह उन दिनों एक विदेशी कम्पनी 'एलाइड ट्रेडर्स' में जूनियर एक्जीक्यूटिव के पद पर काम कर रही थी और वर्किंग वीमेन हॉस्टल में रहती थी। उसके कई ब्वाय-फ्रेण्ड थे और वह बाकायदा उन्हें डेट दिया करती थी। खुले आम वह दावतों में जाती और कभी-कभार हल्के-फुल्के नशे-पानी से भी उसे एतराज नहीं था। मालती शर्मा से मोनिका लाल का वही पुराना कॉलेज के दिनोंवाला रिश्ता था। उस जमाने में जब वार्डेन ने उसे अधेड़ उम्र की औरतों के गोल में ढकेल दिया था, तब मालती शर्मा ने ही उसे उस दलदल से निकालकर अपनी महफूज बाँहों में सुरक्षा और प्यार दिया था।

मालती शर्मा उसके कॉलेज में टीचर थीं। मालती शर्मा टीचर होते हुए भी खुद एक सहेली की तरह उसके साथ पेश आतीं। घूमने-घुमाने ले जाया करतीं, अपने यहाँ डिनर पर आमन्त्रित करती। और वक्त-जरूरत पर पढ़ाई-लिखाई में उसकी मदद भी कर दिया करती। मालती शर्मा मोनिका लाल को बहुत अच्छी लगतीं। मालती शर्मा उसके लिए एक आदर्श थीं, एक ऐसा दबदबा थीं, जिसके अहसास भर से मोनिका लाल के अन्दर न जाने कौन-सी गुदगुदी छूटने लगती। उसके साथ मोनिका लाल का वह खुफिया रिश्ता काफी पुराना था। उस दिन जब वह दफ्तर के काम से शहर में आयी थी तब उसने सबसे पहला काम किया था मालती शर्मा को फोन करने का। लेकिन तब तक वह घर से निकल चुकी थीं। फिर दिन में वह दफ्तर के काम में इधर-उधर

घूमती रही। रात की गाड़ी से उसे वापस जाना था, लेकिन वापस जाने से पहले मालती शर्मा से मिलना जरूरी था।

मालती शर्मा अपने सरकारी फ्लैट में अपनी माँ के साथ रहती थीं। उनका भाई खड़गपुर में इन्जीनियरिंग पढ़ रहा था और छोटी बहन की शादी हो चुकी थी। मालती शर्मा के पिता बहुत पहले मर चुके थे। यह तो उनकी माँ ने ही उन्हें पढ़ा-लिखाकर बड़ा किया था। कुछ दिनों कॉन्वेण्ट स्कूल में वह टीचर रहीं और फिर पी. सी. एस. का इम्तहान पास करके नौकरी करने लगीं।

मालती शर्मा की माँ का ज्यादा समय पूजा-पाठ में ही बीतता और वह अपने कमरे में ही रहती थीं। मालती शर्मा के फ्लैट में कुल मिलाकर पाँच कमरे थे। बाहरी दरवाजे और बगीचे के बाद एक बरामदा, बरामदे से लगी हुई बैठक और खाने का कमरा, पीछेवाले बरामदे से लगे हुए दो सोने के कमरे और उनसे लगे बाथरूम। पीछे आँगन से लगा हुआ एक कमरा और था जिसमें उनकी माँ रहा करती थीं। लेकिन उन दिनों उनकी माँ अपने बड़े बेटे के पास गयी हुई थीं, जो दिल्ली में नौकरी करता था। पीछे आँगन से लगे हुए किचन और माँ के कमरे का एक और रास्ता था। यह रास्ता आँगन से होकर जाता था। बरामदे में सींखचेदार लोहे के दरवाजे थे जिन्हें बन्द करने के बाद घर का इधर का हिस्सा आँगनवाले हिस्से से बिल्कुल अलग हो जाता।

उस दिन मोनिका लाल के लिए चाकलेट के पैकेट, सैण्डविच, कटलेट, चिप्स और नाइटी लेकर मालती शर्मा अपने घर करीब पाँच बजे पहुँच गयीं। घर पहुँचते ही उन्होंने अपना काम शुरू कर दिया। पहले तो उन्होंने घर की नौकरानी को दो लोगों के लिए रात का खाना बनाने के लिए कहकर थरमस में ढेर-सी कॉफी भरवा ली और फिर बरामदे का जंगला बन्द कर दिया। नौकरानी से कह दिया, जब तक वह खुद न बुलायें, उसे अन्दर आवाज भी नहीं देनी थी। सिवाय मोनिका लाल के और किसी के आने पर वह कह दे कि मेम साहब घर पर नहीं हैं। उसके बाद मालती शर्मा ने बेडरूम का दरवाजा बन्द कर लिया और अपने सारे कपड़े उतार कर बाथ-टब के खुशबूदार पानी में घुस गयीं।

बरुण हाल्दार का सितारा उन दिनों गर्दिश में था। वह जिधर भी हाथ डालता, वह काम बिगड़ जाता। वैसे तो उन दिनों वह दिन-भर शराब पीता रहता था, लेकिन रात तक पहुँचते-पहुँचते उसकी हालत करीब-करीब वैसी ही हो जाती जैसे आसमान में उड़ते-उड़ते चील अपने परों की हरकत बन्द कर दे और महज हवा के दबाव में बहती हुई, उतरती हुई चली जाये। कोई विस्तार नहीं था दूर-दूर

तक, बरुण हाल्दार के जीवन में एक घुटा हुआ, खौफनाक सन्नाटा भिनभिना रहा था। उसे तो अपनी बरबादी के आसार नजर आ रहे थे। दिन तो कभी सोकर, कभी रोकर और कभी गप्प-सड़ाके में निकल जाता, लेकिन रात का अँधियारा जैसे उसे खाने के लिए दौड़ता। अँधेरे से बचने के लिए वह बत्ती जलाकर सोने की कोशिश करता, हर उस जगह से दूर रहता जहाँ अँधेरा हो। अँधेरी सड़कों, अँधेरे रास्तों पर वह भूलकर भी नहीं जाता। लेकिन वह कहाँ ले जाता उस अँधेरे को जो खुद उसके अन्दर बैठ गया था ? असल में यही अँधेरा, उसके मन के कोने-किनारों में पर्त-दर-पर्त तक बसा हुआ अँधेरा, धीरे-धीरे उसके जिस्म के हिस्से-हिस्से में फैलता जा रहा था, उसकी सारी शख्सियत को अपने-आप में समेटे लिये जा रहा था। बरुण हाल्दार को लगता जैसे समय ने, तकदीर ने, उसके खिलाफ कोई खतरनाक साजिश, कोई षड्यन्त्र छेड़ रखा है। जैसे हालातों का भँवर उसे गिरफ्त में ले चुका है। उसी भँवर में गोल-गोल चक्कर लगाता हुआ वह डूबता चला जा रहा था। उसके बचने का कोई रास्ता नहीं था, उसे कोई नहीं बचा सकता था। उस दिन रात को जब और शराब पीने से भी उसे नींद नहीं आयी तो वह उठकर बैठ गया।

बरुण हाल्दार ने इस बीच अपना कलकत्तेवाला कारखाना बेच दिया था। सिगरेट के धुएँ के बीच डूबते-डूबते उसे लगा कि खुद उसके अन्दर आग लगी हुई है। बाहर चारों तरफ सबकुछ उसके खिलाफ था। आखिर वह करे तो क्या करे ? जाये तो कहाँ जाये ? उसकी पूरी जिन्दगी में ऐसा वक्त कभी नहीं आया, सितारों ने यूँ दगा कभी नहीं दी।

उसे तो लोग 'सोना हाल्दार', 'गोल्डी बरुण' कहा करते थे। प्राइमरी स्कूल के मास्टर शिवशेखर हाल्दार का बेटा बरुण हाल्दार कभी लाखों में खेलेगा, करोड़ों के सौदे करेगा, किसने जाना था ! छोटे-से गलीदार मोहल्ले में पिनपिनियाँ, सकड़ी और गोली खेलते-खेलते, वह बायें हाथ से नाक पोंछा करता। खाकी पैण्ट और बिना बटनवाली कमीज पर न जाने कितने धब्बे हुआ करते। उसके टुटहे मकान के सामने से जरा हटकर न जाने कितने साफ-सुथरे मकान थे, जिनमें उसकी उम्र के बच्चे धुली बटनदार कमीजें और रंग-बिरंगी पतलूनें पहना करते थे। उन बच्चों को वह बड़ी हसरत से कैंची-साइकिल चलाते हुए देखा करता। चाट के खोमचे के आते ही उसके साथ के बच्चे, पिनपिनियाँ, गुच्चक के इर्द-गिर्द लगी हुई छोड़कर भाग जाते। तब बरुण जहाँ एक तरफ उन बच्चों को चाट के पत्ते साफ करते बड़ी हसरत से देखा करता था, वहीं दूसरी तरफ उसे हैरत होती थी, लगी-लगायी पिनपिनियाँ का दाँव छोड़कर कैसे वह लड़के चाट खाने चले जाते थे ! कभी-कभी तो उसके नन्हे-से दिमाग में न जाने कितनी पिनपिनियाँ, न जाने कितने कंचे जमा होने लगते और वह बड़े

प्यार से उन्हें सहलाया करता। धीरे-धीरे वे तमाम पिनपिनियाँ की गोलियाँ, कंचे उसके दिमाग से उतरकर हाथ की गदेलियाँ में बस जाते और कोई उन्हें छीन न ले, इस डर से वह अपनी मुट्ठी बड़े जोर से दबा लिया करता। तब उसका बाप यही कहा करता, "बरुण के भाग्य में भीख, सिर्फ भीख माँगना बदा था। वह कुछ और कर ही नहीं सकेगा।" बरुण को तब अपने बाप को देखकर रोना आ जाता था। उस छोटी उम्र में भी वह अपने बाप की बुद्धि पर तरस खाया करता था और कभी-कभी तो उसका मन करता, वह ढेर सारी पिनपिनियाँ और ढेर सारे कंचे अपने खूसट बाप के मुँह पर दे मारे और भागकर कहीं दूर चला जाये, किसी और, किसी ऐसे बाप के पास जो उसे और बच्चों की तरह प्यार करे, दुलार करे, उसे कम-से-कम आशीर्वाद दे, दुआएँ दें।

कहते हैं, कभी-कभी बड़ों की बात सच निकल जाये तो सदा के लिए मन में गाँठ बनकर बैठ जाया करती है। बरुण हाल्दार को उस दिन, जब वह बाप के मरने के बाद, घर से निकल गया था, बाप की बात उतनी ही सच मालूम हुई थी जितनी उसके तीस बरस बाद। तब उसकी उम्र सिर्फ चौदह साल की थी और सिवाय भीख माँगने के और कोई रास्ता नहीं था। तब तो उसने भीख नहीं माँगी थी, लेकिन अब उसे लग रहा था कि आखिर उसके बाप की बात सही होकर रहेगी। सिगरेट का धुआँ उसके फेफड़ों में घुसकर एक अजीब-सी जलन पैदा कर रहा था, उसका मुँह कसैला हो रहा था। उसे मालूम था, वह जानता था—उसका अन्त आनेवाला है और उसे जेल में चक्की पीसनी पड़ेगी।

बरुण हाल्दार को असल में इस बात का पता था कि मैलिसीडिनवाले मामले में उसका भाँडा फूट चुका है। उसके खिलाफ कई मामले बन गये थे। एक तरफ उसे मैलिसीडिन खाकर पागल हो जानेवाले लोगों के लिए जिम्मेदार ठहराया गया था, दूसरी तरफ आयकर, कस्टम, विदेशी मुद्रा और आयात के मामलों में फाँस लिया गया था। कितने दिनों से वह चारों तरफ भागता हुआ घूम रहा था, लेकिन बचने का कोई रास्ता नजर नहीं आ रहा था। उधर डॉक्टर मांगलिक की हालत खुद इतनी खराब हो चुकी थी, वह पागलपन की हद तक किसी सनक के तहत ऊल-जलूल बातें बकता रहता। आखिरी बार डॉ. मांगलिक ने माधुरी साहा को फाँसने की बात कही थी। लेकिन बरुण हाल्दार को उसमें कोई दिलचस्पी नहीं थी। उसे मालूम था, उसका मामला अब तक गृह-विभाग में पहुँच चुका है और उसे किसी समय भी गिरफ्तार किया जा सकता है। बरुण हाल्दार का मन उस समय अपने दिमाग पर घूँसे मारने का हो रहा था, विलियम हाकिन्स और डॉक्टर मांगलिक को गोली से उड़ाकर खुद अपने-आपको गोली मारने का हो रहा था कि तभी अचानक जगन गुरु के एक चेले ने उसके कमरे

की घण्टी बजायी थी। डरकर काँप उठा था बरुण हाल्दार। उसके अन्दर एक बारगी जैसे खून जम गया था, धड़कनें रुकने लगी थीं, हाथ की न जली सिगरेट छूटकर नीचे गिर पड़ी थी।

रात के करीब साढ़े ग्यारह बजे थे। उस वक्त किसी के आने की बरुण हाल्दार को कतई उम्मीद न थी। एक बार उसका मन हुआ, पीछे के दरवाजे से निकल जाये या सोने का बहाना करके पड़ा रहे। उधर घण्टी बार-बार बजायी जा रही थी। वैसे भी बरुण हाल्दार को उस वक्त अकेलेपन की ऊब से, खौफ से निकलने का रास्ता चाहिए था। अपने को थोड़ा सम्हालने के बाद उसे लगा, हो-न-हो कोई उसकी मदद के लिए आया है। जैसे एक बन्द कमरे में आग लगी है, वह खुद उसमें घिरा हुआ मदद के लिए चिल्ला रहा है और जब मदद आयी है तो वह उस मदद को लेने में हिचक रहा है। बरुण हाल्दार ने अपने को एक झटका दिया और उठकर दरवाजा खोल दिया।

"क्यों, बोरान हलदियार है ?" जगन गुरु के चेले ने लट्ठ मारा था। जगन गुरु के चेले को बरुण हाल्दार पहचानता तो था नहीं। उसके कन्धे पर लटकती हुई दुनाली देखकर बरुण हाल्दार के अन्दर एक दहशत सर उठाने लगी थी। उस चेले के पीछे मोटी खाल, बड़ी मूँछोंवाले दो आदमी और खड़े थे, जिनके कन्धों पर बन्दूक तो नहीं थी लेकिन बरुण हाल्दार ने उनकी भारी-भरकम जेब देख ली थी, जिसके अन्दर रिवाल्वर या छोटे तमंचे होने की पूरी सम्भावना थी। उसे लगा, वह डकैतों से घिर गया है। इतनी देर में उसने हिसाब लगा लिया था, घर में कितना माल है। उस हिसाब से वह करीब-करीब सन्तुष्ट हो चुका था।

"बोलिए साब, बोर...?"

"हाँ, मैं ही हूँ।" बरुण हाल्दार को इत्मीनान होने लगा था।

"चलिए, आपको जगन गुरु ने बुलाया है।"

"जगन सेठ !" बरुण हाल्दार खुशी से चीख पड़ा था।

जगन सेठ, जगन गुरु, जगन महाराज किसी मामूली हस्ती का नाम नहीं था। उसके बाप मगन महाराज खुद एक नामी-गरामी तिलंगे थे। दूर-दराज के इलाके तक में उनका नाम, उनका यश फैला हुआ था। कोई ऐसा नहीं था उस जमाने में जो उनका मुकाबला करता। मगन महाराज की हवेली किसी छोटे-मोटे किले से कम नहीं थी। उसे तब 'मगर वाली कोठी' कहा जाता था। उसमें बड़े-बड़े तहखाने, तमाम चोर रास्ते और छोटी-छोटी गुफाएँ थीं, जिनका जाल अन्दर-ही-अन्दर सुरंगों के जरिये पूरी कोठी में बिछा हुआ था। कहते थे, एक

ज़माने में यशस्वी राजा इन्दरसेन ने वर्षाकाल में अपने उत्तरी प्रवास के लिए इस महल का निर्माण प्रारम्भ करवाया था। काफी कुछ बन चुका था वह महल, तभी राजा इन्दरसेन की मृत्यु हो गयी। उसके बाद, समय के थपेड़ों से टूट-फूटकर वह महल ऊपर से खँडहर बन गया, लेकिन उसके तहखाने, उसकी सुरंगें, उसकी गुफाएँ, उस वक्त भी थीं, जब मगन महाराज ने उसे उठा लिया था।

असल में मगन महाराज को अपने खुफिया अड्डे के लिए किसी ऐसी ही महफूज जगह की तलाश थी। उन्होंने ऊपर की गिरी हुई छतें, किनारे की कुछ दीवारों की मरम्मत करायी और तहखाने, गुफाओं, सुरंगों का मलबा वगैरह साफ करवाकर, उसे अपना अड्डा बना लिया। फिर मगन महाराज, जब उनके बेटे जगन का जन्म हुआ, इसी कोठी में आकर रहने लगे। इस कोठी में और तमाम अजूबी चीजों के साथ एक काफी बड़ा तालाब था, जिसमें मगन महाराज ने आदमखोर मगरमच्छ छोड़ रखे थे। जब छोटी-मोटी मछलियाँ इन मगरमच्छों की भूख और अधिक बढ़ा दिया करतीं तब मगन महाराज के शिकारी तिड़ीबाज अपने शिकार को फाँसकर कोठी में ले आया करते। अच्छा-खासा जश्न हुआ करता था उन दिनों ऐसे मौकों पर। तालाब के किनारे मगन महाराज अपने रथनुमा सोफे पर बैठा करते जब शिकार को खिला-पिलाकर तालाब में फेंक दिया जाता।

लेकिन एक दिन मगन महाराज मार दिये गये। उसी इलाके में केवट मल्लाह का गिरोह तब काफी बढ़ गया था। यह लोग मगन महराज से टक्कर लेने की सोच रहे थे, तभी मगन महाराज के तिड़ीबाजों ने केवट मल्लाह को उड़ा दिया। केवट मल्लाह को चुपचाप तालाब में फेंक दिया गया। ऐसा नहीं था कि केवट मल्लाह ने भागने की कोशिश नहीं की। वह तो मगरमच्छ से लड़ने लगा था। लेकिन मगन महाराज के बन्दूकधारी पट्ठों ने तालाब से निकलने की कोशिश करने पर उसे भून डाला था। केवट मल्लाह तो मर गया, लेकिन उसके भाई ने घात लगाकर मगन महाराज को गोली मार दी—बीच बाजार में सात केवटियों ने घेरकर मगन महाराज को गोली मारी थी। मगन महाराज की मौत से पूरे शहर में सनसनी फैल गयी थी। धड़ाधड़ दुकानें बन्द हो गयी थीं। लोग-बाग अपने-अपने घरों में जाकर छिप गये थे। लेकिन उन सात केवटियों को पुलिस ने पकड़कर थाना महिबुल्लापुर में बन्द कर दिया था।

जगन सेठ उन दिनों कॉलेज में पढ़ रहा था। जब उसे उसके बाप की चिता में आग देने को कहा गया तो उसने साफ इनकार कर दिया। पहले बाप के हत्यारों की चिता जलेगी और तब उसके बाप मगन महाराज की। ऊँचे स्थान पर मगन महाराज की चिता सजायी गयी और वहीं पर काफी नीचे पर सात

चिताएँ एक लाइन में और बनायी गयीं। वह सात केवट तब जिन्दा थे और पुलिस की हिरासत में थे। जगन सेठ अपने बाप के पट्ठों की टुकड़ी को कारबाइन, बन्दूक और हथगोलों से लैस कर महिबुल्लापुर थाने पर चढ़ गया और उन सात केवटियों को उठा लाया। सातों केवटियों को एक लाइन में खड़ा करके उड़ा दिया। उनकी चिताएँ पहले ही तैयार थीं। एक चिता पर एक केवटिया। कुछ ही देर में सात चिताएँ धधक उठीं। तब कहीं जाकर जगन सेठ ने अपने बाप का क्रिया-कर्म किया।

जगन सेठ, मगन सेठ का सच्चा बेटा था। उसने मगन सेठ के साम्राज्य को आगे बढ़ाया, इतना आगे बढ़ाया कि हजारों मील तक उसकी टक्कर का कोई और तिलंगा नहीं बचा। केवटियों को उसने चुन-चुनकर मारा। जो बच रहे वह उसके यहाँ छोटे-मोटे काम पर लगा दिये गये। पूरे इलाके की पुलिस का, बाप के जमाने से चला आ रहा हफ्ता उसने तीन गुना बढ़ा दिया। सात केवटियों की लाशों की कीमत सात लाख रुपया महिबुल्लापुर थाने में पहले ही पहुँचा दिया गया था।

बाप की तेरहीं के बाद जगन सेठ एक तूफान की तरह पूरे इलाके में छा गया। कहाँ की सरकार, कौन-सा शासन, कैसी पुलिस ! जगन सेठ के लिए हर गुनाह माफ था। पूरे शहर में, पूरे इलाके में, उसका मुकाबला करनेवाला कोई नहीं था। मोहल्ले-के-मोहल्ले उसने छान लिये। मकान, दुकान, जमीन जो भी अच्छा लगा उसे ले लिया उसने। ट्रकों के काफिले, कारखानों की कतार, विशाल धन्धा-व्यापार, देश के कोने-कोने में फैला लिया था उसने। किसी की इतनी हिम्मत नहीं थी जो उसका मुकाबला करता। बड़े-बड़े नेता, अफसर, वकील, डॉक्टर से इन्जीनियर उसकी कृपा पर पलते थे। उसने तिड़ीबाजों, तिलंगों और पट्ठों की पूरी एक सेना तैयार कर ली थी, जिनकी छोटी-छोटी टुकड़ियाँ पूरे इलाके में फैली हुई थीं।

बरुण हाल्दार जगन सेठ को काफी पहले से जानता था। जब बाप के मरने के बाद उसके चाचा ने उसे घर से निकाल दिया था तो उसने मगन महाराज के यहाँ ही आकर शरण ली थी। तब जगन छोटा था। वह बरुण के साथ खेला करता। दोनों में खूब पटती थी। मगन महाराज उन दिनों दस-बीस बेसहारा बच्चों को पाल-पोसकर, पढ़ा-लिखाकर, सरकारी नौकरी में लगा देना चाहते थे, जिससे वह लोग वक्त-जरूरत पर काम आयें। बरुण हाल्दार मगन महाराज की उसी योजना का अंग था। लेकिन आगे चलकर बेटे जगन की दोस्ती की वजह से मगन महाराज ने बरुण हाल्दार को आजाद कर दिया था। फिर भी मगन महाराज का घर बरुण हाल्दार से कभी न छूटा। साल में एक बार मगन महाराज की पुण्य-तिथि पर वह मगरवाली कोठी में हो आया करता था।

लेकिन इधर कई सालों से वह सिलसिला भी टूट गया था। फिर भी जगन को लड़कपन में सबसे पहले बरुण हाल्दार ने ही सेठ कहा था। जगन सेठ और बरुण हाल्दार का यह खुफिया रिश्ता फिर कभी नहीं टूटा।

जोगा होटल के पास एक पेड़ के नीचे जगन सेठ की गाड़ी खड़ी थी। गाड़ी के अन्दर जगन सेठ बैठा था, लेकिन बाहर तीन-चार पट्ठे जेब में हाथ डाले खड़े थे। जिस सड़क पर गाड़ी खड़ी थी, उसकी विपरीत दिशा में एक जीप और एक गाड़ी में छह-सात पट्ठे अपनी-अपनी बन्दूकें, रिवाल्वर, कारबाइन पर हाथ जमाये डटे हुए थे।

"सेठ···जगन सेठ···जय हो···महाराज की जय हो !"

बरुण हाल्दार ने गाड़ी के करीब पहुँचते ही कहना शुरू कर दिया। तभी गाड़ी की दायीं तरफ का दरवाजा खुला और वह अन्दर जाकर बैठ गया।

"काहे बरुण, का हाल ?" जगन सेठ ने पूछा था।

"अरे महाराज···अपन हाल तो ठीक नहीं···लेकिन पहिले बतायें, भाभी-बच्चा सब ठीक हैं न !"

"हाँ रे ! भाभी तो ठीक है। मगर अपन मुन्ना तो अब यहाँ नहीं है।"

"फिर कहाँ है मुन्ना राजा !"

"यू ससुरा विलायत गवा है, पढ़ाई-लिखाई के लिए।"

"ठीक है, महाराज, ठीक है।"

"का ठीक है। पढ़ि-लिखि करके यू नौकरी करिहैं। अरे हम्हरे यहाँ भला नौकरी कैने किहेस है ?"

"महाराज, अब उइका जौन अच्छा लगे वही करन दें।"

"तू काहे कहते रहा···तोरा हाल अच्छा नाहीं।" जगन सेठ की भौंहें टेढ़ी होने लगी थीं।

बरुण हाल्दार ने अपना मैलिसीडिन का पूरा किस्सा बयान करना शुरू ही किया था, तभी जगन सेठ ने उसे रोक दिया, "हमें सब मालूम है, भाई !"

"महाराज···महाराज, आपको सब मालूम है ?"

"हाँ।" महाराज ने धीरे से कहा।

"फिर क्या आपके रहते हम जेल में चक्की पीसेंगे ?"

"जेहका कहौ सारे का उड़ाय देय !"

"किसी को उड़ाने से कुछ नहीं होगा, महाराज ! लेकिन अगर···।"

"बोल···।"

"लेकिन अगर वह फाइल उड़ा ली जाये तो···।"बरुण हाल्दार ने महाराज

की तरफ देखा।

"फाइल ?" जगन सेठ सोच में पड़ गया।

"हाँ महाराज ! मामला पका-पकाया है। किसी वक्त भी मुझे डी. आई. आर. में गिरफ्तार करने का हुक्म दिया जा सकता है। लेकिन अगर वह फाइल गायब हो जाये तब शासन के हाथ-पैर कट जायेंगे।"

"कहाँ है तेरी फाइल ?"

"मालती शर्मा, उपसचिव, होम डिपार्ट की अलमारी में।"

"सुन रे ! यह मालती शर्मा है ना, इसे ना उड़ा दिया जाय ?"

एक पल को बरुण हाल्दार जगन सेठ की बात से काँप उठा। यह बात तो उसके दिमाग में भी नहीं आयी थी। लेकिन अगले ही क्षण, उसने अपने-आपको सम्हाल लिया। "नहीं महाराज, यह बहुत बड़ा बखेड़ा है। और फाइल तब भी सचिवालय में ही रहेगी ना ! हमें मालती शर्मा नहीं, फाइल चाहिए, महाराज, फाइल !" बरुण हाल्दार का दिमाग तेजी से उलट-पुलट कर रहा था।

"अच्छा ! बता तो यह राजेश गहलौत कौन है रे ?" जगन सेठ ने सवाल किया।

बरुण हाल्दार को जैसे किसी ने गेंद की तरह आसमान में उछाल दिया था और वह गुड़मुड़ी होता हुआ वापस धड़ाम से नीचे आकर गिरा। उसे हैरत तो इस बात पर हो रही थी कि आखिर राजेश गहलौत के बारे में महाराज को कैसे पता लगा !

"अरे महाराज, आपको सब खबर है...वाह महाराज...वाह !"

"नहीं रे...यह पतुरिया बड़ी तेजी चल रही थी, इसलिए हमने एक तिड़ीबाज लगाया था उसके ऊपर।"

"तिड़ीबाज ?"

"हाँ-हाँ, अपना तिड़ीबाज। उसी ने बताया था हमें तेरे गहलौत के बारे में।"

"हाँ महाराज, राजेश गहलौत पेशेवर इश्की है। लौंडियों को यूँ फाँसता है जैसे चिड़ीमार चिड़िया को। वैसे वह जी. एन. का आदमी है। जी. एन. ने लगा रखा है उसे।"

"तो क्या बताया तेरे चिड़ियामार ने ?"

"महाराज ! वह तो बस लटका हुआ है।"

जगन सेठ हँसने लगा। काफी देर तक हँसता रहा। गाड़ी के बाहर खड़े हुए तिलंगे और पट्ठे चौकन्ने हो गये। उनके हाथ अपनी-अपनी रिवाल्वरों पर कस गये। उधर बरुण हाल्दार जगन सेठ की हँसी का मतलब कुछ समझा, कुछ

नहीं समझा।

"देख रे ! वह पतुरिया दूसरी लाइन की है। तेरा चिड़ीमार वहाँ फेल है।"

"फिर महाराज !"

"उसे लगाना है तो एक दूसरी छोकरी है मोनिका लाल, उसके पीछे लगा दे उसे।"

"क्यों, महाराज !" कहने को बरुण हाल्दार कह गया। फिर उसे खयाल आया, जगन सेठ से कोई सवाल नहीं पूछता। "लेकिन यह मोनिका लाल है कौन, महाराज ?" उसने बात सम्हाल ली।

"तेरे को बताया ना, तेरी अम्मा मालती शर्मा दूसरी लाइन की है और यह मोनिका लाल उसकी माशूक का नाम है।"

बरुण हाल्दार के मुँह से अनायास सीटी-भरी आवाज निकल आयी। वह कुछ क्षण तक चुपचाप जगन सेठ को देखता रहा। तभी उसके अन्दर न जाने हँसी के कितने ठहाके करवट बदलने लगे। लेकिन एक तो सड़क का किनारा, दूसरे जगन सेठ की गाड़ी, तीसरे बाहर खड़े हुए जगन सेठ के पट्ठों की उँगलियों का कसाव वह लैम्पपोस्ट की रोशनी में देख चुका था। उसने अपने हँसी के ठहाकों को अन्दर-ही-अन्दर कुचल दिया। तभी उसे दूर, बड़ी दूर से जगन सेठ की धीमी किन्तु सख्त आवाज धीरे-धीरे सुनायी पड़ने लगी।

"यह मोनिका लाल बड़े काम की चीज है। इसे अगर तेरा गहलौत फाँस ले तो हम्मारा भी काम हो सकता है।"

"महाराज, आपका काम ?"

"हाँ रे ! अब तीन महीने तो ये ही सारे शासन करेंगे ना...। नेता तो हैं नहीं। कोई मर्द होता तो हम्हारे पास अनेक रास्ते हैं, लेकिन इस पतुरिया को ठीक रखना बड़ा मुश्किल काम है। कुछ कारबाइन के लाइसेन्स हैं, कुछ पट्ठों को पैरोल पर छुड़वाना है। अब तू ऐसा कर, उसे तो लगा दे उधर और कल तेरे पास मेरा एक तिड़ीबाज आयेगा। उसे समझा देना।"

इतना कहकर जगन सेठ ने हाथ बाहर निकालकर चुटकी बजा दी, जिसके साथ ड्राइवर ने गाड़ी स्टार्ट कर दी। दो पट्ठे ड्राइवर की बगल में आकर बैठ गये और तीसरा बरुण हाल्दार के उतरने का इन्तजार करने लगा।

तिड़ीबाज किशनलाल का कोई एक नाम तो था नहीं। किशनलाल, मंगलदास, नारायण, वीरभद्र, सिंघल न जाने कितने नाम थे उसके। जगन सेठ के बाप मगन सेठ ने उसे पुराने ज़माने में फुक्कन खान इलाकेदार से हासिल किया था। असल में मगन सेठ ने जब अपना साम्राज्य बढ़ाया था तो कई-एक छोटे-बड़े गिरोही,

इलाकेदार, तिलंगों और गिरोहियों को खत्म किया था। किसी गिरोह को तोड़ने के बाद उसके इलाके के आदमियों, हथियारों, गोला-बारूद, अड्डे-तहखाने—सबकुछ मगन सेठ अपने यहाँ उठा लाता था, अपने यहाँ शामिल कर लेता था।

फुक्कन खान अपने जमाने का शातिर बदमाश था और जब वह घड़ियाल के पेट में डाला जा चुका तो उसके गिरोह में खलबली मच गयी। लोग-बाग भाग-भागकर छुप रहे थे। मगन महाराज के आदमी एक-एक को ढूँढ़ रहे थे। चुन-चुनकर मार रहे थे। उस दौर में नन्हे-से किशनू को कौन सम्हालता ? किशनू को असल में फुक्कन खान किसी कोठेवाली के यहाँ से फिरौती के लिए उठाकर लाया था। जिस दिन फुक्कन खान को घड़ियाल के पेट में झोंक दिया गया था, उसी दिन किशनू की फिरौती की रकम आनी थी, उसे छोड़ा जाना था। लेकिन सबकुछ लुट गया था, फुक्कन मारा गया था। किसी और को किशनू के माँ-बाप का पता नहीं था। हारकर फुक्कन के आदमी अड्डे पर किशनू को अकेला छोड़कर भाग गये।

मगन महाराज के यहाँ जब किशनू आया तो उसकी उम्र मुश्किल से सात साल की थी। फुक्कन के गिरोह से गोला-बारूद, काँता-बल्लम, बन्दूक, चाकू-छुरी कुछ नहीं मिला था। मिला था तो किशनू। यह नाम उसका असली था या नकली, किसी को पता नहीं था। किशनू के अन्दर किसी अच्छे खानदान के होने के लक्षण थे। वह किसी बड़े घर का बेटा था, यह मगन महाराज पहली नजर में ही समझ गये। उन्हीं दिनों मगन महाराज के यहाँ बेटे का जन्म हुआ था। उस खुशी में मगन महाराज ने उसे आजाद कर दिया था।

लेकिन किशनू जाये तो जाये कहाँ ? उसका घर तो बड़ी दूर, शहर की किसी बस्ती में बड़े-बड़े पेड़ों से घिरा हुआ था।...उसके बाप का नाम पप्पा और माँ का नाम मम्मा था...उसकी दीदी उसे बड़ा प्यार करती थी और एक छोटा मुन्ना था घर में...मोटर, साइकिल, गेंद न जाने कौन-कौन-से खिलौनों का नाम वह बतलाया करता था। ढेर सारे कपड़े थे उसके घर में और वहाँ बस एक कमीज वह सात दिन से पहने हुए था। गन्दी थी कमीज उसकी। दूध नहीं मिलता था उसे। रोज रात में दूध पीने की आदत थी उसे। बिना दूध पिये नींद नहीं आती थी उसे। फुक्कन खान ने उसे एक दिन भी दूध नहीं दिया था। उसे खेलने को नहीं मिलता था !...उसके दोस्त, मुन्ना, बेबी, पिंकी कभी नहीं आते थे। टेढ़े-मेढ़े, मुच्छड़-मुच्छाड़ियों की संगत में उसे डर लगता था। यह लोग गन्दे थे, उसे डाँटते थे, जबकि उसके घर में उसके पापा, माली काका, भोला काका सभी उसे प्यार करते थे। नन्हे किशनू की भोली-भाली बातों ने मगन महाराज की धर्मपत्नी का मन जीत लिया था। उन्होंने मगन महाराज को आड़े हाथों लिया। खूब कच्ची-पक्की सुनायी थी। मगन महाराज का जी पसीज गया

था। उसने किशनू को ख्यालीराम के हाथों सौंप दिया।

ख्यालीराम बनारसी ठग था। बनारसी ठगों के पुराने खानदान से सम्बन्धित था वह। सैकड़ों साल पुराना था उसका घराना, जिसमें पुश्तैनी तरीके से ठगी का धन्धा होता था। पूरे पूरबी इलाके में ख्यालीराम के परदादा मंगलूराम को कौन नहीं जानता था ! उसके हाथ की सफाई, उसकी चोर-बत्तियाँ, आँख से सुरमा तक निकाल लेता था वह। अंग्रेज वायसराय तक के यहाँ उसका नाम दर्ज था।

मंगलूराम ठग के तीन बेटे हुए थे। यहीं से काम अलग-अलग हो गया था। बड़े बेटे ने ठगी का धन्धा जारी रखा। उससे छोटे ने ठगी का तरीका बदल दिया, पढ़-लिखकर वह कागज की ठगी करने लगा। लेकिन सबसे छोटे लड़के ने, ख्यालीराम सीधा उसी के खानदान से था, तिड़ीबाज का धन्धा शुरू किया। इसमें आमने-सामने की ठगी नहीं होती थी, चीज, जिन्स, सामान को उठाना था, उड़ाना था। यह लोग रुपया-पैसा छूते तक नहीं थे, क्योंकि रुपया-पैसा छूने से आदमी चोर कहलाता था। खानदान की इज्जत का सवाल था, कोई चोर थोड़े ही बनना था किसी को। फिर ख्यालीराम ने अपने पेशे को मान्यता दिलवायी थी, सम्मान दिलवाया था। उससे पहले तिड़ीबाज का पेशा पूरी तरह ठगी से अलग पेशा नहीं बन पाया था। ख्यालीराम पेशेवर तिड़ीबाज था। उसके कोई औलाद नहीं थी। वह बूढ़ा हो चला था। उसे इस बात की बड़ी चिन्ता थी कि मंगलूराम का खानदान तिड़ीबाज के इल्म, तरीके, जुगत—सबकुछ उसके साथ खत्म हो जायेगी। तीन-चार सौ साल का घराना, उसका वजूद, तौर-तरीके सब मिट्टी में मिल जायेंगे। ठगी की बात और थी, चोरी की बात और। लेकिन तिड़ीबाज का काम निराला था। उधर तीन पुश्तों में तिड़ाबाजी का काम उसके घराने में ऐसा फला-फूला था कि दर-ब-दर की ठोकर खानेवाले, सड़क, जंगल, सुनसान रास्तों पर लोगों को लूट-पाटकर, मार-पीटकर कमाई करनेवाले मंगलूराम के खानदानी ख्यालीराम घर बैठकर खाते-पीते थे। थोड़ी बहुत जमीन-जायदाद थी और अमन-चैन भी।

ख्यालीराम ने तिड़ीबाजी के तीन खास असूल बनाये थे, जिसके कारण जहाँ एक तरफ इस पेशे को इज्जत मिली थी, दूसरी तरफ जान-जहान के खतरे भी टल गये थे। पहला असूल था मोहल्ले से दस मील के इलाके में तिड़ीबाजी नहीं करने का। इससे ख्यालीराम को इज्जत मिली थी। वक्त-जरूरत पर दूसरे लोग उससे मदद लेते और उसे मदद देते थे। उसे सभा-सोसायटी में बुलाया जाता था, तीज-त्योहार पर उसका आना था मोहल्ले के लोगों के यहाँ। उससे पहले, तिड़ीबाज भी ठग कहे जाते थे और उन्हें कोई भी घर के अन्दर नहीं घुसने देता था। लोग-बाग अपने बच्चों को भी उन ठगों की छाया से बचाते

थे। ख्यालीराम के बुढ़ापे तक इसके ठीक विपरीत रीति बन चुकी थी। उसके पास शाह-साहूकार अपने लड़कों को कुछ सीखने-सिखाने के लिए भेजते थे, जिससे लड़का बौड़म न रह जाये। ख्यालीराम के यहाँ जो लड़का रह आता था उसे न तो ठग ठग सकते थे, न ही तिड़ीबाज उसके साथ तिड़ीबाजी कर सकते थे।

दूसरा असूल था रुपये-पैसे न छूने का। ख्यालीराम के खानदान में यह असूल पहले से ही चला आ रहा था। लेकिन कोई इसे मानता नहीं था। गाहे-बगाहे उठाईगिरी करते वक्त तिड़ीबाज नकदी भी मार दिया करते। लेकिन ख्यालीराम ने बड़ी सख्ती से अपने यहाँ इस असूल को लागू किया, क्योंकि उसकी राय में बस वही तो एक ऐसी लक्ष्मण-रेखा थी जो तिड़ीबाजों को चोरों, डकैतों, ठगों से अलग करती थी। उसके अपने स्कूल में नकद पैसे उठाना उतना ही बड़ा गुनाह या पाप था जितना बड़ा गौ का मांस खाना।

तीसरा और सबसे अहम असूल जो ख्यालीराम ने बनाया था, वह था किसी को शारीरिक नुकसान न पहुँचाने का। इस विषय में उसका अपना दर्शन था, एक खास नजरिया था। वह कहा करता, हमें क्या हक है जस्ती और जंगी दोनों बनने का ? जस्ती बनना तो पेशा था, लेकिन जंगी बनने से तिड़ीबाज और डकैत में फर्क ही क्या बचेगा ? चीज, जिन्स—कुछ भी उठा लो वापस आ जायेगी, जिसने एक बार बनायी थी, दुबारा कमा लेगा, बना लेगा। लेकिन अगर शरीर पर चोट कर डाली तो समझ लो, ईश्वर पर चोट कर डाली, धर्म बिगाड़ लिया अपना।

इन असूलों के तहत ख्यालीराम का स्कूल फल-फूल रहा था। उसके यहाँ से निकले हुए तिड़ीबाजों की बड़ी माँग थी। छोटे-बड़े गिरोहबाज, धन्धे-पानी वाले, यहाँ तक कि डकैत और पेशेवर अपराधी भी ख्यालीराम के नाम से, उसकी मोहर-भर से तिड़ीबाजों को बड़ी-बड़ी रकम देकर, ठेके पर काम दे दिया करते। ख्यालीराम के अनुसार तिड़ीबाज का मुख्य काम किसी भी चीज को उड़ाना था। वह चीज कुछ भी हो सकती थी। तिड़ीबाजी दस्ती हो सकती थी और बस्ती भी। दस्ती तिड़ीबाजी में इधर-उधर घूम-फिरकर, हाँक-फाँदकर चीजों को उड़ाया जाता, जबकि बस्ती तिड़ीबाजी में एक जगह बैठकर किसी वस्तु विशेष को पका-पकाकर उड़ाया जाता। उड़ानेवाली या जानेवाली चीज कुछ भी हो सकती थी, वह कहीं भी रखी जा सकती थी या पायी जा सकती थी। उसकी शक्ल, उसका नाम कुछ भी हो सकता था।

तिड़ीबाज किशनलाल को ख्यालीराम ने अपने बच्चे की तरह पाला था। ख्यालीराम की अपनी कोई औलाद नहीं थी। उस दिन मगन महाराज के यहाँ से जब नन्हे-से, प्यारे से किशनू को लेकर ख्यालीराम घर आया था, तब उसकी

घरैतिन के जीवन में जैसे इन्कलाब आ गया था। ख्यालीराम की घरैतिन अच्छे दिलोदिमाग की औरत थी। उसे अपने पति ख्यालीराम पर बड़ा भरोसा था। वह ख्यालीराम की बड़ी इज्जत करती थी। मोहल्ले में और दूर-दूर तक ख्यालीराम का नाम इज्जत और प्यार से लिया जाता था, जिसे देख-सुनकर उसकी घरैतिन का जी कुलाँचे भरने लगता था। उसे किसी बात की कमी नहीं थी। वह खुश थी। लेकिन बस उसका मन एक अदद औलाद के लिए तरसता था। वह कमी भी किशनू के आने से पूरी हो गयी थी।

घर आने के कुछ ही दिनों के अन्दर किशनू ख्यालीराम और उसकी घरैतिन की आँख का तारा बन गया था। 'किशनू कहाँ है, किशनू इधर आओ, किशनू ने क्या खाया, किशनू ने क्या पहना, किशनू यहाँ बैठो, यहाँ न बैठो।' किशनू...किशनू...किशनू--जैसे यही एक नाम उन दोनों की जिन्दगी का सहारा बन गया था। किशनू को जरा-सी खाँसी आती तो ख्यालीराम की घरैतिन का कलेजा मुँह को आने लगता, वह परेशान हो जाती। किशनू अगर खेलते हुए कहीं गिर जाता तो ख्यालीराम की घरैतिन को यही लगता कि किसी ने उसे ऊँचे पहाड़ से ढकेल दिया था और वह खुद चोट खा गयी थी। किशनू का नाम उन लोगों के लिए एक इबादत थी, एक पूजा थी, किसी जाप का सूत्र था। ख्यालीराम अपनी घरैतिन से कहा करता, वह किशनू से इतना नेह न बढ़ाये, इतना प्यार न करे। परायी औलाद थी, न जाने कब कौन आकर खड़ा हो जाये ! तब ख्यालीराम की घरैतिन कुछ बोलती तो थी नहीं, लेकिन पागलों की तरह इधर-उधर बरतन, कपड़े उठा-उठाकर फेंकने लगती। वह उदास हो जाती और शाम को जब ख्यालीराम उसके पास आता तो उसके सीने पर अपना चेहरा टिकाकर उससे पूछती, "भला किशनू को कौन छीनकर ले जा सकेगा ?" वह ख्यालीराम से सीधा सवाल करती, 'वह क्या किशनू के बिना जिन्दा रह लेगा ?' और तब ख्यालीराम की बस आँख भर आया करती, क्योंकि उसके पास अपनी घरवाली के सवाल का कोई जवाब नहीं था।

इतना प्यार, इतना लाड़ पाकर किशनू न जाने कब भूल गया था अपने पप्पा को, अपनी मम्मा को, अपनी दीदी को, अपने मुन्ना को, माली काका और भोला काका को। यह सब न जाने कब उसके जहन से टूटकर छिटक गये, बिखर गये, अलग हो गये।

पहली बार ख्यालीराम को किशनू की माँ ने बड़ा बुरा-भला कहा था जब उसने अपने किशनू को तिड़ीबाज स्कूल में बैठाया था। किशनू की माँ तो अपने किशनू को खाकी वर्दी वाला अफसर बनाना चाहती थी। वह चाहती थी, किशनू पढ़े-लिखे, खूब बड़ा आदमी बने। यह तिड़ीबाजी का धन्धा उसे फूटी आँखों नहीं सुहाता था। हर वक्त मन में डर समाया रहता था। जब भी उसका देवता, उसका

पति, उसकी धड़कन, उसकी साँसों का मालिक अपनी तिड़ीबाजी के लिए जाता था तो सारी रात, सारे दिन वह बस दरवाजे पर टकटकी लगाये रहा करती। उस उम्र को तो वह गुजार लायी थी, लेकिन उसका किशनू भी उसी तरफ जायेगा तो वह अपने कलेजे की हूक को झेल पायेगी भला ? और फिर एक दिन जब किशनू की बहू आयेगी घर में तो वह भी क्या उसी की तरह किशनू के इन्तजार में दरवाजे पर टकटकी लगाकर बैठी रहा करेगी ?

उसने ख्यालीराम की बड़ी मिन्नत की, उसके पैरों पर गिर पड़ी, उसे पकड़कर बैठ गयी, खूब समझाया उसे और तब भी जब ख्यालीराम नहीं माना तो चिढ़कर उसने किशनू की ही सौगंध दे डाली उसे। ख्यालीराम के ऊपर जैसे पहाड़ गिर पड़ा था। वह न इधर का रहा और न उधर का। किशनू तो उसका सपना था, उसके तसव्वुर, उसके खयालों का वह खूबसूरत लमहा था, जिसके इन्तजार में वह न जाने कितने-कितने दिनों से तड़प रहा था। फिर मगन महाराज का खौफ अलग था। किशनू को कभी वापस न करने का करार, वह मगन महाराज से ठहरा चुका था, लेकिन किशनू को तिड़ीबाज तो बनना ही था, वह मगन महाराज की अमानत था, यह बात वह किशनू की माँ को भला कैसे समझाता ?

आखिर में ख्यालीराम की एक न चली और किशनू की माँ के कहने से किशनू को उस स्कूल में डालना पड़ा जहाँ मंगलूराम के खानदान की कोई भी औलाद नहीं गयी थी। किशनू का भी पढ़ाई-लिखाई में मन लग गया। वह पढ़ता रहा, पढ़ता रहा। लेकिन ख्यालीराम का मन नहीं माना। उसकी आत्मा, उसके मन की आँखें, न जाने किस सपने को साकार करने के लिए तड़प रही थीं ! वह अपनी जिन्दगी, अपने इल्म और अपनी फितरत का एक नमूना छोड़कर मरना चाहता था। उसने न जाने कितने गुर, न जाने कितनी तदबीरें अभी तक किसी को बतायी ही नहीं थीं। उसे चिन्ता इस बात की थी कि वह सारे रहस्य उसके साथ चिता में भस्म हो जायेंगे।

ख्यालीराम के खून में, उसकी रग-रग में तिड़ीबाजी भरी हुई थी। असल में वह आधुनिक तिड़ीबाजी का प्रणेता था। उसके पास ऐसे जोड़-घटाव के फार्मूले थे, जिन्हें सीखने के बाद ब्रह्मा भी पार नहीं पा सकते थे। वह खुद तो बूढ़ा हो चला था। उसके अन्दर की फुरती, चुस्ती और पैंतरे बदलने की फितरत जैसे थक गयी थी। फिर वह पढ़ा-लिखा नहीं था। पढ़ा-लिखा न होने की वजह से वह बहुत ऊँचे स्तर की तिड़ीबाजी नहीं कर सकता था। लेकिन उसकी कल्पना की उड़ान में जो तिड़ीबाजी का स्तर था, उसमें इतना पैसा था जो सात पुश्तों तक खुद उसके जैसे हजार ख्यालीराम रोजाना तिड़ीबाजी करने पर भी नहीं कमा सकते थे। वह एक बार, सिर्फ एक बार अपनी आँख के सामने अपने

सपने को साकार होता देखना चाहता था। और यह सिर्फ किशनू, उसका किशनू ही कर सकता था। उधर किशनू की माँ ने सौगन्ध दे दी थी। उसका हाथ काँप उठता। वह बार-बार अपनी लरजती हुई उँगलियों को मोड़कर, तोड़कर, बाँधकर, जैसे अपनी तड़पन को अपने अन्दर से निकाल-निकालकर बाहर फेंकता; लेकिन वह तड़पन, वह कसक, भला कहाँ जाती ? वह अन्दर-ही-अन्दर घुलने लगा। जैसे कोई घना-घुप अँधेरा उसकी जिन्दगी में बैठता जा रहा था। किशनू की माँ से ख्यालीराम की यह यातना देखी नहीं गयी, लेकिन वह करती भी तो क्या करती ? एक तरफ उसका अपना सुहाग था, अपने पति, अपने देवता का सपना था; दूसरी तरफ उसके कलेजे का टुकड़ा। वह कैसे किशनू को ढकेल देती उस आग में जिससे वह डरती रही थी, जिसमें वह जलती रही थी ?

तभी एक दिन मगन महाराज, ख्यालीराम की बीमारी की खबर सुनकर उसे देखने आये। तब तक किशनू बड़ा हो चुका था। वह अपनी माँ और अपने बाप के भीतर चल रहे संघर्ष को जान चुका था। वह माँ को भी खुश रखना चाहता था और बाप को भी। मगन महाराज को अलग ले जाकर उसने बात की। मगन महाराज ने फैसला कर दिया। किशनू पढ़ेगा। खूब पढ़ेगा-लिखेगा, लेकिन बाप का धन्धा भी सीखेगा। उसे क्या करना था ? यह फैसला किशनू अपने-आप करेगा, पढ़ाई के बाद। उधर किशनू ने भी अपनी माँ को मना लिया। तब कहीं जाकर किशनू की माँ ने अपनी सौगन्ध उठा ली थी।

उसके बाद ख्यालीराम ने किशनू को अपने साँचे में ढालना शुरू कर दिया। वह तमाम गुरु, जितने भी कमाल उसने अपनी पूरी जिन्दगी होम करके जगाये थे, उसने किशनू को सिखा दिये। किशनू तीन बरस में ही आला दरजे का तिड़ीबाज बन गया। ख्यालीराम के सामने खुद उसका सपना साकार हो गया था। उसे और कुछ नहीं चाहिए था। उसने बस आँखें मूँद लीं। ख्यालीराम के जाते ही किशनू की माँ का मन संसार से उखड़ गया। कुछ ही दिनों बाद वह भी चल बसी। तब तक किशनू, किशनलाल बन चुका था--पढ़ा-लिखा, ज्ञानी, गुणी तिड़ीबाज। ख्यालीराम के ज़माने में ही किशनलाल की शोहरत मगन महाराज के यहाँ पहुँच चुकी थी। एक-आध बार ख्यालीराम ने उसे मगन महाराज के काम पर, बतौर ट्रायल भेजा था। किशनू की फुरती, उसकी लचक, उसकी तेजी किसी स्वचालित और नियन्त्रित मशीन की तरह सबकुछ अपने घेरे में ले लिया करती।

तब तक मगन महाराज का बेटा जगन भी बड़ा हो चुका था। मगन महाराज की मौत के बाद किशनलाल खुद-ब-खुद, अपनी मरजी और शौक के कारण जगन सेठ के साथ लग लिया था। वह पढ़ा-लिखा था, साथ में तिड़ीबाज ! जगन सेठ का हाथ बँटाने के लिए उससे अच्छा आदमी नहीं था।

फिर किशनलाल और जगन सेठ में पटरी खूब सही बैठी थी। दोनों एक ही उम्र के थे। एक-दूसरे की इज्जत करते थे। जगन सेठ ने उसे न सिर्फ अपने तिड़ीबाज गिरोह का सदर बना दिया था, बल्कि किशनलाल पट्ठों और तिलंगों की टुकड़ी का कमाण्डर भी बन गया। जगन सेठ के साम्राज्य में कुछ ही दिनों में किशनलाल नम्बर दो की स्थिति में आ गया था।

जब बरुण हाल्दार के मामले को जगन सेठ ने किशनलाल को सौंपा तो उसे एक तरह की खुशी का अहसास हुआ था। सामान्य रूप से किशनलाल को इस तरह के मामले में हाथ नहीं डालना चाहिए था। लेकिन एक तो मामला बरुण हाल्दार का था; दूसरे, बिना पढ़ा-लिखा तिड़ीबाज, पढ़े-लिखे लोगों के बीच से इतनी संगीन फाइल उड़ा लाये, यह मुमकिन नहीं था। ऊपर से फाइल उड़ानी थी सचिवालय के अन्दर से, शासन-सत्ता-सरकार के इतने अहम तन्त्र के बीचों-बीच से !

किशनलाल सचिवालय के गेट नं. छह पर सिन्धी की दुकान पर बैठा हुआ था। उन दिनों पूरब से दक्खिन जानेवाली सड़क पर गेट नम्बर छह हुआ करता था। गेट से लगी हुई एक राशन की दुकान थी। सस्ते कपड़े, घरेलू कपड़ों की दुकान भी थी एक। राशन की दुकान और सस्ते कपड़े की दुकान के बीच में थी सिन्धी चायवाले की दुकान। कहने को तो वह सिर्फ चाय की दुकान थी, लेकिन वहाँ मिलता सबकुछ था। समोसा, खस्ता, नमकीन, बिस्कुट, छोले-भटूरे, दूध, दही, लस्सी, कोला, लिमका से लेकर लंच टाइम पर पराँठे तक मिलते थे।

बरुण हाल्दार से किशनलाल का सौदा हो चुका था। बरुण हाल्दार ने उसे सचिवालय का पूरा नक्शा समझा दिया था, खासकर मालती शर्मा का कमरा। वहाँ पर रखी हुई अलमारी, नीचे-ऊपर आने-जाने के रास्तों के बारे में बरुण हाल्दार बड़ी देर तक किशनलाल को समझाता रहा था। लेकिन उन बातों को किशनलाल ने कुछ सुना और कुछ नहीं सुना। असल में किशनलाल का काम करने का तरीका ही दूसरा था। वह जब कोई काम हाथ में लेता तो अपने रास्ते, तरीके वगैरह वह खुद तय किया करता। दूसरों की बतायी बातों से, उसे मालूम था, उसका काम नहीं होनेवाला था। वह बरुण हाल्दार के साथ उठना-बैठना भी नहीं चाहता था। तभी तो जब बरुण हाल्दार अपनी मोटर में उसे सचिवालय की सैर कराने के लिए और खास जगह दिखाने के लिए आया तो किशनलाल ने उसे साफ मना कर दिया था। उसने बरुण हाल्दार से यह भी कह दिया था,वह उससे मिलने की कोशिश न करे। अगर उसे कुछ पूछना होगा तो वह खुद आकर पूछ लेगा।

किशनलाल की योजना का पहला अंग था सचिवालय के अन्दर दाखिल होने का। दाखिल होने से उनका मतलब सिर्फ अन्दर जाकर वापस आना नहीं

था। दाखिल होने में शामिल था उसका वहाँ पर बाकायदा दाखिल होना। बाकायदा दाखिल होने के लिए उसे तलाश थी एक अदद ऐसे आदमी की जिसके पास वक्त-जरूरत जा सके और जिसकी हमदर्दी हासिल करके, जिसका दोस्त या रिश्तेदार बनकर वह बिना किसी रुकावट के आ सके, जा सके। उसने तीन दिन के अन्दर सचिवालय के दर्जनों चक्कर लगाये। बाहर-ही-बाहर घूमता-फिरता हुआ किशनलाल करीब-करीब सभी रास्तों को जान गया था। लेकिन अन्दरूनी रास्तों के बारे में तब तक किशनलाल को कुछ पता नहीं था।

इन तीन दिनों के अन्दर उसने अपने कार्यक्रम के लिए गेट नम्बर छह चुना था। इसके कई कारण थे। पहला कारण था कि गेट नम्बर छह सचिवालय के पिछवाड़े था। दूसरा कारण था कि गेट नम्बर छह के अन्दर जाकर दाहिनी तरफ से शुरू होनेवाली इमारतों के अन्दर दाखिल होकर एकाएक एकदम से गहराई तक, कहीं भी जाकर छुपा जा सकता था। सामने लम्बी सड़क तो थी, लेकिन बायीं तरफ सड़क के छोटे टुकड़े के बाद दफ्तर के कमरे शुरू हो जाते थे, जिनके बाद था सचिवालय का वह भूतल जो ऊपर से दिखाई नहीं देता था। उधर दाहिनी तरफ गेट को पार करते ही सड़क खत्म हो जाती थी। जहाँ पर यह दाहिना मोड़ खत्म होता था, बस वहीं अन्दर की तरफ मुड़कर एक कच्चा अहातेनुमा मैदान था। तीसरा कारण था गेट नम्बर छह का सुनसान इलाके में होना। उन दिनों गेट नम्बर छह की चारदीवारी भी अगली चारदीवारी से कुछ कम ऊँची थी। चौथा कारण था गेट नम्बर छह चुनने का वह नौ नम्बरी गराज, जिसमें उन दिनों सचिवालय के फर्राश और गारद के कुछ चौकीदार रहते थे। एक बार, सिर्फ एक बार किशनलाल अन्दर गया था। उसकी कुदरती निगाहों ने सबकुछ तौल लिया था, जोत लिया था। लेकिन तब तक किशनलाल को वह फरिश्ता, वह मेहरबान नहीं मिला था, जिसका वह सचिवालय के अन्दर मेहमान बननेवाला था। वह किसी तरह की जल्दी में नहीं था। समय था उसके पास। आखिरी कारण गेट नम्बर छह चुनने का था उससे लगा हुआ मुख्य पास-ऑफिस। किशनलाल को मालूम था, बेरोक, वक्त-बेवक्त आने-जाने के लिए उसे एक अदद पास चाहिए होगा।

मथुरादास फर्राश सचिवालय का पुराना आदमी था। उसका काम मुख्य रूप से दफ्तर के कमरों को रोज खोलना और बन्द करना था। हालाँकि उसकी बीवी मर चुकी थी, लेकिन वह रंगीनमिजाजी से बाज नहीं आता था। उस समय उसकी उम्र भी खास ज्यादा नहीं थी। मथुरादास की रंगीनमिजाजी सिर्फ बातचीत तक सीमित नहीं रहती, वह कुछ करना चाहता था। लेकिन करने के लिए उसके

पास कुछ था ही नहीं। नौ बजे के करीब दफ्तर के कमरों का ताला खोलकर मेज-कुर्सियों की झाड़पोंछ करता और तब अपने गराज में आकर नहाने-धोने का काम शुरू करता। उसकी बेटी कलावती तब तक खाना बनाकर तैयार रखती। बारह बजे के आस-पास मथुरादास धोती-कुर्ता झाड़कर निकल पड़ता।

उसका पहला अड्डा था गेट नम्बर छह पर सिन्धी का होटल। यहाँ उसकी चाय लड़ती। वैसे एक चाय दिन की और एक चाय शाम की सिन्धी के यहाँ बँधी हुई थी उसकी। चाय के बाद खैनी का फेंटा लगाकर, पलथी मारकर वह सवेरे का अखबार खोलता। वैसे अखबार के नाम से लेकर मुद्रित-प्रकाशित तक का एक-एक लफ्ज वह चाट जाता, लेकिन अखबार के सिनेमा-पेज पर उसका सबसे ज़्यादा समय लगता। मथुरादास को, असल में सिनेमा देखने का बड़ा शौक था। सफेद परदे पर रंगीन, जादू-भरी तस्वीरें, गाने-बजाने से लेकर खून-डकैती, बलात्कार के न जाने कितने किस्से उसे जुबानी याद थे। उसे खासकर वह फिल्में ज्यादा अच्छी लगतीं, जिनमें मर्दाने कपड़े पहनकर लड़कियाँ उछल-फाँद करतीं। मथुरादास का सिनेमा में साथ एक खुफिया रिश्ता था। यह खुफिया रिश्ता बड़े दिन पहले, सचिवालय के आने से पहले, जवान होने से भी पहले जन्मा था, पैदा हुआ था। जब वह छोटा था, यही कोई पन्द्रह साल का, तभी से सिनेमा के पोस्टर देखने के लिए वह सिनेमा-हाल तक चला जाता था।

उसके बाप ने उन्हीं दिनों उसे भेलसाहब के यहाँ घरेलू काम करने के लिए लगा दिया था। सुबह से लेकर वह रात तक काम करता। एक मिनट की भी फुरसत कहाँ मिल पाती थी उसे ? लेकिन रात यही कोई नौ बजे खाना-पीना निपटाकर वह निकलता घूमने-फिरने के लिए। उस वक्त तक बाजार बन्द हो चुके होते, सड़कों पर भीड़ नहीं होती। बस बक्त काटने के लिए वह सिनेमा-हाल पर चला जाता। उस इलाके में थे भी तो न जाने कितने सिनेमा-हाल ! मथुरादास बस खड़ा रहता, घण्टों खड़ा रहता। सिनेमा के पोस्टर के सामने खड़ा होकर रंगीन तस्वीरों को देखता रहता। बन्दूक से उगलती हुई आग, लड़की के फटे हुए कपड़े, चिकने गाल, उठा हुआ सीना, बार-बार उसका मन करता वह छू ले। कई बार वह छू भी लेता। बड़े जोर की झुनझुनी होती उसके अन्दर। कई बार शीशे में अपना चेहरा देखता, उसे लगता कि वह किसी हीरो से कम नहीं है।

काफी दिन उसे पोस्टर देखते हुए हो गये थे जब एक गेटकीपर की नजर उसके ऊपर पड़ी थी। फिर धीरे-धीरे गेटकीपर उसे ताड़ने लगा। मथुरादास जब सिनेमा के पोस्टर देखने में तल्लीन रहता, तब गेटकीपर मथुरादास को देखने में तल्लीन रहता। एक-आध दिन तौल-बाँटकर, गेटकीपर ने जब देख लिया, परख लिया, तब उसने मथुरादास को सचमुच का सिनेमा देखने की दावत दी।

मथुरादास तब तक पोस्टर देखते-देखते ऊब चुका था। उसके अन्दर चलती-फिरती तस्वीरें देखने की बड़ी ललक थी, बड़ी इच्छा थी। सिनेमा के गेटकीपर ने उसकी इच्छा पूरी कर दी।

शो चल रहा था, हाल में अँधेरा हो चुका था, सामने परदे पर ढुसम··· ढुसम···ता धिक-धिन्ना, झनझनाती हुई आवाजें, भागती हुई तस्वीरें, नाचती-गाती हुई अधनंगी लड़कियाँ बार-बार निकल रही थीं। मथुरादास का मन हो रहा था, वह एक छलाँग लगाये और पकड़ ले उस गुण्डे को जो लड़की के कपड़े छीनने में लगा हुआ था। सामने से रेलगाड़ी आ रही थी। दूसरी तरफ से लड़की भागती हुई पटरी पर चली जा रही थी। तीसरी तरफ से गुण्डा उस लड़की का पीछा कर रहा था और उसने देखा, हीरो भी तेजी से दौड़ता हुआ पटरी तक पहुँचने की कोशिश कर रहा है। कभी रेलगाड़ी, कभी लड़की, कभी गुण्डा, कभी हीरो। बारी-बारी से इनकी तस्वीरें आतीं और छुप जातीं। तभी उसने देखा, लड़की का पैर पटरी की कैंची में फँस गया। उधर से धड़धड़ाती हुई रेलगाड़ी करीब, और करीब आ गयी। हीरो भागता हुआ पहुँचने ही वाला था कि गुण्डे ने एक मुक्के से उसे उछाल दिया। रेलगाड़ी और करीब आ गयी। लड़की बेहोश हो गयी। हीरो गुण्डे को मारता रहा। मथुरादास को पता ही नहीं लगा, कब वह गेटकीपर की गोद में चला गया था। उस दिन मथुरादास जो गेटकीपर की गोद में गया तो फिर करीब-करीब रोजाना का दस्तूर बन गया। सिनेमा-हाल में अँधेरा हो जाता और मथुरादास गेटकीपर की गोद में चला जाता। न जाने कितने सिनेमा देखे थे उसने इस तरह। न जाने कितनी बार, कितने गेटकीपर और उनके दोस्तों की गोद में वह बैठा था।

काफी वक्त गुजर गया। मथुरादास बड़ा हो गया। घर का काम छुड़ाकर उसके बाप ने उसको सचिवालय में लगा दिया। उसकी शादी हो गयी। फिर धीरे-से सचिवालय में उसे गराज मिल गया। लेकिन उसकी बीवी एक बच्ची को जन्म देकर मर गयी। मथुरादास की बीवी को मरे हुए पन्द्रह साल से ऊपर का वक्त निकल चुका था। उसकी लड़की कलावती बड़ी हो चुकी थी। वह खुद चालीस के करीब पहुँचनेवाला था। लम्बी काठी, दोहरा बदन, माथे के अन्दर घुसी हुई आँखें, सपाट चेहरा, गलमुच्छों से भरा हुआ। लेकिन तब भी मथुरादास की सिनेमा की लत नहीं छूटी थी। बीवी के मरने के बाद से ही उसने अपनी गोद में लड़कों को बैठाना शुरू कर दिया था। वह तो वही कर रहा था जो खुद उसके साथ हुआ था। सिनेमा का रोमांच उसकी रग-रग में बसा हुआ था। सिनेमा की बातें उसके दिमाग में घूमती रहतीं।

इधर कुछ दिनों से मथुरादास सिनेमा के एक खास चाकलेटी हीरो मोहनकुमार के पीछे पड़ा हुआ था। मथुरादास को मुगालता हो गया था कि उस

सिनेमा के हीरो मोहनकुमार की शक्ल खुद उससे मिलती थी। कुछ उसके जैसा लगने के लिए उसने पुराने कपड़ों के बाजार से एक पतलून और कमीज भी खरीदी थी, जिसे रात के अँधरे में पहनकर वह चहलकदमी किया करता। उसने मोहनकुमार की कई फिल्में देखी थीं, जिनमें वह अच्छे मकसद के लिए बुरा काम किया करता। जहाँ एक तरफ उसका मन करता कि वह मोहनकुमार को परदे पर से उतारकर अपनी गोद में बैठा ले, वहीं दूसरी तरफ वह खुद मोहनकुमार की तरह सिलसिलेवार, अच्छे मकसद के लिए बुरा काम करना चाहता था।

इतने दिनों में वह यह समझ गया था कि वह न तो मोहनकुमार को अपनी गोद में बैठा सकेगा और न ही खुद मोहनकुमार बन सकेगा। लेकिन उसे डाकू बनने से कौन रोक सकता था ? उसे मालूम था, झगड़ू की बीवी टी. बी. से मर रही थी, इलाज के पैसे नहीं थे। उसे मालूम था कि बंशी की बेटी भाग जायेगी, क्योंकि बंशी दहेज के लिए पैसे नहीं जुटा पाता था। उसे जानकारी थी कि भोलानाथ के ऊपर चढ़ा हुआ पहाड़-सा कर्जा था। वह जानता था कि भोला की बीवी किसी दिन धन्धा शुरू कर देगी, और कैण्टीनवाला वह छोकरा, सिन्धी चायवाले से सड़ाक-सड़ाक मार खाता हुआ वह नेपाली छोकरा, कितना हसीन था, लेकिन कितना गरीब। उसने सिनेमा में मोहनकुमार को पैसा-रुपया बाँटते हुए देखा था। वह भी यही करना चाहता था। बस थोड़ा-बहुत, थोड़ा-सा रुपया अपनी कलावती की शादी के लिए रखकर, वह सारा रुपया झगड़ू, बंशी, दर्शनसिंह, भोला में...और उस नेपाली छोकरे के बाँट देगा। फिर उसे खयाल आता, उतना पैसा हो जाने के बाद नेपाली छोकरा कैण्टीनवाले के यहाँ थोड़े रहेगा ?

मथुरादास को पता नहीं था, डाका कैसे डाला जाता है ? वह यह भी नहीं जानता था कि डाका डालने के हथियार कैसे हासिल किये जाते हैं। उसके पास तो चाबियों का गुच्छा था और एक अदद हँसली। उसे यह भी समझ में नहीं आ रहा था, डाका कहाँ डाला जाये ? कभी-कभी वह सोचता, अगर वह किसी बैंक का फर्राश होता और उसके पास चाबी का गुच्छा, बैंक की चाबियों का गुच्छा होता तो क्या होता ? यह सोचकर उसके अन्दर रोमांच पैदा होने लगता। एक अजीब तरह की गुदगुदी उसकी रग-रग को छेड़ने लगती। सचिवालय के सन्नाटे में, काली अँधेरी रात में, उसका हाथ किसी अनदेखी पिस्तौल पर कस जाता और तब उस पिस्तौल की हथेली-उँगलियों में शक्ल बनाकर वह चारों तरफ फायर किया करता। उछलकर किसी दीवार की आड़ ले लेता तो कभी दौड़कर लम्बी गैलरी पार कर लेता, कभी झाड़ियों में छुप जाता तो कभी पेड़ पर चढ़कर बैठता। उसे अपने चारों तरफ, बूटी के प्रभाव में, गोलियों के चलने की आवाज सुनाई देती और उसे लगता, वह मोहनकुमार की

तरह एक घोड़े पर बैठकर अकेला पचास-साठ आदमियों को मारकर साफ निकल जायेगा। टप टप टप खड़ खड़ खड़ ठक ठक ठक सायँ सायँ धायँ धायँ उसके अन्दर से निकलता और सारे माहौल पर छा जाता। उस समय मथुरादास ऐसे अहसास की गिरफ्त में होता जो बार-बार उसके अन्दर उछाल मारता, उसके खून का दौरा बढ़ा देता।

उस दिन मथुरादास सिन्धी चाय की दुकान पर रोजाना की तरह बारह बजे के करीब गया था। नेपाली लड़का उस वक्त फटाफट चाय के गिलास और समोसे की प्लेट उछाल रहा था। मथुरादास ने बड़ी कोशिश की कि नेपाली लड़का उससे कुछ बात करे, लेकिन सिन्धी के घूरकर देखने से वह सहम जाता था। अखबार के आखिरी पन्ने पर मुद्रित और प्रकाशित तक मथुरादास पहुँच चुका था। उससे बस उस खड़डूस सम्पादक का नाम-भर पढ़ने को बच रहा था, जब उसकी नजर किशनलाल पर पड़ी। बायें हाथ से चाय का गिलास फिसलने लगा। उसे लगा, वह सिन्धी की दुकान पर नहीं, सिनेमा-हाल में बैठा हुआ था। बड़े जोरों का धमाका हुआ। चिचिआती हुई गिटगिटान-सी सिहरन उसके कलेजे में फूटकर बिखर गयी।

तभी किसी डमपलाट ट्रक का डबल हॉर्न बजा और दाहिने हाथ से छूटकर अखबार के पन्ने फड़फड़ाने लगे। मथुरादास की कँपकँपी रुक गयी। उँगलियों की पोर से छूटकर गिलास मेज पर गिर पड़ा। मथुरादास ने किशनलाल में मोहनकुमार को देख लिया था। वैसा ही नमकीन छोकरा, तीखे नक्श-नैन, उमड़ती हुई जवानी, चिकने गाल, फिसलती हुई नजर !

किशनलाल पहली नजर में मथुरादास को देखते ही समझ गया था कि उसकी तलाश खत्म हो गयी है। उसे मालूम था, मथुरादास ही वह आदमी था जिसकी तलाश में वह कई दिनों से भटक रहा था। तब तक बाबुओं की सवेरे की चाय का वक्त निकल चुका था और वह लोग सचिवालय में धँसने लगे थे। साढ़े बारह और एक के बीच वैसे भी सिन्धी चायवाले की दुकान में सन्नाटा होने लगता। उसने मथुरादास के अन्दर होनेवाली प्रतिकियाओं को कनखियों से देख लिया था, परख लिया था। फिर भी वह बात शुरू होने का सिलसिला ढूँढ़ रहा था। किशनलाल को ज्यादा देर इन्तजार नहीं करना पड़ा।

"क्यों भाई, इधर पहली बार आये हैं ?" मथुरादास किशनलाल के पास से निकलते-निकलते रुक गया था।

"आइए, बैठिये न !" किशनलाल ने दाना फेंका।

"अब यहाँ बैठने का टैम है मैं तो पिक्चर जा रहा था...।"

"चले जाइएगा बैठिए तो जरा !"

"हाँ-हाँ ठीक कहते हो एक चाय और हो जाये। दो चाय कड़क मलाई

डालके", मथुरादास ने मुड़कर आवाज लगायी।

"आप यहीं रहते हैं न ?"

"मैं···मुझे नहीं जानते आप···? मेरा नाम मथुरादास है। मैं सचिवालय में फर्राश हूँ···यहीं मेरा क्वार्टर है, अन्दर पीछे की तरफ," हाथ उठाते हुए मथुरादास ने इशारा किया, "चलिएगा ना हमारे यहाँ कभी।"

"क्यों नहीं···जब बोलेंगे आप।"

"आपका नाम ?"

"मेरा नाम···मुरली···मुरली है मेरा नाम।"

"इधर कैसे आये हैं ?" मथुरादास तौल रहा था।

"नौकरी की तलाश में···बड़ी दूर से आया हूँ···हमारे कस्बे के नितायी बाबू हैं न, उन्होंने बुलाया था।"

"क्या कहा, नितायी बाबू ने?"

"मिले ही कहाँ नितायी बाबू ?"

"मिल जायेंगे···मिल ही जायेंगे···बताइयेगा तो मिल ही जायेंगे···आइए, यहाँ से उठते हैं लंच टैम होनेवाला है···सिन्धी झाड़ू मारेगा। चलिए ना, बाहर चलते हैं।"

## पाँच

शहर के पूर्वी कोने से समानान्तर दक्षिणी सिरे तक सचिवालय करीब एक किलोमीटर के दायरे में था। इसमें बेसमेण्ट, भूतल, पहली मंजिल मिला कर करीब दो सौ कमरे दो गलियारों में बराबर बँटे हुए थे। एक बड़ा मीटिंग हाल, एक विशिष्ट सभाओं का कमरा, एक कमेटी रूम, एक कैबिनेट रूम था। विधान-भवन मार्ग की चौड़ी सड़क के किनारे के एक विशाल पार्क से लगे हुए घंटाघर के बाद सचिवालय की इमारत शुरू होती थी। अंग्रेजों के जमाने में, 1922 के आस-पास, मार्टीमेर ने फोर्ड ऐंड मैकडोनेल्डस कम्पनी के लिए विलायत में इसका नक्शा बनवाया था। घोड़ागाड़ी, बैलगाड़ी, टट्टू, खच्चरों का कारवाँ न जाने कितने वर्ष तक चौकोर सफेद पत्थर ढोता रहा था। सुरखी, कलई, महीन मारंग, उड़द की दाल, शीरा, बेल, कंकड़वाले चूने को संदली पानी के घोल में मिलाकर पलस्तर बनाया जाता था। तीर-कमान शक्ल की यह इमारत देश की भव्य इमारतों में से एक हुआ करती थी। चौरस उठे हुए हाथों की लम्बाई सरीखी और सपाट सीने की गहराई लिए हुए इस इमारत का गोल गुम्बद पाँच हजार

टन से ऊपर के वजन का था। सिर्फ एक गोले के ऊपर बैठा हुआ शेर जिसे 1952 के आस-पास हटाकर अजायबघर में रख दिया गया था, 28 टन से ऊपर के वजन का था। सामने से देखकर यही लगता था, जैसे कोई पहाड़ उलटा टाँग दिया गया हो और उसकी ऊबड़-खाबड़ चट्टानों को समतल बनाकर कंगूरे और मीनारें उसमें सजाकर गुम्बद जड़ दिया गया हो।

सामने से सचिवालय मछली की तरह का दिखता था। बायीं तरफ के फाटक से सचिवालय मार्ग को छूती हुई चढ़ान की तरह पतली सड़क दाहिने फाटक की चढ़ाई से आनेवाली सड़क में मिल जाती थी। जहाँ यह दोनों सड़कें मिलती थीं, एक नम्बर और दो नम्बर फाटकों के बीच निहायत खूबसूरत बगीचा था, जिसमें राजघाट की हरी घास का गलीचा और तरह-तरह के रंगीन खुशबूदार फलों-फूलों के पेड़-पौधों की कतारें थीं। सचिवालय मार्ग के पहले चौराहे से बायीं तरफ की सड़क पर दो फाटक, पूर्वी किनारे पर दो और पश्चिमी किनारे पर एक फाटक था। बाकी चार फाटक मुख्य सचिवालय मार्ग पर थे, जिनमें से एक फाटक हमेशा बन्द रहा करता था। दसवाँ फाटक उन दिनों पूर्वी किनारे को पश्चिमी छोर से जोड़नेवाली सड़क पर हुआ करता था। सचिवालय मार्ग पर पहला फाटक मुख्य रूप से अन्दर जाने के लिए, तीसरा और चौथा फाटक बाहर आने के लिए था। पहले चौराहे से बायीं तरफ मुड़नेवाली सड़क पर पाँचवाँ फाटक अन्दर जाने के लिए और छठा बाहर आने के लिए था। पूर्वी सड़क पर सातवाँ फाटक अन्दर जाने के लिए भी था और बाहर आने के लिए भी। आठवाँ फाटक सिर्फ बड़े अफसरों के लिए सुरक्षित था। पश्चिमी किनारे पर नौवें फाटक से अन्दर जाया जाता था और बाहर निकला भी जाता था। जो लोग आठवें फाटक से अन्दर जाते थे, वह लोग भी नवें फाटक से ही बाहर निकला करते थे। यह फाटकों का घेरा देखकर ऐसा लगता था जैसे ऊँचे गुम्बद की गोलाई बीच के हिस्सों को छोड़कर, नीचे की तरफ से एक बार उठाकर दबा दी गयी थी। सामने के तीन फाटक छोड़कर, प्रत्येक फाटक के अन्दर की तरफ सड़कों का जाल बिछा हुआ था।

सातवें फाटक से सीधे अन्दर की तरफ जाने पर एक लम्बा समतल घास का मैदान था, जिसके बीचोंबीच इमारत के अन्दर जाने के लिए, पतली-पतली पगडंडियाँ थीं। इसी सड़क के पश्चिम की तरफ चौथे फाटक से काफी पहले तीन तालाबनुमा टैंक थे, जिनमें से एक की तलहटी में चोर दरवाजे का रास्ता था। इन तालाबों से जरा हटकर चौथे और छठे फाटक के बीच में मोटरखाने थे। वैसे कुछ मोटरखाने पूर्वी किनारे पर, गेट नं. नौ और दस के बीच में भी थे। लेकिन बाहर जाने का रास्ता सिर्फ गेट नं. नौ से था। सब मिलाकर उन दिनों सचिवालय में तीन लिफ्ट और पाँच जीने हुआ करते थे। पहली लिफ्ट

और पहला जीना मुख्य पोर्टिको से अन्दर जाने पर बेसमेण्ट की तरफ पड़ता था। दूसरी लिफ्ट सचिवालय के बीच में, लेकिन दक्षिणी किनारे पर हुआ करती थी, जहाँ से एक पत्थर की चक्रदार सीढ़ी थी जो ऊपर तक चली जाती थी। तीसरी लिफ्ट एकदम पूर्वी किनारे पर थी, लेकिन उस तरफ सीधे-सीधे दो जीने थे। सचिवालय के अन्दर अगर सड़कों का जाल छोड़ दिया जाये तो बेसमेण्ट को सचिवालय के भूतल से अलग करने के लिए कई दरवाजे थे जिन्हें बन्द किया जा सकता था।

सचिवालय के मुख्य द्वार से पोर्टिको तक का इलाका पार करके अन्दर दाखिल होने पर बेसमेण्ट शुरू होता था और वहाँ से ऊपर की तरफ जीने चढ़कर पहुँचने पर भूतल शुरू होता था। नीचे का हिस्सा गहरा था और भूतल से ऊपर की तरफ गोलाई फैली हुई थी। सचिवालय मार्ग से करीब-करीब तीस फुट की ऊँचाई पर पोर्टिको था और उससे करीब चालीस फुट की ऊँचाई पर मुख्य सचिवालय था। बेसमेण्ट में पुलिस, कारागार, सामान्य विभाग, मुख्यमंत्री कार्यालय, प्रोटोकोल अनुभाग, टेलीफोन एक्सचेंज, टेलीप्रिण्टर, रिकार्ड रूम, पी. ए. कक्ष, न्याय विभाग, इरलाचेक, शिक्षा विभाग, कार्मिक, आबकारी, स्पोर्ट्स, सामान्य प्रशासन, मनोरंजन कर, स्टेशनरी, भण्डारगृह, वातानुकूलन प्लाण्ट, केयर-टेकर स्टोर, पर्यटन अनुभाग, वित्त, पेंशन और राजस्व के कुछ अनुभाग थे, जबकि सचिवालय के भूतल पर मुख्य-सचिव, नियुक्ति-सचिव, सचिवालय प्रशासन सचिव, गृह-सचिव, कानून-सचिव के साथ करीब 25 मंत्रियों के कमरे और गोपन, गृह, पुलिस, नियुक्ति और सचिवालय प्रशासन के अनुभाग थे। यहीं पर सचिवालय का पुस्तकालय और नियंत्रण-कक्ष भी था। पहली मंजिल पर मुख्यमंत्री के कमरों के साथ विधानसभा, विधान परिषद और तीन मंत्रियों के लिए कमरे थे।

मुख्य सचिवालय के उत्तर में बेसमेण्ट में गृह-विभाग, निकासी अनुभाग और परिवहन के अनुभाग थे जबकि भूतल पर संसद सदस्यों के कक्ष के साथ पुलिस और गृह अनुभाग थे; विधानसभा पहली मंजिल पर मुख्य सचिवालय के दक्षिण में, बीच का मैदान, पुराने प्रधानमंत्री निवास, मजार और गूलर के पेड़ से लगा हुआ साउथ एक्सटेंशन था, जिसके बेसमेण्ट में बैंक था और प्रथम तल पर विधान सभा की लाइब्रेरी थी। सचिवालय भवन के पोर्टिको के पीछे की और, भूतल और प्रथम तल पर, आठ-दस कमरे थे, जिनमें मंत्री और अफसरों के बैठने के प्रबन्ध के साथ सभा-कक्ष भी थे।

उन दिनों सचिवालय की सुरक्षा के लिए सिर्फ आने और जानेवाले फाटक पर पुलिस के सिपाही रहते। फाटकों के बीच के हिस्से में सात फुट की दीवार हुआ करती थी, जिसके ऊपर काँच के टुकड़े जड़े हुए थे। नौवें फाटक के ऊपर

औसत रूप से तीन-चार सिपाही गार्ड मौजूद रहते। कुल मिलाकर इनकी तादाद पचास से अधिक नहीं थी। किसी भी समय पर पूरे सचिवालय में तीस सिपाही नौ फाटकों के ऊपर आने-जानेवालों पर नजर रखते थे। लेकिन एक बार किसी भी फाटक से अन्दर पहुँच जाने के बाद कोई भी पूरे सचिवालय में इधर-उधर तक बिना रोक-टोक के जा सकता था। अन्दर जानेवाले छह फाटकों पर सामान्य रूप से चार सिपाही गार्ड प्रत्येक फाटक पर और बाहर जानेवाले प्रत्येक चार फाटक पर दो गार्ड मौजूद रहा करते थे। बाहरी आदमियों के लिए, असल में अन्दर जाने के लिए सिर्फ पाँच फाटक थे, जिनमें से सिर्फ तीन पर पास बनाने की सुविधा हुआ करती थी। सचिवालय का मुख्य पास-ऑफिस उन दिनों गेट नं. 6 पर हुआ करता था। इसी पास-ऑफिस में लक्ष्मीसागर का तबादला हुआ था। सचिवालय में जाने के लिए तीन प्रकार के पास बनाये जाते थे—स्थायी, अस्थायी और प्रतिदिनवाले।

सचिवालय के गेट नं. छह पर स्थित मुख्य पास-ऑफिस में उन दिनों लक्ष्मीसागर काम करता था। सुबह साढ़े दस का समय होगा, जब लक्ष्मीसागर हाँफता हुआ पास-ऑफिस में पहुँचा। चार काउण्टर थे, जिन पर ढेंगा मुण्डू, बासू और बत्रा बैठे हुए पास काट रहे थे। पीछे दो मेजें थीं जिनमें से एक पर मीनू तलवार और दूसरे पर निर्मल खत्री रजिस्टर उलट-पलट कर रहा था। दाहिनी तरफ एक छोटा-सा केबिन पास-ऑफिसर के लिए था। लेकिन वह वहाँ थे नहीं। बायीं तरफ, अन्दर की ओर जाने-आने के लिए छोटा दरवाजा था।

लक्ष्मीसागर ने अभी अपने टिफिन का झोला दरवाजे से लगी हुई तिपाई पर रखा ही था, दबी हुई कनखी से मीनू तलवार ने निर्मल खत्री की तरफ देखा। निर्मल खत्री होशियार किस्म का आदमी था। उसने मीनू तलवार को प्रभावित करने के लिए खँखार दिया। न जाने क्या था निर्मल खत्री की खँखार में, ढेंगा मुण्डू और बासू पीछे की तरफ देखने लगे। लेकिन बत्रा को पीछे मुड़कर देखने की जरूरत नहीं पड़ी। वह सिर नीचे करके मुस्कराने लगा। बाहर भीड़ कुछ ज्यादा नहीं थी। कोई दस-बारह आदमी रहे होंगे। लक्ष्मीसागर कुछ समझा, कुछ नहीं समझा, वह मीनू तलवार की कुर्सी से थोड़ा हटकर, पंखे के नीचे खड़े होकर पसीना सुखाने लगा।

"वह दिन हवा हुए जब···।" निर्मल खत्री ने शुरू किया।

"जब···?" मुण्डू पूछ रहा था।

"जब पसीना गुलाब था," कहकर बासू खी-खी करने लगा।

"और अब···?" निर्मल खत्री ने कहा, "कोई बूझे तो जानूँ।"

मीनू तलवार ही-ही करने लगी।

बत्रा, जो अभी तक खामोश था, पास काटकर कुर्सी से उतर आया, और

बोल उठा, ''इत्र भी छिड़को तो पसीना नहीं आता।''

''चुप बे !'' ढेंगा ने ललकारा।

''कबाब में हड्डी।'' बासू ने नारा दिया।

''कौन ?'' लक्ष्मीसागर ने डुबकी लगायी।

''यही साला बत्रा, और कौन !'' बासू समझा रहा था।

''कौन मैं···मैं तो मजाक कर रहा था।''

''तो बता फिर।''

''क्या ?''

''वही, इत्र छिड़कने पर क्या होता है ?''

''मैं बताऊँ ?'' ढेंगा उतरकर लक्ष्मीसागर के पास आ गया था।

''तू बतायेगा···अच्छा चल, तू ही बता···पास काट दिये हैं न ?''

निर्मल खत्री के फिकरे पर सब हँस दिये।

''हाँ···हाँ। कहो तो तेरा भी पास काट दूँ।''

''नहीं, मेरा नहीं···इसका,'' निर्मल खत्री लक्ष्मीसागर की तरफ इशारा कर रहा था।

''तुम सब लक्ष्मीसागर को क्यों बोर करते हो ?'' बासू हँस रहा था।

''तेरी जोरू का भाई है क्या ?'' बत्रा ने कहा।

''नहीं तो क्या तेरी जोरू का है ?''

''अब इत्र भी छिड़को तो पसीने की बू आती है।'' खत्री ने मिसरा पूरा किया और तरन्नुम में गुनगुनाने लगा।

''शट अप !'' लक्ष्मीसागर मीनू तलवार की तरफ देखने लगा।

''अच्छा छोड़ो यार···यह बोलो, कल की रात कैसी रही···? कब सोकर उठे, नाश्ते में क्या खाया और तुम्हारी 'वो' दरवाजे तक आयी या तुम्हें पीछे के दरवाजे से···जमादारिनवाले···!'' बत्रा बमक रहा था। 'हा आ हा आ हा आ ही ई ही ही ई खी ई खिख, खी···' सब-के-सब हँसने लगे !

उधर करीब-करीब सभी पासवाले निबट गये थे। कुछ लोगों को बैरंग किया, कुछ से कहा, 'बाद में आइएगा', और कुछ के पास जल्दी-जल्दी काटकर दे दिये।

मीनू तलवार ने अपना दुपट्टा दाहिने हाथ की उँगली में लपेटा और गर्दन टेढ़ी करके मुस्कराते हुए लक्ष्मीसागर से, बगल में पड़ी हुई कुर्सी पर बैठ जाने का इशारा किया।

लक्ष्मीसागर कुर्सी पर बैठ गया और खत्री के पास रखा हुआ प्लास्टिक का जग उठाकर पानी पीने लगा।

''यार हमें तो लगता है, हम कुँआरे ही मरेंगे,'' बत्रा कह रहा था।

“क्यों ?” खत्री ने पूछा।

“अब तुम्हीं देखो न यार, इस बार तीन लड़कियाँ देखीं…!”

“और तीनों ने रिझेक्ट कर दिया न ? हा आ हा अ आ !” ढेंगा ताली बजा रहा था।

“तुम्हें अँग्रेजी कभी नहीं आयेगी ढेंगा के बाप। रिजेक्ट !”

“चल…चल…। अच्छा बता तो चौथी कब देखेगा ?” खत्री ने सवाल दागा।

“न जाने कब ?” नकली उदासी में बत्रा खिड़की के बाहर देखने लगा।

फिर न जाने क्या देखकर एकदम ने उछला और अपनी कुर्सी पर बैठकर पास काटने लगा।

“इसको देखो…इस जोकर को देखो…!” लक्ष्मीसागर हँस रहा था।

“हँस लो, बेट्टा…हँस लो…बस यही दो-तीन सेकेंड और हँस लो।” बत्रा चुनौती देते वक्त अपनी बाँहें लपेटने लगा था।

“क्यों भई ?” मुण्डू ने बैठे-बैठे पूछा।

“बाप आ गया, बाप !”

“आ गया…आ गया…आ गया…बागड़बिल्ला…,” ढेंगा ने सीट पर पहुँचते ही समझ लिया था कि पास-ऑफिसर भरत मल्होत्रा अन्दर पहुँच चुका है।

भरत मल्होत्रा अभी-अभी प्रमोट हुआ था। उसे सब लोग बाप, बागड़बिल्ला, नया मुसलमान कहा करते थे, क्योंकि उसने आते ही सबको कसना शुरू कर दिया था। लक्ष्मीसागर से यह लोग कुछ चिढ़ते थे। वह असल में भरत मल्होत्रा को कभी-कभार 'सर' कह देता था। भरत मल्होत्रा चुपचाप आया और अपने केबिन में चला गया।

“लक्ष्मीसागर जी !” अन्दर से मल्होत्रा ने आवाज दी।

“आया,” कहते हुए लक्ष्मीसागर केबिन के अन्दर चला गया।

“साले ने सर नहीं कहा,” खत्री ने धीमे से जड़ दी।

“आइए, बैठिए।” मल्होत्रा ने कुर्सी की तरफ इशारा किया।

“जी !”

“यह लक्ष्मीसागर जी, आपने कितने स्थायी और कितने अस्थायी पास बनाये थे ?”

“पाँच सौ अस्थायी और सौ स्थायी।”

“सभी की रसीदें हैं न ?”

“हैं जी।”

“गलत।”

“क्या ?”

"जी हाँ, सबकी रसीदें नहीं हैं।"

"कैसे ?"

"सूचना विभाग से शिकायत आयी है, वहाँ इक्कीस पास लिखकर गये थे, लेकिन मिले उनको बीस।"

"अस्थायी ?"

"जी हाँ।"

"नहीं हो सकता, सर !"

"क्यों ?"

"मैंने खुद इक्कीस पास गिनकर नाम की लिस्ट में लपेटकर लिफाफे के अन्दर बन्द किये थे।"

"तो इक्कीसवाँ पास कहाँ गया ?"

"मुझे नहीं मालूम ?"

"मालूम करना होगा, लक्ष्मीसागर जी !…राष्ट्रपति शासन है न। के. डी. साब बड़े सख्त आदमी हैं। अँग्रेजों के साथ काम किया है। एक-एक की खाल उधेड़ देंगे।"

"मतलब ?"

"उस इक्कीसवें पास को लेकर अगर कोई सचिवालय में घुस आया, तो ?" मल्होत्रा ने ललकारा, "घुस आया तो…घुस आया तो ?"

लक्ष्मीसागर के मामले की गम्भीरता का अहसास हो चुका था।

भरत मल्होत्रा की नयी तरक्की हुई थी, इसलिए वह सब काम नियमानुसार करता था। वह लोअर डिवीजन क्लर्क की हैसियत से सचिवालय में भर्ती हुआ था। तब से अपर डिवीजन क्लर्क, सुपरिन्टेण्डेण्ट, सैक्शन ऑफिसर और फिर अंडर-सिकरेटरी बनने तक उसने लगन और ईमानदारी से काम किया था। कई तूफान आये उसकी जिन्दगी में, कई बार वह गिरते कुचलते हुए बचा। लेकिन हर बार, बस कहीं-न-कहीं से कोई-न-कोई रास्ता निकल आता। एक-से-एक झंझटी अनुभागों में उसने काम किया था। कोटा, परमिट, गेहूँ, अनाज, राशन, बन्दूक और गोलियों तक के घपलों को वह झेल आया था।

अपने जमाने में वह खुद एक शोहदे किस्म का बाबू हुआ करता था। लेकिन वक्त की जिम्मेदारियों ने उसे काफी हद तक शरीफ बना दिया था। इतने दिनों बाद शराफत का लबादा उसने ओढ़ जरूर लिया था, लेकिन उसके अन्दर-ही-अन्दर बार-बार वही पुराना लफंगापन लगातार उभरने की कोशिश करता। फिर भी इन दिनों वह खामोशी, लगन और एहतियात से काम कर रहा था। इसके कई कारण थे। एक तो उसकी नयी तरक्की हुई थी; दूसरे, उसे कन्फर्म होना था; तीसरे, शादी के पन्द्रह साल के बाद उसकी बीवी गर्भवती हुई

थी और चौथे, सचिवालय प्रशासन के उप-सचिव विनयराय से उसका झगड़ा चल रहा था। विनयराय असल में पास-ऑफिस और रिसेप्शन का इंचार्ज किसी और को बनाना चाहता था, लेकिन सचिवालय प्रशासन के सचिव ने भरत मल्होत्रा के पीछे अपना वजन डाल दिया था। असल में कन्फर्म होने तक वह क़िसी लफड़े में नहीं पड़ना चाहता था।

''मुझे संकटाप्रसाद से मिलना है।'' यह शब्द शांति ने भरत मल्होत्रा के सामने कुर्सी पर बैठते हुए उस समय कहे, जब वह इक्कीस नम्बर के पास के बारे में सोच रहा था। उसे लग रहा था, हजार कोशिश करने पर भी वह किसी-न-किसी लफड़े में फँसेगा जरूर। पहले का जमाना होता, छुट्टा साँड़ की तरह बाबू बनकर घूमता होता तो वह सब-कुछ झेल ले जाता, लेकिन अफसरी में बस यही खराबी थी। घुट्टी मारे बाबू और घुटने टूटे अपने !

मेज पर रखी हुई फाइल और रजिस्टर से नजर उठाकर भरत मल्होत्रा ने शांति की तरफ देखा। उसके सामने सफेद धोती में लिपटी हुई, माथे पर पल्लू लपेटे हुए सन जैसे सफेद बालों, झुर्रियोंवाले चेहरे पर सफेद फ्रेम का पतला चश्मा लगाये हुए एक औरत बैठी हुई थी। पहली बार उस औरत को देखकर भरत मल्होत्रा को एक अजीब तरह का झटका लगा। जैसे उसका हाथ किसी सुलगते हुए अंगार से छू गया हो। न जाने क्यों उसका मन हुआ कि वह उठकर खड़ा हो जाये। एक अजीब-सी शालीनता थी उसके चेहरे पर !

''जी, क्या कहा आपने ?'' मल्होत्रा ने पूछा।

''मुझे संकटाप्रसाद से मिलना है।''

''एडवाइजर साब से ?''

''जी हाँ।''

''क्या काम है, यह तो पूछना नहीं चाहिए, लेकिन···।''

''कोई दफ्तर का काम नहीं है मुझे।'' शान्ति ने धीरे से कहा।

''तब आप घर पर क्यों नहीं मिलतीं ?''

''गयी थी वहाँ मैं···मुझे कोई पहचानता नहीं है।''

''यहाँ कोई जानता है आपको ?''

''नहीं।''

''फिर तो घर पर ही मिलना चाहिए आपको।''

''एक तो घर पर वह रहते नहीं है···बड़ी दूर से आना पड़ता है मुझे··· आज सात दिन हो गये हैं चक्कर काटते हुए।''

''सात दिन !''

''हाँ, सात दिन। पिछले तीन दिनों से तो मैं यहीं धक्के खा रही हूँ। बिना पास के कोई अन्दर नहीं जाने पाता और पास बनाकर कोई देता नहीं।''

"देखिये, मैं कोशिश करता हूँ···क्या नाम बताया आपने ?"

"नाम तो मैंने बताया नहीं था। मेरा नाम शान्ति है।"

"शान्ति···?"

"जी हाँ, बस शान्ति।"

भरत मल्होत्रा ने संकटाप्रसाद के कैम्प में फोन मिलाया। एक-दो बार तो लाइन नहीं मिली। फिर फोन हेल्ड-अप हो गया। कुछ देर बाद फोन छूट गया तो नम्बर इंगेज आ रहा था।

"मैं ट्राइ कर रहा हूँ।···पानी पीयेंगी आप ?"

"ले लूँगी।"

मल्होत्रा ने घंटी बजायी। कुन्दन चपरासी अन्दर आकर शान्ति को घूरने लगा। तभी मल्होत्रा ने हुक्म दिया, "एक गिलास पानी।" और दुबारा संकटाप्रसाद का नम्बर लगाने लगा। इस बार नम्बर मिल गया।

"मैं भरत मल्होत्रा, पास-ऑफिसर, रिसेप्शन से बोल रहा हूँ।"

"किस रिसेप्शन से, बेटा ? भौजाई के रिसेप्शन से या लुगाई के ?" वहाँ से देसाई बोल रहा था। देसाई असल में, भरत मल्होत्रा का पुराना जोड़ीदार था।

देसाई के डायलाग से मल्होत्रा की गाड़ी पटरी से उतरने लगी। वह चाहता तो था देसाई को कोई जवाब देना, लेकिन वह औरत सामने बैठी उसे देख रही थी। इसी बीच कुन्दन ने पानी लाकर उसे दे दिया, जिसे वह एक बार में पी गयी।

"हाँ देसाई, एडवाइजर साब हैं ?"

"हैं तो, पर मीटिंग में हैं।"

"कब तक ?"

"तू बता, तेरा काम क्या है ?"

"मुझे कोई काम नहीं है, एक महिला···।"

"महिला···!" देसाई उधर से हँस रहा था।

"वह बात नहीं है।···मेरे सामने बैठी हैं···।" देसाई ने इशारा किया।

"कहाँ से आयी हैं···क्या काम है ?"

"काम तो व्यक्तिगत है।"

"मुलाकात नहीं हो सकती ।"

"मिलवा दो, देसाई···शी इज एन ओल्ड लेडी।"

"आज साब दौरे पर जा रहे हैं। तीन दिन बाद आयेंगे तब मिलवा देना," कहकर देसाई ने फोन रख दिया।

भरत मल्होत्रा कुछ देर फोन के रिसीवर को देखता रहा, फिर उसने रिसीवर वापस रखकर किसी दयनीय भावना के तहत शान्ति की ओर देखा,

''सॉरी मैडम !''

''क्या हुआ ?''

''एडवाइजर साब मीटिंग में हैं। फिर आज उन्हें दौरे पर जाना है। तीन दिन बाद आयेंगे, तब शायद मुलाकात हो जाये।''

''शायद !''

''हाँ, शायद ! आपको मालूम होगा कि उनसे मिलना आसान नहीं है। हम लोग भी चाहकर नहीं मिल सकते उनसे।''

''मालूम है, लेकिन मेरा एक बार मिलना बहुत जरूरी है।''

''मैं कोशिश करूँगा।''

''फिर मैं कब आऊँ··· ? तीन दिन बाद ?''

''हाँ···लेकिन···अच्छा एक बात बताइये। आप उनसे यहाँ मिलेंगी तो क्या अपनी बात सबके सामने कह लेंगी ?''

''शायद नहीं।''

''बस उसी तरह···सबके साथ···सबके सामने ही मिलवा सकेगा, देसाई आपको···।''

''लेकिन मेरा जाती मामला है।''

''मैं फिर कहता हूँ···घर पर मिलिए आप। यहाँ ठीक नहीं रहेगा···आपके लिए।''

''काश मैं उनसे घर पर मिल सकती !···यहाँ तक तो आ गयी मैं···। घर पर तो···।''

''अच्छा तो आप ऐसा करिए···आप लिखकर टाइम माँग लीजिए।''

''क्या लिखूँ अब मैं ?''

''ठीक है···मैं ऐसे ही पूछ लूँगा।···शान्ति नाम बताया न आपने ?''

''हाँ···,'' कहते हुए शान्ति उठकर धीरे-धीरे बाहर की तरफ चली गयी।

शान्ति को जेल से छूटे हुए तीस दिन से ऊपर हो चुके थे। जब जेलर साहब ने उसे छोड़े जाने का हुक्म सुनाया था, तो उसे बस एक ही खयाल आया था, उसके अन्दर बस एक ही हसरत ने अँगड़ाई ली थी। वह खयाल, वह हसरत, धीरे-धीरे गुदगुदानेवाला, मन के कोने-किनारे में अँगड़ाइयाँ लेनेवाला वह ज़जबा, वह विचार था अपनी बेटी माधुरी को देखने का, उससे मिलने का। वह माधुरी से मिल सके, उसे अपने गले लगा सके, ऐसा उसका मुकद्दर कहाँ था ? बस एक बार वह अपनी बेटी माधुरी को चुपचाप किसी अँधेरे कोने से देखना चाहती थी।

लेकिन जेल से निकलते वक्त उसे संकटाप्रसाद का पता तक नहीं मालूम था। संकटाप्रसाद कहाँ थे, जिन्दा थे या नहीं, इसका भी पता नहीं था उसे।

सेण्ट्रल जेल से निकलते वक्त वह संकटाप्रसाद का नाम जेलर को दे आयी थी। जेलर भला आदमी था। वह शान्ति की बड़ी इज्जत करता था। उसने शान्ति के रहने का इंतजाम शहर के पश्चिमी इलाके में अपने एक रिश्तेदार के यहाँ करवा दिया था। वहाँ पर रहकर शान्ति, बच्चों की देखभाल करती। जेल से मिले हुए पैसे थे उसके पास। दो वक्त की रोटी का सहारा था ही करीब दस दिन बाद जेलर ने संकटाप्रसाद के घर और दफ्तर का पता दे दिया था उसे। जेलर ने खुद संकटाप्रसाद के यहाँ उसे ले चलने के लिए कहा, लेकिन शान्ति नहीं मानी। कैसे बताती जेलर को शान्ति, वह तो छुपकर अपनी बेटी को देखना-भर चाहती थी। बस एक नजर देखना चाहती थी !

उसके बाद शान्ति ने संकटाप्रसाद के यहाँ चक्कर लगाना शुरू किया था। सबेरे संकटाप्रसाद के बँगले पर पहुँच जाती। कभी पेड़, कभी झुरमुट, कभी दीवार के सहारे खड़ी होकर टकटकी लगाकर देखती रहती। उसके अन्दर संकटाप्रसाद से मिलने की इच्छा नहीं थी। वह सिर्फ माधुरी को देखना चाहती थी। रामूकाका का पता किया था उसने। रामूकाका मर चुका था। माधुरी उसे नजर नहीं आ रही थी। कई दिन गुजर गये तब कहीं जाकर उसे खयाल आया था, माधुरी कोई जिन्दगी-भर संकटाप्रसाद के थोड़े बैठी रहेगी ! हो सकता है, उसकी शादी हो गयी हो और वह अपनी ससुराल में हो। तब उसने संकटाप्रसाद से मिलने की कोशिश शुरू की। फिर उसे खयाल आया था, देखने पर वह माधुरी को शायद ही पहचान सके। हाँ, एक बात और उसके मन में खटकने लगी थी। न जाने कितने वर्षों से संकटाप्रसाद ने उससे मिलने की कोशिश नहीं की थी। न ही माधुरी की कोई खबर उसके पास भेजी थी।

कुछ ही दिनों में शान्ति को एक यातना का अहसास होने लगा। वह जब भी संकटाप्रसाद के यहाँ जाती, वहाँ की भीड़-भाड़ दौड़-भाग देखकर वापस लौट आती। सैकड़ों लोगों का हुजूम उन दिनों, सबेरे से ही संकटाप्रसाद के घर पर जमा हो जाता था। एक-आध बार वह भीड़ से हटकर खड़ी हो गयी थी, इस उम्मीद पर कि शायद संकटाप्रसाद की नजर उसके ऊपर पड़ जाये। लेकिन संकटाप्रसाद तो बस मोटर में बैठकर चले जाते। उसने घर पर रहनेवाले पी. ए. के जरिये भी मिलने की कोशिश की। लेकिन वह मजबूर था, क्योंकि संकटाप्रसाद बस रात को घर सोने आते और सबेरे फिर निकल जाते। कोई वहाँ उसे पहचानता तो था नहीं। घर के स्टाफ ने उससे दफ्तर में मिलने की सलाह दी। तभी से वह सचिवालय के चक्कर लगा रही थी। इस दौर से गुजरते वक्त शान्ति के अन्दर यही खयाल आया था कि संकटाप्रसाद नाम के इस आदमी ने हमेशा-हमेशा से, उसका कुछ-न-कुछ सिर्फ लूटा था, छीना था। वह सोच रही थी, ईश्वर का भला क्या बिगड़

जाता, इस दुनिया में भला क्या कमी रह जाती, अगर उसकी मुलाकात इस आदमी से कभी न हुई होती !

माधुरी साहा ने, स्वास्थ्य-विभाग के सचिव-पद का चार्ज ले लिया था। उन्हें छुट्टी पर नहीं जाना पड़ा था। जिस दिन अपने बागीचे की नम घास पर टहलकर वह घर के अन्दर गयी थीं और जब मालती शर्मा ने उन्हें टेलीफोन पर संकटाप्रसाद के एडवाइजर बनाये जाने की खबर बतायी थी तो उनके ऊपर जैसे आसमान टूट पड़ा था। व्यवस्था और सत्ता की जिन अभेद्य दीवारों के पीछे, वह तब तक अपने को सुरक्षित समझने लगी थीं, समूचे जीवन की असीम यातना का दौर जहाँ आने के बाद, न जाने कितने पीछे छूट गया था, वहीं पर खुद अपने बनाये हुए किले में उन्हें एक बार फिर से उस आदमी का सामना करना पड़ेगा जिसकी वजह से उनका जीवन के ऊपर से विश्वास उठ गया था। यह सोचकर वह काँप उठी थीं, डर गयी थीं। बन्द कमरे में, न जाने कितने दिनों बाद माधुरी साहा के अन्दर रुलाई का सैलाब उठा था। लेकिन अपने को सँभाल लिया था माधुरी साहा ने ! वह किसी तरह सचिवालय तक पहुँच गयी थीं। वहाँ फिर उसी दोहरे व्यक्तित्व को जीना पड़ा था उन्हें। बोस को फटकार बतायी थी उन्होंने, बजरंग चपरासी को डाँटा था और अपने पी. ए. जिन्दल को दस मिनट के लिए डिस्टर्ब न करने की हिदायत देकर वह मन के अन्दर बिखरती हुई, टूटती हुई, तार-तार होती हुई आस्था को बटोरने लगी थीं। यह सब इतना आसान नहीं था। संकटाप्रसाद के नाम ने उनके अन्दर न जाने कहाँ से उन तमाम यादों को उठाकर खड़ा कर दिया था, जिनसे वह भागती रही थीं। दूर-दूर तक फैला हुआ, उनके वीरान जीवन का सन्नाटा एक बार फिर उन्हें डसने लगा था। लेकिन कुछ ही देर बाद उनकी पाँचवीं सेन्स ने दस्तक देनी शुरू कर दी थी। तब वह फिर सत्ता के खेल में जूझने लगी थीं।

उसी दिन नियुक्ति-सचिव, शिवमूर्ति लाल ने उनसे स्वास्थ्य सचिव का चार्ज लेने के लिए कहा था। वह तो खुद, मुख्य-सचिव से इसकी फरमाइश करनेवाली थीं, लेकिन बिना किसी कोशिश के वह सब अपने-आप हो गया था। तभी माधुरी साहा ने फैसला कर लिया था, अगले दो-तीन दिन में संकटाप्रसाद के आते ही वह छुट्टी पर जाने का विचार करेंगी। लेकिन अगले दिन ही उन्हें छुट्टी लेकर जाने का विचार त्याग देना पड़ा था। उसकी जरूरत ही नहीं पड़ी थी, क्योंकि स्वास्थ्य विभाग दूसरे एडवाइजर के. डी. साहब को मिला था। माधुरी साहा ने अपनी रणनीति तय कर ली थी। उन्होंने सोच लिया था, संकटाप्रसाद के सामने वह नहीं जायेंगी। उनमें इनसानियत का ज़जबा बाकी होगा तो वह

खुद उसे नहीं बुलायेंगे।

मीटिंग वगैरह का भी खयाल आया था उन्हें। लेकिन एक तो चूँकि उनके विभाग के एडवाइजर के. डी. साहब हो चुके थे, मीटिंग उनके ही साथ होनी थी। दूसरे, अगर कभी किसी स्तर पर संकटाप्रसाद के यहाँ तक जाने की नौबत आयी तो वह छुट्टी ले लेंगी या फिर संयुक्त-सचिव को भेज देंगी। इसके अलावा और कोई रास्ता नहीं था माधुरी साहा के सामने। वैसे शिवमूर्ति लाल ने उनसे विदेश-यात्रा का भी जिक्र किया था। लेकिन वह उस समय विदेश-यात्रा के लिए बहुत ज्यादा इच्छुक नहीं थीं। यह तो संकटाप्रसाद उनके विभाग के एडवाइजर हो जाते तो उन्होंने सोच रखा था, वह चुपचाप विदेश-यात्रा के लिए निकल जायेंगी। कई दिन हो गये थे। सब ठीक-ठीक चल रहा था। डी. के. गोस्वामी से उनकी ट्यूनिंग सही थी, इसलिए उन्हें कोई दिक्कत नहीं हो रही थी। भूपति पहले ही स्वास्थ्य विभाग में उप-सचिव के पद पर पहुँच चुका था। मैलिसीडिन के घपले की फाइल मालती शर्मा के पास थी।

उस दिन माधुरी साहा के अन्दर किसी तरह का तनाव नहीं था। वह हमेशा की तरह नौ बजकर पैंतालीस मिनट पर अपने कमरे में थीं। वैसे तो उनको पता था कि उस दिन कोई मीटिंग नहीं है, लेकिन आदतन उन्होंने अपनी डायरी के पन्ने पलटते हुए उस दिन के पन्ने को खोल लिया। मीटिंग तो वाकई में कोई नहीं थी, लेकिन उन्होंने मैलिसीडिन कांड के लिए, गृह-विभाग की संयुक्त-सचिव मालती शर्मा को सवा दस बजे का समय दिया था। मैलिसीडिन कांड के बारे में माधुरी साहा ने कुछ उड़ती-उड़ती बातें सुनी थीं, लेकिन उस मामले के बारे उन्हें विशेष कुछ पता नहीं था। वैसे तो मालती शर्मा के साथ उनकी काफी बेतकल्लुफी थी, लेकिन एहतियातन उन्होंने भूपति से सवा दस बजे के करीब आने के लिए कह दिया था। एक बजे उन्हें लंच के लिए जाना था। केन्द्रीय सचिवालय की संयुक्तसचिव मैडम जुबेदा शहर में थीं। उन्हें लंच के लिए माधुरी साहा ने बुला रखा था। तीन बजे से उनको तबादले की फाइलों का निपटारा करना था, योजना-सचिव के लिए वार्षिक रिपोर्ट देखनी थी। चेचक, मलेरिया, परिवार नियोजन के अनुदान की स्वीकृति के कुछ मामले थे। वह दिन अन्य दिनों के मुकाबले काफी हलका था। बस शाम को एक बार के. डी. साहब के यहाँ हाजिरी लगानी थी। उसके बाद उन्होंने सोचा, मालती शर्मा के आने पर शाम को पिक्चर देखने का कार्यक्रम बनाया जा सकता है। तभी टेलीफोन के बजर की आवाज आयी। जिन्दल ने भूपति के आने की सूचना दी थी। माधुरी साहा ने भूपति को अन्दर भेज देने के लिए कह दिया और इंगेजमेण्ट पैड वापस मेज पर रखकर डाक पैड उठा लिया।

''गुड मार्निंग, मैडम,'' भूपति ने अदब से कहा।

डाक पैड खोलते हुए माधुरी साहा ने सिर हिलाकर उसे हाथ के इशारे से बैठने के लिए कहा। भूपति सामने बैठ चुका था, लेकिन माधुरी साहा की नजर डाक पैड खोलने के बाद भी इंगेजमेण्ट पैड पर थी। वहाँ हर रोज की तरह एक छोटा-सा अँग्रेजी का अक्षर 'एम' लिखा हुआ था। जब से माधुरी साहा ने स्वास्थ्य-सचिव का काम सँभाला था अपने पैड में वह रोज 'एम' लिख दिया करती थीं। लेकिन उस 'एम' को वह काटना नहीं भूलतीं थी। वह 'एम' अक्षर डॉ. मांगलिक के लिए था। कई दिनों से उन्होंने कुछ सोच रखा था डॉ. मांगलिक के बारे में, लेकिन तब तक कोई मौका उनके हाथ में नहीं आया था। उन्हें तो यह भी पता नहीं था कि डॉ. मांगलिक के मामले में उन्हें क्या करना है, कब करना है और कैसे करना है। इंगेजमेण्ट पैड का वह छोटा-सा 'एम' उस दिन कुछ बड़ा हो गया था। इसकी खास वजह थी, कल शाम को तीन बार और सुबह दो बार मांगलिक का फोन आया। एक बार तो माधुरी साहा ने फोन खुद उठाया था, लेकिन उसका नाम सुनकर काट दिया। तभी माधुरी साहा को भूपति का खयाल आया और उनकी नजर इंगेजमेण्ट पैड से डाक पैड के कागज पर चली गयी।

"हाँ भूपति, मैलिसीडिन कांड···क्या है उसमें ?"

"प्रथम श्रेणी का रैकेट···वह दवा···खरीदी गयी जिसका कोई उपयोग नहीं है।" भूपति जोश में था।

"तुमने फाइल तो देखी है न ?"

"हाँ।"

"फाइल कहाँ है ?"

"उपसचिव गृह-विभाग के पास।"

"क्यों ?"

"विजिलेंस सेल में गयी थी।"

"विजिलेंस सेल में क्यों ?"

"मैटर इज मोस्ट सीरियस।"

"सच एज ?"

"उस दवा से कई लोग अन्धे हो गये, कई पागल हो गये।"

"रियअली ?" माधुरी साहा ने डाक पैड के ढकने बन्द कर दिये।

"यस मैडम !"

"हमें क्या करना है ?"

"प्रशासकीय कार्यवाही।"

तभी कमरे का दरवाजा खुला और मालती शर्मा अन्दर आ गयीं। कॉफी रंग की कलफदार साड़ी मालती शर्मा के चेहरे के बादामी रंग से मैच कर रही

थी। एक अजीब-सा नूर था मालती शर्मा के चेहरे पर। वह नूर न जाने मोनिका लाल से मिलने की वजह से था या उस कागजी शिकार की वजह से जिसके लिए वह माधुरी साहा के पास आयी थीं। अर्धवृत्ताकार माथे पर गोल बिन्दी, कन्धों तक लहराते हुए रेशमी बाल, बड़ी-बड़ी आँखें, गोल नूराली चेहरे पर महीन पतली नाक के बगल में लेकिन दाहिने गाल के नीचे की तरफ एक छोटा-सा तिल पतले होंठों के बीच में जगह कुछ ज्यादा थी, जिसकी वजह से हँसने पर दाँतों के ऊपर की दाढ़ की गुलाबी झिल्ली झलक जाया करती थी। गरदन थोड़ी सतही थी और कंधे चौड़े। कंधों के नीचे से पेट के ऊपर तक सीने की गोलाइयाँ फैली हुई थीं, कसी हुई लगती थी। पाँच फुट तीन इंच के करीब रहा होगा कद मालती शर्मा का, लेकिन ऊँची एड़ी की चप्पल से कुछ ज्यादा लगता था।

"गुड मार्निंग !" मालती शर्मा ने बैठते हुए कहा।

"गुड मार्निंग...!" माधुरी साहा 'डियर' कहने जा रही थीं, लेकिन उन्हें भूपति के वहाँ होने का खयाल आ गया। उन्होंने अपने को सँभाल लिया। फिर भूपति की तरफ इशारा करते हुए कहा, "इन्हें तो तुम जानती होगी, मिस्टर भूपति, उपसचिव हैं हमारे यहाँ।"

"हाँ, मैं जानती हूँ।"

"शैल बी स्टार्ट ?" माधुरी साहा भूपति से छुटकारा पाना चाहती थीं।

"व्हाई नाट ?"

"विजिलेंस सेल की रिपोर्ट आ गयी ?"

"हाँ।"

"क्या है उसमें ?"

"प्राजीक्यूशन।"

"तुम जानती हो, मैंने चार्ज अभी लिया है। फर्स्ट लैट मी अण्डरस्टैण्ड द मैटर !"

मालती शर्मा ने फाइल भूपति की तरफ बढ़ाते हुए कहा, "वैसे मैं फाइल यहाँ छोड़ देती, लेकिन गृह-सचिव की राय है कि प्रशासकीय ऐक्शन और पुलिस ऐक्शन एक साथ होना चाहिए, फालोड बाय प्रेस नोट या प्रेस ब्रीफिंग।"

"प्रेस ब्रीफिंग क्यों ?"

"इस मामले में प्रेस की आल इंडिया रिपोर्टिंग हुई थी, विधान सभा और संसद में भी यह मामला उठाया गया था। काफी बावेला हुआ था, सुना होगा आपने ?"

"आई सी !"

"सेण्टर को रिपोर्ट जानी है।"

"कौन भेजेगा ?"

"आप ड्राफ्ट-नोट बनाकर मुख्य-सचिव के पास भिजवा दें, उनके दस्तखत से जायेगा।"

"प्रेस ब्रीफिंग के बाद ?"

"नो आइडिया।"

"प्रशासकीय ऐक्शन के बाद ही तो नोट बनेगा।"

"हाँ," मालती शर्मा ने भूपति की तरफ देखते हुए कहा।

"कब होना है यह सब? यू मीन आज ?" माधुरी साहा को लगा कि काम का छप्पड़ गिरनेवाला है।

"गृह-सचिव तो यही कह रहे थे।"

"क्या !"

"देर होने से जोर लगेगा–पार्टी का काफी प्रभाव है।"

"जोर लगेगा नहीं, लग चुका है।"

"मतलब ?" मालती शर्मा ने पूछा।

"मेरे पास टेलीफोन आने लगे हैं," माधुरी साहा ने कहा।

"क्या लोगों को पता है, प्रशासकीय ऐक्शन होगा ?" मालती शर्मा को आश्चर्य हो रहा था।

"ऐसे लोगों का गेस वर्क और फील्ड वर्क दोनों स्ट्रांग होते हैं।" भूपति ने अपनी राय जाहिर की। "मेरे पास भी खबर भेजी गयी थी, इशारा किया गया था।"

जिन्दल अभी तक मैडम के साथ चल रहा था। जिस दिन माधुरी साहा की तरक्की हो रही थी, उनके स्वास्थ्य-सचिव होने का आदेश निकलने लगा था, जिन्दल को एक तरह से उस यातना से मुक्ति का अहसास होने लगा था जिसे वह पिछले एक वर्ष से मैडम के साथ झेल रहा था। वह तो आग का दरिया था जिससे वह गुजर चुका था। राजा-महाराजा तो काँटों की सेज पर कभी-कभी सोते हैं, दुखी-दुखियारे अंगारों पर कभी-कभी लेटते हैं, लेकिन जिन्दल तो एक वर्ष से लगातार अपनी नौकरी को सीने से चिपटाये हुए, एक पैर से खड़ा था। एक पैर के नीचे उसके आग का दरिया था और जिस जमीन पर एक पैर से खड़ा था, वह काँटों-भरी सेज से कम न थी। माधुरी साहा के साथ काम करना और हिमालय की चढ़ाई पर चढ़ना करीब-करीब एक ही बात थी। लेकिन उसे इतमीनान हो गया था कि तरक्की-तबादले के बाद, उसे माधुरी साहा से मुक्ति मिल जायेगी। आदमी हजार दुआ करे, मन्दिर में जाये, चढ़ावा दे, पूजा करे, मस्जिदगिरजाघरों के चक्कर लगाये, होता वही है जो ईश्वर को मंजूर होता है। जिन्दल ने शंकरलाल से बात कर रखी थी। शंकरलाल ने उसकी पोस्टिंग उद्योग विभाग में करवाने के लिए जोर भी लगा रखा था, लेकिन माधुरी साहा ने एक

झटके से उसके जीवन से खुशियाँ छीन ली थीं। नये विभाग का चार्ज लेते वक्त, उन्होंने अपने साथ जिन्दल का भी तबादला करवा लिया। जिन्दल को बुलाकर उन्होंने एक बार पूछा भी था। जिन्दल ने शर्मा-शर्मी में साथ बने रहने की ही बात कही थी, क्योंकि उसे विश्वास था, शंकरलाल चुपचाप उसे कहीं और लगवा देगा। लेकिन मैडम उसके काम से संतुष्ट थीं, उन्होंने जिन्दल को अपने साथ लगा लिया था। एक बार फिर से जिन्दल प्रतिदिन उसी आग के दरिया से गुजरने लगा। उसे तब तक विश्वास हो चुका था कि एक तो उसकी बीवी का मासिक धर्म कभी ठीक नहीं होगा और दूसरे, मैडम से उसे कभी मुक्ति नहीं मिलेगी।

कल शाम को वह शंकरलाल के कहने पर डॉ. मांगलिक के यहाँ गया था। डॉ. मांगलिक से उसे ढेर सारी दवाइयाँ मिली थीं। कुछ कैप्सूल, कुछ गोलियाँ, कई-एक मल्टीविटामिन की शीशियाँ देकर जब डॉ. मांगलिक ने उससे मैलिसीडिन कांड के बारे में पूछा तो एक बार जिन्दल का माथा ठनका, लेकिन अगले क्षण उसे ध्यान आया था डॉ. मांगालिक के उस आश्वासन का जो उन्होंने कुछ देर पहले उसकी बीवी के मासिक धर्म को ठीक करने के बारे में दिया था। आश्वासन क्या उन्होंने तो डॉ. बीनालाल को फोन कर दिया था। उसकी बीवी के इलाज के लिए। इतने दिनों तक वह अपनी बीवी के इलाज में सैकड़ों रुपये बरबाद कर चुका था, लेकिन कोई फायदा नहीं हो रहा था। पहली बार डॉ. मांगलिक जैसा ऊँचा डॉक्टर उसकी मदद कर रहा था। फिर उसने सोचा, डरने की तो कोई बात नहीं है। उसके ऊपर शंकरलाल का साया तो है ही।

"मैलिसीडिन केस की मीटिंग कल है, डॉक्टर सर !" जिन्दल कह ही गया।

"कल···सो सून !" डॉ. मांगलिक चौंक उठे।

"कल सवा दस बजे उपसचिव मालती शर्मा···गृह-विभाग की हैं न, वह आयेंगी।" जिन्दल की आत्मा काँप रही थी, लेकिन वह जानता था डॉ. मांगलिक का वैभव उससे सब-कुछ उगलवा कर छोड़ेगा।

"और कौन होगा ?"

"भूपति, उप-सचिव और मैडम—बस !"

"फाइल में क्या है, देखा आपने ?" डॉक्टर ने दाव फेंका।

"जी नहीं···मैंने तो क्या, मैडम ने भी फाइल नहीं देखी है अभी तक लेकिन कुछ चक्कर है उसमें।"

"चक्कर···क्या चक्कर ?" डॉ. मांगलिक घबरा उठा।

"एकाएक यह मीटिंग तय हुई है···।"

उसके बाद जिन्दल डॉ. मांगलिक के यहाँ से ढेर सारी गोलियाँ, कैप्सूल और विटामिन की भरी हुई शीशियाँ लेकर चला आया था। वह इस चक्कर में

ज्यादा नहीं पड़ना चाहता था। लेकिन सबेरे ठीक नौ बजे वह दफ्तर जाने के लिए निकल ही रहा था कि डॉ. मांगलिक का ड्राइवर गाड़ी लेकर आ गया। डॉ. मांगलिक ने उसे दफ्तर जाते वक्त, मिलते हुए जाने को कहलाया था। डरते-डरते वह गाड़ी में बैठ गया। डॉ. मांगलिक उस वक्त बँगले पर थे।

''आइये···आइये जिन्दल साहब, आपकी डॉ. बीनालाल से मुलाकात करवा दें।'' डॉ. मांगलिक ने बीनालाल की तरफ देखते हुए कहा।

''अरे सर ! आपने कष्ट क्यों किया, मैं खुद ही मिल लेता इनसे।''

''आप कोई गैर थोड़े ही हैं ! शंकरलाल जी ने, आपके बारे में कहा है। यह कोई मामूली बात है ? शंकरलाल जी से मेरे बहुत पुराने, बड़े घनिष्ठ सम्बन्ध हैं।'' डॉक्टर लपेट रहा था।

''ठीक है सर···ठीक है सर !''

''डॉ. बीनालाल, यह हैं मिस्टर जिन्दल, स्वास्थ्य-सचिव के पी. ए.। इनकी पत्नी काफी दिनों से बीमार हैं, आपको ठीक करना है उन्हें। कब देखेंगी आप ?''

''मैं तो अभी देख सकती हूँ···जिन्दल साहब लेकर आ जायें उन्हें,'' बीनालाल ने मुस्कराते हुए कहा।

''अभी तो मुझे दफ्तर जाना है,'' जिन्दल गिड़गिड़ाया। दफ्तर के नाम से सुरसुरी छूटने लगी थी।

''दफ्तर से आप···नहीं, दफ्तर होकर आप यहाँ उनके अस्पताल पहुँच जायें।'' डॉ. मांगलिक ने फैसला कर दिया।

''ठीक है, सर !'' कहकर जिन्दल उठ गया, ''किस अस्पताल में आना होगा ?''

''डफरिन में।'' बीनालाल मुस्करा रही थीं।

''तो मैं चलूँ, सर !'' जिन्दल निकलने लगा।

''चलिए···आप चलिए अब, जिन्दल साहब। लेकिन एक सेकेंड, मैं भी चलता हूँ बाहर तक आपको छोड़ने !''

''अरे नहीं, सर ! आप बैठिये। अब इतना शर्मिन्दा न करें, सर !'' जिन्दल गद्गद हो उठा था डॉक्टर की शराफत से।

डॉ. मांगलिक फिर भी उठकर खड़े हो गये और अन्दर की तरफ चले गये। लौटकर आये तो उनके हाथ में एक लिफाफा था।

''आइये, जिन्दल साहब !''

जिन्दल उनके पीछे-पीछे चल दिया।

डॉ. मांगलिक की गाड़ी जब सचिवालय के अन्दर जिन्दल को छोड़कर गयी, तब तक वह डॉक्टर से पूरी तरह अभिभूत हो चुका था। वह हाँफता हुआ

अपने कमरे में पहुँचा। जिन्दल को उस समय देखकर यही लगता था कि वह मीलों दौड़कर आ रहा है। सामान्य रूप से वह दफ्तर साढ़े नौ बजे तक पहुँचकर मैडम के आने से पहले ही सीट पर जम जाया करता था। पसीना सुखाकर वह गप-सड़ाका मारता, दो-तीन गिलास पानी पीता, एक-दो चुटकी मैनपुरी की होठों के अन्दर दाब लेता, तब कहीं जाकर वह अपने सीट पर जमकर बैठ पाता, आनेवाले धर्मयुद्ध को झेलने के लिए। इस कार्यक्रम में उसको दस बज जाते।

लेकिन उस दिन गाड़ी से उतर कर वह करीब-करीब दौड़ता हुआ अपने कमरे में पहुँचा था। उसने न तो पसीना सुखाया, न ही गप्पसड़ाका मारा और न पानी पिया। उसने सीधे जाकर मैडम का डाक पैड अन्दर से उठाया और वापस अपनी मेज पर रख लिया। उसके माथे पर पसीना था, उसकी गरदन पर पसीना था, उसके पैर काँप रहे थे, उसके हाथों में कोई झुनझुनी काट रही थी। कुछ क्षणों तक वह डाक पैड को घूरता रहा। उसे मालूम था, किसी समय भी मैडम अपने कमरे में दाखिल हो सकती थीं। उसने डाक पैड की तरफ हाथ बढ़ाया, फिर वापस खींच लिया। तभी उसके दूसरे हाथ में मैनपुरी की पुड़िया आ गयी। फौरन मुँह के अन्दर दो बड़ी चुटकी फाँककर उसने चार-पाँच बार फेंटा लगाया। मुँह के अन्दर मैनपुरी की तादाद ज्यादा थी, फेंटा भी जल्दी में लगाया था, सिर भन्ना गया उसका। एक गहरी पीक उसने लपेटी और कूड़ेदान में उगल दी। लेकिन इतनी देर में उसे आत्मज्ञान हो चुका था। उसके अन्दर का डर, पैरों की कँपकँपाहट, हाथों की झनझनी, सिर की भिन्नाहट, गहरी लपेटी हुई पीक के साथ कूड़ेदान में चली गयी थी। हाथ की घड़ी में उसने देखा, नौ बजकर बयालिस मिनट हो चुके थे। मैडम के डाक पैड का फीता धीरे से खोला उसने, जैसे किसी तिजोरी का ताला खोल रहा हो। और डाक पैड के ढकने हटाकर डॉ. मांगलिक का दिया हुआ लिफाफा कागज के बीच दबा दिया।

भूपति कुछ देर के लिए अलग बैठकर, मैलिसीडिन कांड की फाइल देखने लगा। विजिलेन्स–सतर्कता विभाग ने पूरे विस्तार से मामले को देखा था। कई मुद्दे थे। जिन्हें फाइल पर उभार कर रखा गया था। चालीस पेज की रपट अलग से लगी हुई थी। उधर मालती शर्मा कुछ देर बाद आने के लिए कहकर चली गयी थीं।

माधुरी साहा ने इसी बीच डाक पैड दुबारा खोल लिया था। एक-एक कागज उनकी नजर के सामने से गुजर रहा था। कागज के नाप, उसका प्रकार, छपाई, पट्टी, जगह के फासले तक को देखकर माधुरी साहा की समझ में आने लगा था, वह कागज कहाँ से आया होगा। उसके बाद, बस कुछ सैकेंड ही लगते, विषय-वस्तु समझने में। माधुरी साहा कागज देखकर अलग रखती जा रही थी। मन में हलकापन था। तब तक उनको इस बात का अन्दाजा हो चुका था कि

मैलिसीडिन कांड में और कोई नहीं, मांगलिक फँसा हुआ है। डाक पैड के कागज देखते वक्त उनका ध्यान मांगलिक के ऊपर था। उनकी समझ में आ रहा था, क्यों मांगलिक ने तीन बार टेलीफोन पर उनसे सम्पर्क करने की कोशिश की थी। कागज की नत्थी की हुई एक खेप, डाक पैड से हटाकर जैसे ही उन्होंने बाहर जानेवाले कागज की ट्रे में रखी, उनकी नजर उस लिफाफे पर पड़ी, जिस पर बड़े अक्षरों से पर्सनल--व्यक्तिगत--के साथ उनका नाम लिखा हुआ था।

माधुरी साहा ने लिफाफा अलग रख लिया और बाकी कागज देखकर डाक पैड जमीन पर गिरा दिया। सामान्य रूप से व्यक्तिगत चिट्ठियाँ, माधुरी साहा के पास गिनी-चुनी आती थीं। व्यक्तिगत चिट्ठियाँ उनके पति डी. एन. साहा और उनके कुछ रिश्तेदारों की होती थीं, जो घर के पते से आती थीं। एक तो उस लिफाफे की लिखावट उनकी पहचान में नहीं आ रही थी। दूसरे, उस पर सचिव, स्वास्थ्य विभाग का पद लिखा हुआ था, जिसके बारे में बहुत कम लोगों को तब तक जानकारी थी। माधुरी साहा को उस लिफाफे में कुछ गड़बड़ नजर आयी। उस पर डाक की मोहर भी नहीं लगी थी। तभी उन्होंने देखा, भूपति फाइल खोलकर सामने बैठ चुका था। लिफाफा उन्होंने उलटकर रख दिया।

''हाँ भूपति !''

''मैडम, दिस मैटर इज नाट ओनली सीरियस बट दिस इज फिट फार क्रिमिनल प्राजीक्यूशन !''

''यस मिस्टर भूपति इज राइट।'' मालती शर्मा ने अन्दर आते-आते सब-कुछ सुन लिया था।

''लैट मी सी।'' माधुरी साहा ने फाइल माँगी।

भूपति ने विजिलेन्स सेल की रपट खोलकर सामने रख दी। माधुरी साहा की तरफ घूमकर, मालती शर्मा पहुँच चुकी थीं। वह कुर्सी पर नहीं बैठीं, बल्कि फाइल के करीब जाकर खड़ी हो गयीं और एक-एक मुद्दे के बारे में काफी देर तक समझाती रहीं। भूपति इस बीच मालती शर्मा को घूर रहा था। वह सोच रहा था, मालती नाम की वह औरत कितनी नफीस, कितनी खूबसूरत थी ! मालती शर्मा किसी नशे की तरह उसे गुदगुदा रही थी। उसके सारे जीवन का समूचा सत्व जैसे सिमटकर मालती शर्मा के अन्दर समाया हुआ लग रहा था। मालती शर्मा वापस बागल की कुर्सी पर बैठ चुकी थीं, जब माधुरी साहा ने कहना शुरू किया, ''भूपति, व्हाट ऐक्शन यू प्रपोज ?''

''डॉ. मांगलिक को सस्पेण्ड करना होगा और बरुण हाल्दार को गिरफ्तार करना होगा।''

''सच पूछो तो दीदी, इस डॉक्टर का जुर्म कम नहीं है। सारा घपला उसी ने किया है। ही इज टोटली एक्सपोज्ड,'' मालती शर्मा ने कहा।

"क्यों भूपति ?"

"यह सही है।"

"फिर ?"

"गृह-सचिव तो कह रहे थे···।" मालती शर्मा चुप रह गयीं।

"क्या कह रहे थे गृह-सचिव ?" माधुरी साहा की आवाज में कमांड था।

"अगर प्राविजन होता तो डॉक्टर को भी गिरफ्तार करवाते।"

"मतलब ?"

"डॉ. मांगलिक इस समय अतिरिक्त-निदेशक हैं।"

"तो क्या हुआ···डज इट गिव हिम लाइसेन्स टु कमिट क्राइम ?"

माधुरी साहा की आवाज में क्रोध था। उन्होंने भूपति की तरफ घूमकर कहा, "वुड यू प्रपोज प्राजीक्यूशन ऐंड पुलिस एक्शन एगेन्स्ट डॉक्टर आलसो ?"

"मैं उसको भी डी. आई. आर. में गिरफ्तार करने के लिए लिख दूँ ?"

"नहीं···यह तो गृह-विभाग करेगा।"

"तब ?"

"दो लोग हैं न···क्राइम एक है। हमें फोर वे एक्शन लेना पड़ेगा।"

"फोर वे एक्शन ?"

"क्यों, मालती ?"

"फोर वे एक्शन मैं भी नहीं समझी।"

"लुक भूपति, पहले तो एक आर्डर निकलेगा डॉक्टर के सस्पेन्शन का, दूसरा आर्डर निकलेगा बरुण हाल्दार और डॉक्टर की गिरफ्तारी का तीसरा आर्डर दूसरे आर्डर की बिना पर निकलेगा डॉक्टर की चार्जशीट का और तब विभागीय प्राजीक्यूशन नौकरी से हटाये जाने के लिए ! आल इन वन स्ट्रोक।" माधुरी साहा का दिमाग तेजी से हिसाब लगा रहा था।

"लेकिन तब फाइल राज्यपाल के पास जायेगी," भूपति के कहा।

"क्यों ?"

"मुख्यमंत्री तो कोई है नहीं इस वक्त।"

"मैं के. डी. साब से कहकर राज्यपाल के दस्तखत करवा लूँगी।"

"फाइल मुझे दीजिए।" मालती शर्मा को मजा आने लगा था, "मैं गृह-सचिव से आदेश करवा दूँगी।"

"भूपति, तुम पहले अपना नोट बनाकर तैयार कर लो। मुझे फाइल तीन बजे चाहिए। लैट्स डिवोट द आफटर-नून फार दिस।"

"ओ. के. मैडम !" कहते हुए भूपति अदब से फाइल समेटने लगा।

"सो थ्री पी. एम. ?"

"यस।"

"नाउ यू गो", माधुरी साहा ने भूपति को हुक्म दिया।

भूपति के चले जाने के बाद मालती शर्मा की तरफ देखते हुए माधुरी साहा ने कहा, "अब क्या प्रोग्राम है मालती ?"

"मुझे तो गृह-सचिव ने आज इसी फाइल पर लगा रखा है।"

"तो ऐसा करो, भूपति को अपने कमरे में बुला लो। ही विल सिट विद यू।"

"हाँ, गृह-सचिव भी यही चाहते थे। तो मैं चलूँ ?"

"ओ. के. !" माधुरी साहा ने कह दिया। तभी उन्हें याद आयी शाम के कार्यक्रम की।

मालती शर्मा तब तक दरवाजे पर पहुँच चुकी थीं। माधुरी साहा उन्हें रोकनेवाली थीं, लेकिन उन्होंने सोचा, मैलिसीडिन कांड की वजह से ज्यादा वक्त लग सकता है। साहब को लेकर राज्यपाल के पास जाना पड़ सकता है और फिर मुख्य-सचिव से भी बात करनी है। ऊपर से मूड भी उनका बिगड़ चुका है। इसलिए उन्होंने मालती शर्मा को नहीं रोका।

माधुरी साहा के अन्दर जिस तरह क्रोध की लहर उठ रही थी, उनका चेहरा लाल होने लगा था। लेकिन उन्हें मालूम था, प्रशासन के काम क्रोध की लहर, प्यार की लपेट या नफरत के तहत किये तो जा सकते हैं, लेकिन इन भावनाओं को क्रियान्वयन की बारीकियों की हद में रहना चाहिए। उन्होंने सामने से पानी का गिलास उठाया और एक बार में सारा पानी पी गयीं। गिलास मेज पर रखते हुए उन्होंने टेलीफोन का बजर दबाया। जिन्दल से एक कप चाय भेजने के लिए कहकर वह डाक पैड से निकाल कर रखे हुए कागजों को देखने लगीं।

कागज देखते-देखते उन्हें उस लिफाफे का खयाल आया, जो मेज पर उन्होंने उलटकर रख दिया था। इस बीच बजरंग चाय का प्याला रख गया था। माधुरी साहा ने एक हाथ से चाय की चुस्की लेना शुरू किया और दूसरे हाथ से उस लिफाफे को उठा लिया। उन्होंने चाय के कुछ घूँट पिये और कप प्लेट के ऊपर रखकर लिफाफा किनारे से फाड़ दिया। एक सफेद कागज निकला उस लिफाफे के अन्दर से, उसमें दो लाइनें लिखी हुई थीं। "यदि आप चाहती हैं, आपकी पुरानी यादगार डी. एन. साहा के पास आज की डाक से न भेजी जाये तो पाँच बजे के पहले आपको मुझसे मिलना होगा।" अन्त में 'एम' अक्षर लिखा हुआ था। फिर 'पुनश्च' में लिखा था–"मैं ठीक एक बजे फोन करूँगा।" माधुरी साहा के पैरों से जैसे किसी ने सारी ताकत खींच ली थी। वह कुर्सी पर बैठी हुई थीं, लेकिन उन्हें लग रहा था, उनके पैर अधिक देर तक जमीन पर नहीं रुक पायेंगे। उन्होंने घड़ी में देखा, एक बजनेवाला था। टेलीफोन के बजर की आवाज आयी, माधुरी साहा ने टेलीफोन उठा लिया।

आखिर माधुरी साहा के जीवन में वह समय आ ही गया था, जिसकी कल्पना मात्र से उन्हें रोमांच हो आता था। उन्हें मालूम था, एक-न-एक दिन उनको उस हकीकत का, उस भयावह सत्य का सामना करना ही पड़ेगा जिसे वह कितने पीछे छोड़ आयी थीं। डॉ. मांगलिक के उस दो लाइन के नोट पर कोई दस्तखत नहीं थे, लेकिन 'एम' अक्षर को देखकर वह समझ गयी थी कि वह नोट और किसी ने नहीं, मांगलिक ने भेजा है। दैट सन ऑफ ए बिच ! दैट बास्टर्ड !

माधुरी साहा का मन हो रहा था अपनी शक्ति, सत्ता, शासन के मेरुदंड को इस्तेमाल करने का। वह अब पहले की तरह लुटी हुई, संकटाप्रसाद के घर से भागी हुई लड़की नहीं थीं, न ही उनके अन्दर किन्हीं लाल आँखों का खौफ था और न ही मर्दों को देखकर उनके अन्दर की औरत टूटने लगती थी। वह तो सचिवालय के विशाल प्रांगण में, अपने विशाल कमरे की मेज के सामने, उस कुर्सी पर बैठी थीं, जहाँ से उनके एक इशारे पर दर्जनों मांगलिक साफ किये जा सकते थे, तबाह किये जा सकते थे। तभी उन्हें डी. एन. साहा का खयाल आया। वक्त का इतना लम्बा दौर गुजर चुका था डी. एन. साहा के सामने उस रूप में अगर उन्हें जाना पड़ा तो शायद वह खुद जमीन में गड़कर मर जायेंगी। माधुरी साहा को लगा, वह अब तब किसी खुशखयाली में जी रही हैं। सचिवालय का वह कमरा, सत्ता और शासन का इतना बड़ा तंत्र, इतने बड़े प्रदेश की इतनी बड़ी सरकार एक औरत की रक्षा करने के लायक नहीं थी। यही तो चारों तरफ हो रहा था। एक बड़ा खेल था, उससे भी बड़ा दिखावा और उस दिखावे से भी बड़ा आडम्बर था। लेकिन उस खेल, उस दिखावे, उस आडम्बर में कहीं एक ऐसा खालीपन था जो उन्हें कितना अकेला, कितना असहाय, कितना कमजोर बना गया था ! लेकिन उस समय माधुरी साहा का मन हार मानने का नहीं हो रहा था। न जाने क्यों बार-बार उन्हें लग रहा था कि कोई रास्ता, कोई एक रास्ता जरूर होगा जिसका उन्हें बिलकुल पता नहीं है।

ठीक एक बजे डॉ. मांगलिक का टेलीफोन आया। माधुरी साहा ने उससे बात की थी। बात की थी क्या, बस बात सुनी थी। मांगलिक को उन्होंने स्टार रेस्ट्राँ में मिलने की इजाजत दे दी थी। स्टार रेस्ट्राँ में उनको मैडम जुबेदा के साथ लंच खाना था।

स्टार रेस्ट्राँ में मैडम जुबेदा के पहुँचने से जरा देर पहले ही माधुरी साहा जब पहुँचीं तो कोने की एक मेज पर डॉ. मांगलिक बैठा हुआ था। लेकिन माधुरी साहा उसकी मेज पर नहीं गयीं। वह एक अलग मेज पर बैठ गयीं। अगले क्षण ही डॉ. मांगलिक उनके सामने की कुर्सी पर अभिवादन करके बैठ गया। मैडम

ने उसके अभिवादन का कोई जवाब नहीं दिया।

''आई गिव यू ओनली थ्री मिनिट्स।'' माधुरी साहा ने कहा था।

''मैडम मैलिसीडिन केस में आप मुझे छोड़ दें।''

''हाऊ ?''

''कमेटी रिपोर्ट के आधार पर वह दवा खरीदी गयी थी।''

''लैट मी सी।''

''वह सबूत आपको मिल जायेंगे।''

''कब ?''

''आज ही। बट यू हैव टु प्रामिज।''

''प्रामिज। बेरी गुड। हाऊ डू आई प्रामिज ?''

''ठीक है। मैं आपको समय दे सकता हूँ।''

''समय। फार ह्वाट ?''

''मेरा केस ठीक करने के लिए।''

''दिस इज ब्लेक-मेल···यू नो कानसाक्वेन्सेज !''

''मेरा अंजाम तो वैसे ही बुरा होगा···एक और दफा लगेगी···बस न !''

''नाउ लुक डॉक्टर, मैं तुम्हारी हिम्मत की दाद देती हूँ। यू हैव आल द गट्स टु टाक लाइक दिस !''

''मेरे लिए यह जीवन-मृत्यु का खेल है।''

''यू मे गो नाउ ऐंड डोण्ट डेयर टु गेट इन टच बिद मी अगेन !''

मांगलिक से मिलने के पीछे माधुरी साहा की एक चाल थी। उन्हें वक्त चाहिए था, सिर्फ वक्त। उन्हें मालूम था, इतनी बात होने के बाद मांगलिक वह तस्वीरें, उनके पति डी. एन. साहा के पास कभी नहीं भेजेगा। यह आखिरी दाँव था, जिसे मांगलिक ने सही मौके पर इस्तेमाल करने की कोशिश की थी। माधुरी साहा के अफसरी दिमाग ने, इस बात को अच्छी तरह तौल-बाँटकर देख लिया था। तस्वीरें भेजने के बाद मांगलिक के पास और कोई रास्ता उन तक पहुँचने का नहीं था।

जब माधुरी साहा की तरक्की होनेवाली थी, तभी से उन्होंने स्वास्थ्य विभाग में सचिव के पद पर आने की कोशिश करना शुरू कर दिया था। और वह स्वास्थ्य विभाग के सचिव के पद पर जब आ गयी थीं, तब भी उन्हें इस बात का तनिक भी विश्वास नहीं था, मांगलिक से निपटने का मौका इतनी जल्दी सामने आ जायेगा। उन्होंने तो सोच रखा था कि कई महीने लगेंगे मांगलिक के खिलाफ मामला बनाने में। तब उन्हें क्या पता था, वहाँ पहुँचते ही एक पका-पकाया मामला उन्हें मिल जायेगा। यह तो उनको पता था, किसी भी उस मौके पर जब वह मांगलिक के ऊपर हाथ डालेंगी, तब वह उन तस्वीरों के

इस्तेमाल की धमकी देगा, लेकिन उन्हें यह पता नहीं था कि मांगलिक वह कदम इतना जल्दी उठा लेगा। फिर अभी तो माधुरी साहा को यह इतमीनान करना था, इतने दिनों बाद भी क्या मांगलिक के पास वे तस्वीरें थीं ! अगर वाकई में तस्वीरें थीं तो वह उन तस्वीरों के निगेटिव कहाँ रखता था।

माधुरी साहा की मुसीबत यह थी कि उन्हें सारा मामला खुद अपने स्तर पर ठीक करना था। वह न तो किसी की मदद ले सकती थीं, और न ही किसी से इस विषय में सलाह ले सकती थीं। एक अदद यही तस्वीरें, तब उनके जीवन में किसी पुराने पाप की छाया बनकर मँडरा रही थीं। वह पाप, संकटाप्रसाद की घिनौनी हरकतों का पाप ही तो उनकी सारी जिन्दगी को खा गया था। उस पाप का पैशाचिक अहसास, उस समय भी उन्हें कभी-कभी सुनायी देता था और तब माधुरी साहा के अन्दर न जाने कौन-सी नफरत के सैलाब उमड़ने लगते।

संकटाप्रसाद के घर से निकलने के बाद उस कमजोर, नादान, बेसहारा, लुटी हुई लड़की के अन्दर से एक नयी औरत ने जन्म लिया था। यह नया जन्म एक नयी जिन्दगी की राह उनके सामने एक कदम आकर खड़ा ओ कया था। काफी दिनों बाद, तब माधुरी साहा की समझ में आया था कि मर्दों की इस दुनिया में कितना कठिन है एक अकेली औरत का जीना ! तभी तो वर्किंग वीमेन हॉस्टल में वह रात-रात भर, अपने पेट में संकटाप्रसाद के पलते हुए पाप की धधक महसूस किया करती थीं। वहीं की एक लड़की उन्हें मांगलिक के पास लेकर गयी थी। मांगलिक ने पैसे लिए थे और आपरेशन कर दिया था। बात आयी-गयी हो गयी थी। तभी एक दिन वह लड़की मांगलिक के घर उन्हें लेकर चाय पीने गयी थी। तब मांगलिक ने माधुरी साहा को उनके पेट के पाप को निकालने के लिए किये गये आपरेशन की तस्वीरों के बारे में बतलाया था। एक जलजला, एक तूफान, एक काला अंधड़ जैसे एक कभी न खतम होनेवाला रेत का बवंडर उनको चारों तरफ से घेर रहा था।

उस दिन माधुरी साहा को यही लगा था, कि उन्हें कोई नहीं बचा सकता। डी. एन. साहा की पत्नी भी नहीं। उनका जन्म तो बस कुचले जाने के लिए हुआ था। यही नियति उन्होंने भोगी थी, यही उन्हें भोगनी थी। फिर न जाने कहाँ से उनके अन्दर, उस नयी औरत ने सिर उठा लिया था, जिसका जन्म संकटाप्रसाद के घर से निकलने पर हुआ था। यह औरत कमजोर नहीं थी, उसे सहारे की जरूरत नहीं थी बल्कि खुद अपनी शर्तों पर जीने की कोशिश थी उसके अन्दर ! मुसीबत के उस समय में माधुरी साहा को उस अजीब औरत से, एक तरह का मोह होने लगा था। इस मोह से ही माधुरी साहा की जिन्दगी में नया मोड़ आया था। तब से लेकर सचिवालय के उस बड़े कमरे तक, वही नयी जन्मी औरत, माधुरी साहा की ताकत का भरोसा बन चुकी थी।

माधव की लाल आँखों का डर तभी तक था, जब तक उन्हें अपनी माँ शान्ति के आँचल का सहारा था। स्कूल के लड़कों, शोहदों, उचक्कों, दुनिया के तमाम मर्दों से वह तभी तक डरती रहीं, थर-थर काँपती रहीं, जब तक संकटाप्रसाद का साया था उनके ऊपर ! और उस दिन एक बार फिर वही पुराना डर, वही खौफ का दर्दनाक मंजर उनको तड़पा रहा था, क्योंकि डी. एन. साहा नाम का एक मर्द उनका पति था। हर मर्द बस उनके अन्दर कुछ-न-कुछ तोड़ जाता।

सचिवालय लौटते समय माधुरी साहा ने इतना तो समझ ही लिया था कि वह अकेले मांगलिक का सामना नहीं कर सकेंगी। लेकिन कौन था इस दुनिया में जो माधुरी साहा की मदद करता ? सात करोड़ आबादीवाले इस विशाल प्रदेश की सत्ता के सबसे उच्च ओहदे पर, सचिवालय के विशाल प्रांगण में, विशाल कमरे की ऊँची कुर्सी पर बैठकर माधुरी साहा, सरकारी शक्ति की असीम क्षमता रखते हुए भी, अपने को कितना असहाय पा रही थीं ! उनके एक इशारे पर करोड़ों रुपये इधर-उधर हो सकते थे, अरबों का लेन-देन हो सकता था। वह जिसे चाहें बना सकती थीं और जिसे चाहें मिटा सकती थीं। सबकी मुसीबतों का निस्तार उनके पास था। सबका भला वह कर सकती थीं। लेकिन खुद अपने लिए वह मजबूर थीं, कितना मजबूर थीं ! पहले का वक्त होता, पहले की माधुरी होती तो वह टूट चुकी होती। माधव की तरह, स्कूल के माली की तरह, कॉलेज के लड़कों की तरह और खुद संकटाप्रसाद की तरह, मांगलिक भी जब तक उन्हें रौंद चुका होता। लेकिन संकटाप्रसाद के घर से निकलते वक्त जन्मी वह नयी औरत उस समय तक उनके अन्दर जवान हो चुकी थी, फौलाद की तरह मजबूत हो चुकी थी। इसीलिए तो उन्होंने मांगलिक के ब्लैक-मेल के सामने हथियार नहीं डाले थे। फिर भी माधुरी साहा को पता था, समय ज्यादा नहीं था उनके पास।

कमरे के अन्दर घुसते ही माधुरी साहा ने देख लिया था, मैलिसीडिन कांड की फाइल उनकी मेज पर रखी हुई थी। लेकिन उनकी हिम्मत उस फाइल को खोलकर देखने की नहीं हुई। उस समय उनके दिमाग में मांगलिक की धमकी घूम रही थी। एक अदना-सा अतिरिक्त-निदेशक सचिवालय के इतने बड़े विभाग के सचिव को धमकी दे रहा था और वह मजबूर थीं, कुछ भी नहीं कर सकती थीं। स्टार रेस्ट्राँ से सचिवालय तक आते-आते, माधुरी साहा को इस बात का अहसास हो गया था, कि वह अपनी कुर्सी से मांगलिक के स्तर तक नहीं उतर सकेंगी। लेकिन मांगलिक को ठीक करना जरूरी था।

कई लोग याद आये, कई पुराने साथी, कुछ पुलिस के विश्वासपात्र अफसर कई और लोग। लेकिन कोई भी ऐसा नहीं था जिसकी मदद इस मामले में ली

जा सके। फिर उन्हें मालूम था, मांगलिक के एक सबूत से कई कहानियाँ निकलेंगी। स्कूल के माली का किस्सा, कॉलेज के लड़कों का किस्सा, सब-कुछ उखाड़ा जायेगा। मांगलिक कुछ भी नहीं छोड़ेगा तब ! माधुरी साहा सोच रही थीं–क्या सब मर्द ऐसे ही होते हैं, सभी मर्दों के अन्दर क्या इतनी ताकत होती है ! औरत कुछ भी नहीं है ! वह कहीं भी पहुँच जाये, कितने ही बड़े ओहदे पर हो, कितनी ही ताकत हो उसके पास, कितना बड़ा साम्राज्य हो, सत्ता हो, शक्ति हो, औरत फिर भी कमजोर, बेसहारा, बेनाम, रुसवा होकर जिये...! कहाँ से लाती वह इतना बड़ा सौभाग्य जो लाखों-करोड़ों औरतों को, बाप, भाई, प्रेमी, पति और बेटे की छत्र-छाया देता है ? तब माधुरी साहा को लग रहा था, यही औरत की नियति तो सैकड़ों-हजारों शताब्दियों से उसे सुरक्षा देती रही है। और खुद वह आती हैं उन औरतों की श्रेणी में, जो बाप, भाई, प्रेमी, पति और बेटे के सुख से सामान्य रूप से सदैव-सदैव से वंचित रही हैं।

अंत में दो ही नाम बचे थे, माधुरी साहा के सम्पर्क-सूत्रों में, जिनके ऊपर भरोसा किया जा सकता था। एक नाम था, उनके पति डी. एन. साहा का। लेकिन डी. एन. साहा के ऊपर भरोसा नहीं किया जा सकता था। बचपन से जवानी तक की, उसकी छीछालेदर सुन पायेंगे वह ? देख सकेंगे उनकी जवानी की नंगी तस्वीर ? उसके बाद डी. एन. साहा रिश्ता तोड़ लेंगे, पहली पत्नी के बच्चों को उनसे दूर कर देंगे, जो उन्हें माँ कहते हैं। जैसे अथाह समुद्र में पैर चलाते-चलाते कोई थक जाये और अपने को सिर्फ बहाव के ऊपर छोड़ दे, बस वैसा ही करने का मन हो रहा था माधुरी साहा का। उनको लग रहा था कि उनका विश्वास तो झूठा था, लेकिन इस हादसे के बाद डी. एन. साहा का भी विश्वास न सिर्फ उनके उपर से उठ जायेगा, बल्कि खुद उनकी मरी हुई पत्नी उनकी अपनी निगाहों से गिर जायेगी। माधुरी साहा को याद नहीं था, वह कब और कितना बेटी, बहन, प्रेमिका, पत्नी और माँ बनकर जीयी थीं, लेकिन इतना जरूर उनको याद था डी. एन. साहा की पत्नी ने ही उनको सब-कुछ एक साथ देने की कोशिश की थी, दिया था।

फिर डी. एन. साहा अगर उनको माफ भी कर दें तब भी मांगलिक के मामले में उनसे मदद लेना मुमकिन नहीं था, क्योंकि एक तो वह उस समय बम्बई में कलेक्टर ऑफ कस्टम थे। उनको आने में, बात समझने में और मांगलिक से तस्वीरें हासिल करने में काफी समय लगनेवाला था। ऊपर से माधुरी साहा को अपने पति के ऊपर विश्वास नहीं था। इसीलिए उन्होंने उनका नाम भी और नामों के साथ छोड़ दिया।

उसके बाद बस एक नाम ही बचा था और वह नाम था, मालती शर्मा का। अपने कमरे में घुसते ही माधुरी साहा ने जिन्दल से मालती शर्मा को बुलाने

के लिए कह तो दिया था, लेकिन वह तब तक तय नहीं कर पायी थीं कि मालती शर्मा खुद किस हद तक उनकी मदद कर सकेंगी। वह तो उन्हीं की तरह एक असहाय औरत थीं। फिर भी कोई और रास्ता नहीं था, इसीलिए और कुछ नहीं तो मालती शर्मा से बात तो की जा सकती है।

''अरे दीदी, आ गयीं आप !'' मालती शर्मा अकेले में माधुरी साहा को दीदी कहती थीं।

''आओ मालती···मैं तुम्हारा इन्तजार कर रही थी।'' माधुरी साहा को उस समय दीदी का सम्बोधन भला लगा था।

''फाइल तो मिल गयी होगी। भूपति ने नोट तो बना दिया था।''

''नहीं, उसके लिए नहीं बुलाया था मैंने,'' फाइल की तरफ इशारा करते हुए माधुरी साहा ने कहा।

''तब ?''

माधुरी साहा अपनी कुर्सी छोड़कर उठ खड़ी हुईं। ''आओ, उधर सोफे पर बैठते है। कॉफी तो लोगी न ?''

''नहीं दीदी···अभी कुछ नहीं।'' मालती शर्मा ने सोफे पर बैठते हुए मुँह बनाया।

''देखो मालती···आज मैं···।''

''हाँ, कहिये न।''

''कैन आई ट्रस्ट यू ?''

''अरे दीदी, आप ऐसा कहेंगी !''

''यह बात नहीं है···मेरी एक लम्बी कहानी है जिसका कुछ हिस्सा तुझे बताया था मैंने।''

''हाँ, वह आपकी माँ और एडवाइजर साहब के बारे में था न !''

''हाँ,'' माधुरी साहा ने धीरे से कहा।

फिर माधुरी साहा जैसे खुद अपने आपसे कहने लगीं, ''···जब मैं वर्किंग विमेन हॉस्टल में साहा साहब की पत्नी की मेहरबानी से रहने लगी, तब मुझे पता लगा कि मेरे पेट में बच्चा था। लेकिन वह किसी घिनौने व्यभिचार, किसी असीम पाप की निशानी थी। उस बच्चे को जन्म देने से संसार का सारा कलुष सारी कालिख मेरे मुँह पर पुत जाती। इसीलिए मुझे उस समय एक आपरेशन कराना पड़ा था।''

''यू मीन एबारशन ?''

''हाँ। जानती हो वह आपरेशन किसने किया था ?''

''किसने ?''

''मेरे सिर की सौगन्ध खाओ पहले।'' माधुरी साहा ने मालती शर्मा का

हाथ अपने सिर पर रख लिया।

"हाँ दीदी, मैं आपकी सौगन्ध लेती हूँ...पूरी जिन्दगी यह रहस्य मुझसे कोई नहीं जान सकेगा।"

"वह कोई और डॉक्टर नहीं, मांगलिक था।" माधुरी साहा ने जैसे अन्दर से कोई गंदी चीज उगल दी थी।

"ओ नो !" मालती शर्मा की रूह काँप उठी। भाग्य की इतनी विडम्बना, नियति का इतना बड़ा खिलवाड़। मैलिसीडिन कांड की फाइल मेज पर पड़ी थी। मांगलिक के खिलाफ पूरा मामला बन चुका था।

"हाँ मालती ! है न कितना बड़ा पैराडाक्स !"

"सच दीदी !"

"ऐंड नाउ ही वाण्ट्स मी टु क्विट हिम...स्काट फ्री।"

"ब्लैकमेल...शियर ब्लैकमेल !"

"दैट्स इट मालती। वी पुअर विमेन, दैट इज अवर विमेनहुड !!"

"मैं समझ रही थी।...अब मुझे मालूम है...ही इज क्रिमिनल...नथिंग बट क्रिमिनल !"

"और हम सब...समूची औरत जात खुद गुनाह की तरह अपवित्र !"

"ओह गुड ग्रेशस गॉड !" मालती शर्मा ने बस अपनी आँखें झुका लीं।

इक्कीस नम्बर का अस्थायी पास खो गया था। पास-ऑफिस में लक्ष्मीसागर का काम था अस्थायी और स्थायी पास काटना। सामान्य रूप से साल में एक-आध पास खो जाना कोई बड़ी बात नहीं थी, लेकिन भरत मल्होत्रा असल में खतरा मोल लेना नहीं चाहता था। विनयराय से उसका छत्तीस का आँकड़ा था। बड़ी खूबी से मुण्डू स्वामी, विनयराय और भरत मल्होत्रा के आँकड़ों का विश्लेषण करता।

"महान् छीछालेदर !"

"कैसे !" मीनू तलवार, बासू के छुट्टी पर होने से पास काट रही थी।

"विभीषण राय है न...।"

"विभीषण राय कौन ?" मीनू तलवार ने भोलेपन में पूछा।

"यह साला उपसचिव की बात कर रहा है।" बत्रा ने ललकारा।

"हाँ तो !" मुण्डू स्वामी ने चुनौती दी। "मैंने गलत कहा क्या ? विभीषण राय नहीं है वो...?"

"बत्रा ! तू गाली क्यों देता है...? तू इतनी गाली क्यों देता है लड़कियों के सामने ?" ढेंगा दर्द में कराहा।

''कौन छोकरी है यहाँ ? अरे हाँ, मैं तो भूल ही गया था।...अपनी मीनू ...आई एम सॉरी, मीनू ! वेरी सॉरी !!'' मुण्डूस्वामी ने सफाई दी।

''मेरा कोई भाई नहीं है और मैं... ।''

''किसी की बीवी नहीं हूँ।'' निर्मल खत्री ने मीनू तलवार की बात काट दी। ढेंगा, मुण्डूस्वामी, बत्रा, लक्ष्मीसागर सबने मिलकर ठहाका लगाया।

'हा हा हा ही ही ही खी खी खी शिख खिख शी इ ई ही हो हा हा !' सब आवाजें मिलकर एक-दूसरे के मुँह के अन्दर, तरह-तरह के जबड़ों को पार करके, भरत मल्होत्रा के केबिन में पहुँचतीं। इन लोगों को पता नहीं था कि भरत मल्होत्रा कब आकर भीतर बैठ गया है। भरत मल्होत्रा इक्कीस नम्बर पास के चक्कर में परेशान था। उसी दिन उसे संकटाप्रसाद के आदेश पर निकाला गया एक सर्कुलर मिला था, जिसमें सचिवालय प्रशासन को चुस्त करने के लिए अन्य तमाम आदेशों के साथ, पास-ऑफिस को स्थायी, अस्थायी और आकस्मिक पास के बारे में भी आदेश दिये गये थे। उस आदेश की बिना पर उप-सचिव विनयराय ने पास-ऑफिस से इस बात की जानकारी माँगी थी कि कितने अस्थायी और स्थायी पास लोगों को दिये जा चुके हैं और उस तरह के पास गलत हाथों में न पहुँचें, इसका क्या प्रबन्ध किया गया है ? भरत मल्होत्रा जहाँ एक तरफ यह पता लगाने की कोशिश कर रहा था कि इक्कीस नम्बर पास किसने गायब किया है, वहीं दूसरी तरफ उसे अपने दफ्तर के लोगों पर भी शक था। लक्ष्मीसागर, ढेंगा, मुण्डू, बासु, बत्रा, निर्मल खत्री में से कोई एक आदमी विनयराय का आदमी है, कोई विनयराय के यहाँ जाता है, पास-ऑफिस की चुगली करता है। हँसी के ठहाकों की आवाज जब भरत मल्होत्रा को सुनायी दी तब वह इसी सकंट में फँसा हुआ था।

''यह दफ्तर या चण्डूखाना ? हँसने का भी तरीका होता है...गला फाड़कर चिल्ला रहे हैं सब ! आखिरी बार मैं कहता हूँ, जिसे यहाँ काम नहीं करना हो, तबादला करवा ले अपना !''

''मल्होत्रा साब !'' ढेंगा फटे बाँस की आवाज में बोला, ''हम पास काट रहे हैं न ?''

मल्होत्रा चुप रहा।

''बोलिए न। हम पास काट रहे हैं न ? नहीं बोलेंगे न। सच बात तो यह है, हम पास काट रहे हैं और लोग माल ! अब यहाँ से तबादला होगा तो किसे खुशी नहीं होगी ? मजबूरी है बस !''

''शटअप !'' कहकर भरत मल्होत्रा अन्दर चले गये।

जिस समय ढेंगा का भरत मल्होत्रा से झगड़ा हुआ, उस समय दिन के करीब बारह बजे थे। ''शटअप...शटअप...शटअप !'' तीन बार शटअप कह कर

ढेंगा ने भरत मल्होत्रा के ऊपर अपना जेहाद बोल दिया।

"या गुरु फतह···शटअप !" ढेंगा ने नारा दिया।

"करोगे क्या तुम ?" बगल से मीनू तलवार ने छींटा कसा।

"देखो अभी।" ढेंगा ने हाथ उठाकर हमले के तेवर दिखाये।

उस सयम ढेंगा की खिड़की के सामने कई लोग खड़े थे। उसने उन लोगों को तौलकर कुछ इस तरह देखा, जैसे कसाई बकरे को हलाल करे। दो-तीन पास तो उसने जल्दी-जल्दी काट दिये। न चिट्ठी देखी, न फोन किया। उसके बाद उसने प्रत्येक, एक आदमी के बाद एक आदमी को भरत मल्होत्रा के पास भेजना शुरू किया। बारह बजे से एक बज कर बीस मिनट तक उसने करीब दस आदमियों को भरत मल्होत्रा के पास भेजा था। उसकी शह पर बत्रा, मुण्डू स्वामी और निर्मल खत्री भी एक-दो लोगों को बिना टिकट भरत मल्होत्रा के पास रवाना कर देते।

भरत मल्होत्रा पहले तो काफी देर तक कुछ समझा नहीं। वह चुपचाप जाँच-पड़ताल करता और लक्ष्मीसागर को कहकर पास बनवा देता। करीब एक बजे सेठ गोवर्धनदास ढेंगा की लाइन से निकलकर भरत मल्होत्रा के केबिन में घुसे।

"अरे भरत भाई, तुम यहाँ ?"

"हाँ अ हाँ···हाँ···अरे सेठ जी, आप !" भरत मल्होत्रा उठकर खड़ा हो गया।

"बैठिये न···आप यहाँ के मालिक हैं। यह आपकी गद्दी है, इसे छोड़कर नहीं उठना चाहिए आपको," गोवर्धनदास ने बैठते हुए कहा।

"अरे कोई है ?" भरत मल्होत्रा ने घंटी बजायी।

"मेरा नाम कुन्दन है, साब !" लगता था, कुन्दन भी ढेंगा के असहयोग में शामिल हो गया था।

"हाँ···हाँ, पता है। कुन्दन जी, अब हमारे सेठ जी आये हैं तो कुछ चाय-पानी का इंतजाम करेंगे !" मल्होत्रा सेठ जी के सामने कुन्दन के मुँह नहीं लगना चाहता था।

"कितनी चाय ?"

"दो, और कितनी ?"

"पैसे बाद में देंगे न ?"

"हाँ, और देखो !" कुन्दन दरवाजे पर रुक गया। "सेठ जी के लिए पान भी लाना !"

भरत मल्होत्रा के पास-ऑफिस के लोग ज्यादा चिढ़े हुए थे। इसकी वजह थी, मल्होत्रा कायदा-कानून खूब निकालता था। देर से आने पर क्रॉस लगा देता,

जल्दी जाने पर आधे दिन की छुट्टी काट लेता, हँसने की मना करता। पेंसिल, कलम, कार्बन, रजिस्टर, कागज, रबर ताले में बन्द रखता। ऊपर से कुछ दिनों से उसने मीनू तलवार के तबादले की कोशिश करनी शुरू कर दी थी। इस बीच मीनू तलवार को उसने अपने केबिन में बैठने को कह दिया था। वह तो बत्रा के छुट्टी पर होने के कारण मीनू तलवार को बाहर निकालना पड़ा था। ढेंगा, मुण्डूस्वामी, बासू, बत्रा, निर्मल खत्री—सब-के-सब भरत मल्होत्रा से खासकर इस बात से काफी नाराज थे। पेंसिल, कागज, कलम, आधे दिन की छुट्टी और देर से न आने की सुविधा तक तो वह भरत मल्होत्रा को झेल लाये थे, लेकिन मीनू तलवार पास-ऑफिस से चली जायेगी यह बात उनके गले से नहीं उतर रही थी। पास-ऑफिस फिर से सचिवालय का रंडवा आश्रम हो जायेगा। वहाँ कोई जनाना चेहरा-मोहरा, नोक-पलक, तीक-तड़ाक नहीं होगा, यह सोचकर सब परेशान थे।

लक्ष्मीसागर साधारण रूप से इन लोगों की बातों की खेती से अपने को अलग रखता, लेकिन इक्कीस नम्बर पास के खो जाने से वह भी इन लोगों के साथ हो गया था। लंच टाइम में ढेंगा ने अपनी मिनी मीटिंग में असहयोग का प्रस्ताव पास कर दिया। सबके सामने सवाल मीनू तलवार के रहने या न रहने का था। ढेंगा सहित सबको मालूम था, यदि भरत मल्होत्रा पास-ऑफिस में कुछ दिन और रुक गया तो मीनू तलवार चली जायेगी। मल्होत्रा ने सचिवालय प्रशासन में कह रखा था, पास-ऑफिस में लड़कियों को नहीं रखा जाना चाहिए, क्योंकि दफ्तर के लोग काम नहीं करते थे। ऊपर से बाहरी लोग खिड़कियों से सटे रहते थे, टँगे रहते थे। मुंडू स्वामी और निर्मल खत्री खास तौर पर इसी कारण नाराज थे। वह चाहते थे, कुछ ऐसा करना चाहते थे, मीनू तलवार रुक जाये, भले ही भरत मल्होत्रा चला जाये, पास-ऑफिस नष्ट हो जाये, सचिवालय रसातल में चला जाये। सबने मिलकर खटाखट बिना जाँच-पड़ताल के पास काटना जारी कर दिया। इसी दौर में मुंशी अवतारीलाल, शान्ति बिन्दादीन की बेवा, किशनलाल तिड़ीबाज और जगन महाराज के कई आदमियों को पास मिलने लगे। सेठ गोवर्धनदास का तो दूर से देखते ही पास काट दिया जाता। भरत मल्होत्रा को पता ही नहीं लगा, दस अस्थायी पास कब खो गये !

मालती शर्मा एक अजीब-सी मनोस्थिति में थी। माधुरी साहा के साथ उनके सम्बन्ध बहुत पुराने थे। जिस जमाने में वह कान्वेण्ट स्कूल में टीचर थीं, जिस जमाने में मोनिका लाल को उन्होंने अधेड़ उम्र की मोटीतगड़ी औरतों के चंगुल से छुड़ाया था, उस जमाने में माधुरी साहा आई. ए. एस. में आ चुकी थीं। वैसे

उसी स्कूल में माधुरी साहा पहले खुद भी पढ़ाती थीं। डी. एन. साहा की पहली पत्नी के बच्चे का स्कूल में दाखिला कराने जब माधुरी साहा आयी थीं, तभी पहली बार में ही मालती शर्मा के अन्दर उनके प्रति सम्मान और स्नेह की भावनाओं ने जन्म ले लिया था। फिर बच्चों की पढ़ाई के सिलसिले में कई बार उनसे मुलाकात हुई, कई बार उन्होंने घर बुलाया, कई बार स्कूल की समस्याओं में मदद लेने के लिए वह उनसे दफ्तर में मिली थीं। उसी साल मालती शर्मा ने पी. सी. एस. का इम्तहान दिया। इम्तहान के बाद साक्षात्कार के समय माधुरी साहा ने मालती शर्मा की काफी मदद की थी। हमेशा-हमेशा से मालती शर्मा के ऊपर माधुरी साहा के स्नेह की छाया रहती थी। काफी दिन पहले पी. सी. एस. में आने के बाद मालती शर्मा ने जब नौकरी शुरू की थी, तब एक भारी मुसीबत में फँस गयी थीं वह। दफ्तर के लोग उन्हें तंग करते थे।

सतीशबहादुर तब उस जिले के कलेक्टर हुआ करते थे, जहाँ मालती शर्मा एस. डी. एम. थीं। सतीशबहादुर मालती शर्मा के लिए खुद मुसीबत खड़ी करते और फिर उन्हें बुलाकर मुसीवत को हल करने के उपायों पर बातचीत करते। सतीशबहादुर की नजर उस समय मालती शर्मा के ऊपर थी। तब माधुरी साहा ने ही बचाया था उन्हें। एक बड़ी बहन सरीखा प्यार, एक सच्चे दोस्त की समझ, जिन्दगी के कच्चे-पक्के रास्तों पर, दर्जनों बार, माधुरी साहा ने मालती शर्मा को दी थी। मालती शर्मा के मन में एक असीम श्रद्धा की भावना थी, क्योंकि माधुरी साहा ने दो-तीन बार उनकी शादी करवाने तक की कोशिश की थी।

एक और मदद की थी माधुरी साहा ने मालती शर्मा की। वह मदद थी, सामान्यरूप से जीवन गुजारने की हनक ! माधुरी साहा ने ही तो कहा था, सामान्यरूप से जीवन बिताने का अपना एक मजा, अपना एक नशा होता है। शायद यही वह बात थी जिसकी वजह से मालती शर्मा ने, जहाँ एक तरफ खुद को मोटी-अधेड़ किस्म की औरतों के चंगुल से बचा लिया था, दूसरी तरफ मोनिका लाल को भी उस दलदल से निकाल लायी थीं। माधुरी साहा को सब मालूम था, वह सब जानती थीं। मालती शर्मा की उम्र उस समय कुछ नहीं थी। आज कभी-कभी वह सोचा करतीं, कहीं उनकी जिन्दगी में माधुरी साहा न आयी होतीं तो क्या होता ! वह भी आगे चलकर मोटी-अधेड़ औरतों की तरह अपनी रूह से, अपने जिस्म से उस असामान्य, उस अप्राकृतिक सुख की दौड़ में भटक जातीं जो उनको उन्हीं औरतों की तरह घिनौना बनाकर रख देता। माधुरी साहा ने जिस तरह एक बिगड़ी हुई बच्ची सुधारी जाती है, मालती शर्मा को सुधारा था। पी. सी. एस. का इम्तहान भला वह दे पातीं ? सचिवालय के अपने वर्तमान पद पर भला वह आ पातीं ? उन भुतही औरतों के चंगुल से भला छूट पातीं और फिर वह अनोखा सुख, वह मोहक संवदेना, वह स्नेह की ललक भला वह

छू पातीं ?

उस दिन मालती शर्मा सोच रही थीं कि उनका जीवन उनका अपना जीवन नहीं था। वह जीवन तो माधुरी साहा का कर्ज था, जिसका एक लाखवाँ हिस्सा भी तो वह अभी तक नहीं अदा कर पायी थीं। माँ ने जन्म दिया होगा। उसने माँ को देखा नहीं था। बड़ी-छोटी कोई बहन उसकी नहीं थी। जिन्दगी के रास्तों पर, अँधेरी अनजान उम्मीदों पर, उसने पाना चाहा था सारा सुख ! समूचा, सब-कुछ भोग डालना चाहती थीं वह ! उम्र ही क्या थी तब उनकी !

उस दिन यह सोचकर मालती शर्मा की रूह काँप उठी थी, अगर माधुरी साहा उनकी जिन्दगी में न आयी होतीं तो क्या होता ? कौन-सा रिश्ता था वह जिसके तहत माधुरी साहा, बार-बार उनकी जिन्दगी बचाती रही थीं ? क्या यह रिश्ता उसी तरह एक-तरफा है जैसे माँ और बड़ी बहन का होता है ? क्या उसका कोई कर्तव्य नहीं ? बार-बार मालती शर्मा के अन्दर कोई अहसास करवट बदल रहा था, जैसे मन की सारी ग्रन्थियाँ टूट रही हों और उस करवट, उन ग्रन्थियों की टूटन मालती शर्मा के अन्दर एक हूक बनकर बसती जा रही हो।

माधुरी साहा के कमरे से निकलते वक्त मालती शर्मा की आँखें भरी हुई थीं। एक कसक, एक पीड़ा अहसास की करवट, ग्रन्थियों की टूटन से जन्मी हुई हूक, उनके रोम-रोम में समायी हुई थी। ऐसी माधुरी साहा के साथ वह सब-कुछ हो रहा था, जो खुद कितनी अच्छी थीं, कितनी सुन्दर थीं। मालती शर्मा सोच रही थी, इस समूचे विश्व में दुख के सिवाय कुछ नहीं हैं। अगर माधुरी साहा जैसी औरत दुखी है, तब फिर इस संसार में कोई सुखी नहीं हो सकता।

माधुरी साहा के कमरे से निकलकर मालती शर्मा के सामने लम्बी गैलरी जैसे हाथ फैलाये हुए खड़ी थी। उसके बाद दाहिनी तरफ का जीना और कमरों की एक लम्बी कतार और तब कहीं जाकर उनका कमरा आनेवाला था। उस समय मालती शर्मा का मन हो रहा था, वह उड़कर बस अपने कमरे में पहुँच जायें। इतना लम्बा रास्ता तय करने की शक्ति उनके अन्दर नहीं बची थी। लेकिन अपने कमरे तक चलकर ही जाना पड़ा था मालती शर्मा को। इस दौड़ ने उनको और खाली कर दिया था।

बस एक ही बात, एक ही खयाल, बार-बार हथौड़े की तरह उनके जहन पर चोट कर रहा था—वह माधुरी साहा के लिए क्या करें, कैसे करें ? उनका मन कर रहा था, वह डॉक्टर को गोली मार दें, उसका खून कर दें। मालती शर्मा को लगा, कहीं उनके अन्दर पौरुष होता, वह सर्वशक्तिमान होतीं, उनके पास ताकत होती तो क्या माधुरी साहा को इतनी मुसीबत उठानी पड़ती ? फिर उनको खयाल आया, सर्वशक्तिमान होना ही सब-कुछ नहीं होता।

खुद माधुरी साहा सर्वशक्तिमान थीं। इस दुनिया में शायद औरत की

नियति यही थी। कितने ही बड़े साम्राज्य की मलिका हो, कितनी ही बड़ी हो, कितनी ही शक्ति हो, फिर भी औरत सिर्फ औरत हो सकती है, और कुछ नहीं। छिः ! क्यों बनाया औरत को ईश्वर ने ? शायद इसीलिए, सिर्फ इसीलिए न, सारे विश्व के समस्त पुरुष उसे देखकर अपनी पूर्णता, अपनी शक्ति का अनुभव करें। ऊपरवाला भी आदमी ही होगा, कहाँ से लाता वह औरत का मन, कैसे गढ़ता वह पूरी औरत ! अधूरी औरत और समूचा मर्द, बस यही था सृष्टि का नियम, सोच रही थीं मालती शर्मा अपने कमरे की कुर्सी पर बैठते हुए।

"चलें मैडम के यहाँ, मिस शर्मा !" भूपति ने कमरे में घुसते हुए कहा।

"आइये, मिस्टर भूपति !"

"कुछ उदास हैं आप···बात क्या है ?" भूपति कुर्सी पर बैठ गया।

"वी आर डेसटाइण्ड टु बी सैड।" मालती शर्मा ने घुटी हुई साफ छोड़ दी।

"वी आर ? मतलब ?" भूपति चौंक गया।

"वी आर मीनिंग वी ऑल विमेन।"

"विमेन, औरत, लड़की, यह सब खुशियों—जन्नत के नाम हैं।"

"बस वहीं तक न, जहाँ तक ये पुरुषों के औचित्य को सिद्ध करें !"

"क्या कह रही हैं आप, मिस शर्मा ?"

"वी आर ऑल एक्सप्लाइटेड लॉट, और कुछ भी नहीं," मालती शर्मा ने दर्द में छटपटाते हुए कहा।

"क्या विमेन लिब पर विश्वास करती है ?"

"यह तो नहीं कहा मैंने, लेकिन क्या कीड़ों-मकोड़ों से बदतर नहीं है हमारी नियति ?"

"कौन कहता है ? मैं तो···।"

"यह सवाल आपका नहीं है, मैं तो एक सामान्य बात कह रही थी।"

"लेकिन क्यों···हुआ क्या है ? मुझे लगता है, आप मुझ से कुछ छुपा रही हैं।" कहने को भूपति कह गया, लेकिन फिर उसे लगा कि उसे ऐसा नहीं कहना चाहिए था। इसीलिए अगले ही क्षण वह सफाई देने लगा, "मिस शर्मा, मुझे माफ करें प्लीज !"

"आप···आप तो माफी माँगने लगे···मगर क्यों ?" न जाने कितने दिनों बाद किसी ने अनजाना अधिकार दिखाया था। इस सुख को भूपति ने कुछ देर तो रहने दिया होता, मालती शर्मा सोच रही थीं।

"ऐसे ही ! लेकिन मैं जानना चाहूँगा, अगर बताने लायक बात हो !"

"अगर-मगर, लेकिन-वेकिन लगाकर जो लोग बातें करते हैं, वह मुझे अच्छे नहीं लगते। समझ गये, मिस्टर भूपति !" मालती शर्मा का मूड ठीक हो रहा

था।

"फिर बताइये न, मिस शर्मा ! आई डोण्ट लाइक टु सी यू सैड।"

"आइये, बाहर चलते है, कहीं बैठकर बात करेंगे···यहाँ तो बस···!" मालती शर्मा उठकर खड़ी हो गयीं।

"और मैडम ?" भूपति कहीं बैठकर बात करने के प्रस्ताव से लड़खड़ा रहा था।

"दैट यू लीव आन मी···ओ. के. ! लैट्स गो।"

मालती शर्मा कमरे से बाहर पहले निकलीं। उनके पीछे भूपति था। कमरे के बाहर भैरवसिंह खड़ा था। भैरवसिंह को देखते ही भूपति रुक गया।

"अरे भैरवसिंह तुम ! यहाँ कैसे खड़े हो ?"

"मैं सर ! मैडम !" मालती शर्मा की तरफ इशारा किया भैरवसिंह ने।

भूपति हँसने लगा, "सर और मैडम एक साथ ?"

भैरवसिंह का नाम सुनकर मालती शर्मा के ऊपर जैसे बिजली गिर पड़ी। यही भैवरसिंह था ! नानकपुर-पहाड़पुर गाँव की औरतों के साथ जिसने बलात्कार किया था, वही भैरवसिंह मालती शर्मा के सामने खड़ा था ! सिर पर टोपी, वही अर्धवृत्ताकार चेहरा, घुमावदार मूँछें, लटकता हुआ मोटा होठ, सपाट जबड़ा, बदरंग दाँत, मझोला कद, फूला हुआ सीना, ढरकता हुआ पेट और टेढ़ी टाँगें, न जाने क्यों, मालती शर्मा को लगा, यह आदमी देखने में खूँखार था। लेकिन इसके अन्दर कोई तरलता अवश्य है।

"मैडम से क्या काम है तुमको ?" भूपति ने सवाल फेंका।

"आई. जी. साब ने मैडम से मिलने को कहा था···।" भैरवसिंह बोल रहा था, लेकिन लग रहा था जैसे गुर्रा रहा हो।

"किस लिए ?" मैडम ने आगे बढ़ते हुए कहा।

भूपति और भैरवसिंह धीरे-धीरे, मालती शर्मा के साथ चलने लगे। तभी लपककर भैरवसिंह आगे बढ़ गया।

"मैं आया था नानकपुर कांड के सिलसिले में अपनी बात कहने। सुना है, कलेक्टर साब ने बड़ी गलत रपट भेजी है आपको !"

"अरे भैरवसिंह, तो तुम हो नानकपुर कांड के हीरो ! तुमसे यह उम्मीद तो न थी।" भूपति ने हँसते हुए छेड़ा।

"अब सर, आप कहेंगे···ऐसा···।" टोपी तिरछी झुका दी भैरवसिंह ने।

"अच्छा, ठहरे कहाँ हो ?"

"पुलिस लाइन में, सर !"

"जाने से पहले मिलना···ठीक है न !" भूपति जीने की तरफ बढ़ गया।

"मैडम···एक मिनट···कब आऊँ मैं···?"

"अब मुझसे मिलने की जरूरत नहीं है। आप गृह-सचिव से मिल लें।"

कहकर मालती शर्मा नीचे की तरफ उतर गयीं।

गेट नम्बर छह और सात के बीच सचिवालय के दक्षिणी किनारे पर, उन दिनों एक कैफेटेरिया हुआ करता था। गेट नम्बर सात के सामनेवाली सड़क पार करके, भूपति और मालती शर्मा कैफेटेरिया में जाकर बैठ गये। कैफेटेरिया में भीड़ नहीं थी। एक्का-दुक्का लोग बैठे हुए चाय पी रहे थे।

"यहाँ हमारा बैठना ठीक तो है न ?" मालती शर्मा ने डरते हुए पूछा।

"ठीक है भी और नहीं भी।" भूपति ने जवाब दिया।

"कैसे ?"

"ठीक इसलिए है कि इस समय यहाँ सचिवालय का कोई आदमी नहीं होगा। एक-आध लोग जो दीख रहे हैं न, वह ठेकेदार किस्म के लोग हैं।"

"और ठीक नहीं भी ?"

"हाँ···इसलिए कि हम सचिवालय के जिस वर्ग के हैं, उस वर्ग के लोग यहाँ आना अपनी तौहीन समझते हैं। लेकिन मैं तो आता हूँ। इसका जो मालिक है न खुर्रम, उसके पाँच बीवियाँ हैं···पूरी पाँच !"

"पूरी पाँच का मतलब ?" मालती शर्मा हँस रही थीं।

"पूरी समूची पाँच, मतलब सब साबुत हैं, जलवाफरोश है और उसे प्यार करती हैं।"

"आपकी कितनी बीवियाँ हैं ?" मालती शर्मा ने धीरे से पूछा।

"मेरी···?"

"रुक क्यों गये ?"

"मेरी सात बीवियाँ हैं।"

"छिः ! क्या कह रहे हैं आप !"

"नहीं···सच बात तो यह है, मेरी शादी नहीं हुई।"

"क्यों ?"

"बस यूँ ही। सोचा था, उस लड़की से शादी करूँगा जिसके ऊपर विश्वास हो···!"

"कभी सोचा है, उस लड़की को भी तो विश्वास दिलाना होगा।"

"मुझे बात पूरी कहाँ करने दी आपने ?"

"करिए···बात पूरी करिए !"

"यह विश्वास भी अजीब चीज है। इसके कई नाम हैं। इसके अनेक मतलब हैं !"

"आप अपना मतलब बताइये।"

"मेरे अन्दर कुछ कमी है। मुझे डर लगता है···!"

"डर···?"

"हाँ, डर। महज इस बात का डर कि शादी के बाद घरेलू किस्म की जिम्मेदारियाँ होती हैं, उन्हें निभा पाऊँगा या नहीं ?"

"सिली !"

"मेरी बात सुनिये मिस शर्मा !"

"मिस शर्मा की जगह आप मुझे मालती कह सकते हैं।"

"थैंक्स। नाउ लुक मिस मालती ! इस विश्वास का और कोई मतलब नहीं है। इसका मतलब है सिर्फ इतना कि मैं अकेला कैसे दो समूची जिन्दगी जी पाऊँगा ?"

"दो जिन्दगी !"

"हाँ, दो जिन्दगी। वैसे भी आदमी दो, तीन, चार तरह की जिन्दगी अकेला जीता है। ऊपर से एक अदद औरत, जो खुद भी कई तरह से जीती है, अपनी तमाम जिन्दगी उसके ऊपर लाद दे। यह बोझा मैं नहीं ढो सकूँगा, यह मजदूरी मुझसे नहीं होगी।"

"ग्रेट ! फैनटास्टिक !! वण्डरफुल !!!"

मालती शर्मा को यह आदमी पसन्द आ रहा था। उसके अन्दर का सारा तनाव धुल गया था। जैसे अंधड़ के बाद धूल के गुबार रुक गये हों और सामने एक खिला हुआ फूल सिर्फ इसलिए नहीं गिरा हो कि जिस डाली में फूल लगा हुआ था वह बेहद लचीली थी।

भूपति की आँखों में देखते हुए मालती शर्मा ने आगे कहा, "यही बात मैं कहती हूँ···। यही बात तो दीदी कहती हैं। अगर ऐसा हो जाये—जिस दिन ऐसा हो जायेगा, उस दिन आदमी ईश्वर से बड़ा हो जायेगा।"

"आदमी ईश्वर से बड़ा हो जायेगा। हाउ—कैसे ?"

"ऊपरवाले ने औरत को अधूरा बनाया है न···सिर्फ आदमी को पूरा करने के लिए न ! उस दिन आदमी ऊपरवाले का विधान तोड़कर औरत को पूरा कर देगा !"

"ब्यूटीफुल !"

"क्या ?"

"अरे मिस मालती, आप बुरा मान गयीं, मैं तो उस बात को ब्यूटीफुल कह रहा था जो आपने कही।"

"मुझे मालूम है।" मालती शर्मा ने धीरे से कहा।

तभी बैरा चाय का पॉट रख गया। भूपति ने केतली उठाकर पहले मालती शर्मा के प्याले में चाय डाली और फिर अपने में। चाय में दूध पड़ा हुआ था, चीनी अलग थी। मालती शर्मा ने अपनी चाय में दो चम्मच चीनी डालकर भूपति

की तरफ देखा।

"सेम !" भूपति ने उसकी चाय की तरफ इशारा किया।

मालती शर्मा ने दो चम्मच चीनी भूपति के चाय में भी डाल दी। दोनों अपने-अपने प्याले में चीनी मिलाने लगे। चाय के प्याले में चम्मच की आवाज जैसे पूरे कैफेटेरिया में गूँज रही थी। एक मीठी गूँज जैसे चाय के प्याले से उठकर, मालती शर्मा और भूपति के अन्दर बैठ रही थी। कैफेटेरिया का पंखा तेज आवाज में 'ढुक-ढुक घिरर-घिरर घूँ-घूँ' करता हुआ घूम रहा था। सामने खिड़की में लगे हुए कूलर की ठंडी हवा घुटर-घुटर की आवाज के साथ उड़कर भूपति और मालती के पास तैरकर आ रही थी।

भूपति कैफेटेरिया के मालिक खुर्रम को काउण्टर पर ऊँघते हुए देख रहा था। उसके लम्बोतरे चेहरे पर, उसी तरह की निरीहता थी, जैसे जंगल के सन्नाटे से निकल कर कभी-कभी आदमी को दरिया के किनारे मिलती है। एक क्षण में जैस मन का सारा कलुष, ताप, सब-कुछ निकल गया और उसकी जगह आ गयी एक मधुर-सी सिहरन। उधर मालती एक क्षण को भूल गयी थी कि वह कहाँ है। सचिवालय का कंपाउण्ड, कैफेटेरिया का छोटा-मोटा हॉल, कुर्सी-मेज, काउण्टर, खुर्रम, पंखा, कूलर, यहाँ तक कि भूपति भी उसके सामने से ओझल हो चुका था। दूर-दूर तक अनन्त विस्तार में वह असंख्य तितलियों के बीच बस दौड़ती चली जा रही थी, न जाने कितने फूलों के बीच से, कितनी खुशबुएँ आत्मसात करते हुए।

तभी कच्ची शराब का भभका, जोरदार लथेड़ा मालती शर्मा की नाक के अन्दर घुसकर खलबली मचाने लगा। उधर भूपति ने मुड़कर देखा तो खुर्रम के काउण्टर के पास मुन्ना बाबू का प्रलाप शुरू हो गया था, "मान्यवर खुर्रम खाँ, इस महान् सचिवालय की राजगद्दी तो अब आपको मिलनेवाली है।"

भूपति ने इशारे से बैरे को बुलाया और दो रुपये का नोट देकर उठने लगा। "चलें यहाँ से, मिस मालती !"

"कौन मुन्ना बाबू हैं !!" कुर्सी छोड़ते हुए मालती शर्मा ने पूछा।

"हाँ और कौन ?"

"संकटाप्रसाद सलाहकार नम्बर एक; के. डी. शर्मा सलाहकार नम्बर दो—दोनों रँडुवे। आधा रँडुवा राज्यपाल, पूरा रँडुवा मुख्य-सचिव। पूरा रँडुवाखाना सचिवालय में जमा दिया है। हमें क्या है, मर कर चले जायेंगे, तब याद करना हमें, खुर्रम-अर-रे रे भूपति साब, आप हमारे मान्यवर उप-सचिव आइये··· आइये—यह क्या देख रहा हूँ···मिस मालती शर्मा। मान्यवर उप-सचिव महोदया ! ···नमस्कार, मुन्ना बाबू का आशिष ले लें....!"

मालती शर्मा चुपचाप बाहर निकल गयीं। कैफेटेरिया के बाहर मुन्ना बाबू

का प्रलाप सुनायी दे रहा था। "मैं झूठ कह रहा हूँ क्या, भूपति साब ! सचिवालय की अब वह शान कहाँ है ? मेरे दादा-परदादा, मेरे पुरखों ने, अपने खून-पसीने से इन पत्थर की दीवारों को सींचा है। मैकडोवल कम्पनी ने खुद थोड़े बनाया था यह पत्थर का जंगल...।"

"अच्छा मुन्ना बाबू, फिर मिलेंगे।" भूपति लपक कर मालती शर्मा के पास आ गया। "निकल चलिए यहाँ से, नहीं तो बखेड़ा बढ़ जायेगा।"

"इसीलिए आये थे यहाँ ?"

"मुन्ना बाबू आदमी बुरा नहीं है।" भूपति ने हँसकर कहा, "आपको आशिष दिया तो उसने...और सबको गाली देता है।"

"मुझ से तो बेटी कहकर बात करता।"

"कहाँ थे हम और कहाँ आ गये !" भूपति कैफेटेरिया की याद दिला रहा था।

"बेटर लक नैक्स्ट टाइम !" मालती ने हँसते हुए कहा।

"बाय !"

"बाय !"

कैफेटेरिया से निकल कर भूपति सीधे अपने कमरे में नहीं गया। लंच के पहले, माधुरी साहा ने मैलिसीडिन कांड के ऊपर तीन बजे के बाद काम करने के लिए कहा था। खुद लंच पर जाने से पहले फाइल पर अपना नोट लिखकर, सभी कागजों को उसने फ्लैग करवा दिया था। अपने सामने जिन्दल से कह कर फाइल उसने माधुरी साहा की मेज पर रखवा दी थी। उसे मालूम था, माधुरी साहा को लंच पर बाहर जाना था। लेकिन तीन बजे, जब वह माधुरी साहा के कमरे में पहुँचा तो जिन्दल से उसे मालूम हुआ, अन्दर मालती शर्मा हैं और किसी को वहाँ जाने की इजाजत नहीं है।

तभी वह बेसमेंट की तरफ, भारत सुरक्षा कानून की और उससे सम्बन्धित नियमावली देखने के लिए चला आया था। बेसमेण्ट से अन्दर की तरफ मुड़ते वक्त उसे मालती शर्मा का खयाल आया था। मालती शर्मा से मिलकर वह जान लेना चाहता था, कि मैलिसीडिन कांड की ताजा स्थिति क्या है। मालती शर्मा चूँकि काफी देर तक माधुरी साहा के कमरे में थीं, इसीलिए भूपति ने अनुमान लगाया था, उनको ताजा स्थिति के बारे में पता होगा। मालती शर्मा को साथ लेकर उसे माधुरी साहा के पास जाना था। मालती शर्मा उसे मिल तो गयी थीं, लेकिन माधुरी साहा के यहाँ न जाकर वह कैफेटेरिया चला गया था। अपने कमरे में पहुँचकर पहले तो उसने जिन्दल को फोन लगाया। लेकिन जिन्दल ने उसे जब बताया कि माधुरी साहा मुख्य-सचिव के पास गयी हुई हैं और भूपति के लिए कोई आदेश नहीं छोड़ा है तो भूपति ने मालती शर्मा को फोन किया।

"हलो ! मैं भूपति बोल रहा हूँ।"

"कहिए, क्या हाल हैं आपके ?"

"कैफेटेरिया में पूछना भूल गया था, मैडम से आपकी क्या बात हुई ?"

कैसे बतातीं मालती शर्मा, मैडम से उनकी क्या बात हुई थी ? जब भूपति उनके कमरे में आया था, उस समय वह माधुरी साहा के अतीत की काली छाया में घिरी हुई थीं। उनका मन उदास था। वह माधुरी साहा के लिए कुछ करना चाहती थीं, लेकिन उनकी समझ में नहीं आ रहा था कि वह करें तो क्या करें ? वह खुद भी तो माधुरी साहा की तरह एक कमजोर औरत थीं। मांगलिक जैसे बदमाश का मुकाबला कर सकने की क्षमता उनके पास नहीं थी। फिर भी उन्हें कुछ करना था ...कुछ भी। भूपति के साथ कमरे से निकलते वक्त बस यही बात मालती शर्मा के अन्दर उथल-पुथल मचा रही थी। दूर-दूर तक, उन्हें कोई ऐसा आदमी नजर नहीं आ रहा था जिसके ऊपर विश्वास करके वह कोई योजना बना सकें। फिर योजना बनाने का वक्त ही कहाँ था ? मैलिसीडिन कांड की फाइल माधुरी साहा की मेज पर रखी थी। आजकल में उसके ऊपर निर्णय होना था। उधर मांगलिक माधुरी साहा को ब्लैक-मेल करने पर आमादा था। यह सिर्फ माधुरी साहा की व्यक्तिगत प्रतिष्ठा का प्रश्न नहीं था, यह तो सचिवालय की, सम्पूर्ण सचिवालय प्रशासन की प्रतिष्ठा का प्रश्न था।

चारों तरफ घुप्प अँधेरा था। कहीं कोई रास्ता नजर नहीं आ रहा था। जितना दर्द, जितना दुख माधुरी साहा के अन्दर था, उससे कहीं ज्यादा मालती शर्मा के अन्दर था। कैफेटेरिया में क्षण-भर के लिए अचानक भूपति के साथ उसके मन ने, भूपति के मन से कोई खुफिया रिश्ता जोड़ना शुरू ही किया था कि मुन्ना बाबू आ गये थे। फिर भी कैफेटेरिया में, चारों तरफ के उस अँधेरे में, दर्द और छटपटाहट में, असहाय, मजबूर मनोस्थिति में, मालती शर्मा को भूपति का ही खयाल आया था। जैसे अंधी गुफाओं के उस पार, काली-ऊँची पहाड़ियों के उस पार, घने अँधेरे जंगल के बीच से फूटकर एक हलकी-सी रोशनी की किरण निकल रही थी। वह रोशनी की किरण भूपति के अन्दर से, सिर्फ भूपति के अन्दर से निकल रही थी। एक तरफ डर भी लग रहा था मालती शर्मा को। उनका मन घबरा रहा था। भूपति पर विश्वास कर लेने का मन तो हो रहा था, लेकिन वह सोच रही थीं, क्या यह उचित है ?

कैफेटेरिया से लेकर कमरे तक आने के दौरान मालती शर्मा ने माधुरी साहा का नाम बताये बिना भूपति से मदद लेने का फैसला कर लिया। इस मामले में भूपति उनकी क्या मदद कर सकता था, यह तो मालती शर्मा को पता नहीं था; लेकिन फिर भी भूपति मर्द था। मर्दों की इस दुनिया में बेचारी दो औरतों के लिए कुछ नहीं तो कोई रास्ता जरूर बता सकता था भूपति। यह एक अंधकार

से निकलकर दूसरे अँधेरे में जाने जैसी बात थी। लेकिन जब तक और कोई रास्ता नहीं था, तब तक भूपति क्या बुरा था ! मालती शर्मा खुद भूपति से सम्पर्क करने के लिए सोच रही थीं कि तभी उसका टेलीफोन आ गया था।

"मैडम, हाँ मैडम से कोई बात नहीं हुई।" मालती शर्मा ने भूपति के सवाल का जवाब दिया था।

"कोई बात नहीं हुई मतलब ?"

"कोई बात नहीं हुई मतलब कोई बात नहीं हुई थी।" मालती शर्मा सोच रही थीं कि भूपति से कैसे कहा जाये ?

"तो आप वहाँ एक घंटे तक क्या कर रही थीं ? मैलिसीडिन की फाइल मैडम की मेज पर थी। आप उनके पास थीं...इसीलिए...।"

"मैंने कहा न, मैलिसीडिन कांड पर अभी कुछ नहीं होना है। हम लोग दोस्त हैं...मैडम काल्स मी डियर, यू नो। हम कुछ भी बात कर सकते हैं।"

"कर सकते है...नो डाउट।"

"फिर कब मुलाकात होगी ? मैं कुछ...मुझे कुछ काम था आपसे।"

"ग्रेट। बोलिए, कब हाजिर हो जाऊँ ?"

"चार बजकर तीस मिनट हो चुके हैं। क्या हम इस महान् सचिवालय को नहीं छोड़ सकते हैं ?"

"छोड़ सकते हैं...बिलकुल छोड़ सकते हैं।"

"तो छोड़ दीजिए...मैं गेट नम्बर सात पर गाड़ी लेकर पहुँच रही हूँ।"

"ओ. के.। मैं मैडम के यहाँ मैसेज देकर आता हूँ।"

"हाँ, एक बात और...तैयार रहियेगा।"

"किसलिए ?"

"आज आपका इम्तहान लेना है।"

"इम्तमान ?"

"नहीं तो क्या ?" मालती शर्मा हँस रही थीं। उन्होंने रिसीवर रख दिया।

भूपति का मन उस समय इस दुनिया में नहीं था।

सचिवालय के पत्थरों के जंगल से, फाइलों और कागजों के अम्बार से, जंगले, फाटक, खिड़की-दरवाजों से, गुम्बद से, मीनारों से, मछली-तीरकमान से दूर कहीं दूर, सितारों से भी दूर किसी अनोखी दुनिया में उसका मन विचर रहा था। जीवन में पहली बार उसे एक अजीब-सी अनुभूति हुई थी। यह अनुभूति कुछ उसी प्रकार की थी जैसे उसे काफी दिन पहले हुई थी। तब वह शहर में अपनी बहन के घर रहने गया था। जैसे खोह से निकलकर वह किसी माँद में घुस गया थ। उसके बाद, कॉलेज के हॉस्टेल से लेकर सचिवालय की नौकरी तक, एक लम्बा दौर, एक काफी बड़ा अरसा निकल चुका था। उसने शादी नहीं

की थी। घर नहीं बसाया था। वह तो अपने इर्द-गिर्द अपनी बनायी हुई दुनिया में ही रहता था... । अकेला, सिर्फ अकेला। इधर काफी दिनों से, एक घुटन-सी उसे महसूस हो रही थी, उसी माँद के अन्दर, जिसमें वह वर्षों पहले किसी गुफा से निकलकर घुसा था। कितने-कितने दिनों बाद उसे लगा था, वह उस माँद से बाहर निकल आया है। अपने चारों तरफ बनाये हुए सींखचे उसने तोड़ दिये हैं। रौंद डाला है उसने उन तमाम छोटी-मोटी ऊँचाइयों को, जिन्होंने आज तक उसे दाब रखा था। खुली हवा में, नीले आसमान के नीचे, विशाल संसार के विस्तार में, अपने को खड़ा हुआ पाया था उसने। न कोई तूफान आया था, न कोई बिजली गिरी थी, न कोई ज्वालामुखी फटा था, बस किन्हीं नन्हे-कोमल हाथों ने उसे धीरे से पकड़कर सहारा दिया था और वह जैसे सदियों, शताब्दियों की कैद से छुटकारा पाकर बाहर निकल आया था। उसे फिर एकदम से यह दुनिया कितनी खूबसूरत लगने लगी थी और जिन्दगी में जैसे किसी मकसद की भीनी-भीनी सुगन्ध जागने लगी थी !

मालती शर्मा अभी-अभी उसे पुलिस लाइंस के सामने छोड़कर गयी थीं। मन खोलकर उसके सामने रख दिया था मालती शर्मा ने। उसके ऊपर विश्वास किया था, भरोसा किया था, उसकी मदद चाही थी, क्योंकि वह मर्द था। मर्दों की इस दुनिया में वह एक मर्द था और उसे एक बेसहारा औरत की मदद करनी थी। विश्व-विजय के लिए निकलते वक्त सिकन्दर और नेपोलियन के अन्दर जिस तरह का आत्म-विश्वास रहा होगा, कुछ उसी तरह का आत्म-विश्वास भूपति के अन्दर उस समय था। उसके चारों तरफ छोटी-छोटी खुशियों की फुलझड़ियाँ छूट रही थीं। दूर, बड़ी दूर से उसे शहनाइयों की...असंख्य शहनाइयों की थिरकती हुई आवाज सुनायी दे रही थी। उसके मन के कोने-किनारे से, बार-बार एक अजूबा अपनापन जाग उठता और उसके रोम-रोम को लपेट लेता, साल देता।

मालती शर्मा ने सब-कुछ बता दिया था उसे। मांगलिक का नाम, सबूत, ब्लैक-मेल। उसके बाद भूपति को ज्यादा देर नहीं लगी थी समझने में। कैफेटेरिया में जाने से पहले सचिवालय के कमरे में मालती शर्मा का उदास चेहरा, रोनी सूरत, उड़ी-उड़ी-सी रंगत; उससे पहले मालती शर्मा का माधुरी साहा के कमरे में काफी देर तक मौजूद रहना और उसके बाद मैलिसीडिन कांड के निर्णय का टल जाना। इस सबके बीच माधुरी साहा का सचिवालय के बाहर जाना। जैसे खुद-ब-खुद, एक-एक नक्शा उसके सामने साफ हो गया था। वह जान गया था, समझ गया था, वह औरत और कोई नहीं, माधुरी साहा खुद थीं तभी उसे भैरवसिंह की याद आयी थी।

भूपति भैरवसिंह को काफी दिन पहले से जानता था। भैरवसिंह के ऊपर

उसके अहसान थे। उसे विश्वास था कि मांगलिक की काट भैरवसिंह था, सिर्फ भैरवसिंह। भैरवसिंह के कमरे में घुसते हुए, न जाने क्यों, भूपति को लग रहा था, वह किसी बड़े मकसद के लिए एक बड़ा काम करने जा रहा था। न जाने क्यों उसे लग रहा था, सचिवालय नाम की उस महान् संस्था को महान् बनाये रखने के लिए उसे, सिर्फ उसे ही वक्त ने चुना था।

## छह

सचिवालय के विशाल प्रासाद के कंगूरों से जैसे आग बरस रही थी। सबसे ऊपर का गोल गुम्बद, उससे लगी हुई मीनारें, फिर पत्थर के बहाव की तरह फैली हुई समतल सपाट चिकनाहट तप रही थी, धधक रही थी। दिन के बारह भी नहीं बजे थे। सड़कों पर सन्नाटा गहराने लगा था। चारों तरफ से धूल के अंधड़ तपती हुई सचिवालय की पथरीली दीवारों पर थपेड़े मार रहे थे। जैसे वह आग, वह तपन, वह धधक सारी-समूची पथरीली दीवारों को जलाकर खाक कर देने की कोशिश में लगी हुई थी। दूर कहीं आम के बौरों से कोयल की 'कू ऊ कू ऊ' की आवाज आ रही थी लेकिन उस आवाज में सुबह की मधुरता नहीं थी, एक थकन थी, एक चुक जाने जैसी बात थी। सामने के सचिवालय मार्ग पर, फिर भी कानों पर फेंटा लपेटे हुए, कुछ खोमचेवाले, ठेलेवाले, गनेडी, गन्ने का रस, बर्फ की बर्फी, चीनी का शरबत, खरबूजे की फाँक, तरबूज की काट बेच रहे थे। घंटाघर की चौहद्दी से लगे हुए नीम के पड़े के नीचे, आँखों पर काला चश्मा लगाये हुए, एक ज्योतिषी महाराज चादर के ऊपर, काठ के छोटे-से कठघरे में, मिट्ठू मियाँ को लिए हुए बैठे थे। सामने के सिनेमा-हाल में बॉस के सामने मजबूरी में कपड़े उतारनेवाली लड़की की कोई फिल्म लगी हुई थी, जिसके टिकट की कतार में दो-चार लोग खड़े थे। एक अजीब-सा सन्नाटा था, जैसे वहाँ बम गिरनेवाला हो और लोग-बाग अपने-अपने दड़बों में घुसे हुए राम-राम कर रहे हों।

बाछिल मामा कॉफी-हाउस से निकलकर सीधे सिनेमा-हाल के बगल की पान की दुकान पर आ गये थे। वहाँ उन्होंने पनवाड़ी को चूना कम लगाने, काली तम्बाकू, पीला किमाम, चिकनी डली डालने की हिदायत दी और पलटकर घंटाघर की तरफ देखने लगे। घंटाघर से धीरे-धीरे उतरती हुई उनकी निगाह, नीम के पेड़ के नीचे बैठे हुए ज्योतिषी महाराज पर गयी। तभी बनारसी पनवाड़ी ने महकता हुआ पान का बीड़ा उनके हाथ में थमा दिया।

बाछिल मामा काफी लम्बे थे। उनके सिर पर लार्ड क्लाइव की तरह के घने घुँघराले बाल थे। पतला चेहरा, लाल रंग, लम्बी नाक उनके चेहरे पर खूब फबती। एक अजीब तरह की रसिकता, एक फक्कड़ किस्म की मस्ती थी उनके अन्दर। बेहद ऊँची आवाज में बोला करते वह। साधारण-सी-साधारण बात भी वह चिल्लाकर कहते। घने झउवा-भर बालोंवाले सिर के साथ, गुठलीनुमा उनका चेहरा कई जगह से पिचका हुआ था जैसे जबड़ों की कतार बीच-बीच में ढील छोड़ती गयी थी। लेकिन उनके चिकने लाल चेहरे से एक खास तरह का अभिजात्य फूटकर निकलता था, जिसकी वजह से काफी दिनों से सचिवालय के लोग उनको 'लाल बाबा' कहा करते थे। एक खास तरह की बुजुर्गियत थी उनके अन्दर। भूत, भविष्य, वर्तमान–सभी कालों, सभी समयों के बारे में उनको सब-कुछ मालूम रहता।

छोटी उम्र में सचिवालय की नौकरी में आ गये थे। बड़ा जमाना देखा था उन्होंने। थे तो रसद विभाग में छोटे बाबू, लेकिन क्या फर्राटे की अंग्रेजी बोला करते ! बड़े-बड़े आई. सी. एस., आई. ए. एस. अफसर उनकी इज्जत करते थे। सचिवालय में बड़ा मान था उनका। कॉफी-हाउस में रोजाना तीन-चार घंटे बैठते और देश की राजनैतिक, सामाजिक, नैतिक, अनैतिक समस्याओं पर जोरदारी के साथ बहस-मुबाहसा किया करते। डॉक्टर, इंजीनियर, पत्रकार, लेखक, कलाकार, पुलिस के आला अफसर तक उनकी हज्जत करते, उनको कॉफी-सिगरेट-नाश्ता-पानी खिलाया-पिलाया करते। कोई उनको बाछिल मामा कहता, तो कोई लाल बाबा। बाछिल मामा उर्फ लाल बाबा एक तरह से कागावासी थे। सबेरे उठकर तो भाँग का गोला नहीं ले पाते, लेकिन एक बार सचिवालय में हाजिरी लगाकर वह निकल जाते। पहले तो कॉफी-हाउस के पास के ठेके से पाँच-सात भाँग की गोलियों का गोला बनवाकर निगल जाते और तब शिवशम्भू कहते हुए कॉफी-हाउस में धँस पड़ते।

उस दिन भी उन्होंने वही किया था। कॉफी-हाऊस फतह करने के बाद बनारसी पनवाड़ी के पान का बीड़ा ढलकते हुए गाल में दबाकर, धीरे-धीरे पीक को मथते हुए वह गेट नम्बर नौं की तरफ चल दिये। नीम के पेड़ के पास पहुँचकर उनकी नजर ज्योतिषी महाराज पर पड़ी, जो उस समय तोते के लकड़-कठघरे में दाना डाल रहे थे। ज्योतिषी महाराज डाल तो रहे थे दाना तोते को, लेकिन तिरछी नज़र से लाल बाबा की तरफ देख रहे थे। ज्योतिषी महाराज, लाल बाबा को करीब-करीब रोजाना उधर से निकलते हुए देखा करते, लेकिन लाल बाबा ऐसे थे कि कभी रुकते ही नहीं वहाँ ! गर्मी की दोपहर का सन्नाटा चारों तरफ भिनभिना रहा था। तभी न जाने किस पिनक में, लाल बाबा वहाँ रुक गये। उन्होंने अपनी लाल-लाल आँखों से ज्योतिषी महाराज को देखा। उन

लाल आँखों से कहीं काला चश्मा चिटक न जाये, इस डर से ज्योतिषी महाराज ने चश्मा उतार लिया। ज्योतिषी की आँखें लाल बाबा की आँखों से जब मिलीं तो जैसे बन्दूक की चार गोलियाँ एक-दूसरे के सामने आकर एक क्षण को रुक गयीं।

"कहिये महाराज, क्या हो रहा है ?" बाछिल मामा ने ज्योतिषी महाराज को ललकारा।

"यूँ ही लस्टम-पस्टम दाना चुगा रहा था।"

"ये तोता बोलता है ?"

"नहीं, पढ़ता है—सबका भाग्य पढ़ता है।" ज्योतिषी महाराज ने सामने रखे अनेक कार्डों की तरफ इशारा किया, "आपका भाग्य यह देख रहा है।"

बाछिल मामा को ताव आ गया। लार्ड क्लाइव की परम्परावाले व्यक्तित्व का भाग्य यह मरगिल्ला तोता देखेगा ? वह बोले, "या तो आप खड़े हो जाइये या मैं बैठ जाता हूँ।"

"मेरे खड़े होने से बात बनेगी नहीं। आपको ही लस्टम-पस्टम बैठना पड़ेगा।"

"क्यों ?"

"मैं खड़ा भी हो जाऊँ तो भी तोता तो बैठा ही रहेगा, लस्टम-पस्टम !"

"तो बैठा रहे तोता। हमें तोते से क्या मतलब ?"

"आपका भाग्य।"

"अब मेरा भाग्य तोता बिचारेगा !"

"फिर ?"

"ज्योतिषी आप हैं या यह तोता ?"

"मैं हूँ ज्योतिषी लस्टम-पस्टम ?"

"तो लस्टम-पस्टम आप खड़े हो जाइये, क्योंकि मैं पतलून में हूँ इस बेला।" बाछिल मामा मूड में आ चुके थे।

"लीजिए साहब, खड़ा हो गया। लेकिन साफ बोल देना ठीक होगा। मेरे खड़े होने के चार आने एकस्ट्रा पड़ेंगे।"

"मतलब ?"

"तोता बतायेगा तो बारह आने, मैं बताऊँगा तो एक रुपया। खड़े होने का चार आना अलग।"

"कुल कितने हुए ?"

"एक रुपया चार आने।"

"ठीक है।"

"तो खोलिए हथेली लस्टम-पस्टम।" ज्योतिषी महाराज के खाली पेट में

बीस आने बजने लगे थे।

बाछिल मामा ने हथेली फैला दी। ज्योतिषी महाराज ने उनके हाथ की रेखाओं को घूरकर देखना शुरू कर दिया। एक-आध बार हथेली उलटी-पलटी, गदेली को दबाया-छोड़ा, उँगलियों को मोड़कर ऊपर तक ले गये, फिर नीचे ले आये, फिर उँगलियों की पोर को रगड़-रगड़कर गोल खुर्दबीन से देखते हुए बोलने लगे, "वाह-वाह, क्या भाग्य रेखा है ! सात समुन्दर पार तक ऐसी भाग्य रेखा नहीं मिलेगी लस्टम-पस्टम। गड़ा हुआ धन मिलेगा, उच्च का शुक्र, उच्च का बृहस्पति, लेकिन बस शनि नीच का है। क्या उम्र होगी आपकी ?"

"पचास से ऊपर।"

"ठीक-ठीक जो है, सो है। समय आ ही गया है लस्टम-पस्टम। अब धीरे-धीरे आपका बृहस्पति सातवें स्थान पर पहुँचने लगा है। देखिये, भूलिएगा नहीं। छठे और बारहवें स्थान पर राहु और केतु, एक-दूसरे पर कभी मद्धिम, कभी तेज दृष्टिपात।"

"धृष्टिपात–सन्निपात–क्या ?"

"दृष्टिपात, धृष्टिपात नहीं। क्या बताऊँ, आप लोग संस्कृत पढ़े कहाँ है ? और देखिये, दो वर्षों में बृहस्पति उच्च का, राहु और केतु को चकमा देकर निकाल ले जायेगा। तभी मिलेगा आपको गड़ा हुआ धन, लेकिन बोल देता हूँ, मेरी दक्षिणा देना न भूलिएगा लस्टम-पस्टम !"

"अच्छा महाराज ! अब मैं आपका भाग्य बाँचूँ !" बाछिल मामा ने पीक उगल दी।

"मेर-रा-आ ?"

"हाँ, लेकिन मैं हाथ नहीं देखूँगा। चेहरा देखकर आपका भाग्य बताऊँगा।"

बाछिल मामा ने ज्योतिषी महाराज के चेहरे को एक-दो बार उलट-पलट कर देखा, फिर बोले, "उधर देखिये। अरे उधर नहीं, उधर ऊपर, उस घंटेघर में लगी घड़ी को देखिये। देखिये न !"

ज्योतिषी महाराज ने घंटाघर की तरफ देख लिया तब बाछिल मामा ने कहना शुरू किया, "बारह बजने में दो मिनट बाकी हैं न !" ज्योतिषी महाराज मुस्कारते रहे। उनकी मुस्कहराट की परवाह न करके बाछिल मामा ने अपनी भविष्यवाणी कह डाली, "ठीक बारह बजे आपके एक कन्टाप पड़ेगा–झन्नाटेदार कन्टाप !"

"ही··ही··ही··ही इइई, आप तो ठिठोली करते हैं ! ही इइही हीइइ !"

बाछिल मामा चुपचाप पान चबाते रहे।

"तो मैं कह रहा था, दो वर्ष के अन्दर जब राहु-केतु के दृष्टिपात को

लस्टम-पस्टम निबटाकर बृहस्पति···आपका उच्च का बृहस्पति निकाल ले आयेगा तो आपको गड़ा हुआ धन मिलेगा। लेकिन यह समय कम भी हो सकता है लस्टम-पस्टम,'' ज्योतिषी महाराज रहस्यपूर्ण हँसी के साथ फुसफुसा कर बोले।

''कैसे महाराज ?'' बाछिल मामा ने घंटाघर की तरफ देखते हुए पूछा।

''दक्षिणा से जजमान ! दक्षिणा से मैं कांड करूँगा लस्टम-पस्टम।''

''अरे महाराज ! अब आप भला क्या कांड करेंगे ? अपना यह महान् सचिवालय है न, यही सामनेवाला। समझते हैं न, काउंसिल हाउस।''

''ऐसा बोलिए, कोनसिल हाऊस। मैं क्या अँग्रेजी पढ़ा नहीं हूँ ?''

''हाँ तो, मैं कह रहा था, इस अपने महानतम सचिवालय में रोज कांड होते हैं। बड़े-बड़े कांड होते हैं। बाजराकांड, चोकरकांड, रगड़ाकांड, लेटेस्ट क्या है, मालूम है ? धान कांड, मैलिसीडिन कांड। आप कहाँ कांड-बांड के चक्कर में पड़ गये ?'' बाछिल मामा ने भिनभिनाकर कहा।

''हे एहेहे एएए जजमान ! हे ए ऐ है एए ! ! ! आप हास्यप्रद हैं !''

''मैं हास्यप्रद हूँ महाराज, ठीक है। तो दक्षिणा दूँ या और कुछ बतायेंगे ?''

''बस एक बात और, जजमान जी !''

दक्षिणा के नाम से ज्योतिषी महाराज की बायीं कनपटी से नीचे गाल तक ऐसा सड़ाका पड़ा कि कानों में बाँसुरी बजने लगी।

''हाँ-हाँ, कहिये-कहिये न।''

''आप समुद्र-पार की यात्रा करेंगे। निश्चित करेंते। भूलिएगा नहीं, घर जाकर कहीं लिखकर रखियेगा।''

तभी लू का लपेटा आया। ज्योतिषी महाराज के कार्ड इधर-उधर बिखर गये। तोता प्यास के मारे टावँ-टावँ करने लगा। ज्योतिषी महाराज बैठकर जल्दी-जल्दी कार्ड समेटने लगे। तभी उनकी नजर बाछिल मामा के बायें हाथ पर पड़ी, जिसमें एक रुपये का नोट दबा हुआ था। तोता जिन लिफाफों में से एक कार्ड निकालकर, कठघरे के अन्दर घुस जाता था, वह लिफाफे ज्योतिषी महाराज ने ईंट के नीचे दबा दिये और उठकर खड़े हो गये। बाछिल मामा ने एक बार फिर घंटाघर की तरफ देखा। घड़ियाल में ठीक बारह बजे थे। तभी न जाने कब बाछिल मामा का दाहिना हाथ हवा में लहराया और सड़ाका मार गया। अगले क्षण ही बाछिल मामा ने एक रुपये चार आने ज्योतिषी की हथेली में गाड़ दिये।

''अब बोलिए महाराज, कौन बड़ा ज्योतिषी है ? आप या मैं ?'' बाछिल मामा पान के भुरते को कतर रहे थे और ज्योतिषी महाराज ने अपने हाथ से अपनी कनपटी और गाल को ढँक लिया था। लेकिन तभी ज्योतिषी महाराज की नजर अपने दूसरे हाथ की हथेली पर पड़ी जहाँ एक रुपये चार आने चमक

रहे थे। ज्योतिषी महाराज की समझ में नहीं आया, वह अपनी कनपटी और गाल को सहलायें या एक रुपये चार आने को चूम लें ! उधर बाछिल मामा मन्द-मन्द मुस्कराते हुए सचिवालय के गेट नम्बर नौ की तरफ चल दिये।

जी. एन. ने संकटाप्रसाद को राष्ट्रपति शासन में सलाहकार बनवाने के लिए जोड़-गाँठ की थी। असल में जी. एन. इस बार फँस गया था। करीब छह महीने पहले सचिवालय में नन्दकिशोर और गोपालदास बनर्जी में ठन गयी। गोपालदास बनर्जी अपने मातहत नन्दकिशोर से नफरत करता था, क्योंकि नन्दकिशोर निहायत खूबसूरत और बादशाही शानवाला आई. ए. एस. अफसर था, जबकि गोपालदास बनर्जी पी. सी. एस. से तरक्की पाकर आई. ए. एस. बना था।

दूसरे, खाद्य विभाग में उन दिनों भ्रष्टाचार का बोल-बाला था। अनाज के ट्रकों का कारवाँ तक गायब हो जाता। गोदामों से अनाज निकाल कर आग लगा दी जाती। वसूली और उगाही अन्दर-ही-अन्दर हजम कर ली जाती। गेहूँ, चावल, बाजरे में, दूध में पानी की तरह, रंगे हुए कंकड़-खड़िया मिलायी जाने लगी थी। सरकारी गोदामों के भरोसे कानपुर, दिल्ली, बम्बई और कलकत्ता के बाजारों में सट्टा-वायदे का सौदा और समझौता होने लगा था। बनर्जी बाबू ने राशन की दुकानें दे दीं नन्दकिशोर को, जो विशेष सचिव बन चुके थे और आटा मिल, धान मिल, लेवी, मसलतन थोक का सारा काम अपने पास रख लिया। उधर राशन की दुकानों में आग लगी हुई थी। फर्जी राशन कार्ड इतने बढ़ चुके थे कि असली और फर्जी के बीच में फर्क करना मुश्किल हो गया था। राशन की दुकानों के मालिक सारा गल्ला काला बाजार में बेच दिया करते। उधर जो असली राशन कार्डवाले थे, दुकानों से वापस चले जाते। कई बार शोर-शराबा होने पर सरकारी जाँच हुई, तब राशन की दुकान के मालिकों ने बाकायदा साबित कर दिया, जितने राशन कार्ड यूनिटों का गल्ला उनके यहाँ आता है, असल में कुल राशन कार्ड यूनिटों की संख्या उससे बहुत ज्यादा है। उधर फर्जी राशन कार्डों के बारे में बराबर अखबार में छप रहा था।

नन्दकिशोर ने जब विशेष सचिव का भार सँभाला तो उन्होंने तुरन्त सारे राशन कार्ड रद्द कर दिये। शहर में एक बहुत बड़ा घोटाला हो गया। राशन कार्ड रद्द होने के आदेश, राशन कार्ड की दुकानवालों ने जरा पहले पता लगा लिए थे। बीच के वक्त में राशन-दुकान के मालिकों ने अगले एक महीने का पूरा कोटा, मिली-भगत में निकाल कर फर्जी राशन कार्डों पर बेच दिया। इधर जब नये राशन कार्डों का बनना शुरू हुआ, तब तक राशन की दुकानों के मालिक और गल्ले के बाजार के आढ़तिये ताकतवर हो चुके थे। उन्होंने जिला, प्रदेश,

सचिवालय के खाद्य और रसद विभाग में पूरी सैटिंग कर ली थी। नये राशन कार्ड जब बन कर तैयार हुए और उनकी कुल संख्या जब गिनी गयी तो वह पहले से दुगुनी हो चुकी थी। उधर नन्दकिशोर फर्जी राशन कार्ड ढूँढ़ रहे थे। खीझ कर उन्होंने एक बार फिर राशन कार्ड रद्द करने का आदेश फाइल पर दे दिया। इसी बीच बनर्जी बाबू के एक चमचे उप-सचिव ने, उनसे सारा घोटाला बता दिया। बनर्जी बाबू ने जहाँ एक तरफ दुबारा राशन कार्ड रद्द करने का आदेश रुकवा दिये, वहीं दूसरी तरफ उन्होंने नन्दकिशोर से यह सारा काम छीन लिया। नन्दकिशोर तो राशन की दुकानों के गोलबाजों को सबक सिखाना चाहते थे। इसकी खास वजह एक और थी। उनको चार्ज लिए हुए तीन महीने हो गये थे जबकि एक-आध खाद्य-निरीक्षकों की मार्फत आयी हुई बोतलों के सिवा और कुछ नहीं आया था। ऊपर से मुख्य-सचिव के घर की सब्जी वगैरा का खर्जा उन्हें उठाना पड़ता। इसलिए जब बनर्जी बाबू ने नन्दकिशोर से राशन की दुकानों का काम छीना, उसी समय नन्दकिशोर ने बनर्जी बाबू के खिलाफ जेहाद बोल दिया।

नन्दकिशोर का इन्हीं दिनों गल्ले के एक अपटुडेट आढ़तिया बरुण हाल्दार से, जिसका शहर के फाइव स्टार होटल में दफ्तर था और जो साथ में दवा-दारू का भी व्यापार करता था, याराना हो गया। नन्दकिशोर को मजा आने लगा था। बरुण हाल्दार ने सब्ज बाग दिखा रखे थे। तभी तो नन्दकिशोर ने बरुण हाल्दार के जरिये बनर्जी बाबू को फाँस लिया।

असल में बनर्जी बाबू एक नेपाली विधवा रानी के पास जाया करते थे, जिसका सम्बन्ध बरुण हाल्दार से भी था। राशन की दुकानों का काम नन्दकिशोर से छीना गया तो उन्होंने चार्ज देने में चार-पाँच दिन लगा दिये। इन चार-पाँच दिनों में बनर्जी बाबू के खिलाफ उनकी रणनीति बन चुकी थी और उस पर अमल भी हो चुका था। बरुण हाल्दार को असल में यह पता ही नहीं था, कि नन्दकिशोर का तबादला हो चुका है। उसने तो नन्दकिशोर के साथ पच्चीस राशन की दुकानों और राशन कार्ड रद्द करने के आदेश में दस दिन का सौदा कर रखा था। इस सौदे में बरुण हाल्दार को पाँच लाख का फायदा था। इसीलिए नन्दकिशोर के कहने पर बरुण हाल्दार ने नेपाली विधवा रानी के साथ बनर्जी बाबू के बिस्तर में सोने का पूरा सीन टेप कर डाला। टेप नन्दकिशोर के हाथ में देने के बाद बरुण हाल्दार को पता लगा, नन्दकिशोर का तबादला हो चुका है। उसकी पाँच लाख कमाने की योजना बिगड़ती हुई नजर आ रही थी। घबरा कर बरुण हाल्दार ने बनर्जी बाबू की शरण ली। उन्हें टेप का किस्सा बता दिया। बनर्जी बाबू बूढ़े नहीं हुए थे। शहर के पुराने बैठकबाज थे। बरुण हाल्दार को तो उन्होंने चलता किया और तुरन्त पाँच-सात खिलाड़ियों

को इकट्ठा किया। सात-आठ आदमियों का यह दल छोटे-मोटे हथियारों से लैस होकर नन्दकिशोर के घर पहुँचा और नन्दकिशोर को धमका कर टेप-रिकार्डर का बक्सा जिसमें रानी साहब का टेप लगा हुआ था, छीन लिया। नन्दकिशोर को लगा, एक बार फिर बनर्जी बाबू ने उनके पैरों के नीचे से जमीन खींच ली है। पहली बार की तरह उनको भंगी बना दिया है।

नन्दकिशोर का अपना एक गोल था। उसमें सिंचाई और पी. डब्ल्यू. डी. के छँटे हुए अभियंताओं के साथ में कुछ सफाई, खेती और बीज के अधिकारी भी थे। इनमें से तीन लोग उस दिन सिनेमा देखने गये थे। चूँकि सबसे अलग-अलग संपर्क करने में एक तो समय अधिक लगनेवाला था और फिर सबको बारी-बारी से पूरा किस्सा बताने की समस्या थी। इसलिए उनके गोल के जो तीन आदमी सिनेमा देख रहे थे उनको तुरंत हाथ में लेने के लिए, नन्दकिशोर सिनेमा-हाल पहुँच गये। जाहिर था, उन तीन आदमियों को ढूँढ़ने के लिए उन्हें सिनेमा-हाल की बत्तियाँ जलवानी पड़ीं। परदे पर क्लाइमेक्स सीन चल रहा था, जब बत्तियाँ जलवाकर नन्दकिशोर ने अपने गोल के आदमियों को इकट्ठा किया। इतनी देर में सिनेमा-हाल के अन्दर गुलगपाड़ा मच गया। चवन्नी क्लास से सीटियाँ बजने लगीं।

जी. एन. असल में अपने दोस्त रघुबीर के साथ उसी शो में सिनेमा देख रहा था। परदे पर सीन चल रहा था, बीच में बत्तियाँ जल गयीं। लोग शोर मचा रहे थे, छातियाँ पीट रहे थे। रघुबीर असल में एक छँटा हुआ, शातिर किस्म का फूड-इंसपेक्टर था जो नन्दकिशोर को पहचानता था। उस समय जी. एन. का न तो बनर्जी बाबू से ताल्लुक था, न नन्दकिशोर से। यहाँ तक कि उसका गल्ले के व्यापार से दूर तक का रिश्ता नहीं था। रघुबीर के कहने पर जी. एन. भी उसके साथ नन्दकिशोर के चौघटे के पीछे लग लिया। रघुबीर वैसे तो ऐसे मामलों में अपने बाप को भी साथ नहीं लगाता, लेकिन उस वक्त नन्दकिशोर के तेवर देखकर और उसके साथ उठकर जाते हुए तीन-चार लोगों की हड़बड़ी को समझकर उसकी तीसरी आँख ने भाँप लिया था कि काम उस वक्त गाड़ी का था। मोटर-साइकिल से पीछा नहीं किया जा सकता था। सिनेमा-हाल से निकल कर नन्दकिशोर अपने गुट के लोगों के साथ पंच बँगलिया की ओर गाड़ी में बैठकर चल दिया। रघुबीर ने जी. एन. से जल्दी गाड़ी स्टार्ट करने को कहा। यह लोग भी नन्दकिशोर की गाड़ी के पीछे-पीछे चल दिये। नन्दकिशोर की गाड़ी रास्ते में सिविल सर्विसेज क्लब के सामने रुकी, जहाँ से उनके गुट के दो-तीन लोग और सवार हुए। दनदनाता हुआ नन्दकिशोर का काफिला बनर्जी बाबू की कोठी के सामने जाकर रुका।

जिस समय जी. एन. की गाड़ी बनर्जी बाबू की कोठी के सामने पहुँची,

नन्दकिशोर गुट के लोग कोठी के अन्दर जा चुके थे। रघुबीर चूँकि घिसा हुआ असामी था, इसलिए वह कोठी के पिछले हिस्से की तरफ जी. एन. को गाड़ी में ही छोड़कर सामनेवाले हिस्से पर नजर रखने के लिए कहता हुआ भाग कर एक झाड़ी में छिप गया।

बनर्जी बाबू असल में, टेप मिल जाने की खुशी में शराब के चंद घूँट भी न पी पाये थे कि नन्दकिशोर का गुट अन्दर घुस आया। इससे पहले कि नन्दकिशोर के गुट के लोग बनर्जी बाबू से टेप-रिकार्डर छीनें, बनर्जी बाबू कोठी के पिछले दरवाजे से बाहर की तरफ भाग निकले। पिछले दरवाजे से बनर्जी बाबू के निकलते ही रघुबीर, जो उन्हें अच्छी तरह पहचानता था, सामने आ गया। रघुबीर को देखते ही बनर्जी बाबू टेप का बक्सा उसे सहेज कर, दूसरी तरफ भागने के लिए कहते हुए खुद सामने के रास्ते पर दौड़ने लगे। नन्दकिशोर के गुट के लोग बनर्जी बाबू को भागता हुआ देखकर उनके पीछे चले गये।

जी. एन. की गाड़ी में बैठकर रघुबीर अपने घर पहुँचा। वहाँ जब उसने टेप सुना तो उसके सामने बनर्जी बाबू और विधवा रानी की आवाजों से समूची तस्वीर उभर आयी। उसके बाद जी. एन. ने रघुबीर से पाँच हजार रुपये में वह टेप खरीद लिया। टेप लेकर जी. एन. तो दिल्ली चला गया, लेकिन कुछ दिनों बाद उसको पता लगा कि फूड-इंसपेक्टर रघुबीर की ट्रक से कुचल कर मौत हो गयी। जिस वक्त जी. एन. ने रघुबीर को मौत की खबर अखबार में पढ़ी, टेप उसके बैंक के लॉकर में था। तब कहीं जाकर जी. एन. को पाँच हजार रुपये की कीमत से खरीदे हुए उस टेप की अहमियत का पता लगा। उसके कई महीने के बाद जी. एन. ने सुखपाल सेकसरिया के साथ मिलकर अपनी योजना बनायी थी। उसने सोच रखा था, यह उसका आखिरी दाँव होगा। इसलिए और कि देश की सत्ता के इतने बड़े अधिकारियों के साथ दुश्मनी मोल लेने के बाद कुछ दिनों के लिए या काफी दिनों के लिए उसे दूर, बहुत दूर चले जाना था।

सुखपाल सेकसरिया असल में नौ धान मिलों का मालिक था। चावल के बड़े गोदाम थे उसके पास। कई और मिलों में धान और चावल की आढ़त और दलाली में उसका हिस्सा था। कई करोड़ की पूँजी उसने दाँव पर लगा रखी थी। धान की सीधी खरीद के लिए, बोआई के वक्त से छोटे-बड़े काश्तकारों को वह रुपया दिया करता। उस समय प्रदेश में करीब नौ सौ चावल की मिलें थीं, जिनमें चालीस करोड़ से ऊपर पूँजी लगी हुई थी। सौ करोड़ से ऊपर का व्यापार होता था। छोटी-छोटी मिलों को छोड़कर, जिनकी संख्या चार सौ के करीब थी, बाकी पाँच सौ मिलें सुखपाल सेकसरिया जैसे बीस आदमियों के पास थीं। यह बीस आदमी चार व्यापारिक दलों के बीच बँटे हुए थे—सुखपाल सेकसरिया,

मनोहरलाल नेवटिया, केवटचन्द्र और चन्द्रभूषण इन सभी के सिर पर एक कयामत, एक बरबादी का बवंडर मँडरा रहा था।

देश की सरकार ने विश्व बैंक से एक बड़ा कर्ज लेने का निश्चय किया था। उस समझौते की शर्तों में एक शर्त यह भी थी कि देश का केन्द्रीय बैंक क्रेडिट लिमिट लागू करेगा, जिससे उधार के सौदे में कमी आये, एक आर्थिक अनुशासन का माहौल पैदा हो। केन्द्रीय बैंक के निर्देश के अनुसार सभी बैंकों ने अपने खातादारों की क्रेडिट लिमिट आधी कर दी। वह भी उस समय जब धान की फसल तैयार खड़ी थी और लाखों क्विंटल चावल की खरीद और बिक्री हो चुकी थी। एक जलजला आया था, एक तूफान आया था। चारों ओर तबाही के आसार नजर आ रहे थे। बाजार टूटने लगे थे, भाव बिखरने लगे थे। देश के दूसरे कई भागों में अकाल की वजह से, ऊँचे दामों पर लाखों क्विंटल चावल के सौदे हो चुके थे। धान था, बड़े ठेके थे, आर्डर थे, माँग थी—लेकिन पैसा नहीं था। धान को काश्तकारों और गोदामों से खरीद कर मिल तक पहुँचाने, कुटाई कराने और फिर ट्रकों और रेलों के जरिये दूर-दूर तक भेजने के लिए पैसा चाहिए था। और पैसा सुखपाल सेकसरिया के पास उसी तरह नहीं था जिस तरह मनोहरलाल नेवटिया, केवटचन्द्र और चन्द्रभूषण के पास नहीं था।

उधर सरकार ने लेवी लगा रखी थी। मिल के उत्पादन का 70 प्रतिशत से ऊपर चावल, सरकार को देना होता था जिसका भुगतान लेवी स्टाक के सरकारी गोदामों में पहुँच जाने के बाद दिया जाता था। सुखपाल सेकसरिया की कुल मिलाकर तीन करोड़ से ऊपर की क्रेडिट लिमिट थी, जो केन्द्रीय बैंक के आदेश पर घट कर डेढ़ करोड़ रह गयी थी। साथ में डेढ़ करोड़ रुपया उससे जमा करने को कहा गया था। उधर चावल के सौदे पड़े हुए थे, जिनको पूरा करने के लिए डेढ़-दो करोड़ रुपये की और जरूरत थी। सुखपाल सेकसरिया के साथ सब मर रहे थे। उन्हीं दिनों जी. एन. उससे टकरा गया था। पीने-पिलाने के दौर में, जब सुखपाल सेकसरिया फूट-फटकर रोने लगा था, तब जी. एन. को टेप की याद आयी थी।

उधर बनर्जी बाबू फूड-इंसपेक्टर रघुबीर की मौत के बाद काफी डर गये थे। साथ में उन्होंने यह भी समझ रखा था कि रघुबीर की मौत के साथ टेप सदा के लिए दफन हो चुका है। सुखपाल सेकसरिया ने अपनी मुसीबतों से निकलने के लिए एक अच्छी-खासी साजिश खड़ी कर ली। उस साजिश के मुताबिक धान की खरीद सरकार को करनी थी। चूँकि धान की मिलें सरकार के पास नहीं थीं, इसीलिए लामुहाला धान की खरीद का सारा माल सुखपाल सेकसरिया, मनोहरलाल नेवटिया, केवटचन्द्र और चन्द्रभूषण की मिलों को जाना था। जी. एन. ने जिस समय, बरुण हाल्दार के जरिये बनर्जी बाबू पर हाथ डाला,

बनर्जी बाबू पस्त हो चुके थे। दस लाख रुपये पर सौदा पट गया। साथ में टेप भी उन्हें मिल जाना था।

लेकिन बनर्जी बाबू, कोई घटिया किस्म के अफसर नहीं थे। पहले उन्होंने खाद्यान्न क्रय और वितरण प्रणाली के अध्ययन के लिए पूर्वी यूरोप के कुछ देशों का दौरा बनाया। इसी दौर में उनके हिस्से के दस लाख रुपयों का भुगतान जी. एन. ने विदेश में ही करवा दिया। दौर से लौट कर बनर्जी बाबू ने अपने कुदरती दिमाग से एक पुख्ता योजना बनायी, जिसके अन्तर्गत लेवी को पूरी तरह खत्म कर दिया गया। सीधी खरीद का धान, जिसे सरकार ने नकद रुपया भुगतान देकर खरीदा था, मिल मालिकों को पुरानी बैंक गारण्टी पर दे दिया गया। खाद्य और रसद विभाग में पहले से चले आ रहे व्यापक भ्रष्टचार को रोकने के लिए यह सीधी खरीद की योजना बनी थी। मिल-मालिकों का सहयोग लेने के लिए, जीर्ण-शीर्ण पुरानी मशीनों का कैपिटलायजेशन फैक्टर लेकर बनर्जी बाबू ने राष्ट्रीय खाद्य निगम के द्वारा तयशुदा सत्तर प्रतिशत धान से चावल की 'रिकवरी' को घटा कर चौसठ प्रतिशत के करीब कर दिया।

काफी दिनों तक तो लोगों की समझ में ही नहीं आया यह सब ! उसी बीच सुखपाल सेकसरिया के गुट के लोगों ने पूरी फसल पार कर दी। स्थानीय आढ़तियों, दलालों, व्यापारियों का बहुत बड़ा दल बेकार होने लगा। राशन की दुकान पर फर्जी राशन कार्डों की संख्या बढ़ती जा रही थी, जिसके कारण यूनिटों की संख्या भी दुगुनी-तिगुनी हो गयी थी। राशन की दूकानों से चावल गायब हो चुका था, खेत में धान बचा नहीं था। उन्हीं दिनों नन्दकिशोर, बनर्जी बाबू के पीछे लगा हुआ था। नन्दकिशोर ने मुख्य सचिव के पास जाकर, दस के बीस बनाकर बनर्जी बाबू को नंगा कर दिया।

हालात ने कुछ ऐसी करवट बदली, बनर्जी बाबू का तबादला हो गया। मुख्य-सचिव ने, राजनीतिक नेताओं के कहने पर ऊँचे स्तर की एक जाँच समिति नियुक्त कर दी। जाँच में समिति को कुछ देखना नहीं था, मामला साफ-साफ था, जी. एन. असल में इस जाँच में फँस गया था। चावल के मिल-मालिकों के नुमाइन्दे की हैसियत से उसने प्रतिवेदन दिया था, जिसके आधार पर आगे के निर्णय लिए गये थे। वैसे तो जी. एन. ने सोच रखा था कि वह उस सौदे के बाद काफी दिनों के लिए केस खरीदना छोड़कर दूर चला जायेगा। लेकिन उसे लग रहा था कि वह दूर नहीं जा पायेगा और अगर देश की सत्ता के सबसे अहम हिस्से नौकरशाही के चंगुल में फँस गया तो कोई कामवाला नहीं था। इसीलिए जब प्रदेश में राष्ट्रपति शासन हो गया था, उसने अपने ताल्लुकात के जरिये संकटाप्रसाद का नाम सलाहकार के पद के लिए चलवा दिया। दिल्ली से संकटाप्रसाद के फोन करने के बाद वह प्रदेश की राजधानी आ गया था। जी.

एन. को अब सिर्फ उस वक्त का इंतजार था जब वह संकटाप्रसाद से मिलकर इस सारे कांड को रफा-दफा करवा दे। जी. एन. को मालूम था–उसके पास वक्त है और इसीलिए शहर में आने के बाद उसने बरुण हाल्दार की तलाश शुरू कर दी।

वैसे तो सतीशबहादुर की पत्नी कृष्णा ने सुहागरात के दिन ही सतीशबहादुर को मात दे दी थी, लेकिन शादी के पन्द्रह साल बाद वह दिन-रात गरम रहने लगी। सतीशबहादुर खाते-पीते घर का था, लेकिन अपनी पत्नी को वह बहुत बड़े घर की मानता था। शादी इनकी कुछ जल्दी ही हो गयी थी। शादी के बाद बच्चे पैदा होना शुरू हुए तो रुके ही नहीं। एक के बाद एक करते-करते उनके सात बच्चे हुए, जिनमें से तीन बच्चे मर गये, चार जिन्दा रहे। इतने ढेर सारे बच्चों से सतीशबहादुर डर गया। घर से तो वह खुशी-खुशी दफ्तर जाता, लेकिन दफ्तर से घर के लिए चलते वक्त उसकी टाँगें काँपने लगतीं। दिन-भर के काम की थकान के बाद, घर पहुँचने पर उसे मालूम था, कौन-सी यातना उसका इंतजार कर रही होगी।

दस बजे से पाँच बजे तक, जब सतीशबहादुर दफ्तर के कागजों से जूझ रहा होता, घर में उसकी पत्नी कृष्णा बिस्तर पर लेट कर गरम हो रही होती। जिस तरह से चील अपने शिकार पर झपटती है या जिस तरह बिल्ली चूहे को दबोचती है, करीब-करीब उसी तरह कृष्णा बहादुर, दफ्तर से लौटकर आने पर, अपने पति सतीशबहादुर को पकड़ लेती थी। न जाने क्या हो जाता उसे ! सातवें बच्चे के बाद, जबसे सतीशबहादुर ने उसकी नसबन्दी करवा दी थी, तब से कृष्णा बहादुर की हालत बड़ी संगीन हो गयी थी। किसी तरह मानती ही नहीं थी वह। उधर सतीशबहादुर जो पहले भी इकहरे बदन का दुबला-पतला आदमी था, सूखता चला जा रहा था। खुद उसकी धर्म-पत्नी, प्राणों की प्यारी कृष्णा, उसके शरीर को निचोड़-निचोड़ कर सारा सत्व लूट रही थी। यातना का यह दौर काफी दिनों तक चला था। जब सतीशबहादुर ने बचने का रास्ता ढूँढ़ निकाला।

साधारण रूप से कृष्णा हमेशा से ऐसी नहीं थी। बड़े बाप की इकलौती बेटी होने की वजह से बचपन से ही दूध, बादाम, पिस्ता, अंडे, मुर्गी, गोश्त खाती-पीती। इतना कुछ खाने-पीने से कृष्णा बहादुर का मोटापा नहीं बढ़ता। वह सब-कुछ हजम कर जाती। सारी खुराक मोटापा न बनकर, गर्मी बन जाती और वही गर्मी उसे दिन-रात परेशान करती। शादी के बाद भी खाने-पीने का वही सिलसिला चलता रहा। नौकर-चाकरों से भरा हुआ घर था, काम-काज करने

की जरूरत नहीं थी। वह दिन-भर बिस्तर में लेटकर तरह-तरह की किताबें पढ़ा करती। इसकी शुरुआत भी तो सतीशबहादुर ने ही करवायी थी। पहले तो उन्होंने रेल-स्टेशन, बस-अड्डे और चौराहों पर बिकनेवाले सनसनीखेज जासूसी और गैरजासूसी उपन्यास लाकर देना शुरू किया। कृष्णा बहादुर की शिकायत थी कि वह उपन्यास ठीक उसी तरह के थे, जैसे फिल्म में नल के नीचे नहाती औरत के कपड़े आधे उतारते ही रेलगाड़ी निकलने लगती हो। रेलगाड़ी चूँकि लम्बी होती है, उसे निकलने में समय लगता है, उतनी देर में लड़की नहाकर पूरे कपड़े चुकती है। बहरहाल, कृष्णा बहादुर को इन उपन्यासों में मजा कुछ कम आता इसीलिए सतीशबहादुर उसके लिए 'शुद्ध' उपन्यास लाने लगा। हिन्दी की, अंग्रेजी की, फोटोवाली, बिना फोटोवाली उन पीली किताबों ने कृष्णा बहादुर को उस मुकाम पर ले जाकर पटक दिया जहाँ से पीछे लौटने का कोई रास्ता नहीं था।

रंगीन किताबों के बाद फिल्म का दौर चला। फिल्म देखने के साथ शराब पीना जरूरी था। रफ्ता-रफ्ता सतीशबहादुर खुद अपने हाथों से अपनी कब्र खोद रहा था। तब उसे इस बात का जरा भी अन्दाज नहीं था, उसकी पत्नी कृष्णा उसके हाथ से निकल जायेगी या उसके ऊपर कहर बनकर टूट पड़ेगी। यह सब तो उसने सिर्फ मौज-मस्ती के लिए किया था। हफ्ते में एक-आध बार तक तो ठीक था, लेकिन उस तरह रोजाना कृष्णा बहादुर को संतुष्ट कर पाना उसके लिए मुश्किल ही नहीं, असम्भव था। लेकिन बड़े बाप की बेटी ब्याही थी तो झेलना भी था। इस सबसे कृष्णा बहादुर को एक सीधा फायदा यह हुआ कि अन्य आई. ए. एस. अफसरों की तरह, उसका पति औरतबाज होने से बच गया, लेकिन तब तक वह खुद मर्दमार बन चुकी थी।

अन्त में सतीशबहादुर ने सचिवालय और सचिवालय के बाहर के अपने दोस्तों को फाँसना शुरू किया। अपने अफसरी दिमाग से उसने सचिवालय में तमाम योजनाएँ बनायी थीं, न जाने कितने आँकड़े तैयार किये थे। उसके लिए यह तो मामूली बात थी। सतीशबहादुर किताबों से शुरुआत करता। रंगीन फोटोवाली किताबों का लेन-देन सचिवालय के अफसरों के मध्य उसने पहले से चला रखा था। किताबों के बाद आती फिल्म। फिल्म के बाद बात होती औरतों की। औरतों का चक्कर चलाने के कुछ दिनों बाद, जब उसे पता लगता, किसी की बीवी मायके गयी है तो वह आकस्मिक रूप से अपने दोस्त को एक माल का प्रबन्ध हो जाने की सूचना दे देता। शिकार ज्यादातर ऐसे अफसरों का किया जाता, जिनके घर आना-जाना होने की दूर-दूर तक उम्मीद नहीं होती।

सतीशबहादुर अपनी गरम-गरम कृष्णा को खुद लेकर पहुँच जाता। वहाँ पर कृष्णा तो होती अफसर की बाँहों में और सतीशबहादुर खुद दूसरे कमरे में

बत्ती बन्द करके शराब पीता रहता। इस दौर का उद्घाटन किया था संकटाप्रसाद ने, कितने-कितने साल पहले। लेकिन संकटाप्रसाद के साथ न किताब का चक्कर था, न फिल्म का। वहाँ तो सतीश बहादुर ने पेश कर दिया था कृष्णा बहादुर को, संकटाप्रसाद की सेवा में।

राजेश गहलौट की आमदनी का जरिया तब तक कोई नहीं जान पाया था। यह किसी को नहीं मालूम था कि वह आखिर करता क्या था। न तो वह किसी कम्पनी में नौकर था, न ही उसकी अपनी कोई कम्पनी थी। न वह व्यापार करता था, न नौकरी। फिर उसका खर्चा आखिर चलता कहाँ से था ? सुन्दरनगर की शानदार कालोनी में उसका एक फ्लैट था और सिटी क्लब में उसका एक कमरा हमेशा बन्द रहता। उसके पास एक अदद गाड़ी थी। वह बड़े-बड़े होटलों में लंच डिनर खाता-पीता रहता। न जाने कितने लोग उसे जानते थे और न जाने कितने लोगों को वह जानता था। वह अकसर शान में कहा करता, "आधा शहर मुझे जानता है और बाकी आधे को मैं जानता हूँ।"

यह बात काफी हद तक सच थी। शहर की बात कौन जाने, लेकिन हाँ, सचिवालय में राजेश गहलौट को करीब-करीब सभी जानते थे। सचिव, आयुक्त, विशेष सचिव, उपसचिव, संयुक्तसचिव से लेकर अनुभाग के बाबू, चपरासी, पी. ए., पी. एस., फर्राश, सचिवालय की गारद के सिपाही तक उसे खूब अच्छी तरह जानते हैं, पहचानते थे। कई वर्षों से, वह सचिवालय के चक्कर लगा रहा था। मँझोला कद, हलका गेहुँआ रंग, घुँघराले बाल, बड़ी नाक उसके गोल चेहरे पर खूब फबती। लेकिन गजब की थीं उसकी आँखें। उन आँखों में एक ऐसी मस्ती थी, एक ऐसा सुरूर था, जिसे एक बार देखकर कोई भूल नहीं सकता था। उसकी पुरानी स्टैण्डर्ड मोटर का रंग हर साल-छह महीने में बदल जाया करता, लेकिन उसका अपना रंग न कभी बदला और लगता था, न कभी बदलेगा।

राजेश गहलौट बहुत ज्यादा पढ़ा-लिखा नहीं था, लेकिन अंग्रेजी, हिन्दी बंगाली, मराठी सहित कई भाषाएँ उसे आती थीं। उसके पास, राजेश गहलौट के पास, एक खास इल्म था। वह इल्म था किसी भी लड़की या औरत को मोहित करने का। इसीलिए सचिवालय के अफसर उसे कभी घर नहीं बुलाते थे। राजेश गहलौट ने शुरू से कोई काम नहीं किया था या फिर उसे किसी काम को करने की जरूरत ही नहीं पड़ी। एक अजीब चिकनाहट थी उसके चेहरे पर, एक अजीब आकर्षण था उसके अन्दर जिससे बँधकर कोई स्त्री निकल नहीं सकती थी। उसकी इसी खूबी की वजह से हर जगह उसकी माँग थी। उसके इश्क के चर्चे दूर-दूर तक फैले हुए थे। बचपन में ही बड़ी उम्र की लड़कियाँ उसके गाल नोचा

करतीं, उसे देखकर कहती, अगर राजेश हमउम्र होता तो उससे शादी कर लेतीं। राजेश अपटुडेट किस्म का था। गैबरडीन की पैण्ट, सिल्क की बुशर्ट, सफेद-काले लाल जूते, गले में स्कार्फ, उसके बेफिक्र व्यक्तित्व की निशानी थे। अपने से बड़ी उम्र की लड़कियों के चक्कर में पड़कर राजेश गहलौट काफी कुछ सीख गया था।

उसके बाद एक लम्बा सिलसिला शुरू हुआ था, उसकी जिन्दगी में उन तमाम लड़कियों-औरतों का, जिनसे उसने काफी कुछ सीखा था और कमाया भी। उसने तब तक शादी नहीं की थी, लेकिन कभी किसी को शादी के नाम पर धोखा भी नहीं दिया था। फिर भी उसके पास लड़कियाँ यूँ खिंची चली आतीं, जैसे शहर के ऊपर मधुमक्खी। यह तो काफी दिनों बाद राजेश गहलौट ने अपने इल्म, अपनी ताकत से धन्धा करना शुरू किया था। धीरे-धीरे जब पैसेवाली महिलाओं की तादाद कम होती गयी या फिर जिनको जितना दुह सकता था उसने दुह लिया, तब उसने लड़कियों का धंधा शुरू किया। कई बार उसे ऐसी लड़कियाँ मिल जातीं जो उसकी पैसे से तो कुछ मदद नहीं कर सकती थीं, लेकिन उसके लिए और कुछ कर सकती थीं। ऐसी लड़कियों का इस्तेमाल वह सचिवालय के अफसरान को पटाने-परकाने के लिए किया करता। उन दिनों, कई बार उसकी बुकिंग पैसेवाले बड़े लोग लड़कियाँ फँसाने के लिए किया करते थे। लेकिन इस बार उसका दाँव कुछ लग नहीं रहा था। वह जी. एन., बरुण हाल्दार ऐंड कम्पनी से मालती शर्मा के सिलसिले के लिए कई हजार रुपये ले चुका था। लेकिन मालती शर्मा ने तब तक उससे आँख भी नहीं मिलायी थी। उसने बड़ी कोशिश की। कई जगह, कई सचिव और आयुक्तों के कमरों में वह मालती शर्मा से मिल चुका था। वह उसके नाम से परिचित थी। उसका परिचय भी था उससे। लेकिन इन चन्द महीनों में एक बार भी मालती शर्मा ने उसकी आँखों में आँखें डालकर नहीं देखा था। राजेश गहलौट की कोशिश सिर्फ इतनी थी कि मालती शर्मा सिर्फ एक बार उसकी आँखों में आँखें डालकर देख भर लें।

राजेश गहलौट, असल में जी. एन. का आदमी था। जी. एन. उसे हजार रुपया महीना, गाड़ी और क्लब का खर्जा अलग से देता था। उसका काम सिर्फ अफसरों की बीवियों और लड़कियों से दोस्ती करना था। कभी वह कामयाब होता, कभी कामयाब नहीं होता। लेकिन जब वह कामयाब नहीं होता, तब भी उस खास औरत के मन में, उसकी जहनियत में किसी-न-किसी तरह से हमदर्दी जरूर पैदा कर लेता। उसका तजुर्बा था, आज की हमदर्दी कल की मोहब्बत होती है। वह मालती शर्मा का किस्सा तो ऐसे ही उसके पीछे लग गया था। सचिवालय में उन दिनों वह जी. एन. के एक खास काम से घूम रहा था।

संकटाप्रसाद के प्रदेश शासन का मुख्य सलाहकार बनने के बाद जी. एन. के सामने बस सिर्फ एक समस्या थी—सतीशबहादुर को सेट करने की। वैसे तो उसका काम संकटाप्रसाद के जरिये होना था, लेकिन सतीशबहादुर को ठीक कर लेने पर जी. एन. ने सोचा था कि सचिवालय उसकी मुट्ठी में होगा। एक तरफ संकटाप्रसाद, दूसरी तरफ सतीशबहादुर एक नहीं, कई पैड़ी कांड करके वह बेदाग निकल जायेगा। लेकिन सतीशबहादुर को ठीक करने में एक समस्या थी। सतीशबहदुर को यह मालूम था कि जी. एन. संकटाप्रसाद का सबसे खास आदमी है। इसलिए जी. एन. के साथ लेन-देन की बात करना उसके लिए मुमकिन नहीं था। फिर जी. एन. खुद, सतीशबहादुर से लेन-देन की बात करना नहीं चाहता था, क्योंकि उसमें संकटाप्रसाद के नाराज हो जाने का खतरा था।

पुराने दिनों से ही जी. एन. को सतीशबहादुर की गरम बीवी की बातें पता थीं। सतीशबहादुर की पत्नी को उसने कई बार संकटाप्रसाद के बैडरूम से निकलते हुए देखा था। उन दिनों तो संकटाप्रसाद के यहाँ होनेवाली दावतों की होस्टेस कृष्णा बहादुर ही हुआ करती थीं। खूब वाकिफ था जी. एन., कृष्णा बहादुर की कारगुजारियों से। लेकिन संकटाप्रसाद की वजह से उसने कभी कृष्णा बहादुर से खुद मिलने की कोशिश नहीं की थी। राष्ट्रपति शासन के बाद, संकटाप्रसाद के सलाहकार बन जाने के बाद, जी. एन. ने जो खुफिया योजना बनायी थी, उसके अनुसार राजेश गहलौट को कृष्णा बहादुर को ठीक करना था। जी. एन. को मालूम था, कृष्णा बहादुर के ठीक होते ही सतीशबहादुर अपने-आप ठीक हो जायेगा।

राजेश गहलौट को, कृष्णा बहादुर और सतीशबहादुर के बारे में पूरा बैकग्राउण्डर जी. एन. ने दे रखा था। फिर गहलौट ने पिछले तीन वर्षों में, सचिवालय में कोई घास नहीं खोदी थी। कुछ हद तक सतीशबहादुर भी उससे परिचित था। कई दावतों में, सिटी क्लब में, सतीशबहादुर से उसकी मुलाकात हो चुकी थी। रंगीन और पीली किताबों के प्रति सतीशबहादुर की आसक्ति के बारे में भी वह जानता था। गेट नम्बर छह के सामनेवाले पोर्टिको में उन दिनों सतीशबहादुर की गाड़ी खड़ी रहती थी। सतीशबहादुर शाम के करीब छह बजे, जीने से उतर कर पोर्टिको तक अकेले आता था।

उस दिन जीने की तरफ पीठ किये हुए, किसी साहित्यिक पत्रिका के बीच प्लेब्वाय मैगजीन के कुछ ब्लोअप देख रहा था गहलौट। तभी सतीशबहादुर उसके पीछे आकर खड़ा हो गया। उसके बाद सब-कुछ आसान हो गया था। रंगीन किताबों, पत्रिकाओं और अंग्रेजी-हिन्दी की पीली किताबों का लेन-देन शुरू हो गया। गहलौट के पास जो माल था वह सतीशबहादुर ने कभी देखा ही नहीं था। एक-से-एक बढ़िया, एक-से-एक उत्तेजक, निहायत उम्दा किस्म का साहित्य

वह सतीशबहादुर को पहुँचाने लगा। सतीशबहादुर कुछ निश्चिंत भी था गहलौट से, क्योंकि उसे उसने अपने स्तर के अन्य अफसरों के साथ उठते-बैठते देखा था। उधर गहलौट को अच्छी तरह मालूम हो चुका था कि कृष्णा बहादुर सतीश बहादुर की इजाजत के बिना, बल्कि खुद सतीशबहादुर जब तक साथ न हो, कहीं नहीं जाती। इसीलिए उसने सतीशबहादुर के ऊपर ही जाल फेंका था। एक बार, बस एक बार, उसे कृष्णा बहादुर से सतीशबहादुर के जरिये मिलना था। उसके बाद कौन रोक सकेगा, कृष्णा बहादुर को उस तक आने से।

गहलौट ने अपने धंधे की शुरुआत उस वक्त कर दी थी, जब सतीशबहादुर खाद्य एवं रसद विभाग के सचिव नहीं हुए थे और जब वह फायरिंग कमेटी की रपट लिख रहे थे। उसके बाद वही हुआ जो हमेशा से होता आया था। सतीशबहादुर चित्रों के साथ सजीव माल की बात करने लगे। तभी एक दिन हमेशा की तरह गहलौट को सतीशबहादुर ने फोन किया और तुरन्त मिलने की बात कही। मिलने पर गहलौट को पता लगा, खुद सतीशबहादुर ने एक माल का इंतजाम कर लिया था। पुरानी दोस्त थी, दूर-दराज के दूसरे शहर से कभी-कभार आया करती थी। घर में बच्चे वगैरह थे। किसी जगह का इंतजाम हो तो कार्यक्रम हो सकता था।

सिटी क्लब के कमरे में उस दिन कृष्णा बहादुर ने करीब सात घंटे तक गहलौट को दुखी किया था। सतीशबहादुर बगल में कमरे में बैठकर शराब पी रहा था। एक-आध बार गहलौट ने भागने की कोशिश की तो सतीशबहादुर बाहर निकलकर डाँटने लगा था उसे। लेकिन उसके बाद सब-कुछ आसान होता गया। जो कुछ गहलौट ने उस दिन कृष्णा बहादुर को दिया था, वह उसको सचिवालय के भुतह-अधेड़ अफसरों से, संकटाप्रसाद से भी, कभी नहीं मिला था। गहलौट ने जैसे कृष्णा बहादुर की चिरवांछित ख्वाहिश पूरी कर दी थी, जैसे काजू, बादाम, किशमिश, अंडा, मुर्गा, गोश्त तक की गर्मी, एक ही झटके में निकाल दी थी। कृष्णा बहादुर गहलौट के लिए पागल हो गयी थी। वह उसे ढूँढ़ती, तलाश करती, लेकिन वह मिलता कहाँ ? वह तो भाग-भागा घूम रहा था। उस दिन कृष्णा बहादुर ने उसकी छाती पर चढ़कर जो सुख भोगा था, उसने गहलौट को अन्दर से पूरी तरह खाली कर दिया था। उसे एक अजीब तरह की घिन आने लगी थी। औरतबाजी में अपने को होशियार समझनेवाले गहलौट को, पहली बार लगा था कि उसे यह लाइन छोड़नी पड़ेगी। कहीं और जाना पड़ेगा, कोई और धंधा करना होगा। उसे लगा जैसे ईश्वर ने, इस संसार के मालिक ने, उसके तमाम गुनाहों की सजा देने के लिए, कृष्णा बहादुर नाम की औरत को भेज दिया था उसके पास। मुन्नी, माला, गीता, रानी, मीता, रोजी, सल़मा, सरला, प्रेमा जैसी तिरसठ लड़कियों-औरतों को उसने अपनी तीस साल

की जिन्दगी में हासिल किया था। उसे लग रहा था वह सब-की-सब बस कृष्णा बहादुर के जिस्म में समा गयी थीं। और कृष्णा बहादुर खुद उसके जिस्म से रूह तक निकालने में लगी हुई थी।

राजेश गहलौट ने कृष्णा बहादुर से पहली मुलाकात के बाद ही, जी. एन. से जाकर कह दिया। उसने साफ मना कर दिया था। कृष्णा बहादुर से दुबारा मिलने की हिम्मत बाकी नहीं बची थी उसके अन्दर। लेकिन तब जी. एन. ने उसे नौकरी से हटा देने की धमकी दी थी। जी. एन. के लिए यह सब जीवन-मरण का खेल था। पैडी कांड उसकी जान के ऊपर किसी जिन्न की तरह सवार था। तब मजबूरन गहलौट ने कृष्णा बहादुर से सम्पर्क किया था। उसी सतीशबहादुर के पुराने तरीके के जरिये।

इसी बीच सतीशबहादुर खाद्य एवं रसद विभाग के सचिव हो गये। नया विभाग था। राष्ट्रपति शासन का जमाना। संकटाप्रसाद की हुकूमत। रात को नौ बजे से पहले घर पहुँचना नहीं हो पाता था। तब पहली बार सतीशबहादुर ने कृष्णा बहादुर को अकेले जाने की अनुमति दे दी थी। गहलौट भी अनजान बन रहा था। वह दिखा रहा था, जैसे उसे कुछ मालूम ही न हो। कृष्णा बहादुर उसको टेलीफोन करती और किसी रेस्ट्राँ में मिलने का समय तय हो जाता। बस वहीं से गहलौट उठा लेता, कृष्णा बहादुर को। तीन-चार दिन में गहलौट ने शहर के बारह लव-स्पॉट्स का इस्तेमाल कर डाला था। कृष्णा बहादुर उसकी मुट्ठी में आ चुकी थी। तभी एक दिन गहलौट ने जी. एन. के धंधे की बात की थी।

सतीशबहादुर ने फायरिंग कमेटी की रिपोर्ट समय से पहले पूरी कर दी थी। संकटाप्रसाद के कहने पर सतीशबहादुर को खाद्य एवं रसद विभाग के सचिव पद पर डाल दिया गया था। नन्दकिशोर ने गोपालदास बनर्जी का तबादला पहले ही करवा दिया था। उच्च-स्तरीय जाँच समिति की रिपोर्ट आ चुकी थी। जाँच समिति ने गोपलदास बनर्जी को आई. ए. एस. की नौकरी से निकाल देने की सिफारिश की थी और जी. एन. के खिलाफ मामला बन चुका था। लेकिन शासन ने अभी तक जाँच समिति की रिपोर्ट स्वीकार नहीं की थी। संकटाप्रसाद ने सतीशबहादुर को, खाद्य एवं रसद विभाग में इसीलिए रखा था कि वह जी. एन. के धान कांड को, अपने शासनकाल में रफा-दफा करवा सके।

सतीशबहादुर को सब पता था, वह सब जानता था। उसे संकटाप्रसाद और जी. एन. के ताल्लुकात के बारे में मालूम था। उसे यह मालूम था कि धान कांड में जी. एन. के साथ कई और लोग फँसे हुए हैं। जाँच समिति ने गोपालदास बनर्जी, जी. एन., सुखपाल सेकसरिया, मनोहरलाल नेवटिया, केवटचन्द्र और चन्द्रभूषण को बहुत बड़े घपले के लिए जिम्मेदार ठहराया था। मामला सिर्फ भ्रष्टाचार का नहीं, बल्कि सरकार के खिलाफ षड्यंत्र करने का

था। सतीशबहादुर की समस्या दूसरी थी। जहाँ एक तरफ वह जी. एन. को संकटाप्रसाद की वजह से छोड़ देना चाहता था, वहाँ उसे मालूम था कि जी. एन. को छोड़ने से सुखपाल सेकसरिया, मनोहरलाल नेवटिया, केवटचन्द्र, चन्द्रभूषण और गोपालदास बनर्जी सभी छूट जायेंगे। जी. एन. को अकेले छोड़ना मुमकिन नहीं था और बाकी लोगों को छोड़ देने में किसी का फायदा नहीं था। जाँच समिति की रिपोर्ट अखबारों में छप चुकी थी और उसे एकदम से डकार जाना मुमकिन नहीं था। फिर अगर सबको ही छोड़ना था तो कुछ काम किया जा सकता था। काम किये जाने से सतीशबहादुर का मतलब धंधे से था। उसे इस फाइल से पैसे की बू आने लगी थी। सतीशबहादुर को यह भी मालूम था, मुख्य-सचिव डी. के. गोस्वामी खुद पूरे मामले के बारे में जानते हैं और नन्दकिशोर, गोपालदास बनर्जी से बदला लेने के लिए इस मामले के पीछे लगे हुए हैं।

उस दिन संकटाप्रसाद ने एक बार फिर सतीशबहादुर को डाँटा था। उसे धान कांड की फाइल तुरन्त आगे भेजने के लिए कहा था। उधर जी. एन. सतीशबहादुर के पीछे लग लिया था। उसने बाकी लोगों से भी बात कर ली थी। सतीशबहादुर को काम हो जाने की पूरी उम्मीद थी। सचिवालय के साउथ एक्सटेंशन में, अपने कमरे में बैठा हुआ सतीशबहादुर यही सोच रहा था कि नन्दकिशोर अन्दर आकर बैठ गया।

''आइये-आइये नन्दकिशोर जी, आइये !'' सतीशबहादुर समझ गया नन्दकिशोर क्यों आया है।

''अमाँ यार ! अब तो तुम मिलते ही नहीं। हालचाल क्या हैं ?''

''ठीक हैं !''

धीरे से कहा, ''ठीक हैं। क्या बात है ?''

''नहीं—बस ऐसे ही।''

''अच्छा, बोलो गुरु, क्या कर रहे हो पैडी केस में ?''

''उसमें क्या करना है ?''

''क्या करना है ? सच पूछो तो कुछ नहीं करना है। जाँच समिति की रिपोर्ट मान लो।''

''लेकिन उससे गोपालदास बनर्जी मारा जायेगा।''

''गोपालदास बनर्जी तो वैसे भी मारा जायेगा। उसे कोई नहीं बचा सकता।''

''कैसे ?''

''मुख्य-सचिव कह रहे थे, उसके खिलाफ और भी शिकायतें हैं।''

''होंगी। दैट इज देयर लुक-आउट। लेकिन यार, अपना कोलीग है। कल

यो हमसे भी गलती हो सकती है।''

''गलती हो सकती है, नो डाउट। लेकिन धान कांड कोई मामूली गलती नहीं है। दैट इज फुल फ्लेज्ड रैकेट, ग्रेटेस्ट स्कैण्डल इन माडर्न टाइम्स ! देखो सतीश, इसमें जाँच समिति की रिपोर्ट न मानने के अलावा कोई चारा नहीं है।''

''चारा तो है।''

''सच ऐज ?''

''गोपालदास के खिलाफ उतना पुख्ता मामला नहीं बनता। कोर्ट से वह जीत जायेगा।''

''यू आर रांग।''

''हाउ ?''

''तुम्हें शायद पता नहीं होगा, इन्कमटैक्स ने उसके खिलाफ जाँच शुरू की थी। वह लोग स्विस एकाउण्ट के नम्बर का पता लगा रहे हैं।''

''वह मुमकिन नहीं है। स्विस एकाउण्ट का कोई पता नहीं लगा सकता।''

''तब तो तुम मानते हो, गोपालदास ने स्विस एकाउण्ट में पैसा जमा किया ?''

''मैंने यह तो नहीं कहा।''

''किसी मुगालते में न रहना। इण्टरपोल को रिपोर्ट जा चुकी है। एकाउण्ट नम्बर मिल भी सकते हैं।''

''रियअली ?''

''हाँ, एक तरीका और है एकाउण्ट नम्बर जानने का।''

''क्या ?''

''अगर राष्ट्रीय सरकार औपचारिक तरीके से कहे और यह साबित कर दे कि राष्ट्रीय धन की हानि हुई है या क्रिमनल केस बन गया है।''

''क्रिमनल केस ?''

''मान लो कोई राष्ट्रीय मिंट में या राष्ट्रीय करेन्सी चेस्ट में डाका डाले और लूट का रुपया स्विस एकाउण्ट में जमा कर दे, तब इण्टरपोल के जरिये एकाउण्ट नम्बर पता लग सकता है।''

''यू मीन टु से··· ?''

''यस, आई मीन टु से दैट गवर्नमेण्ट ऑफ इंडिया, गवर्नमेण्ट ऑफ स्विटजरलैण्ड से फार्मल रिकवेस्ट करेगी।'' नन्दकिशोर चीखने लगा, ''तब गोपालदास बनर्जी बचेगा नहीं। कह देता हूँ, तुमने अगर उसे छोड़ा तो खुद फँस जाओगे। एक बात और सुन लो, भारत सरकार ने प्रदेश सरकार से जाँच समिति की रिपोर्ट की कापी कमेण्ट्स के साथ माँगी है।''

''मुझे तो नहीं पता।''

''पता लग जायेगा, जल्दी ही।''

''लेकिन यार, गोपालदास आफ्टर आल हमीं लोगों में से एक है।''

''चोट्टा साला ! बास्टर्ड !''

''अरे तुम इतने नाराज हो उससे !''

''ही इज स्काउण्ड्रेल नम्बर वन।''

''कहो तो तुम्हारा पैच-अप करा दें ?''

''उससे मेरा पैच-अप नहीं हो सकता, कभी नहीं हो सकता।''

''गोपालदास अगर स्विस एकाउण्ट तुम्हारे नाम ट्रांसफर करवा दे तो ?''

सतीशबहादुर ने किया था मजाक, लेकिन अगले क्षण ही उसे लगा कि वह बड़े गुर की बात कह गया। नन्दकिशोर का चेहरा फक था। वह सतीशबहादुर को घूर रहा था।

''मालूम है तुमको, कितना रुपया उस साले ने जमा किया है ?''

''कितना ?''

''दस लाख।''

''दस लाख !''

''हाँ, दस लाख ! !''

''फिर तो नौकरी जाये भाड़ में !''

''और जेल ?''

''जेल नहीं हो सकती, दिस इज सरटेन।''

''अगर स्विस एकाउण्ट के नम्बर मिल जायें, तब भी नहीं ?''

''हाँ, तब भी नहीं।''

''हाउ, कम ?''

''वह रुपया जब्त हो जायेगा, बस।''

''फिर आयकर विभाग क्या करेगा ?''

''उसमें दस साल लगेंगे। हजार तरीके हैं। और फिर स्विस एकाउण्ट का पता लगाना इतना आसान नहीं है।''

''देखते हैं।''

''आज तक किसी स्विस एकाउण्ट का पता लगा ? इतने करोड़पति हैं अपने देश में। सबके एकाउण्ट होंगे न !''

''अवश्य।''

''पता लगा किसी एकाउण्ट का ?''

''कभी उस स्तर पर कार्यवाही नहीं हुई शायद।''

''शायद।'' हँसने लगा सतीशबहादुर, ''कुछ भी कहो यार, एक-एक अपना भी स्विस एकाउण्ट खुल जाये तो मजा आये।''

"बन जाओ न गोपालदास बनर्जी द ग्रेट।"

"छोड़ो यार, मैं नहीं बनना चाहता।" तभी टेलीफोन की घंटी बजने लगी।

टेलीफोन गोपालदास बनर्जी का था।

बाछिल मामा ने सचिवालय को एक पूरी जिन्दगी दे डाली थी। उन्हें याद आता–जब भरी जवानी की दुपहरी में, भर्राती हुई, झन्नाटेदार आवाज में कहा करते, "आई वाज बार्न आन द रॉंग साइड ऑफ ओशन।" (मैं समन्दर की गलत तरफ पैदा हुआ था।) बाछिल मामा का यह कहना भले ही सच न हो, यह तो सच था ही कि वह गलत वक्त पर पैदा हुए थे।···"सौ साल पहले या सौ साल बाद पैदा होने पर बाछिल मामा भी कुछ होते, तब तुम लोग देखते। अभी हरदम पास रहता हूँ तो तुम लोग मेरी वकत नहीं समझते, जब चला जाऊँगा तब आँसू बहाओगे।"

और फिर खुद ही कहते, "वक्त ने कभी आँसू बहाये हैं, कौन किसे याद रखता है ? मैं क्या हूँ ! लोग जब विनोदानन्द झा को भूल गये, सर सीताराम को भूल गये, भवानीशंकर को भूल गये, जिस सचिवालय की छाती शंकर घोष के गुम्बद से कूदकर मरने पर नहीं फटी, वह भला मुझे क्या याद करेगा··?"

बाछिल मामा जब सचिवालय में आये थे, तब उनमें जवानी की तरंगें फूट रही थीं। ऊँचे आसमान तक को छूने के लिए तब उनके हाथ बढ़ा करते। गोरा-चिट्टा लाल रंग, लम्बा कद, इकहरा बदन और सिर पर लहर मारते हुए घने घुँघराले बाल, लम्बी ठुड्डी और नाकवाले चेहरे पर खूब फबते। तब बाछिल मामा में जोश था, कुछ कर सकने का जोश। तब लगता, इतना बड़ा सचिवालय उनकी मुट्ठी में समायेगा नहीं और आज बाछिल मामा सोचते, कहाँ गया वह सचिवालय जिसकी परिकल्पना मैकाले ने की थी, गोविन्दवल्लभ पंत, विनोदानन्द झा, सर सीताराम ने की थी ? कहाँ गया वह सचिवालय जो सात करोड़ आबादीवाले प्रदेश का भाग्यविधाता बननेवाला था ?

बाछिल मामा सचिवालय में तब आये थे जब अंग्रेजों का राज्य था। दासता और गुलामी की जंजीरों में बँधे हुए तब बाछिल मामा ने देसी अफसरों को छटपटाते हुए देखा था, किसी असीम यातना में तड़पते हुए देखा था।

लेकिन आजादी मिलने के बाद वह सचिवालय कहाँ गया ? बाछिल मामा उदास हो जाते। उनके अन्दर एक समूचे जीवन की यादगार अँगड़ाइयाँ लेने लगती। यही था वह सचिवालय, जिसे महात्मा गांधी का भारत बनाना था ? क्या इसी सचिवालय से जवाहरलाल, सरदार पटेल, राजेन्द्रप्रसाद के सपनों की पूर्ति होनी थी ? क्या इसी सचिवालय की परिकल्पना में भारत का आम आदमी

डूबा हुआ था, जब देश को आजादी मिली थी ? बाछिल मामा की आँखें भर आतीं जब रात के अँधेरे में कांक्रीट और पत्थरों के इस जंगल को वह देखते। जैसे कोई विशाल महामानव, असीम विस्तार लिए चुपचाप पचास साल से खड़ा था लेकिन जिसकी रूह कब की उड़ चुकी थी। जब देश को आजादी मिली थी, तब बाछिल मामा सोचा करते, कोई गरीब नहीं होगा, किसी को भूखा नहीं मरना होगा, जेल खाली होंगी, पुलिस-कचहरी बेकार हो जायेंगी। सचिवालय के लोगों को रोजगार ढूँढ़ना पड़ेगा। कितने दिन गुजर गये तब से ! सब चीज वैसी की वैसी है, कहीं कुछ नहीं बदला। सचिवालय के अँधेरे कोनों से कभी-कभी शंकर घोष, विनोदानन्द झा, गोविन्दवल्लभ पंत की तस्वीर उभर आती। उसे लगता, अभी हिलती हुई गरदन लेकर सफेद मूँछ, लम्बी शेरवानी पहिन कर गोविन्दबल्लभ पंत निकलकर खड़े हो जायेंगे और पूछने लगेंगे, 'क्यों बाछिल ! कहाँ है वह सचिवालय ?…कहाँ है…कहाँ है ?'

लेकिन बाछिल मामा जानते थे, तब उनके पास कोई उत्तर नहीं होगा और उनका माथा शर्म से झुक जायेगा। यह तो समय का चक्र था जो घूमता जा रहा था। निरन्तर लगातार, घड़ी की सुइयाँ खिसकती जा रही थीं।

कुछ नहीं बदलता, कहीं कुछ नहीं बदलता, सब-कुछ वैसा ही रहता है। कभी-कभी तो बाछिल मामा बेहद उदास हो जाते। उनकी आँखें गीली जो जातीं। उन्हें दिखायी पड़ रहा था सचिवालय के अन्दर एक ताण्डव नाच। चारों तरफ न जाने कितने जी. एन.. संकटाप्रसाद, बरुण हाल्दार, मांगलिक, सतीशबहादुर, गोपालदास बनर्जी, नन्दकिशोर, भैरवसिंह, खुन्ना जौहरी, जगन महाराज किसी बेवा से उसका सुहाग, किसी बेटे से उसकी माँ, किसी बहन से उसका भाई, किसी गरीब से उसकी रोटी, किसी नौजवान से उसका भविष्य छीन रहे थे। सचिवालय में जैसे नरमेध यज्ञ चल रहा था, जहाँ स्वार्थ, लिप्सा, लोलुपता, भ्रष्टाचार, व्यभिचार की आहुतियाँ, पूरी सात करोड़ की आबादी को लील जाने के लिए दी जा रही थीं। तभी तो सचिवालय में जाने के लिए पास बनवाना पड़ता था, घंटों लाइन में खड़े होकर पास बनवाना पड़ता था। गरीब की विपदा सुनने के लिए तब भी सचिवालय में किसी के पास समय नहीं होता…किसी के पास समय नहीं होता।

बाछिल मामा ने ज्योतिषी महाराज के साथ जो कुछ किया, उस पर उन्हें दुख हो रहा था। फिर भी एक रुपये चार आने देकर आये थे बाछिल मामा। ऊपर से उन्होंने सोच लिया था, जब भी उधर से निकलेंगे कुछ-न-कुछ दे ही दिया करेंगे उसको। बाछिल मामा ने असल में, ज्योतिषी महाराज की आँखों में भूख देखी थी, एक अजीब-सी निरीह मजबूरी। इसीलिए उनका मन उदास हो चला था। वर्ना तो इस हादसे को बड़ी गर्मजोशी के साथ, वह पूरे सचिवालय

में बयान करते। लेकिन बाछिलमामा ने किसी को नहीं बताया।

बाछिल मामा हमेशा से ऐसे नहीं थे। शुरू के दिनों में उनके जैसा कोई किरानी नहीं था पूरे सचिवालय में। बड़े-बड़े अंग्रेज अफसर उनकी सलाह को, उनके नोट-ड्राफ्ट को सिर-आँखों से लगाते थे। असीम सम्मान, अथाह स्नेह पाया था उन्होंने सचिवालय में। एक टाँग पर खड़े रहते चारों तरफ। दौड़-भाग करते, काम-काम, सिर्फ काम। अपना काम, दूसरे का काम। काम किसी का हो, बाछिल मामा को तो बस काम से मतलब था। एक सेक्शन के बाबू नहीं रह गये थे बाछिल मामा। पूरे सचिवालय के हर कमरे में उन दिनों बाछिल मामा की पुकार होती रहती। 'चलते-फिरते एनसाइक्लोपीडिया' कहे जाते थे वह !

कार्यवाही के नियम जानते हैं न ! बाछिल मामा के पास जाइये। कैबिनट समरी बनानी है, बाछिल मामा को ढूँढ़िये। फाइनेन्शियल हैण्डबुक के पैरा का प्रतिवादान करना है, बाछिल मामा से पूछिये। केन्द्र को चिट्ठी कैसे लिखी जाती है, संविधान के 162 वें अनुच्छेद का अर्थ कैसे निकाला जाता है; राजयपाल के अधिकार का विश्लेषण, सचिव, मुख्य-सचिव, सलाहकार से लेकर चपरासी, फर्राश, चौकीदार, बाबू सभी के बारे में न जाने कितनी नियमावलियाँ कंठस्थ थीं उन्हें। फिर धीरे-धीरे एक सड़ाँध-सी घुसती गयी उनके अन्दर। वही कमरे, वही कुर्सियाँ, वही मेजें, फाइलों के अम्बार, कागज के पहाड़, नापते-जाँचते एक दिन बाछिल मामा को लगा, जैसे सब-कुछ व्यर्थ था। किसी चीज का कोई मतलब ही नहीं था। वह जैसे हवा में तलवार चलाये जा रहे थे।

अपर डिवीजन क्लर्क बाछिल मामा जब अपने दफ्तर के कमरे में घुसे तो वहाँ मुन्ना बाबू विराजमान थे।

''अरे मुन्ना बाबू तुम यहाँ कैसे ? खैरियत तो है ?''

''क्यों बाछिल मामा, अब तुम्हारे सेक्शन में आने पर खैरियत देखी जायेगी !''

''और क्या ? उड़द की दाल, सड़े हुए गेहूँ, धान, जौ, बाजरे की बोरियों के गोदाम में भला कोई खुशी-खुशी आयेगा ?''

''यह सचिवालय है बाछिल मामा, सचिवालय !''

''हाँ अ-आ, अब कल के लौंडे हमें बतायेंगे सचिवालय है यह ! क्यों मुन्नालाल !''

मुन्ना बाबू कुर्सी से उठकर खड़े हो गये और बाछिल मामा के कान के पास फुसफुसा कर बोले, ''जरा बचा के, गुरू ! भतीजे को लाया हूँ तेरे पास। यहीं बैठा है वह।''

''किधर-किधर ?'' बाछिल मामा रहस्यपूर्ण मुद्रा में बोले।

मुन्ना बाबू ने पीछे मुड़कर एक जहीन-शहीन छोकरे को इशारे से पास

बुलाया। "यह है बाछिल मामा, मेरा भतीजा महेश। एम. ए. पास है। नौकरी के लिए धक्के खा रहा था, मैंने डी. के. गोस्वामी साब से कहकर लगा दिया है। तेरे पास लाया हूँ, इसे कुछ गुरमन्तर दे दे। सीख जायेगा !"

"छी इ छी इ इ ! मुन्ना बाबू, सठिया गये हो क्या ?"

"क्यों ?"

"इस छोकरे का चेहरा तो देखो। नूर है इसके चेहरे पर। इसकी माँ ने बड़े लाड़-प्यार से पाला होगा इसे। काहे इसकी जिन्दगी खराब करने पर लगे हो ?"

"क्या कह रहे हो, बाछिल मामा ? एक तो नौकरी…।"

"बड़ी देखी है मैंने भी नौकरी। जिस किसी से खानदानी दुश्मनी हो--लगवा दो उसके बेटे-पोतों को सचिवालय में। हो जायेगा कल्याण उसका। छी ई ई !" बाछिल मामा ने अपनी कुर्सी पर बैठकर पैर फैला दिये।

"अब लड़के का मन न छोटा करो।"

"चुप रहो, मुन्ना बाबू ! अच्छे और बुरे की तुम्हें तमीज होती तो तुम्हारी यह दशा न होती। बड़े आये हैं नौकरी दिलवानेवाले !" बाछिल मामा फिर सीधे बैठ गये।

बड़े बाबू महाशंकर सिन्हा, बाछिल मामा की तरफ देखने लगे।

"अरे पूछो इनसे। यह हैं बड़े बाबू महाशंकर सिन्हा। पूछो इनसे, जब यह सचिवालय में आये थे तो तुम्हारे महेश की तरह नमकीन थे कि नहीं ?"

सेक्शन के बाबू 'हाअ आ हा हा अ आ हा' करके हँस दिये।

"हँस लो बेशरम, हँस लो। तुम सब बच नहीं पाओगे। तुम्हारा भी यही हश्र होगा। कुछ दिन अभी हैं हँसने के। जब रोना पड़ेगा न, सबको याद आ जायेगा छठी का दूध ! मुन्ना बाबू ! सुनो इधर," बाछिल मामा ललकार कर कह रहे थे।

"यह बड़े बाबू, जानते हो तुम, कल रिटायर हो रहे हैं ! इनको टी. बी. है। जब यह यहाँ आये थे तो लोग कहते थे, दरो-दीवार पर रोशनी फिर जाती थी, जिधर से यह निकलते थे एक नूर-सा चमकने लगता था। बारह मील दूर से रोजाना बिला नागा, छुट्टी के रोज भी यह आते थे। समझे ? आज भी सबेरे आठ बजे आ गये थे यह। पैंतीस साल, सिर्फ एक जिन्दगी के पैंतीस साल इन्होंने काटे हैं इसी सचिवालय में। पैंतीस साल पहले इनका सिर झुका था इसी मेज पर। आँखें गाड़कर फाइल के एक-एक कागज नापते-नापते काले अक्षरों के अथाह समुद्र में डूब गये यह। समा गये। मिटा दिया अपनी हस्ती को। भरी जवानी के दिन, ढलती उम्र की शाम--सब-कुछ गँवा दिया इन्होंने यहाँ। और जानते हो, क्या मिला इन्हें ?"

बाछिल मामा की आँखें जल रही थीं। वह मुन्ना बाबू को घूर रहे थे। और बाबू लोग जो अभी तक हँस रहे थे, चुप हो चुके थे। सबके चेहरे पर खामोशी का ताला लटकने लगा था।

"आज सबेरे यह मुख्य-सचिव के यहाँ गये थे। सचिव के यहाँ भी गये होंगे। क्यों बड़े बाबू ?" बड़े बाबू ने खामोशी में सिर झुका लिया।

"बस इसी तरह, देख रहे हो मुन्ना बाबू, तुम मुनीश, तुम कमलकांत, देख रहे हो न सब लोग, इसी तरह पूरी एक जिन्दगी खपा दी, गँवा दी--एक कुर्सी पर बैठकर, एक मेज पर झुककर। और आज अपने जीवन के अन्त समय में, अपनी पैंतीस साल की नौकरी के आखिरी दिन, जब वह सचिवालय के अफसरों से सिर्फ विदा लेने गये तब जानते हो उन्होंने क्या दिया इन्हें ? 'हुँ अ', सिर्फ एक 'हुँ अ'। किसी ने इन्हें अपने करीब बिठाकर यह भी नहीं पूछा कि अगले महीने जब इन्हें वेतन नहीं मिलेगा तो यह खायेंगे क्या ! किसी ने, किसी ने भी नहीं।

"मैं जब दफ्तर आया तो बड़े बाबू रो रहे थे। इनकी आँखों में आँसू थे। सुन रहे हो तुम लोग, यही आँसू सबको मिलेंगे। आँसू, सिर्फ आँसू। 'बारह मील का बाबू' कहकर कितने अफसरों ने इनका मजाक उड़ाया था ! ऐसे ही तुम सबकी खिल्ली उड़ायी जायेगी। कौन कितने मील का बाबू है, इस पर तय होता है, वह कितने दिन जीयेगा। कुछ ही दिनों बाद तुम्हारी आँखों पर एक अदद चश्मा होगा, कमर नीचे का तरफ झुकने लगेगी, बाल पक जायेंगे। ठीक बड़े बाबू की तरह आँखें गड़ाकर, धूल-भरी फाइलों की गर्द झाड़ते हुए नोट, ड्राफ्ट, रिपोर्ट, स्टेटमेण्ट फ्लैग करते-निकालते हुए बूढ़े हो जाओगे सब-के-सब। किसी को टी. बी. होगी, किसी को अंधेपन की बीमारी, किसी को गठिया, कोई पेट का बीमार, कोई हाइपरटेनशन का मरीज बन जायेगा। क्यों मुन्ना बाबू ?"

मुन्ना बाबू जब बाछिल मामा के सामने आते तो न जाने क्यों रामायण के बाली की तरह बाछिल मामा उनकी आधी ताकत पहले ही निकाल लेते और बाकी आधी उनके बोलने के बाद बच नहीं रहती। लेकिन उस दिन बाछिल मामा की आवाज में एक दर्द था, एक अनूठा दर्द, जैसे खुद उनके अन्दर तक कहीं कुछ रिसते-रिसते घाव कुरेद गया था और जो मीठी टीस बनकर सारे बदन में फैल गयी थी। मुनीष, कमलकांत, भीखू, बंसल--सब-के-सब किसी खौफ की अँधेरी गुफा में घिर गये थे। बाछिल मामा का एक-एक शब्द नश्तर की तरह चुभ गया था। एक गहन उदासी की छाया सबको घेर रही थी। अभी कुछ देर पहले तक हँसी के ठहाकों, चुलबुली हरकतों से महकता हुआ कमरा एकाएक जैसे किसी मुर्दनी का मुकाम बन गया था। मन-ही-मन सबके अन्दर जैसे एक रुलाई की ठसक, एक हूक पैठ गयी थी। चारों तरफ जैसे अँधेरा, सिर्फ अँधेरा

था। घुप्प अँधेरा। और सब-के-सब हाथ को हाथ से टटोल रहे थे। खुद अपने-आपको ढूँढ़ रहे थे।

तभी दूर बड़ी दूर से जैसे बाछिल मामा की आवाज आने लगी, ''कमरे यहीं होंगे, कुर्सियाँ यहीं होंगी। छोटे बाबू बनकर लोग आयेंगे, बड़े बाबू बनकर चले जायेंगे। यही है हम सबकी नियति। यही है तुम्हारा भाग्य !''

''मैं तो कहता हूँ बाछिल मामा, इस सचिवालय में सचिव से ज्यादा हरामखोर और कोई नहीं है। इन सालों की आँख का पानी मर गया है जैसे। कुछ आता-जाता तो है नहीं सालों को···बस अफसरी झाड़ते रहते हैं। जब मैं आया था, सचिवालय में अट्ठाइस टन का एक गुम्बद था, जिसके ऊपर शेर खड़ा था। जिस दिन से वह गुम्बद उतारा गया, जैसे सब-कुछ बदल गया। कहीं कुछ बचा ही नहीं। हम छः हजार कर्मचारी सात करोड़ आदमियों की भलाई के लिए काम करते हैं !''

''कांक्रीट के इस जंगल में पत्थर के आदमी बसते हैं, मुन्ना बाबू ! वह वर्ग जिसे हम सचिव कहते हैं, पत्थर-सा सख्त कलेजा है उसके पास !''

''सबके लिए नहीं बाछिल मामा, सब के लिए नहीं,'' मुन्ना बाबू ने सिर हिलाते हुए आगे कहा, ''सबके लिए नहीं है पत्थर-सा सख्त कलेजा। खुद अपने लिए, अपने बीवी-बच्चों, भाई भतीजों के लिए, दोस्तों के लिए, जान-पहचान, सिफारिश-दस्तूरीवालों के लिए बड़ा ही नर्म-गर्म कलेजा है उनके पास।''

''यह कल्याणकारी राज्य है न, मुन्ना बाबू !'' बाछिल मामा की आँखों में चमक थी।

''हाँ।''

''इस सचिवालय में कल्याणकारी राज्य की कल्याणकारी योजनाएँ बनती हैं। बजट बनता है। लेकिन इन सबको, हर फाइल से बस पैसे की बू आती है। पैसा, सिर्फ पैसा। बदनाम होता है बाबू।''

''अरे, बाबू क्या खाकर पैसे बनायेगा ? कुछ लोग हैं जो इधर का उधर कर लेते हैं। बस उसी में काट लें बस।''

''पेनल कोड किसने बनाया था, मालूम है ?''

''किसने ?''

''मैकाले ने और आज तक हम उसे बदल नहीं सके। क्या अंग्रेज व्यवस्था और हमारी व्यवस्था एक थी ? वही कानून, वही दफाएँ, जिनके खिलाफ उस जमाने में हम आंदोलन करते थे, उन्हीं का इस्तेमाल करके अब हम शासन करते हैं। पहले तीन-चार सचिव होते थे और तीन-चार सौ बाबू, और अब ?''

''और अब चार सौ सचिव हैं और छह हजार बाबू। फिर भी काम नहीं होता।'' मुन्ना बाबू ने जवाब दिया था।

"आओ बेटे महेश, इधर आओ।" बाछिल मामा ने मुन्ना बाबू के भतीजे को अपने पास बुलाया।

महेश तो बड़ी उम्मीद से यहाँ आया था। सचिवालय के उस विशाल परिसर में घुसते वक्त उसे एक तरह का खौफ जब्त किये हुए था। फिर बाछिल मामा की बातें सुनकर उसकी आँखें भर आयी थीं। सचमुच उसे लग रहा था, जैसे किसी बदबूदार नाले के किनारे आ गया था वह, जहाँ कीड़ों की तरह अनजान समय से कितने भाग्य के सितारे गर्क होकर बिलबिला रहे थे। इतनी देर में उस सचिवालय का नक्शा उसके सामने साफ हो चुका था, जो न जाने कितनी बार रात के अँधेरे में, नींद की गहराइयों में, उसकी स्वप्निल आँखों के सामने नाच गया था। बाछिल मामा ने उसके सामने सचिवालय की जो तस्वीर पेश की थी वह उसकी जहनियत के विस्तार में कहीं समा ही नहीं रही थी। वह तो आया था यहाँ शासन, सत्ता शक्ति के नये आयाम नापने। लेकिन अब उसे लग रहा था, अगर कुछ देर और वह यहाँ रुक गया तो फिर कभी वापस नहीं निकल पायेगा, उन पथरीले गलिहारों से। बाछिल मामा महेश को अच्छे लगे थे उस वक्त। वह उठकर उनके पास बैठ गया।

बाछिल मामा ने उसके सिर पर हाथ फेरते हुए कहा था, "महेश बेटा, यह मत समझना, मैं तुम्हें डरा रहा हूँ। इस खौफनाक जगह से अगर तुम दूर रह सके तो मैं यही समझूँगा, मैंने एक नयी उम्मीद को बड़ा बाबू बनने से बचा लिया।"

बड़े बाबू तब तक अपने-आपको सम्भाल चुके थे। बाछिल मामा ने उनकी दुखती हुई रग छेड़ दी थी। एक असीम यातना से जैसे उनका मन छटपटाने लगा था। पूरा समूचा जीवन जैसे एक महान् गलती बनकर उनके सामने खड़ा हो गया था। कोई इतने दिन तक कैसे अपने-आपको ठग सकता है, यही सोच रहे थे बड़े बाबू। इतने सारे दिन, इतने हफ्ते, इतने महीनों और इतने सारे पैंतीस साल बड़े बाबू को उस समय किसी घूरे पर पड़े हुए दिखे थे। जब उने विभागीय सचिव और मुख्य-सचिव ने, उनके सचिवालय-जीवन के अन्तिम दिन सिर्फ 'हुँ अ अ' कहकर उनको टाल दिया था। वह समझ ही नहीं पाये थे, वह स्वतंत्र भारत के एक महान् प्रदेश के सर्वशक्तिमान सचिवालय में खुद क्या थे और वह आदमी क्या था जिसने उन्हें 'हुँअ' कहकर दुतकार दिया था ! फिर भी वह चले आये थे। कमरे से निकलते वक्त सतीशबहादुर ने उनसे पैड़ी-कांड की फाइल भेजने के लिए कहा था।

एक अजीब तरह की नफरत का सैलाब उमड़-उमड़कर बड़े बाबू के अन्दर हाहाकार कर रहा था। उनको उस समय समूचे सचिवालय से घिन आ रही थी। वह नाक सिकोड़कर बार-बार यह बूझने की कोशिश कर रहे थे, वह बदबू खुद

उनके अन्दर से आ रही है या फिर उस सड़ाँध से जिस पर बैठकर उन्होंने अपना सारा जीवन बिता दिया था ? बड़े बाबू चुपचाप अपनी सीट पर से उठे और बाछिल मामा के पास पहुँच गये। बाछिल मामा खुद उठकर खड़े हो गये।

"बाछिल, आओ आज तुम्हें सीने से लगा लूँ !"

"भाई ! तीन साल पहले आये थे न सचिवालय में ?"

"हाँ, बाछिल। तीन साल पहले जा रहा हूँ। एक आखिरी बात और कह दूँ। फिर चलता हूँ। कहने को तो रह जाये, एक दिन बड़े बाबू आठ बजे शाम से बहुत पहले चले गये थे।"

"क्या बात है, बड़े बाबू ?"

"सतीश बहादुर साब ने कहा था मुझसे...।"

"कब ?"

"आज सबेरे।"

"तभी न, जब आप...।"

"अब छोड़ो उन बातों को। उस समय इतना सदमा पहुँचा था, मुझे, मैं उनका आदेश तुमको बता नहीं सका।"

"क्या आदेश देगा, वह साला जोरू का दल्लाल !"

"जोरू का गुलाम तो सुना था हमने यह जोरू का दल्लाल क्या बला है ?" मुन्ना बाबू ने टोका।

"बस मुन्ना बाबू, यही तो गड़बड़ हो जाती है तुमसे। चुप नहीं रहा जाता। खुद भी तो पता लगाओ या सब बातें कहने का ठेका ले रखा है हमने ?"

"अरे—अरे !" मुन्ना बाबू की गाड़ी पटरी से उतर गयी।

"छोड़ो, यार ! इस समय बड़े बाबू की बात सुनो। हाँ बड़े बाबू, क्या कहा उस जोरू के दल्लाल ने ?"

"कह रहे थे, पैड़ी कांड की फाइल बनाकर भेज दो। आज ही वह सलाहकार संकटाप्रसाद के पास जानी है !"

"बड़े बाबू, लगता है, धन्धा हो गया !"

"सच में ?"

"नहीं मालूम आपको ! जी. एन. ने राजेश गहलौट नाम के एक औरतबाज को इसकी बीवी के पीछे लगा दिया था। उसने सौदा करा दिया होगा। फिर संकटाप्रसाद कोई कम हैं ? वह तो हैं इन सबके बाप। जी. एन.—बड़े बाबू ! वही घनानन्द बिठौरिया। आप तो जानते होंगे, संकटाप्रसाद के जमाने में सचिवालय में कितना नाम था उसका !"

बड़े बाबू ने अपने कपाल पर हाथ पटककर कहा, "तो यह गोपालदास बनर्जीवाला मामला है ?"

''हाँ।''

''इसका मतलब सतीशबहादुर, घनानन्द बिठौरिया, संकटाप्रसाद और गोपालदास बनर्जी–सब-के-सब इसमें लगे हुए हैं !''

''हाँ, बड़े बाबू !''

''तो क्या सोचा है तुमने ?'' बड़े बाबू ने धीरे से बाछिल मामा के कान में कहा।

''फाइल माँगी है न उन्होंने ?''

'हाँ। लेकिन मैं सोच रहा था, चलते-चलते दो-दो हाथ हो जायें। यह मेरा आखिरी नोट होगा।''

''हाँ बड़े बाबू, और बेस मैं बना देता हूँ।''

## सात

**सचिवालय** में सलाहकार संकटाप्रसाद और सलाहकार के. डी. शर्मा में ठन गयी थी। राज्यपाल सदाशिव नारायण बरुआ मुख्य-सचिव डी. के. गोस्वामी से चिढ़े हुए थे। पहले के जमाने में जब संकटाप्रसाद, आई. सी. एस. ऑफिसर थे, शासन में उनका रोब-दाब था, लोग उनकी पूजा करते थे, तब के. डी. शर्मा आई. जी. पुलिस थे। उस समय भी सचिवालय में दो दल थे। एक दल ब्राह्मण अफसरों का था जिसके नेता थे, डी. के. गोस्वामी के गुरु भोलानाथ तिवारी। दूसरा दल कायस्थ अफसरों का था, जिसके नेता थे नर्मदाप्रसाद खरे। नर्मदाप्रसाद खरे बाद में राज्यपाल हो गये। तिवारी-गुट के अफसरों ने उसी समय खरे-गुट के अफसरों को गिरा लिया था, जब नर्मदाप्रसाद खरे का तबादला केन्द्र सरकार में सचिव-पद पर हो गया था। एक दशक तक ब्राह्मण-गुट सचिवालय में और केन्द्र में हावी रहा। इस गुट के लोग दूर-दूर तक फैले हुए थे। सचिव, मुख्य-सचिव की नौकरी तो थी ही सबके पास। संघर्ष होता लेफ्टीनेंट-गवर्नर, गवर्नर, राजदूत और सार्वजनिक प्रतिष्ठानों के अध्यक्ष-पद के लिए। उस समय के. डी. शर्मा ब्राह्मण-गुट के खास सदस्य माने जाते थे। पुलिस का महकमा उनके पास था, कायस्थ-गुट के छोटे-मोटे अफसरों को तो वह खुद ही जलील कर दिया करते थे। जोड़-तोड़, उठा-पटक के उस दौर में एक बार के. डी. शर्मा ने सचिवालय के अफसरों के कहने पर, सतीशबहादुर का सामान फिंकवा दिया था। वैसे के. डी. शर्मा और सतीशबहादुर की खुद की पुरानी दुश्मनी थी।

एक बार जब के. डी. शर्मा वरिष्ठ पुलिस अधीक्षक थे और सतीश बहादुर

नगरपालिका के प्रशासक, तब किसी हरिजन बस्ती को शहरी सौन्दर्यकरण योजना में सतीशबहादुर ने शामिल कर लिया था। हरिजन बस्ती में हरिजनों के कच्चे-अधपके, टूटे-अधगिरे, मकान-झोंपड़ियाँ थीं, जिन्हें गिराकर पार्क और दुकानें बनाने की योजना बनायी थी सतीशबहादुर ने। लोग तो कहते थे, कुछ और ही साँठ-गाँठ थी। दुकानें शहर के बीचोंबीच बनने जा रही थीं। लाखों रुपये की पगड़ी का सवाल था। चेले-चाटी लगे हुए थे सतीशबहादुर के पीछे। काफी हील-हवाले से भी जब हरिजन बस्ती के लोग टस से मस नहीं हुए, तब एक दिन, पुलिस को नजर अन्दाज करके नगरपालिका दल के साथ, सतीशबहादुर लाइसेन्सशुदा बन्दूकों लेकर पहुँच गये। उन्होंने बुलडोजर से बस्ती उजाड़ दी। सतीशबहादुर के दस्ते ने उनके नेतृत्व में गोलियाँ चला दीं। सतीशबहादुर ने भी एक-आध फायर किया था। अच्छा-खासा बवंडर उठ खड़ा हुआ था। तब के. डी. शर्मा ने सतीशबहादुर का चालान किया था। मामला काफी आगे तक गया था, लेकिन फिर उसे रफा-दफा कर दिया गया, क्योंकि शासन खुद कोई औचित्य नहीं ढूँढ़ पा रहा था। लेकिन उसके बाद के. डी. शर्मा और सतीशबहादुर में जो जंग शुरू हुई, वह कभी नहीं खत्म हो सकी। कई वर्षों बाद जब के. डी. शर्मा आई. जी. के ऊँचे ओहदे पर पहुँच चुके थे, उन्होंने सतीशबहादुर की गैरहाजिरी में उनकी बीवी-बच्चों को सड़क पर खड़ा कर दिया था। तब कृष्णा बहादुर अपने दूसरे खसम संकटाप्रसाद के पास दौड़ी-दौड़ी गयी थी। संकटाप्रसाद तब सचिवालय से बाहर बोर्ड ऑफ रेवेन्यू के अध्यक्ष थे। उन्होंने के. डी. शर्मा से बहुतेरा कहा, लेकिन के. डी. शर्मा अड़ गये। किसी तरह नहीं माने। उधर संकटाप्रसाद के सिफारिशी संदेशों का सिलसिला बन्द नहीं हो रहा था। हर रोज कृष्णा बहादुर अपनी लुटी हुई इज्जत की दुहाई लेकर वहाँ पहुँच जाती थी। सचिवालय में तब ब्राह्मण-गुट का जोर था और तिवारी-गुट ने संकटाप्रसाद को दूध से मक्खी की तरह निकाल कर फेंक दिया था। इसी वजह से संकटाप्रसाद, सचिवालय में किसी और से सिफारिश कर सकने की स्थिति में नहीं थे। तब एक दावत में के. डी. शर्मा और संकटाप्रसाद में खुल्लमखुल्ला गाली-गलौज हुई थी।

संकटाप्रसाद और के. डी. शर्मा को अलग-अलग सलाहकार बनाया गया था। एक को दूसरे के बारे में पता नहीं था। उधर हाई-कमांड को भी यह मालूम नहीं था कि संकटाप्रसाद और के. डी. शर्मा एक-दूसरे के जानी दुश्मन थे। सब-कुछ बस अचानक हो गया था। सचिवालय में आने के बाद भी न तो संकटाप्रसाद ने और न ही के. डी. शर्मा ने आपस में बातचीत करने की कोशिश कीं। कई बार राज्यपाल के यहाँ, सभासोसाइटी में, सचिवालय की समितियों की संयुक्त परिषद में, आमने-सामने होने पर दोनों सलाहकार विदेशी मेहमानों की

तरह इण्टरप्रैटर की सहायता से बातचीत करते। कई हफ्तों तक सलाहकार परिषद की कोई मीटिंग नहीं हो पायी, सिर्फ इसलिए कि संकटाप्रसाद और के. डी. शर्मा एक साथ किसी मेज पर बैठने को तैयार नहीं थे।

सचिवालय में एक प्रशासकीय संकट आ गया था। जहाँ एक तरफ सलाहकार परिषद की बैठक नहीं हो पा रही थी, संकटाप्रसाद के. डी. शर्मा के साथ बातचीत तक करने के लिए तैयार नहीं थे, वहीं दूसरी तरफ राज्यपाल और मुख्य-सचिव में बोलचाल बन्द थी। राज्यपाल को अगर मुख्य-सचिव से कुछ कहना होता तो वह संकटाप्रसाद के जरिये कहलाते। मुख्य-सचिव डी. के. गोस्वामी पुराने जमाने की बदमिजाजी को भुला चुके थे। संकटाप्रसाद के साथ इधर वह कुछ बनाकर रखने की कोशिश कर रहे थे। लेकिन उन्हें मालूम था, संकटाप्रसाद किसी सूरत में उनका साथ नहीं देंगे। राज्यपाल उनसे पहले ही मुकुरा हुआ था। इसीलिए किसी सुरक्षा-कवच की तरह डी. के. गोस्वामी ने के. डी. शर्मा को अपना लिया था। ऊपर से तो वह संकटाप्रसाद के गुरुवाद की सीमा में जी-हुजूरी किया करते, लेकिन अन्दर-ही-अन्दर उन्होंने के. डी. शर्मा को साध लिया था।

राज्यपाल सदाशिव नारायण बरुआ ने दोनों सलाहकारों के बीच काम का बँटबारा कर दिया था। संकटाप्रसाद को मिला था सचिवालय और सामान्य प्रशासन, गृह-विभाग, कृषि उत्पादन एवं ग्राम्य विकास, सहकारिता, कृषि और पशुपालन, शिक्षा और खेलकूद, उत्पादन कर, वित्त विभाग, खाद्य एवं रसद विभाग, जंगलात विभाग, हरिजन सहायक और समाज कल्याण, पहाड़ विकास एवं पर्यटन, आवास-विकास, सहायता एवं पुनर्वास; जबकि के. डी. शर्मा को उद्योग और ग्रामीण उद्योग, सूचना एवं सांस्कृतिक कार्य, सिंचाई, न्याय, स्वास्थ्य, परिवार नियोजन एवं जनस्वास्थ्य, योजना, बिजली विभाग, सार्वजनिक निर्माण, राज्य सम्पत्ति, आय, विज्ञान और तकनीकी विभाग, चीनी उद्योग एवं गन्ना विकास, यातायात एवं श्रम, तकनीकी शिक्षा, शहरी विकास और केन्द्रीय सहयोग विभाग मिले थे। कई ऐरो विभाग संकटाप्रसाद के हाथ नहीं आये थे जिन्हें वह लेना चाहते थे, लेकिन सामान्य प्रशासन और गृह-विभाग की वजह से संकटाप्रसाद के. डी. शर्मा से अधिक महत्त्वपूर्ण सलाहकार बन चुके थे।

सचिवालय के भूतल पर, उत्तर-पूर्व की तरफ की समान्तर गैलरी के करीब-करीब बीच में संकटाप्रसाद का कमरा था। कमरा क्या, असल में वह पूरा सैट था। एक बड़ा कमरा बैठने का, पीछे एक आराम करने का कमरा, बाहर स्टाफ के लिए काफी जगह थी बैठने की। स्टाफ में एक पी. एस., एक पी. ए., एक लोवर डिवीजन क्लर्क, एक स्टेनो था। यह बाहरी कमरा लम्बा ज्यादा, चौड़ा कम था। संकटाप्रसाद से मिलनेवाले यहीं बैठकर इंतजार करते थे। चार

सोफे और करीब दो दर्जन कुर्सियाँ लगी हुई थीं। दो चोबदार और दो चपरासी, सलाहकार संकटाप्रसाद से मिलने-जुलनेवालों को अपनी बहुमूल्य सलाह देकर दो-चार रुपये झटकने की कोशिश किया करते। स्टाफ के इस खास कमरे के पीछे बरामदे को बन्द करके बनायी गयी जगह में एक तरफ डिस्पैच बाबू और दूसरी तरफ चाय-पानी का इंतजाम करनेवाले बैरे का ताम-झाम था।

उस दिन संकटाप्रसाद के यहाँ गदर का माहौल था। उनका पी. एस., सक्सेना, जो उपसचिव स्तर का था, तमाम लोगों से जूझ रहा था। उधर देसाई चुपचुप मुस्करा रहा था और स्टेनो मंगलेश टाइपराइटर पर चिट्ठी टाइप करने की कोशिश में था। संकटाप्रसाद के कमरे में पर्यटन विभाग की मीटिंग चल रही थी और बाहर पशुपालन, शिक्षा, वित्त,कृषि, खाद्य एवं रसद विभाग के अधिकारी अपनी-अपनी फाइलों का पुलिन्दा लिए हुए बैठे थे। बाहरी लोगों के गुट, जो बिनी हुई कुर्सियों पर बैठे थे आपस में इशारेबाजी करते हुए, हालात को तौलने की कोशिश कर रहे थे। एक तरफ मुंशी अवतारीलाल और बिन्दादीन सराफ़ की बेवा सराफ़े बाजार के कई दुकानदारों के साथ बैठी हुई थी। जी. एन. तो करीब-करीब रोजाना आ जाता था। लेकिन उस दिन उसके साथ बरुण हाल्दार भी था। शिवमूर्ति लाल, श्रीकांत पाठक और सतीशबहादुर ने अपने-अपने फरमाइशियों को लगा रखा था वहाँ। देसाई के पास शंकरलाल के तीन फोन आ चुके थे, मुख्य-सचिव को अकेले में संकटाप्रसाद से मिलना था। गृह-सचिव का पी. ए. हर दस मिनट के बाद, बारी-बारी से देसाई और सक्सेना से गिड़गिड़ा रहा था।

संकटाप्रसाद का सारा हिसाब गड़बड़ हो गया था। जिस समय वह सलाहकार बने थे, तीन महीने की बादशाहत के लिए कितना उत्साह था उनके मन में ! क्या-क्या सोचा था उन्होंने ! सपनों के न जाने कितने महल बनाये थे। दूर-दूर तक, उस समय उन्हें विचारों के विस्तार में फैली हुई खुश किस्मती की फसल पकती हुई दिखी थी। फिर न जाने क्या हो गया, न जाने कैसे वक्त गुजर गया और वह कुछ नहीं कर पाये। राष्ट्रपति शासन का समय पूरा होने लगा था। मंत्रिमंडल के गठन की चर्चा गर्म होने लगी थी और संकटाप्रसाद तब तक कुछ नहीं कर पाये थे। यहाँ तक कि घनानन्द बिठौरिया उर्फ जी. एन. का धान कांड भी उसी जगह था, जहाँ पर उन्होंने सचिवालय में आने पर उठाया था। सतीशबहादुर तब तक मामला उनके सामने पेश नहीं कर पाया था।

उधर राज्यपाल ने डी. के. गोस्वामी को हटाने के लिए उनसे नोट माँगा था। नोट, आलेख और प्रस्ताव तो कब का चला गया था, लेकिन केन्द्र से सहमति नहीं आयी थी। उनको लगने लगा था कि इतने कम समय के लिए सचिवालय आना बेकार ही था। बस कुछ अदद दावतों और चन्द बूढ़ी औरतों

के अलावा कुछ हासिल नहीं हुआ था। एक तो के. डी. शर्मा का सचिवालय में मौजूद रहना, दूसरे डी. के. गोस्वामी का के. डी. शर्मा से मिल जाना, तीसरे राज्यपाल के हर मामले में टाँग अड़ाने से संकटाप्रसाद का हिसाब गलत हो गया था। उन्हें लगता, वह कहीं से बूढ़े हो चुके हैं। उनके अन्दर पहले जैसी चुस्ती, पहले जैसी पकड़ नहीं थी। सवेरे से लेकर शाम तक भीड़ से घिरे रहते वह। तरह-तरह के लोग, किस्म-किस्म के काम ! पहले तो इतने लोग नहीं आते थे, न ही इस तरह चिपकते थे लोग। अब तो जैसे सलीका ही नहीं मालूम था लोगों को। बस आते और गिड़गिड़ाने लगते। घिन आने लगती थी संकटाप्रसाद को। चारों तरफ भिनभिनाती हुई आवाजें, मँडराती हुई भीड़। एक चिपचिपाहट-सी समाती जा रही थी संकटाप्रसाद के अन्दर।

संकटाप्रसाद का फार्म बिगड़ जाने का सबसे बड़ा कारण माधुरी साहा थीं। शुरू में तो कई दिनों तक उन्हें माधुरी साहा के बारे में कुछ भी पता नहीं था। सभी लोग, सचिवालय के सभी सचिव उनको सलाम करने आये थे। कटखन्ना गृह-सचिव मोहनकृष्ण कौल तक आया था, लेकिन स्वास्थ्य-सचिव माधुरी साहा नहीं आयी थीं। माधुरी साहा का सचिवालय में मौजूद रहना लेकिन उनसे मिलने के लिए न आना, संकटाप्रसाद के लिए एक हादसा था। कौन है यह माधुरी साहा ! किस बैच की हैं ? सचिवालय में कब आयी ? किस फैमिली से ताल्लुक था उसका ? कुछ नहीं मालूम था संकटाप्रसाद को माधुरी साहा के बारे में।

और तब एक दिन खुद-ब-खुद उनको सब-कुछ मालूम हो गया था। राज्यपाल आये थे सचिवालय में। उनके कमरे में के. डी शर्मा, माधुरी साहा के साथ स्वास्थ्य-विभाग की फाइलें निपटा रहे थे। तब न जाने किस काम से संकटाप्रसाद राज्यपाल के कमरे में पहुँच गये। बस एक क्षण को माधुरी साहा से उनकी आँखें मिली थीं। जैसे सारा बदन झुलस गया था। इतनी घृणा, इतनी हिकारत थी उन आँखों में कि संकटाप्रसाद चुपचाप वापस लौट आये थे। उस दिन उन्हें पहली बार, जीवन में पहली बार लगा था, सब-कुछ पा लेना ही काफी नहीं है। कितनी ऊँची सीढ़ी पर खड़े होकर उन्हें लगा था, वह सब व्यर्थ है, किसी काम का नहीं है। राज्यपाल के कमरे से निकलने पर ही सब-कुछ उनकी समझ में आ गया था, क्यों माधुरी साहा उनसे मिलने नहीं आयी थी और उस दिन तक क्यों उनका सामना उनसे नहीं हो सका था।

लेकिन वह कर भी क्या सकते थे ? उनका गुनाह, उनका खुद का गुनाह, शक्ल बदलकर उनके सामने आ गया था। उनके अन्दर न तो इतनी ताकत थी कि उसे अपने शक्तिशाली कदमों से कुचल देते और न ही इतना साहस, उसे स्वीकार कर लेते, अंगीकार कर लेते। फिर माधुरी कल की बच्ची नहीं थी। उनकी कृपा पर पलनेवाली, जीनेवाली कोई कमजोर नादान लड़की नहीं थी। वह

तो सचिवालय में आई. ए. एस. अफसर थी। स्वास्थ्य-विभाग की सचिव थी। पूरे सचिवालय में उसकी धाक थी। संकटाप्रसाद को स्वप्न में भी उम्मीद नहीं थी, माधुरी से इस तरह कहीं मुलाकात होगी। वह तो उसे मरा हुआ जानकर भूल चुके थे। जीवन के समूचे आयाम एक झटके में टूटकर बिखर गये। जैसे काँच का एक बड़ा शीशा चिटककर रह गया था बस, टूटा नहीं था। उस चिटके हुए शीशे के अनेक-अनेक टुकड़ों में देख रहे थे, संकटाप्रसाद अपने अतीत का भयावह चेहरा।

यह नियति का खेल था या भाग्य की विडंबना ! इतने सफल, इतने विशाल जीवन के धनी संकटाप्रसाद सोच रहे थे, यह कौन-सी विपदा उनके सामने आकर खड़ी हो गयी थी ! पूरी जिन्दगी, हमेशा-हमेशा जीतनेवाले संकटाप्रसाद को सता रहा था, रोम-रोम कँपा देनेवाला पराजय का भय ! वह कभी हारे नहीं थे, कोई उनसे जीत नहीं सका था। बाप की लाश के ऊपर से गुजरकर जो खेल उन्होंने शुरू किया था, वह कभी रुका नहीं, कभी खत्म नहीं हुआ। माँ चली गयी, शान्ति चली गयी, मधु चली गयी और फिर माधुरी। हर वह चीज जिसे उन्होंने चाहा, किसी-न-किसी रूप में, कभी-न-कभी उन्हें मिली जरूर। कुछ-न-कुछ टूटता रहा, बिखरता रहा, अन्दर-अन्दर वह खाली होते रहे। विजय का, जीत का अहम् किसी साँप की तरह फन उठाये खड़ा रहता उनके अन्दर। उनके व्यक्तित्व की यही ताकत थी, इसी के भरोसे वह बचे हुए थे। लोग तो विष से मर जाते, पर संकटाप्रसाद अपने दर्प-दंश से, विजय-विष से ही जीवित थे। कोई हरा नहीं सका था उनको आज तक। जैसे सफलता के जनक थे वह, जीत को उन्होंने साध रखा था। लेकिन उस दिन राज्यपाल के कमरे में माधुरी को देखकर उनको यही लगा था कि वह हार गये, एक बहुत बड़ी लड़ाई हार गये। सब दाँव जीतते रहने पर भी बस एक दाँव वह ऐसा हार गये, जो उनकी सारी सफलताओं से कहीं अधिक अहम था। ऐसा नहीं था, माधुरी को सचिव के पद पर देखकर उन्हें कोई ईर्ष्या हुई थी या किसी अपमान का बोध हुआ था उन्हें। वह तो चुपचाप अपनी बरबादी का मंजर देख रहे थे। न जाने कितने दिन बाद, सम्भवतः समूचे जीवन के बाद, जब वह जीत और सफलताओं के आदी हो चुके थे, उनके सामने एक इतनी बड़ी पराजय आ खड़ी हुई थी, जिसके अनुमान-भर से एक सिहरन-सी उनके अन्दर उभरने लगती। वह सोचते, यह उन्होंने क्या किया था, यह कौन-से पाप का फल था ? किस जन्म के दुराचार फूट-फूटकर सामने आ रहे थे ? सब-कुछ छोड़कर वह अलग हट जाते, सिर्फ कमीज के कालर से काल्पनिक धूल झाड़ने का नाटक करना था उन्हें। लेकिन वह जानते थे, ऐसा कर सकना उनके लिए सम्भव नहीं था, क्योंकि वह कोई और नहीं, शान्ति की बेटी थी।

माधुरी शान्ति की बेटी थी, उस शान्ति की बेटी थी जिसके लिए ही वह एक नहीं, अनेक जीवन होम कर देने के लिए तैयार थे। जीवन-मरण, जय-पराजय, हानि-लाभ, इन सबसे ऊपर संकटाप्रसाद के लिए अगर कोई नाम था तो वह नाम था शान्ति का ! वही शान्ति छोड़कर गयी थी माधुरी को। जब शान्ति को मालूम होगा उस पैशाचिक-कर्म के बारे में, जो उन्होंने माधुरी के साथ किया था तो भला वह क्या सोचेगी, क्या समझेगी ? यही सोचेगी न, शिवा एक गिरा हुआ आदमी निकला। उनके ऊपर शान्ति ने अपने पति माधव से अधिक, खुद अपने से अधिक विश्वास किया था। और उन्होंने अपने हाथों से उस विश्वास का गला घोंट डाला। तब संकटाप्रसाद को बड़े दिन बाद शान्ति की याद आयी थी। उन्होंने जेल के कैदियों की फेहरस्ति से शान्ति का नाम ढूँढ़ निकाला था। लेकिन शान्ति तब तक जेल से छूटकर जा चुकी थी। संकटाप्रसाद के मन में बार-बार यही डर कँपकँपी छोड़ जाता, अगर किसी दिन शान्ति सामने आकर खड़ी हो गयी तो वह उसको अपना मुँह कैसे दिखायेंगे ? वह उसके सवालों का जवाब कैसे देंगे ?

उधर माधुरी से मिलना जरूरी था। लेकिन माधुरी से मिल सकना, उनके लिए मुमकिन नहीं था। एक फरेब किया था उन्होंने जीवन में, सिर्फ एक फरेब। और वही फरेब उनकी आँखों के सामने खुद उन्हें डँस लेने के लिए तैयार था। वह उसे देख सकते थे, उसे छू सकते थे। उसकी अनुभूति होती थी उन्हें। सब-कुछ जानते हुए भी संकटाप्रसाद को इस बात का पता नहीं था, आखिर कैसे वह माधुरी को बताते, उन्होंने जो कुछ भी किया था वह किसी पाशविक वासना के तहत नहीं, बल्कि किसी जानलेवा मजबूरी की वजह से किया था ! वह एक यातना थी, और यह एक अभिशाप। उन्हें कुछ भी अच्छा नहीं लग रहा था। कितने मन से उन्होंने सचिवालय में सलाहकार का पद ग्रहण किया था, कितनी उम्मीद से उन्होंने अपनी वीरान जिन्दगी में इस लम्हें को गले लगाया, लेकिन जैसे सब-कुछ तूफान के एक झटके में बिखर गया था, तहस-नहस हो गया था।

संकटाप्रसाद ने दफ्तर आने पर उस दिन पहले काम किया था--सतीशबहादुर से धान कांड की स्थिति समझने का। तमाम कोशिशों के बाद भी, सतीशबहादुर अभी तक जी. एन. के धान कांड को नहीं सुधार सका था। अपने स्तर पर सतीशबहादुर ने संकटाप्रसाद की राय से रणनीति बना ली थी। जाँच समिति की सिफारिश पर शासन को विचार करना था। यही वह आखिरी मौका था जिसके दौरान जी. एन. को बचाया जा सकता था। जी. एन. के बचने से, गोपालदास बनर्जी भी छूट जाता था। संकटाप्रसाद ने सतीशबहादुर से जाँच समिति की रपट सलाहकार परिषद में पेश करने को कहा था। लेकिन उसमें

भी चक्कर था बड़े बाबू महाशंकर सिन्हा का। बड़े बाबू महाशंकर सिन्हा को उनकी नौकरी के आखिरी दिन, सतीशबहादुर ने 'हुंअ' कहकर जो चोट पहुँचायी थी, उसका बदला उन्होंने ले लिया था। पूरी फाइल उन्होंने गोड़ दी थी। बाछिल मामा ने समरी बनायी थी और बड़े बाबू ने उस पर नोट लिखा था। असल में चलते-चलाते बाबू का प्रमोशन हो गया था, अनु-सचिव के पद पर। चूँकि उनकी नौकरी के कुल तीन दिन रह गये थे, इसलिए किसी अन्य विभाग के अनुसचिव पद पर उनकी पोस्टिंग तो हुई नहीं थी, लेकिन कानूनी तौर पर वह अनुसचिव हो चुके थे और एक तरह से बड़े बाबू और अनुसचिव दोनों का काम वह देख रहे थे। काम तब उन्हें क्या देखना था ! बस अनौपचारिक रूप से एक-आध दिन के लिए, उन्हें वहीं, उसी पद पर अनुसचिव का कार्य-भार दे दिया गया था।

बड़े बाबू महाशंकर सिन्हा आखिरी वक्त में इतना बड़ा दाँव खेल जायेंगे, यह किसी ने उस समय सोचा ही नहीं था। अपनी नौकरी के आखिरी दिन, महज बिदाई लेने गये थे बड़े बाबू सतीशबहादुर के यहाँ। एक-आध हमदर्दी के शब्दों की आशा थी उन्हें अपने सचिव से। लेकिन न जाने किस धुन में सतीशबहादुर ने उनकी बात का कोई जवाब नहीं दिया था और दिया था तो सिर्फ एक अदद छोटा-सा 'हुँअ'। एक और गलती हो गयी थी सतीशबहादुर से । उनका 'हुंअ' सुनने के बाद जब बड़े बाबू चलने लगे, तब धान कांड की फाइल भिजवा देने के लिए सतीशबहादुर ने उन्हीं से कह दिया था। सामान्य रूप से बड़े बाबू को सिर्फ खाद्य सचिव का सन्देश देना था बाछिल मामा को। लेकिन उस दिन ऐसा नहीं किया था उन्होंने।

बाछिल मामा का लम्बा आलाप चला था। बाछिल मामा, ज्योतिषी के कंटाप मारने के बाद, जब अपने अनुभाग में पहुँचे थे तो मुन्ना बाबू अपने भतीजे को लेकर उनकी प्रतीक्षा कर रहे थे। पढ़े-लिखे भतीजे को प्रभावित करने के लिए, बाछिल मामा ने लम्बी उड़ान भरी थी। उसी दौर में बड़े बाबू का जिकर आ गया था। चोट कुछ बड़े बाबू को ऐसी लगी थी, बाछिल मामा के भाषण ने अन्दर-ही-अन्दर तपती टीस को उभार कर, नंगा करके सामने, सबके सामने खड़ा कर दिया था। पूरी जिन्दगी सचिवालय में होम करने के बाद, बड़े बाबू को लगा था, जैसे वह किसी कुर्सी पर नहीं बल्कि कूड़ेदान के डिब्बे पर बैठे थे। एक घिन, एक वितृष्णा, अनेक-अनेक वर्षों से पर्त-दर-पर्त जमा होती हुई छिनकी हुई नाक, उगला हुआ कफ, जैसे टी. बी. के रोगाणुओं से भरा हुआ सड़कर गंधा रहा था। पूरे सचिवालय के दुर्गन्ध के फसली नाले बह रहे थे और उससे निकलकर बड़े बाबू उस दुनिया में जा रहे थे, जहाँ उनको बस राम के नाम का सहारा था। यह लोक तो उनका बिगड़ चुका था, फाइलों में काला-स्याह

करते-कराते, बारह मील का बाबू कहलाते-कहलाते, उन पैंतीस वर्षों के बदले मिला था, एक अदद छोटा-सा 'हुँअ'।

बस इसी बात पर बड़े बाबू उखड़ गये थे। उन्होंने बाछिल मामा से समरी लेकर पूरी फाइल का सत्यानाश कर डाला था। बहुत-सी बातें जो जाँच समिति ने दाबकर नहीं लिखी थीं, बड़े बाबू ने, उखाड़कर सामने रख दी थी। उतना करने के बाद कलमबन्द दस्तखत करते वक्त उन्होंने अनुसचिव का पद अपने अधीक्षक के पद के साथ जोड़ दिया था। कब्र खुद गयी थी घनानन्द बिठौरिया, गोपालदास बनर्जी, सुखपाल सेकसरिया, मनोहरलाल नेवटिया, केवटचन्द्र और चन्द्रभूषण की। सब-के-सब नप गये थे। बड़े बाबू ने एक ही झटके में पिछले पैंतीस वर्षों की यातना को जैसे फाइल में उगल दिया था। उसके बाद न तो सतीशबहादुर कुछ कर सकते थे, और न ही संकटाप्रसाद !

लेकिन घनानन्द बिठौरिया उर्फ जी. एन. तो जोंक की तरह चिपका हुआ था। उसे मालूम था, सचिवालय में संकटाप्रसाद का वह आखिरी हफ्ता है। वैसे तो जी. एन. का काम काफी पहले हो जाता, लेकिन कुछ दिन तो वह संकटाप्रसाद के जमने का इन्तजार करता रहा, फिर कुछ दिन राजेश गहलौट को लग गये कृष्णा बहादुर को सेट करने में। जब संकटाप्रसाद जम चुके और राजेश गहलौट के जरिये कृष्णा बहादुर का उपयोग करके सतीशबहादुर को सेट कर लिया गया, तब कहीं जाकर जी. एन. ने धान कांड सुलटाने के लिए हाथ बढ़ाया। लेकिन तब तक बड़े बाबू महाशंकर सिन्हा उखड़ गये थे। जी. एन. को यही लग रहा था कि संकटाप्रसाद नाम के जिस बुड्ढे को वह स्कॉच के क्रेट पिलाकर पाल रहा था, बेकार था। संकटाप्रसाद के कच्चे धागे से उसने अपना भाग्य बाँधकर एक निहायत बेवकूफी का काम किया था। यह तो राजेश गहलौट की कृपा से कृष्णा बहादुर को उसने न परचा लिया होता तो उसका कहीं ठिकाना नहीं होता। जी. एन. को भी लगता, संकटाप्रसाद में अब वह आग नहीं रही थी, वह पकड़ नहीं रही थी। फिर तीन महीने की बादशाहत का क्या ठिकाना था ! उसने हिसाब भी लगाया था। नब्बे दिन में से इक्कीस दिन तो छुट्टी के निकल गये। इक्कीस दिन के करीब दौरा दिल्ली का। दस दिन कमेटी-मीटिंग-राज्यपाल के चक्कर में, फिर भी अड़तीस दिन बच रहते थे। इन अड़तीस दिनों में जी. एन. को अपना काम करना था। वह संकटाप्रसाद को अच्छी तरह जानता था। सतीशबहादुर की गहराई भी नाप रक्खी थी। संकटाप्रसाद सधे हुए थे, तब भी उसने सतीशबहादुर को फाँसा था, क्योंकि उसे अंदेशा था लुगाई का। लुगाई के अंदेशे से जी. एन. का मतलब होता कृष्णा बहादुर के करीबी ताल्लुकात से। सतीशबहादुर को डर किस बात का था ? कृष्णा बहादुर के सैयाँ कोतवाल थे तो डर किस बात का था ?

संकटाप्रसाद के कहते रहने पर भी सतीशबहादुर तीन महीने तो खिसका ही सकता था। इसीलिए जी. एन. ने खतरा मोल लिया था और राजेश गहलौट के माध्यम से सतीशबहादुर को ठीक कर लिया था। फिर भी उसका काम बिगड़ गया। तब वह संकटाप्रसाद के पैरों पर गिर पड़ा जाकर।

संकटाप्रसाद की यही सबसे बड़ी कमजोरी थी। उनके पैरों पर अगर कोई गिर पड़े तो उनसे रहा नहीं जाता था। फिर जी. एन. तो उस समय तक करोड़पति हो चुका था। एक करोड़पति उनके पैर पकड़े हुए था, यह संकटाप्रसाद से देखा नहीं गया। लेकिन जब तक यह सारा नाटक हुआ, काफी वक्त निकल चुका था। राज्यपाल के शासन के दिन खत्म होने पर आ गये थे। संकटाप्रसाद को जब सतीशबहादुर ने बड़े बाबू महाशंकर सिन्हा और बाछिल मामा के फाइल बिगाड़ देने का किस्सा सुनाया तब उन्होंने सतीशबहादुर को बहुत डाँटा था।

''अफसरी के गुर जिनको नहीं आते वह लोग कभी तरक्की नहीं कर सकते। अफसर का काम सिर्फ फाइल पर दस्तखत करना नहीं होता। मातहत की हवा बाँधे रहना, उतना ही जरूरी होगा, जितना हुक्मरान का।''

सतीशबहादुर की खुद समझ में नहीं आया था, आखिर क्यों बड़े बाबू ने फाइल गोड़ दी थी। नन्दकिशोर एक नाम और बाछिल मामा दूसरा नाम, उसने संकटाप्रसाद को बताया था। बड़े बाबू तो जा चुके थे। भले उन्होंने वह सब नन्दकिशोर के उकसाने पर लिखा था। संकटाप्रसाद ने बस दूसरा नाम पकड़ लिया--बाछिल।

बाछिल मामा को संकटाप्रसाद खूब अच्छी तरह जानते थे। बाछिल मामा पुराने आदमी थे, संकटाप्रसाद की इज्जत करते थे वह। इसीलिए संकटाप्रसाद ने सतीशबहादुर और जी. एन. से बाछिल मामा को पटाने के लिए कह दिया था। लेकिन बाछिल मामा ने जी. एन. को तो किसी भुनगे की तरह झिटक दिया और सतीशबहादुर से साफ कह दिया था, धान कांड में बड़े बाबू जो लिख गये हैं वही फाइनल है। सतीशबहादुर और जी. एन. के जब बाछिल मामा को पटाने के सारे हथकंडे बेकार हो गये, तब संकटाप्रसाद ने बाछिल मामा को खुद बुलवाया। और कोई चारा भी तो नहीं था। सचिवालय के आला अफसरों का प्रभुत्व कितना नगण्य था, एक बाबू के सामने कितना छोटा था, यह जी. एन. उस दिन देख रहा था। बाछिल मामा सीधे सक्सेना के सामने आकर खड़े हो गये थे।

''आइये बाछिल मामा, आइये। बैठिये, बैठिये न।'' सक्सेना ने मुस्कराते हुए सामने की कुर्सी की तरफ इशारा किया।

''मेरी समझ में एक बात यह नहीं आ रही कि एस. पी. साहब ने मुझे कैसे याद किया ?''

"यह तो आप उनसे ही पूछें तो ठीक रहेगा। हम तो··· ।"

"हाँ हाँ अ-अ ! आप तो बस, अच्छा छोड़िये ! कौन है अन्दर ?"

"अन्दर तो पर्यटन विभाग के लोग हैं। कोई गम्भीर मामला है। मीटिंग चल··· ।"

"मीटिंग, चीटिंग और जलपान, सचिवालय के तीन काम।"

"बाछिल मामा, सीटिंग का आपने चीटिंग कर दिया," देसाई ने टोका।

"सूप बोले तो बोले, छलनी बोल रही है। कहो तो पुनः मूषको भवः का मंत्र पढ़ दूँ।"

"क्या मतलब ?"

"मतलब वही पुराना। एक ऋषि थे, एक चूहा था। ऋषि ने चूहे को शेर बना दिया। लेकिन शेर उन्हीं को खाने के लिए दौड़ा तब ऋषि ने मंत्र पढ़ा, पुनः मूषको भवः।"

"समझ में नहीं आया बाछिल मामा, इस देसाई के बच्चे को··· ।" मंगलेश टाइपराइटर रोक कर बोला।

"देसाई, सुनो। राज्यपाल का शासन अब खत्म हो रहा है। तुम जैसे कितने चूहों को अपने-अपने बिल में लौटना पड़ेगा। क्यों ?"

सक्सेना, मंगलेश, देसाई के साथ बैठे हुए कई लोग हँसने लगे। तभी किनारे पर बैठा हुआ, उपसचिव मेहरोत्रा मजा लेने के लिए बाछिल मामा के पास आकर खड़ा हो गया।

"अरे मेहरोत्रा साब आप ! आइये, आइये, बैठिये। कहाँ आग लगा रहे हैं आजकल ?"

"अरे बाछिल मामा मेहरोत्रा साब क्या आग लगाते हैं ?" देसाई ने चुटकी ली।

"देसाई, जब जानते नहीं हो, तो बीच में न बोला करो। कुछ दिन पहले मेहरोत्रा साब फायर बिग्रेड की फाइलें देखते थे न !"

"हाँ ! लेकिन अब तो मैं। आग से बहुत दूर हूँ। शुद्ध शिक्षा विभाग में पढ़ने-लिखने का काम है, बाछिल मामा !"

"अब इनकी सुनो, सक्सेना ! शिक्षा विभाग में पढ़ने-लिखने का काम कब से होने लगा ? वहाँ तो··· ।"

"वहाँ तो—आगे कहिये, बाछिल मामा !" मेहरोत्रा उकसा रहा था। सुनिये सक्सेना साहब, इधर सुनिये।"

सक्सेना का ध्यान किसी फाइल में अटक गया था।

"शिक्षा विभाग में एक डायरेक्टर थे। उनका नाम नहीं ले रहा हूँ। लेकिन आप लोग समझ जायेंगे। उनका भी मामला एस. पी. साहब के सामने आया

हुआ है। उन डायरेक्टर साहब को रिटायर होने में जब सिर्फ दो साल रह गये तो उनको बड़ी तकलीफ रहने लगी।''

''तकलीफ ? कैसी तकलीफ ?'' सक्सेना ने बाछिल मामा को छेड़ा।

''वही भारत व्याकुल वाली तकलीफ।''

''भारत व्याकुल का भला क्या अर्थ है, बाछिल मामा ?'' देसाई को मजा आने लगा था।

''भारत व्याकुल का अर्थ नहीं जानते और सचिवालय में काम करते हो ! कैसे बेपढ़े-लिखे लोगों से पाला पड़ा है !''

''भारत व्याकुल का अर्थ है गरीबी। पूरी जिन्दगी कमाई-पेशा करने के बाद भी भारत में लोग गरीब रहते हैं कि नहीं,'' सक्सेना ने सफाई दी।

''करेक्ट। तो डायरेक्टर साहब को सपना आया कि यदि वह रिटायर हो गये तो उनकी गरीबी का क्या होगा ? उनके पास न तो अपना बँगला था और न ही बैंक-बैलेन्स। उन दिनों शिक्षा विभाग में ग्राण्ट वगैरा में कमीशन लेने का रिवाज नहीं चला था। इसलिए डायरेक्टर साहब और गरीब थे, निहायत गरीब !''

बाछिल मामा मुँह पोंछने लगे। इतनी देर में वहाँ पशु-पालन, कृषि, वित्त के अधिकारी खिंचे हुए चले आये। एक-एक कुर्सी पर दो-दो लोग बैठ गये। एक कुर्सी के अन्दर बैठा तो दूसरा कुर्सी के हत्थे पर। एक-आध लोग मंगलेश और देसाई की मेज पर बैठ लिए और कुछ लोग चपरासी और चोबदार के स्टूल उठाकर जम गये। पाँच-सात मिनट में बाछिल मामा के इर्द-गिर्द एक गोल जमा हो गया था।

''...तो डायरेक्टर साहब,'' बाछिल मामा रूमाल जेब में रखते हुए, अपने बालों को पीछे की तरफ दाबते हुए, कहने लगे, ''दुखी रहने लगे। रात की नींद, दिन का खाना हराम हो गया। बड़े सोच-विचार, उठक-बैठक के बाद आखिर डायरेक्टर साहब को अपनी व्याकुलता का समाधान मिल गया।''

''क्या य या... ?'' मेहरोत्रा, देसाई करीब-करीब एक साथ बोले थे।

''अपने यहाँ कितने प्राइमरी स्कूल हैं, बताइये मेहरोत्रा साहब ?''

''यही कोई अस्सी हजार ?''

''ठीक, बिलकुल ठीक। अपने डायरेक्टर साहब ने दस रुपया प्रति स्कूल का भाव लगाया। हर स्कूल में करीब सौ बच्चे होंगे न ?''

''हाँ...'' मेहरोत्रा मुस्करा रहा था।

''बस फिर क्या था ! अस्सी हजार प्राइमरी स्कूलों से दस पैसा प्रति बच्चे के हिसाब से, दस रुपया हर स्कूल में जमा किया गया और डायरेक्टर साहब जब रिटायर हुए तो बँगला, मोटर, बैंक-बैलेन्स तीनों चीजें उनके पास थीं। असल

में पहले उन्होंने सिर्फ बँगले से शुरुआत की थी। लेकिन फिर उन्होंने सोचा, मोटर के बिना बँगला किस काम का और बैंक-बैलेन्स के बिना मोटर कैसे चलेगी ! तभी जोड़-घटाकर उन्होंने आठ लाख का हिसाब बैठाया था। अरे मेहरोत्रा, तुम कहाँ चल दिये ?'' मेहरोत्रा हँसते हुए भाग लिया था। बाकी लोग कुछ मेहरोत्रा के भागने पर, कुछ डायरेक्टर साहब के किस्से पर ठहाके लगा रहे थे।

''अरे धीरे से हँसो। यह दफ्तर है, दफ्तर। यह तो बाछिल मामा हैं। और किसी को इतनी छूट नहीं।'' सक्सेना ने फटकार लगायी। तभी बाछिल मामा की नजर पर्यटन विभाग के डिप्टी-डायरेक्टर मोहसिन पर पड़ी।

''क्यों मोहसिन साहब, वहाँ कैसे खड़े हैं ? अन्दर नहीं गये। आपके विभाग का ही तो मामला डिस्कस हो रहा है न।''

''आदाब, बाछिल मामा आदाब ! मैं यहीं ठीक हूँ,'' फाइलों के पुलिन्दे की तरफ इशारा करते हुए मोहसिन ने कहा।

''क्यों, वहाँ कैसे ठीक हैं ? यहाँ आइये। सक्सेना साहब कुछ पूछ रहे हैं। क्यों, सक्सेना साहब ?''

''हाँ-हाँ। इधर आइये, मोहसिन साब !'' सक्सेना ने जब बाछिल मामा का समर्थन किया तो मजबूरी में मोहसिन एक किनारे आकर खड़ा हो गया।

''अच्छा मोहसिन साहब, यह बताइये, अन्दर चल क्या रहा है ?''

''मीटिंग, सीटिंग और जलपान।'' मोहसिन सेन्स ऑफ ह्यूमर दिखा रहा था।

''सीटिंग नहीं, चीटिंग कहो, मोहसिन साहब ! यह फील्ड ऑफिसर सब यही समझते हैं न कि सचिवालय तो मक्का-मदीना है। हजार गुनाह करो, एक परिक्रमा करो, सारे पाप धुल गये।''

''अब बाछिल मामा, रहने भी दो।'' मोहसिन वापस जाने लगा।

''जाते हो तो जाओ मोहसिन साहब, हमें कौन-सी खैरात लेनी है आपसे, बस इतना बता दो, ताजमहल बेच डाला कि नहीं ?''

मोहसिन एक बार बाछिल मामा की आवाज सुनकर लौट पड़ा था, लेकिन ताजमहल का जिकर आते ही चुपचाप बाहर चला गया।

''ताजमहल, ताजमहल ! ताजमहल अ—!'' मंगलेश, देसाई और सहकारिता के अनुसचिव एक साथ चिल्लाये।

''हाँ भडुओ, ताजमहल ! इन कमीनों ने, ताजमहल बेच डाला—कोई ताज्जुब नहीं, अन्दर यह साले एस. पी. साहब को यही समझा रहे होंगे। क्यों सक्सेना साहब, पर्यटन विभाग की मीटिंग चल रही है न ?''

''हाँ।'' सक्सेना ने धीरे से कहा।

"तो वही होगा ताजमहल का मामला। स्क्वान्ड्रल्स !"

"क्यों बाछिल मामा, ताजमहल का क्या मामला है ?" सक्सेना ने आगे झुककर पूछा।

"वही विडियर्ड होटल ग्रुपवाले ताजमहल की जमीन पर, ताजमहल के पार्क में, ताजमहल के पिछले हिस्से से लगी हुई, जमुना के किनारेवाली जमीन पर युगल प्रेमियों के लिए कई करोड़ की लागत का होटल बनाना चाहते थे। पर्यटन विभाग ने उनका प्रस्ताव शासन की संस्तुति के लिए भेजा है। आज यह ताजमहल बेच रहे हैं। कल इनका बस चला तो इमामबाड़ा और बारादरी बेच देंगे।" बाछिल मामा क्रोध में बोल रहे थे।

'चिट चिट शी शी हूऊऊ हा हा अहा आ ही ही ही इ ई खी इ ई खी खि खिक इ ई' की आवाजें बाछिल मामा के गोल से उठने लगीं। "साइलेंस ! एवेरीबडी गोज नाउ—एनफ। मेरी नौकरी लेंगे आप लोग। प्लीज चलिए अपनी जगह पर। आइये, बाछिल मामा ! आइये, अन्दर बैठते हैं हम।"

बाछिल मामा को लेकर सक्सेना पिछले हिस्से की तरफ चला गया।

"अर रे ऐ मंगलेश, वहाँ सहकारिता के अनुसचिव मिट्ठूलाल बैठे हैं, भेजना जरा उनको।" बाछिल मामा ने बरामदे को बन्द करके बनायी गयी जगह में घुसने से पहले पीछे मुड़कर कहा और सामने एक सोफे पर बैठ गये। सक्सेना ने इसी बीच ऊँघते हुए बैरे को हुक्म दिया, "छेदी ! फटाफट तीन-चार चाय बनाओ। पहले बाछिल मामा को ठंडा पानी पेश करो। जल्दी, जल्दी चलो !"

सहकारिता अनुसचिव मिट्ठूलाल को देखकर बाछिल मामा को हँसी आ गयी।

"आओ मिट्ठूलाल, आओ। आज इन लोगों ने मेरे अन्दर बसी सरस्वती को छेड़ा है तो कुछ गुन की बातें तुम भी सुन लो। वह तुम्हारे यहाँ एक महामहिम रविशंकर गर्ग हुआ करते थे, सचिव एवं आयुक्त। याद आया ? हाँ अअ, क्यों सक्सेना साहब, आपको याद है उनकी ?"

"वही जो हकलाकर बोलने लगे थे, स्ट्रोक के बाद !"

"हाँ अ, वही महामहिम रविशंकर गर्ग," बाछिल मामा बोलते-बोलते रुक गये। न जाने कब वहाँ जी. एन. आकर बैठ गया था।

"बाछिल मामा, इनसे मिलिए, यह एस. पी. साब के दोस्त…।"

"होंगे—यह भी सुन लें, रविशंकर गर्ग का किस्सा। काम आयेगा।"

बाछिल मामा ने जी. एम. का नाम नहीं सुना था। सक्सेना को बीच में ही काट दिया था। यदि बाछिल मामा सक्सेना को बीच में न रोकते और जी. एन. का नाम जान लेते तो शायद वहाँ वह ज्यादा देर नहीं रुक सकते थे।

"हाँ तो सुनो, मिट्ठूलाल ! एक बार की बात है, सहकारिता विभाग से

किसी बहुखंडी इमारत का ठेका देने का प्रस्ताव आया। हमारे गर्ग साहब ठेकेदारों से बड़ी खुन्दक खाते थे। सच भी है, ठेकेदार होते ही हैं साले बदमाश। सीमेण्ट में बालू मिलायें वह, ईंट का घपला करें वह, और फिर बहुखंडी इमारत में तो माल-ही माल कटमा था। बस गर्ग साहब ने सूँघ लिया। वह फाइल दाबकर बैठ गये। फिर शुरू हुए ठेकेदारों के चक्कर। किसी एक से उनका सौदा पट गया। फाइल पर 'ऐपरूव्ड' लिखकर भेज दिया उन्होंने। काफी वक्त निकल गया, ठेकेदार लौटकर नहीं आया। तब गर्ग साहब ने फाइल वापस मँगायी और ऐपरूव्ड के पहले सिर्फ एक शब्द जोड़ दिया, नाट। हो गया, नाट ऐपरूव्ड। ठेकेदार की तो बंसी बज गयी। वह भागता हुआ आया। गर्ग साहब नकद नहीं लेते थे। कीमती नगीनों का सौदा था। वह नगीने दे गया। फाइल तिबारा आयी–इस बार गर्ग साहब ने 'नाट ऐपरूव्ड' में फकत अँग्रेजी का 'ई' बढ़ा दिया। बताओ तो सक्सेना साहब, क्या हो गया ?'' बाछिल मामा ने हाथ पर ताली मारते हुए कहा।

''ई···ऐपरूव्ड।'' नाट ऐपरूव्ड···न ?''

''नोट ऐपरूव्ड।'' बाछिल मामा ने सस्पेन्स पूरा किया।

''रिअली !'' जी. एन. हँसते हुए बोला।

''जी इ ई हाँ,'' बाछिल मामा ने चाय की सुड़क के साथ कहा।

सक्सेना मुँह पलटकर हँस रहा था। मिट्ठूलाल कुछ खिसियाया हुआ था। उसका यह भेद बाछिल मामा को पता था। उसने प्लेट में डालकर चाय पीना शुरू कर दिया।

इसी बीच वित्त-विभाग के उपसचिव मोहन तिवारी, सक्सेना को ढूँढ़ते हुए अन्दर आ गये। ''सक्सेना साहब, एस. पी. साब से मुलाकात···।'' तभी उनकी नजर बाछिल मामा पर पड़ी।

''अरे बाछिल मामा, आप ! चुप बैठे हैं आप। अकेले-अकेले चाय पी रहे हैं !''

''अकेला कहाँ हूँ ? मैं हूँ, चाय है, प्याली है, प्लेट है और देख रहे हैं आप, सक्सेना साहब है, रविशंकर गर्ग का चेला मिट्ठूलाल है और यह एस. पी. साहब के दोस्त हैं। कमरा है, बरामदा है।''

''बस-बस–मालूम हो गया मुझे। आप चुप नहीं हैं, अकेले भी नहीं हैं।'' मोहन तिवारी ही-ही कर रहा था।

''अच्छा। तिवारी जी के लिए चाय मँगवाइये, सक्सेना साहब !''

''छेदी, एक चाय और।''

''बस इसी दरियादिली पर तो आपको एस. पी. साहब ने यहाँ रखा है।''

''नहीं, बाछिल मामा ! नहीं-नहीं, अब मुझे शिकार नहीं बनायेंगे आप।

प्रामिज ?" सक्सेना दर्द में कराहा।

"अरे कैसी बात कर रहे हैं आप, सक्सेना साहब ! आप तो अपने खैरख्वाह हैं। इतनी इज्जत दी है आपने। बाछिल कोई नाशुकरा तो नहीं। हाँ, एक बात जरूर कहनी है आपसे।"

"छोड़ियेगा नहीं बाछिल मामा, सक्सेना साहब को।" मोहन तिवारी ने बाछिल मामा को ललकारा।

"तिवारी जी, बैठ जायें, चाय आ रही है। लेकिन एक बात बताइये, वह आपका प्रोवेन्शियल कोर शूज कैसा चल रहा है ?"

"प्रोवेन्शियल को शूज ?"

"प्रोवेन्शियल को शूज ?"

"प्रोवेन्शियल को शूज ?"

सक्सेना, जी. एन. और मोहन तिवारी ने एक साथ पूछा।

"नहीं जानते, सच में नहीं जानते आप लोग ? छी-छी ! सचिवालय में काम करते हैं और प्रोवेन्शियल कोर शूज नहीं जानते ?"

"नहीं।"

"भई, एक जमाने में सचिवालय में तीन किस्म के अफसर होते थे। क्यों, सक्सेना साहब !"

"हाँ, तीन। मगर ?"

"एक तो आई. सी. एस., दूसरा आई. ए. एस. और तीसरा पी. सी. एस.।" बाछिल मामा समझा रहे थे।

"ठीक।" मोहन तिवारी ने चुटकी ली।

"ठीक न ?"

"हाँ ठीक।"

"क्यों सक्सेना साहब, ठीक है न ?"

"बिलकुल ठीक।"

"तो जनाब बताइये, फिर आई. सी. एस. का मतलब क्या था ?"

"इंडियन सिविल···।"

"अरे यह तो छठे दर्जे के बच्चे को भी मालूम होगा। जरा खोलकर सचिवालय के शब्द कोश को खुजला कर देखिये। असल अर्थ तब मालूम होगा न !"

"सचिवालय-शब्दकोश खुजलाकर—यह सब क्या है, बाछिल मामा ?"

"नहीं मालूम तो ऐसा कहिए।"

"हाँ, नहीं मालूम। सचिवालय-शब्दकोश नहीं मालूम हमको।"

"तो फिर मैं बताता हूँ। सोच रहा था, टटोल रहा था, कहीं मेरी बात

स्टेल तो नहीं हो गयी !''

''नहीं बाछिल मामा, आपकी बात कभी स्टेल हुई है ?''

सक्सेना को मजा आने लगा था। वह कुछ-कुछ समझ भी रहा था बाछिल मामा के इशारे को, लेकिन चुप रहा।

''याद रखना तिवारी जी--काम आयेगी मेरी बात। आई. सी. एस. का मतलब, सचिवालय-शब्दकोश के अनुसार हुआ करता आई सी एस...।'' 'हो-हो-हो-हा-हा-हा-भूऊ भा भी इई !' जी. एन. छाती पीटने लगा।

''और आई. ए. एस. ?'' सक्सेना ने बाछिल मामा को छेड़ा।

''आई एम ऐस, मैं गधा हूँ।'' बाछिल मामा ने धीरे से कहा।

इस बार मोहन तिवारी इतनी जोर से हँसा कि छेदी के हाथ से चाय का प्याला छूटकर गिर पड़ा। सक्सेना उठकर खड़ा हो गया।

''मैं तो अब चलता हूँ। आज मेरी नौकरी गयी, चली गयी ! आप लोग मरवायेंगे मुझे।'' सक्सेना चीख रहा था।

''और वह प्रोवेन्शियल कोर शूज ?'' जी. एन. ने सक्सेना का तिरस्कार करते हुए गम्भीर मुद्रा में पूछा।

''पी. सी. एस. और क्या–!'' कहकर बाछिल मामा एक झटके में उठ गये। ''लेकिन यह मैंने नहीं बनाया। इन्हीं लोगों ने, पी. सी. एस. वालों ने यह सब शुरू किया था। आई. ए. एस. वालों को रन-डाउन करने के लिए पी. सी. एस.वालों ने आई एम ऐस और आई सी ऐस ईजाद किये थे, तब कहीं जाकर आई. ए. एस. वर्ग ने प्रोवेन्शियल कोर शूज का आविष्कार किया।''

''आइये बाछिल मामा, पहले आपको एस. पी. साहब से मिलवा दें। लगता है, वह लोग ताजमहल बेचकर बाहर निकल रहे हैं।'' सक्सेना आगे बढ़ा।

''हाँ हाँ। देखो, सब कैसे हँस रहे हैं !'' बाछिल मामा ने चुटकी ली।

''हाँ भई सक्सेना ! और कौन हैं मिलनेवाले ?''

''सर ! बाछिल मामा बड़ी देर से बैठे हैं।''

''अरे बुलाओ। और सुनो–बाछिल मामा के बाद, जो लोग बाहर से आये हैं, उनसे तुम खुद बात कर लेना। कागज लेकर सम्बन्धित सचिव के पास भेज देना। या इफ देयर इज सम सीरियस केस तो सचिव के सामने मैं यहीं डिस्कस कर लूँगा। ओ. के. !''

''यस सर !''

''भेज दो बाछिल मामा को।''

''यस सर !''

''आइये बाछिल मामा, आइये।'' दोनों हाथ आगे फैलाकर संकटाप्रसाद ने बाछिल मामा का खड़े होकर स्वागत किया। उस समय उनके चौकोर चेहरे

पर एक पूरी हँसी फैली हुई थी। मोटी नाक के ऊपर काले फ्रेम का चश्मा था। पट करके काढ़े हुए सफेद बाल चाँदी की तरह चमक रहे थे। पेट थोड़ा जरूर निकला था, लेकिन वह उनके अभिजात्य में बढ़ोतरी ही कर रहा था। आवाज में दम-खम था और एक खास तरह की गर्माहट। संकटाप्रसाद की यह गर्माहट बड़ी जानलेवा थी। चारों तरफ के माहौल को लपेट लेती अपने आगोश में। कोई बच नहीं पाता था उससे—खिड़की, दरवाजे, परदे, मेज, कुर्सी, दीवार, यहाँ तक हवा की गुनगुनाहट भी मचलने लगती। बेजान और जानदार चीजों में कोई फर्क नहीं रह जाता। हर चीज को वह अपने आगोश में लपेट लेते।

ठीक इसके विपरीत, संकटाप्रसाद कभी-कभी एक मुर्दा ठंडक छोड़ देते। लेकिन वह मुर्दा ठंडक माहौल के लिए नहीं, व्यक्ति-विशेष के लिए होती। जैसे वह सारे माहौल में खुशफहमी, गर्मजोशी फैलाकर, किसी व्यक्ति-विशेष को अलग निकालकर खड़ा कर देते। इसी को तो सचिवालय में, संकटाप्रसाद का कमीज के कालर से काल्पनिक धूल झाड़ने का नाटक कहा जाता था। यह इशारा होता, एक सिगनल होता व्यक्ति-विशेष के ऊपर हमले का। फिर वह आदमी तो खत्म ही हो जाता। कुछ बच नहीं रहता उसके लिए। वह व्यक्ति-विशेष तो संकटाप्रसाद के लिए दुनिया में रह ही नहीं जाता। संकटाप्रसाद के अन्दर जितना तिरस्कार था, उससे सौ गुना अधिक सौहार्द था। दोनों स्थिति जैसे दो अलग-अलग बटन से जुड़ी हुई थीं। एक बटन दबाया तो एक स्थिति सामने आ गयी, दूसरा बटन दबाया तो दूसरी स्थिति सामने आ गयी।

फिलहाल संकटाप्रसाद दूसरी स्थिति में थे, क्योंकि बाछिल मामा से उनको घनानन्द बिठौरिया का काम निकालना था। बाछिल मामा और संकटाप्रसाद, करीब-करीब एक साथ; अपनी-अपनी कुर्सियों पर बैठे। संकटाप्रसाद, को कुछ पल लगे थे, अपने को इस घटिया स्थिति में बैठाने में। घटिया स्थिति इसलिए थी कि उन्हें जी. एन. के पाप को झेलना पड़ रहा था। बाछिल मामा से और कोई बात करनी होती तो एक तरह से अच्छा ही लगता संकटाप्रसाद को। लेकिन वहाँ तो एक दाँव खेलना था उन्हें। सचिवालय के अदना बाबू के सामने एक तरह से दया की झोली फैलानी थी। यह कभी नहीं किया संकटाप्रसाद ने इतनी बड़ी अपनी उम्र में, सचिवालय के बाबू से उन्होंने कभी झुककर बात नहीं की। उनका अभिजात्य बार-बार उन्हें काट रहा था। फिर और कोई चारा भी तो नहीं था। सतीशबहादुर के बस में नहीं था यह सब। संकटाप्रसाद को मालूम था, जी. एन. को कोई नहीं बचा सकता। बाछिल मामा के सिवा और कोई नहीं बचा सकता।

"कहिये बाछिल मामा, क्या हाल हैं आपके ?"

"ठीक है, सर ! इतनी गुजार लाया हूँ। कुछ बची है, वह भी कट

जायेगी।''

''बच्चे कैसे हैं ?''

''लड़का तो अभी पढ़ रहा है। बड़ी लड़की की शादी में तो आप आये थे न !''

''हाँ-हाँ ! कैसी है वह ? सुखी तो है ?''

''आपका आशीर्वाद है, सर ! उसका खाविन्द अच्छी जगह पर है···बारह सौ के करीब मिल जाता है। तीन बच्चे हैं।''

''तो आप नाना हो गये, बाछिल मामा !''

''हाँ सर ! और छोटी लड़की बैंक में है। मेरा क्या है ? तीन बरस हैं। लेकिन अब जी नहीं लगता।''

''क्यों, बाछिल मामा ? सब ठीक तो है ?''

''कहाँ ठीक है, सर ? एक आपका जमाना था। हम लोग फख्र से कहते थे। एस. पी. साहब के मातहत होने से ही इज्जत मिलती थी।''

''और अब ?''

''अब कहाँ, सर ? दूर-दूर तक कोई नजर नहीं आता। यहाँ तो सब जनखे हैं। चोट्टे कहीं के ! किसी के अन्दर न शर्म है, न लिहाज। क़ोई कुछ दे नहीं देता था, सर ! पहले के दिनों में दो मीठे बोल ही काफी थे। एक उम्मीद थी, एक आसरा था। अब तो छिनार औरतों की तरह···।'' बाछिल मामा को लगा, वह कुछ ज्यादा बोल रहे हैं।

''अच्छा बाछिल मामा, वह धान कांड है न कोई, वह मामला लेकर लोग आये थे। एडवाइजरी काउंसिल में जाँच समिति की रपट पेश होनी है। किसी ने बताया, आप डील कर रहे हैं उस फाइल को।''

''हाँ सर !'' बाछिल मामा की समझ में कुछ-कुछ आ रहा था कि क्यों बुलाया है संकटाप्रसाद ने उन्हें।

''तो मैंने कहा, बाछिल मामा अपने आदमी हैं। आजादी के बाद, हम लोगों ने रात-रात-भर काम किया है। वी वर कोलीग्स।''

''हाँ सर !'' बाछिल मामा गद्गद हो गये। आजादी का जिक्र आते ही वह गद्गद हो जाते थे। एक अजीब तरह का खुमार उनके ऊपर सवार होने लगता था।

''आपने देखा है उस केस को ? क्या राय है आपकी ?'' हालाँकि संकटाप्रसाद ने बाछिल मामा और बड़े बाबू का नोट पढ़ रखा था।

''कुछ नहीं है उसमें। यह तो चलता है, ऐसे मामले तो रोज होते हैं। यह सब न हो तो सचिवालय का औचित्य क्या रह जायेगा ? दिमाग से पैसा पैदा किया है, उन लोगों ने।''

संकटाप्रसाद ने देखा, बाछिल मामा सही ट्रेक पर थे। उधर बाछिल मामा साफ-साफ समझ गये थे, संकटाप्रसाद चाहते क्या हैं। बस उन्हें यही समझना रह गया था, वह क्यों वैसा चाहते हैं ?

"अच्छा बाछिल मामा, हम लोगों के जमाने में तो बड़े बाबू फाइल पर नोट नहीं लिखते थे न···सिर्फ फाइल को पुट अप करते थे। नोट लिखता था उपसचिव।"

"हाँ सर, ठीक कह रहे हैं आप। लेकिन तब से एक परिवर्तन हुआ है। अब अनुसचिव नोट लिखता है। बड़े बाबू उस दिन अनुसचिव हो गये थे, सिर्फ एक दिन के लिए।"

"फिर भी नोट लिखने की क्या जरूरत थी उनको ? सतीशबहादुर कह रहा था, नन्दकिशोर के कहने पर बड़े बाबू नोट लगा गये हैं। नोट मैंने देखा नहीं है। लेकिन अगर ऐसा है···।"

"सर, क्षमा करें। बात सही भी है और गलत भी। बड़े बाबू ने नोट लिखा था। लेकिन किसी के कहने पर नहीं। असल में वह उनकी नौकरी का आखिरी दिन था। पैंतीस साल की सेवा के बाद, वह उस दिन रिटायर हो रहे थे। जैसा कन्वेशन है वह अपने सचिव सतीशबहादुर साब से मिलने गये। सतीशबहादुर ने उनसे बात तक नहीं की। बस 'हुँअ' कहकर दुतकार दिया। बड़ी चोट पहुँची थी बड़े बाबू को। रो रहे थे वह। आपको तो याद होगा महाशंकर सिन्हा, बड़े बाबू बारह मील से···।"

"डिसगसटिंग···क्रिमनल ! वही महाशंकर सिन्हा जिन्हें लोग बारह मील का बाबू कहते थे ?"

"हाँ सर !"

"सब-कुछ मेरी समझ में आ गया। दे आर फूल्स। आई वुड ब्रिन्ग सेन्स इनटु देयर हेड्स। और बाछिल मामा, आप बड़े बाबू से मिलकर मेरी तरफ से कहियेगा, कभी मिलें आकर हम से···।"

"वह तो चले गये, सर ! शहर छोड़कर चले गये। उनका जी उचट गया यहाँ से।"

"नेवर माइण्ड। कभी जरूरत हो, मैं यहाँ रहूँ या न रहूँ, आप लोग आ सकते हैं। और उस धान कांड में मुझे चिन्ता सिर्फ गोपाल बनर्जी की थी। उसके बच्चे छोटे हैं। ही मे लूज द जाब। फिर आई. ए. एस. कैडर बदनाम होगा अलग। बनर्जी आया था। मैंने डाँटकर भगा दिया। फिर मिसेज बनर्जी आयीं, वह रो रही थीं। दे आर अदरवाइज नाइस पीपुल। वह नोट अगर न लिखा गया···।"

"ठीक है सर ! लेकिन अगर सचिव हमसे सिर्फ जाँच समिति की रिपोर्ट

माँगे तो उसमें नोट नहीं होगा,'' बाछिल मामा ने मुस्कराते हुए कहा, ''फाइल के तब दो पार्ट्स करने होंगे।'' बाछिल मामा संकटाप्रसाद को मना नहीं कर सके थे।

बाछिल मामा के जाने के बाद संकटाप्रसाद ने दो टेलीफोन लगवाये थे। पहला टेलीफोन मुख्य-सचिव डी. के. गोस्वामी को किया था, सलाहकार परिषद की आपात बैठक के लिए, जिसमें और मामलों के साथ धान कांड पर जाँच समिति की रपट पर शासन का अन्तिम निर्णय लिया जाना था। दूसरा टेलीफोन सतीशबहादुर को किया था संकटाप्रसाद ने, धान की फाइल के दो हिस्से कराने के लिए, ठीक वैसे ही जैसा बाछिल मामा कह गये थे। संकटाप्रसाद को यह सब अच्छा नहीं लग रहा था। इतने बड़े वैभव, इतनी बड़ी प्रभुता के धनी संकटाप्रसाद को, बाबू स्तर पर उतरकर काम करना बिल्कुल अच्छा नहीं लग रहा था। फिर उन्होंने झूठ बोला था बाछिल मामा से। गोपालादास बनर्जी की बीवी उनके पास कभी नहीं आयी थी। गोपालदास बनर्जी जरूर उनसे मिला था। लेकिन वह करते भी क्या ? बाछिल मामा से जी. एन. का नाम तो लिया नहीं जा सकता था। फिर भी उन्हें इस बात का संतोष था, बाछिल मामा ने उनकी बात रख ली थी।

तभी सक्सेना अन्दर आया, ''सर, गृह-सचिव और पुलिस महानिरीक्षक आ गये हैं।''

''क्यों आ गये हैं ? कोई मीटिंग है क्या ?''

''नहीं सर ! पहाड़पुर-नानकपुर इलाके से सराफ़े का डेलीगेशन काफी देर से बैठा हुआ है। इन लोगों ने लिखकर समय माँगा था।''

''समय दिया गया था इनको ?''

''हाँ सर !''

''पहले गृह-सचिव और पुलिस महानिरीक्षक को भेजो।''

''यस सर !''

संकटाप्रसाद को दम मारने की फुरसत नहीं थी। एक के बाद एक चले आ रहे थे। फिर बाछिल मामा का प्रकरण उनके अन्दर एक तरह की खीझ छोड़ गया था। लेकिन गृह-सचिव मोहनकृष्ण कौल का आना, उस वक्त अच्छा लगा था उनको।

''गुड आफ्टरनून, सर !''

''गुड आफ्टरनून, सर !''

पुलिस महानिरीक्षक सतीश माथुर और गृह-सचिव मोहनकृष्ण कौल एक साथ अन्दर आये थे।

''कम ऑन, ब्वायज ! वेरी गुड आफ्टरनून टु यू।''

''सर, इट्स ऐ प्लेजर अु मीट यू।'' कौल ने हँसते हुए कहा, ''बी फील समबडी ऑन अवर हेड्स।''

''फॉर ए वेरी शार्ट वाह्इल।''

''सो इज लाइफ, सर !

''लाइफ–ह्वाट लाइफ मीन्स–नोबडी नोज।'' संकटाप्रसाद दार्शनिक मूड में थे।

''लाइफ इज ए प्ले टोल्ड बाय ऐ जीनियस। याद है, सर, आप कहा करते थे।''

''गुड। याद है तुम्हें वह सब, कौल ?''

''कैसे भूल सकते हैं हम ?''

''नाउ लैट्स कम टु द प्वाइण्ट।''

''हाँ सर ! आप शायद पहाड़पुर कार्नेज के बारे में जानना चाहते हैं ? वह लोग बाहर बैठे हैं।''

''करेक्ट।''

''पहले मैं कहूँ या मिस्टर माथुर ? मिस्टर माथुर, दिस कन्सर्न्स यू फर्स्ट !''

''मी। नाट मी। माय पुलिस-फोर्स, '' माथुर ने चुरुट हटाते हुए बोलना शुरू किया, ''उस इलाके की पोजीशन सेन्सिटिव है। वह सीमावर्ती इलाका कई वर्षों से छोटे-छोटे डाकुओं के गिरोह से भरा हुआ है। वहाँ पर करीब पाँच सौ मील लम्बा और सौ मील गहरा घना जंगल है जो एक तरफ दल-दल, दूसरी तरफ रेत से घिरा हुआ है। बीच में पड़ती है घाघरा नदी और उत्तर में नेपाल की पहाड़ियाँ हैं। काफी लम्बे अरसे से इस इलाके में क्रिमनल्स के गिरोह, छोटी-मोटी वारदातें किया करते थे। लेकिन भौगोलिक स्थिति की वजह से पुलिस-फोर्स कुछ खास नहीं कर सकती थी। इस जंगल के पश्चिमी किनारे पर पहाड़पुर में, एक सराफ़े का बाजार है। दिस कैटर्स टु द नीड ऑफ डेकायट्स। लूट का माल बिकता है वहाँ। अभी कुछ दिन हुए, बंगाल-बिहार से दो-तीन नक्सलाइट इसी जंगल में आकर छुप गये थे। यह नक्सलाइट काफी खतरनाक किस्म के हैं। इन्होंने छोटे-मोटे लुटेरों के दल को संगठित किया और उन्हें आइडियोलॉजिकल कलर दे दिया।''

''कम टु द प्वाइण्ट, माथुर !'' संकटाप्रसाद ने टोका।

''सर, उस दिन अभयंकर और मोहिन्दर नाम के दो डाकुओं की सराफ़ गोवर्धनदास के यहाँ लेन-देन की मीटिंग थी, जब पुलिस ने गाँव को घेर लिया।''

''ह्वाट्स एबाउट रेप, मिस्टर माथुर, मास रेप ?''

''माई मेन से, देयर वाज नो रेप।'' कौल ने जड़ दिया।

"सर ! दिस इज रिपोर्ट फ्राम कलेक्टर।" कौल ने फाइल खोलकर संकटाप्रसाद के सामने रख दी।

"मिस्टर माथुर, इट ऐपियर्स—अवर ब्वायज हैव कंडेक्टेड फुल ऐनक्वारी ?"

"जी हाँ। बट वन साइडेड। कलेक्टर ने एक्सट्रा एनीशिएटिव लेकर पूरा केस बिल्ड अप किया है। विद अटर डिसरिगार्ड टु नार्मल इस्टेब्लेश्डि चैनल्स। हाऊ सर, ऐनी ऐनक्वायरी कुड प्रोसीड विदाऊट पुलिस फोर्स ? दिस इज हाइली आबजेक्शनेबल। कलेक्टर ने पुलिस आफिसर्स के बयान तक नहीं लिए।"

"सर, क्लेक्टर का अनुमान है, पुलिस-फोर्स ने बिन्दादीन सराफ़ को गोली से उड़ा दिया। गोवर्धनदास सराफ़ के यहाँ चालीस लाख की डकैती डाली, पूरे गाँव को लूटा और मास रेप ऐज यूजुअल।" कौल के चेहरे पर बदमाशी-भरी शेखी थी।

"नो सर ! दिस इज नाट डन।"

"मिस्टर माथुर, यह सब क्या है—आर यू प्रेसाइडिंग पुलिस-फोर्स आर गैन्ग ऑफ डेकाआयट्स, मर्डरर्स ऐंड रेपिस्टस ?"

"नो—नो, मिस्टर माथुर, यू शुड नाट डिफेन्ड क्राइम। इस रिपोर्ट में एस. डी. एम. के यहाँ पुलिस कांस्टेबल पकड़कर लाया गया। उसकी बन्दूक सरकारी मालखाने में जमा की गयी। एस. डी. एम. ने ऑन द स्पाट ऐनक्वायरी की। सब लोग झूठे हैं क्या ?"

"यही तो प्रोवोकेशन था, सर ! फिर सब कलेक्टर ने अनुमान पर...।"

"प्रोवोकेशन क्या होता है, अनुमान क्या होता है ? पुलिस-फोर्स हैज नो राइट टु डू आल दिस !" संकटाप्रसाद गुस्से में काँप रहे थे।

"सर ! कलेक्टर पर्सनली प्रेजुडिस्ड है।"

"किससे ?"

"भैरवसिंह से ?"

"कौन है भैरवसिंह ?"

"सर्किल इंसपेक्टर।"

"कलेक्टर कौन है ?"

"सर ! खुन्ना जौहरी।"

"कौन खुन्ना जौहरी ?"

"हरिस्वरूप जौहरी।"

"नर्मदाप्रसाद का दामाद ?"

"हाँ सर," कौल ने धीरे से कहा।

संकटाप्रसाद ने सतीश माथुर को घूर कर देखा, "मिस्टर माथुर, आपको

पता है कलेक्टर जौहरी की बैकग्राउण्ड ?"

"बट हिज वाइफ ?"

"प्लीज मिस्टर माथुर, यू आर कमिंग ऑन माय नर्व्स…।"

संकटाप्रसाद ने घूम कर मोहनकृष्ण कौल की तरफ देखा, "कौल !"

"यस सर !"

"वुड यू काल द डेलीगेशन।"

"यस सर !"

मोहनकृष्ण कौल उठकर बाहर चले गये। तब संकटाप्रसाद ने आगे कहा, "मिस्टर माथुर, आई एडमायर योर गट्स। अपने मातहत को डिफेण्ड करना …इट इज ए गुड थिंग। लेकिन इसकी भी एक सीमा होती है।"

"सर !" सतीश माथुर दर्द में कराह रहे थे, "सर ! मेरी भी मजबूरी है। हम पुलिस-फोर्स को किसी कीमत पर डिमारलाइज नहीं कर सकते। जो भी ऐक्शन लेना है, यह सोचकर लेना होगा। पहला वार किसने किया था ? पुलिस इज ए ब्रूट फोर्स। हम उसे कान्सिएन्शस नहीं बना सके हैं। ऐक्शन वाज प्रोपोज्ड एगेन्स्ट डेकायट्स। बट डियू टु प्रोवोकेशन इट मे हैव बीन डाइवर्टेड एगेन्स्ट पब्लिक। हमारे लोग तो एक जख्मी डाकू को ढूँढ़ रहे थे। और सर, आपको पता नहीं होगा, कलेक्टर की रिपोर्ट के तीन महीने पहले, इस कार्नेज के दो महीने पहले, पुलिस-फोर्स ने फुल आपरेशन फॉर लिक्वीडेशन प्रोपोज किया था। आई आलसो डोण्ट लाइक आल दिस, बट… ।"

"अच्छा मिस्टर माथुर, अगर आप सराफ़ा डेलीगेशन को फेस न करना चाहें तो आप जा सकते हैं।"

"थैंक्यू सर !"

गृह-सचिव मोहनकृष्ण कौल, सतीश माथुर के निकलते ही अन्दर आ गये।

"एक्सक्यूज मी, कौल !"

"ह्वाट फॉर, सर ?"

"मैंने तुमसे बाहर जाने के लिए कहा।"

"सर, मैं समझता हूँ—आई नो योअर स्टाइल ऑफ फंक्शनिंग।"

"मैं उसे डिस्पोज ऑफ करना चाहता था।"

"यस सर !"

तभी मुंशी अवतारीलाल, बिन्दादीन सराफ़ा की बेवा, गोवर्धनदास के साथ एक-दो और लोग अन्दर आकर खड़े हो गये।

"बैठिये आप लोग। खड़े क्यों हैं ?" संकटाप्रसाद ने झिझकते हुए कहा। बड़ा अजीब लग रहा था उन्हें। कुछ भी हो, इन लोगों के साथ अन्याय हुआ था। संकटाप्रसाद असल में वह शब्द ढूँढ़ रहे थे जो इनके रिसते हुए जख्म पर

मलहम का काम करें।

"कहिये, कैसे कष्ट किया आपने ?"

"कष्ट तो हमने दिया है आपको, आपका बहुमूल्य समय लेकर।" मुंशी अवतारीलाल ने शुरू किया।

"इसमें कष्ट की क्या बात है ? यह तो हमारा फर्ज है। आप निस्संकोच अपनी बात कह सकते हैं।"

"कौलसाब से हम कई बार मिल चुके हैं। हमारे गाँव में जो कुछ हुआ, हुजूर, वह बहुत बुरा हुआ है। अपने ही मुल्क में हम जैसे अनाथ हो गये। पुलिस नहीं होती है तो डाकू हमें मारते हैं। लेकिन जब पुलिस खुद डाकू बन जाये तो हम क्या करेंगे, साहब ? हम सिर्फ यह पूछने आये हैं, हमारा कसूर क्या था ? क्यों किया यह सब पुलिस ने हमारे साथ ? इसे देख रहे हैं आप ?" अवतारीलाल ने बिन्दादीन, विधवा की तरफ इशारा किया, "इसकी आँखों में रोते-रोते आँसू तक सूख गये हैं। इसकी शादी को सिर्फ आठ महीने हुए थे। इसके पेट में बच्चा है, हुजूर ! इसने किसी का क्या बिगाड़ा था··· ?"

"लेकिन पुलिस तो कहती है, बिन्दादीन मुठभेड़ में मारा गया।" कौल ने इशारा किया।

"बिन्दादीन तो गऊ आदमी था। वह भला पुलिस से किसलिए भिड़ेगा ? फिर एक बात पूछता हूँ, साहब ! अगर बिन्दादीन मुठभेड़ में मारा गया होता तो उसके बदन पर जहाँ छर्रे लगे थे वहाँ काला होने का, जलने का, टैटोइंग का निशान कहाँ होता ? इतना तो हम भी जानते हैं, आप भी समझते होंगे, पाँच फुट के अन्दर जब गोली दागी जाती है तो उसके निशान दूसरी तरह के होते हैं। पाँच फुट से तो कोई मुठभेड़ नहीं होती !"

"यह क्या कह रहे हैं, कौल ?" संकटाप्रसाद को आश्चर्य हो रहा था।

"दे हैव ए प्वाइण्ट, सर ! पोस्टमार्टम रिपोर्ट से कन्फर्म हुआ है कि गोली पाँच फुट के अन्दर मारी गयी। जब रायफल से फायर किया जाता है तो उसके छर्रे फैलते हैं। लेकिन वैकुम प्रिन्सिपल के अनुसार वह पाँच फुट के बाद फैलते हैं। पाँच फुट पर अगर कोई ऑब्जेक्ट है तो छर्रे हिट करेंगे, लेकिन उनका मोटिव फोर्स इतना होगा कि जहाँ भी वह लगेंगे वहाँ ब्लैकनिंग, बर्निंग और टैटोइंग जरूर होगी।" कौल ने सफाई दी।

"आई सी !"

"और हुजूर, वही लोग अभी वहाँ मौजूद हैं। दिन-भर गाँववालों को धमकाते हैं। सराफ़ा बाजार दो महीने से बन्द है। सबके बच्चे भूख से बिलबिला रहे हैं। यह दोहरी मार है, हुजूर ! काम-धन्धा सब बन्द है। कहाँ जायें हम,

क्या करें ? भागकर शहर में छिप गये हैं सब।'' मुंशी अवतारीलाल की आँखों में आँसू भर आये थे।

''मैं गवाह हूँ। सारे गाँववालों को मैं ले गया था। एस. डी. एम. साब के यहाँ। गाँव की तलाशी लेकर पुलिस चली गयी थी। तब कहीं से पता लगा, बुधवाल की नयी-नवेली दुहन गायब हो गयी है। फिर दुल्हन आयी तो पुलिस का जुल्म भी सामने आ गया । उसकी इज्जत लूट ली गयी थी। वह तो कुएँ में डूबकर मर गयी, लेकिन गाँववालों के सिर पर खून सवार हो गया, साहेब ! सब दौड़ पड़े उन दो सिपाहियों पर। उनकी बन्दूक छीन ली। तभी हमें पता लगा। हम ठहरे गाँव के मुखिया। हम दौड़कर आये। गाँववालों को कानून अपने हाथों में लेने से रोका। मैं खुद समझा-बुझाकर सबको ले गया, एस. डी. एम. साब के बँगले पर। बन्दूक जमा करवायी। सिपाही के खिलाफ बयान कलमबन्द कराया। और लौटकर घर आये तो देखा, सब-कुछ लुट चुका था। गाँव के मर्द तो हमारे साथ चले आये थे। एक-एक औरत की इज्जत लूट ली उन लोगों ने। मेरे घर में ग्राहकों के जेवर रक्खे थे। सोना था, चाँदी थी। चालीस लाख का माल था, साहेब ! सब ले गये वह लोग। अरे कोई डाकू होता तो गम खाकर बैठ जाते। रक्षक ही जब भक्षक बन जाये तो कहाँ जायें हम लोग ? घर, दुकान, बाजार, हाट, गाँव जमीन—सब छोड़ बैठे हैं हम लोग। कहाँ जायें ? क्या करें ? आप ही बताओ, साहेब! आप सरकार के सबसे बड़े हाकिम हो। क्या आप इतना भी नहीं कर सकते कि इंसपेक्टर हीरालाल, मुंशी दीवानचन्द और भैरवसिंह को वहाँ से हटा दो ? यह कैसी सरकार है ? यह कैसी पुलिस है ? यह कौन-सा राज है ? अपने देश में हैं या विदेश में ? साहेब, अंग्रेजों के जमाने में भी इतने जुल्म तो नहीं होते थे। क्या इसी खातिर हमने आजादी के लिए संघर्ष किया था ?''

सेठ गोवर्धनदास जैसे अपने अन्दर सुलगते हुए नफरत के सैलाब को निकाल रहा था। संकटाप्रसाद चुप थे, मोहनकृष्ण कौल चुप थे। किसी को कुछ सूझ नहीं रहा था। गोवर्धनदास चुप हो गया। कमरे में सन्नाटा था। बस एअरकण्डीशनर से निकलती हुई घू-घू की आवाज आ रही थी। कभी खिड़की का कोई परदा हवा के झोंके से फड़फड़ा उठता था। संकटाप्रसाद को लग रहा था, जैसे वह किन्हीं चांडालों के गिरोह में आकर फँस गये थे, जहाँ कफनघसीटी हो रही थी। चारों तरफ चीत्कार था, एक भीषण हाहाकार। समूचे जीवन में संचिवालय का अस्तित्व उन्हें इतना नगण्य कभी नहीं लगा। तभी कहीं दूर से कोई महीन आवाज फुसफुसाहट बनकर कमरे में गूँजने लगी।

''मालिक, हमें बचा लो ! हम अपने मरद के साथ सती हो गये होते। अगर उसकी निशानी हमारे पेट में ना होती। मालिक ! वह लोग अब चाहते

हैं, मैं गवाही दूँ, मेरा मरद डाकू था। यह नहीं होगा हमसे मालिक, यह नहीं होगा।''

बिन्दादीन की बेवा फूट-फूटकर रोने लगी। उसकी सिसकियों की आवाज संकटाप्रसाद के कान में तपते हुए लावे की तरह थर्रा रही थी। उनके रोम-रोम में एक निरीह कातरता, एक अनोखा अहसास सफेद पारे की तरह रिसता जा रहा था। वह सोच रहे थे, सत्ता का सुख सब-कुछ नहीं होता। कितना निर्रथक लग रहा था उनको सचिवालय का सारा आडम्बर ! लेकिन अगले ही क्षण वह उठकर खड़े हो गये। उन्होंने यह भी नहीं देखा, उनके उठते ही और सब लोग उठकर कमरे के दरवाजे की तरफ चल दिये।

''आप लोग जा रहे हैं ? ठीक है, आपको जाना ही चाहिए। इस वक्त मैं सिर्फ इतना ही कहूँगा, तीन दिन, सिर्फ तीन दिन के अन्दर शायद आप लोग अपने घर वापस जा सकेंगे।'' संकटाप्रसाद खुद अपनी आवाज नहीं पहचान सके थे। जब सब लोग बाहर चले गये तब संकटाप्रसाद ने कौल से कहना शुरू किया, ''कौल ! देखा तुमने, हम कहाँ हैं, आजादी मिलने के बाद भी हम कहाँ हैं ? इतना बड़ सचिवालय, इतनी बड़ी सत्ता, यह शासन, सरकार कभी-कभी सब-कुछ व्यर्थ नहीं लगता तुम्हें ? क्या तुमने कभी सोचा है, यह सब एक ढोंग, एक नाटक तो नहीं है ? कहीं हम खुद-ब-खुद किसी रसातल में तो नहीं धँसते जा रहे हैं ? मैं अखबारों में पढ़ता था, लेकिन आज मैं देख रहा हूँ। पिछले दस वर्षों में हम कहाँ पर पहुँच गये हैं ! फिर लगता है, हम सब एक रोबोट की तरह किन्हीं दिये हुए कामों को करते जा रहे हैं, बस ! नहीं लगता तुम्हें, हमारे अन्दर की मनुष्यता, हमारा दिल, हमारा दिमाग न जाने कहाँ चला गया है ? हम सब इस आधुनिक युग में रोबोट हैं। बस, और कुछ नहीं।'' कहते हुए संकटाप्रसाद दुबारा कुर्सी पर बैठ गये।

''कौल ! आई हैव ए ग्रेट फेथ ऑन यू।''

''यस सर !'' कौल ने धीरे से कहा।

''यू अण्डरस्टैण्ड, इस मामले में हमें क्या करना है !''

''यस सर—वी हैव ना च्वाइस।''

''दैन ?'' संकटाप्रसाद ने पहाड़पुर कांड की फाइल वापस करते हुए पूछा।

''दिस वुड गौ टु एडवाइजरी काउंसिल फॉर पुनेटिव ऐक्शन।''

''गुड बाय, कौल ! लैट्स काल इट ए डे।''

''गुड बाय, सर !'' कौल सिर झुकाकर कमरे से बाहर निकल गया। शाम के आठ बज रहे थे। संकटाप्रसाद के मन में उदासी के बादल मँडराने लगे थे। मेज पर फैले हुए कागज बटोरते हुए वह सोच रहे थे—उस संसार में जिन्दा रहना, जिन्दगी काट लेना कितना कठिन काम है !···कभी उम्र आड़े आ जाती है तो

कभी उम्र की दूरी ! कोई गरीबी से दुखी है तो कोई अमीरी से ! किसी को सुख बटोरने की चिन्ता है, किसी से दुख काटे नहीं कट रहा ! चारों तरफ जोर-जबरदस्ती, जुल्म और विपदा का बोलबाला है ! सब-कुछ पाकर भी लोग अनाथ सरीखे किसी गहन अंधकार में, दूर-दूर तक फैली हुई डरावनी गुफाओं में भटकते रहते हैं ! कहीं कोई निस्तार नहीं दिखायी देता ! एक आशा की किरण दीखती तो हजार-हजार लोग उस पर टूट पड़ते, जैसे रोशनी के कण-कण को लूट-लूट-कर रख लेना चाहते ! सभी लोग संचय करना चाहते ! आशा को, सुख को, सम्पदा को संचित करके रखना चाहते, अपनी छाती से चिपटाकर रखना चाहते, कहीं कुछ छूट न जाये, रह न जाये।

लेकिन कोई कुछ रख नहीं पाता। सिकन्दर, हलाकू, पोरस, नेपोलियन, हिटलर, औरंगजेब, अकबर, अशोक—किसी के पास कुछ नहीं बच सका था। सत्य अगर कुछ है तो बस वही एक मीठी नींद, जिससे जागकर आदमी इस दुनिया में आता और फिर उसी मीठी नींद की गहराइयों में खो जाता। फिर क्यों इतना संघर्ष ? क्यों—आखिर क्यों आदमी आदमी का गला काटने पर आमादा है ? क्यों वह सब-कुछ बटोरकर रखना चाहता है ? इस दुनिया में कितने महापुरुष हुए, उन्होंने कितनी बातें कहीं, लोगों को सरल-से-सरल भाषा में सब-कुछ समझाया बताया। वेदव्यास से लेकर महात्मा गांधी तक, ईसा, मीहम्मद, गुरु नानक, सूर, तुलसी, कबीर तक ने ज्ञान के कितने पोथे, कितने ग्रन्थ लिखे। सब इन लोगों की पूजा करते हैं, लेकिन उनके कहने पर कोई नहीं चलता। सांसारिक खोजों को सभी आत्मसात कर लेते हैं, लेकिन जीवन के सत्य की खोज को धूल सरीखा झाड़कर सभी अलग बैठ जाते हैं।

संकटाप्रसाद और न जाने कितनी देर खयालों की दुनिया में खोये रहते, लेकिन तभी उन्हें लगा, कमरे में कोई है, वह अकेले नहीं हैं। उन्होंने मेज पर से बटोरे हुए कागज रख दिये और सामने की तरफ देखा। उनका पी. ए. देसाई अदब से डाक-पैड लेकर खड़ा था।

"क्यों देसाई, डाक लाये हो ?"

"हाँ, सर !"

"लाओ," एक लम्बी साँस छोड़कर संकटाप्रसाद ने कहा।

"सर !" देसाई ने दौड़कर डाक-पैड मेज के शीशे पर रख दिया।

"देसाई !" संकटाप्रसाद ने डाक-पैड का फीता खोलते हुए कहा।

"यस सर !"

"मिलने के लिए, कोई रुका तो नहीं है ?"

"कुछ लोग रुके हुए थे—लेकिन मैंने वापस भेज दिया।"

"क्यों ?"

"सर, साढ़े आठ बजे आपको सतीशबहादुर साब के यहाँ डिनर पर जाना है।"

"आई सी। लेकिन मैंने कहा था, जो लोग मिलने आयें उनकी पर्चियाँ मुझे दिखा लिया करो।"

"पर्चियाँ लाया हूँ सर !"

"लैट मी सी।"

संकटाप्रसाद के मन में दया का अथाह सागर उछाल मार रहा था। उन्होंने देसाई के हाथ से पर्चियों का गड्डा ले लिया। वह एक-एक पर्ची, कार्ड, स्लिप देखते जा रहे थे और मेज पर एक तरफ रखते जा रहे थे। तभी उनकी निगाह एक साफ सफेद स्लिप पर लिखे हुए ढाई अक्षरों पर पड़ी। शान्ति–सिर्फ इतना लिखा हुआ था !

दूर, बड़ी दूर से जैसे उड़कर कोई दहकता हुआ अंगार उनकी आँखों में चुभ गया था। उन्हें लगा, कमरे की दीवारें, मेज-कुर्सी, कलम, कागज, फाइलें, डाक-पैड–सब-कुछ, यहाँ तक कि देसाई भी घूम रहा है। किसी तेज घुमनी की रफ्तार में उनके प्राण ढाई अक्षर के उस नाम पर अटक गये। उनका गला सूख गया, माथे पर पसीने की बूँदें झलक आयीं। शान्ति–शान्ति–शान्ति–जैसे खुद उनका अहम् चीख-चीखकर चिल्ला रहा था। उनका सर फटने लगा। एक अँधेरा-सा छा गया उनके सामने।

तभी संकटाप्रसाद को इस बात का अहसास हुआ कि वह सचिवालय में हैं और देसाई सामने खड़ा है। वह कुर्सी छोड़कर खड़े हो गये। इतनी ही देर में जैसे एक युग बीत गया। एक स्थिति से दूसरी स्थिति तक आने में संकटाप्रसाद ने जैसे आग का दरिया पार कर लिया था। उठकर खड़े होने तक उन्होंने अपने ऊपर नियंत्रण पा लिया था, लेकिन उनके अन्दर सब-कुछ झुलस गया था। कुर्सी के पीछे की गुदगुदी कार्पेट पर संकटाप्रसाद टहल रहे थे। अपने मन के अन्दर सुलगती हुई, दहकती हुई टीस को बार-बार सहला रहे थे। फिर वह रुक गये। उन्होंने देसाई की तरफ देखा, जैसे वह सचिवालय का अदना बाबू न हो, बल्कि आसमान से उतरकर आया हुआ कोई फरिश्ता हो।

"देसाई ! मुझे इनसे मिलना है–आई मस्ट सी हर।"

देसाई का सारा कार्यक्रम गड़बड़ हो गया था। उसने तो सोचा था, संकटाप्रसाद एक तरह से खुश होंगे, उसने कुशल पर्सनल असिस्टैण्ट की तरह बेकार के लोगों को बिदा कर दिया था और अब उन्हें सतीशबहादुर के डिनर की याद दिलाने आया था। लेकिन वहाँ तो सब उलट गया था। संकटाप्रसाद डिनर को एक तरफ रखकर उससे किसी अनजान, गुमनाम औरत से मिलाने के लिए कह रहे थे, जिसका पता-ठिकाना भी उसे मालूम नहीं था।

"सर ! यह तो कई बार आयी थीं···हमें···।"

"क्या कहा ! यह कई बार आयी थीं और मुझे पता तक नहीं ! इसीलिए मैंने कहा था, कोई भी मिलने आये उसे इज्जत से बैठाओ ! पता नहीं, कौन कितनी दूर से आया हो। यहाँ कोई खुशी-खुशी नहीं आता। कोई बहुत बड़ी विपदा सर पर आ गिरती है–किसी बहुत बड़ी मजबूरी के कारण ही कोई यहाँ तक चलकर आता है···।"

"सर ! पहले तो कई बार इनका पास तक नहीं बन सका था।"

"ओ गॉड ! देसाई, फॉर हेवन सेक, गो ऐंड लुक फॉर हर।"

"लेकिन सर ! कहाँ तलाश करूँ उन्हें, आपके पास उनका पता है ?"

"कब तक थीं वह यहाँ ?"

"सर ! उनको तो गये हुए करीब एक घंटा हो गया। मैंने मंगलेश से भी पूछा था। कोठी पर उसकी ड्यूटी रहती है न, सर ! लेकिन उसे भी इनके बारे में कुछ नहीं मालूम। वर्ना सर···वी आर सारी, सर ! आप हमें माफ कर दें, सर ! वैसे मंगलेश कह रहा था सर, वह कोठी पर भी आयी थीं।"

"ऐनी वे, तुम पास-ऑफिस में लिखकर भिजवा दो कि वे जब भी आयें उनको तुरन्त यहाँ भेजा जाये। कोठी पर जो स्टाफ रहे, उसको भी यही हिदायत होनी चाहिए। डैम इट–आई मस्ट सी हर ऐट वन्स।"

"ठीक है सर, मैं अभी करता हूँ।" देसाई चलने के लिए मुड़ा।

"और सुनो !"

"यस सर !"

"गाड़ी लगाने के लिए बोल देना।"

"सर !"

देसाई के चले जाने के बाद संकटाप्रसाद ने डाक-पैड बन्द कर दिया। उन्हें अपने ऊपर शर्म आ रही थी। शान्ति जेल से छूटकर आ गयी है। वह कितने दिनों से उनसे मिलने को कोशिश कर रही है ! उनके दफ्तर के, उनके घर के चक्कर लगा रही है और उन्होंने एक बार भी उसकी खोज नहीं ली ! शान्ति जब जेल में थी, वह मिलने नहीं गये उससे और जब वह खुद आयी तो भी उनसे नहीं मिल सकी। फिर उनके मन में खयाल आया माधुरी का। माधुरी के खयाल के साथ, जैसे उनके ऊपर हजार घड़े पानी गिर गया। एक चिपचिपाहट सारे बदन में फैल गयी। उन्हें लगा कि वह वक्त आ गया है, जब उनको शान्ति से माधुरी को मिलाना पड़ेगा। शान्ति और माधुरी के बीच सिर्फ चन्द दिनों का फासला है। किसी दिन भी शान्ति उनके दरवाजे पर आकर खड़ी हो जायेगी और उनसे पूछेगी, उसकी बेटी कहाँ है ? उससे पहले, काफी पहले उनको माधुरी से अपनी बात कहनी होगी। माधुरी की आँखों में उबलती हुई नफरत वह देख

चुके थे। इसलिए उससे मिलने का प्रश्न नहीं उठता था। वह कुर्सी पर बैठ गये। एक कागज निकाला और उस पर लिखने लगे।

सतीशबहादुर का बाजार उस समय ऊँचा था। संकटाप्रसाद से उसके ताल्लुकात के बारे में सब लोग जानते थे। कृष्णा बहादुर का रुतबा सतीशबहादुर से कम नहीं था। अफसरों की बीवियाँ उसे हाथों-हाथ ले रही थीं। फिर राजेश गहलौट के कारण कृष्णा बहादुर की साख इधर कुछ और बढ़ गयी थी। इसीलिए जब सचिवालय में यह खबर फैली कि संकटाप्रसाद सतीशबहादुर के यहाँ डिनर पर आनेवाले हैं तो अफसरों में होड़ लग गयी, डिनर पर आमन्त्रित होने के लिए। किसी के पास स्कॉच की बोतल रखी हुई थी, किसी की बीवी मुर्गे की टाँग अच्छी भून लेती थी तो किसी को फिश-फिंगर का लाजवाब तजुर्बा था। किसी का प्रमोशन रुका हुआ था, किसी को सेलेक्शन ग्रेड में आना था और कोई जरा जानदार पोस्टिंग चाहता था। चलते-चलते कहीं दाँव लग जाये, क्या पता है ! फिर संकटाप्रसाद जिस दावत में जाते वह दावत एक यादगार बनकर रह जाती। ऊपर से, यहाँ से हटने के बाद संकटाप्रसाद के किसी प्रदेश का राज्यपाल बनने की पूरी सम्भावना थी।

लेकिन सतीशबहादुर के सामने समस्या कुछ और थी। जहाँ एक तरफ उसका मन कर रहा था, पूरे सचिवालय को बुलाकर अपना जलवा दिखा दे, दूसरी तरफ इस बात का डर भी था, उसे, कहीं कृष्णा बहादुर का भेद न खुल जाये। काली-पीली-रंगीन किताबों से शुरू करके, फिल्म और औरत तक का जो नाटक उसने सचिवालय के कई अफसरों के साथ पहले खेल रखा था, उसका भेद खुल जाने का अंदेशा था। इसलिए मन मसोसकर उसने करीब-करीब सबको काट दिया था। फिर भी चार-छह लोगों को तो बुलाना था। कोई स्टेग पार्टी तो थी नहीं। कुछ अदद बीवियाँ तो चाहिए ही थीं, वरना संकटाप्रसाद बोर होने लगते। इसीलिए सतीशबहादुर ने घनानन्द बिठौरिया को छोड़कर, जाने-पहचाने अफसरों में से चार को मय असबाब के बुला लिया था।

विमल अहूजा, शिक्षा-विभाग के सचिव, घाटे का सौदा कभी नहीं करते थे—दफ्तर हो या दावत। दफ्तर में वह हिसाब-किताब ठीक रखते। उम्र ज्यादा नहीं थी। रंगीन तबीयत के आदमी थे और सतीशबहादुर की लाइन के थे। उनको इस जमाने में स्कॉच और तरह-तरह की विदेशी शराबों का चलता-फिरता सेलर कहा जाता था। स्कॉच की बोतलें वह ऐसे पैदा करते थे, जैसे बाबा लोग चुटकी बजाकर किशमिश या इलायची। यह सिर्फ सतीशबहादुर को पता था कि उनकी स्कॉच की बोतलें कहाँ से आती थीं।

असल में उन दिनों एक बड़े अमीर देश ने सूचना ब्यूरो बन्द होने के बाद, प्रदेश में गरीब-भूखे बच्चों के लिए दूध और आहार की व्यवस्था करने के लिए एक संस्था चला रखी थी, 'चाइल्ड-हुड' के नाम से। इस संस्था की तरफ से स्कूली बच्चों को मुफ्त में दूध पिलाया जाता था और पौष्टिक आटे की बोरियाँ भी बाँटी जाती थी। लाखों-करोड़ों बोरियाँ और दूध के डिब्बे उन दिनों पूरे प्रदेश में, गरीब बच्चों के लिए आया करते। शिक्षा-सचिव विमल अहूजा बहुत गुणी आदमी थे। बड़े दिनों से वह यह सारा कारोबार देख रहे थे। 'चाइल्ड-हुड' संस्था का विदेशी मैनेजर उनका दोस्त बन गया था। दोस्त का फायदा कराना वह अपना धर्म समझते थे। विमल अहूजा ने शासन से एक रुपया प्रति बोरी और दस पैसा प्रति डिब्बा बतौर हैन्डिलिंग चार्ज, ''चाइल्डहुड एजेन्सी' को दिलवा दिया। एक झटके में 'चाइल्डहुड एजेन्सी' ने साठ लाख का दाँव मारा था। फिर कौन-सी स्कॉच, कहाँ की शराब ! 'चाइल्डहुड एजेन्सी' के दफ्तर से विमल अहूजा के घर तक शराब की पाइप-लाइन बिछ गयी थी। विमल अहूजा क्रेट-की-क्रेट शराब ब्लैक में बेच दिया करते। सतीशबहादुर को विमल अहूजा का बड़ा सहारा था। उन्होंने विमल अहूजा से दावत के लिए स्कॉच ली थी, इसलिए उनको सपत्नीक बुलाया भी था। विमल अहूजा से बोतल तो वैसे भी ली जा सकती थी, लेकिन उसकी पत्नी मीना अहूजा को भी बुलाना जरूरी था, क्योंकि मीना अहूजा छुपकर पीती थी और खूबसूरत भी थी।

विमल अहूजा और मीना अहूजा किसी दावत में अकेले नहीं जाते थे। उनके साथ रंजीत तलवार, अपनी पत्नी कमल तलवार के साथ जरूर जाता था। कमल तलवार भी छुप कर पीती थी। लोगों का खयाल था, विमल अहूजा से उसकी अच्छी पटती है। उधर मीना अहूजा रंजीत तलवार की दोस्त थी। एक तरह से यह लोग बदल-बदल कर स्वाद लेते थे। जब मीना अहूजा रंजीत तलवार के यहाँ आ जाती तो कमल तलवार विमल अहूजा के पास चली जाती। शक-शुबह की कोई गुंजाइश नहीं थी। जिस तरह पिक्चर, पिकनिक, सैर-सपाटे के कार्यक्रम बनाये जाते, उसी तरह विमल अहूजा, रंजीत तलवार, मीना अहूजा और कमल तलवार के आने-जाने का कार्यक्रम तकलीफ के दिन छोड़कर बना लिया करते। टाइपराइटर पर कौन-सा रिबन चढ़ा है, काला या लाल—वह कार्यक्रम इस बात पर निर्भर करता। वैसे कमल तलवार के हाथों में हमेशा एक काल्पनिक चिपचिपाहट होती, जिसकी वजह से वह बार-बार बाथरूम में हाथ धोलने के लिए जाया करती। कमल तलवार के पति रंजीत तलवार उन दिनों सांस्कृतिक विभाग के सचिव थे।

संकटाप्रसाद का कोई ठिकाना तो था नहीं। उनका कब मूड आ जाये और वह साहित्य, विज्ञान और दर्शन की बातें शुरू कर दें, यह सोचकर सतीशबहादुर

ने यज्ञदेव पण्डित को बुला लिया था। यज्ञदेव पण्डित वित्तविभाग में विशेष सचिव थे। दफ्तर में फाइल और घर में किताब–बस यही उनके साथी थे। रात-रात भर जागकर उनकी बीवी रानी पण्डित करवटें बदलती रहती और यज्ञदेव पण्डित तरह-तरह की किताबें पढ़ते रहते। साहित्य, इतिहास, खगोल-शास्त्र, ज्योतिष पर उनके ज्ञान की कोई थाह नहीं थी। उन दिनों वह कर्क, सिंह, कन्या, तुला, वृश्चिक, धनु, मकर, मीन, मेष, वृष, और मिथुन–इन बारह राशियों को मिलाकर कोई तेरहवीं राशि ढूँढ़ रहे थे और इसी से सम्बन्धित सूर्य, चन्द्र, मंगल, बुध, बृहस्पति, शुक्र, शनि, राहू, केतु–इन नौ ग्रहों के अतिरिक्त किसी दसवें ग्रह की भी खोज कर रहे थे। उनका विश्वास था, वह दसवाँ ग्रह जिस दिन उनको मिल जायेगा उधर की तेरहवीं राशि अपने-आप निकल आयेगी और तब विश्व में एक धमाका होगा।

सतीशबहादुर ने एक बार उनको शराब पिला दी थी। शराब पीते-पीते वह बहकने लगे। काफी चढ़ गयी थी उनको। नशे के दौर में वह बोल गये थे, अपनी यौन भावनाओं की निवृत्ति के लिए ही उन्होंने अपना ध्यान दसवें ग्रह की तरफ लगा रखा था। उधर उनकी पत्नी रानी पण्डित गलीकूचे भटकती रहतीं। बिस्तर पर करवट बदलते-बदलते जब वह थक गयीं, तब उन्होंने अपना ध्यान सामाजिक अनुष्ठानों की तरफ लगा दिया। पति के पास तमाम तरह की किताबें थीं। एनसाइक्लोपीडिया या किसी किताब का एक अध्याय पढ़कर वह रट लिया करतीं और फिर दावत में किसी की मजाल नहीं थी जो उनसे बोले। वह हर शादी में मुण्डन, जनेऊ, कनछेदन, जन्म-दिन तक में शामिल होतीं। पूरी कॉलोनी के लोगों और उनके बच्चों के जन्म दिन और शादी की तारीखें उनके पास नोट थीं। कोई बुलाये या न बुलाये, उनका हर जगह जाना जरूरी था। एक बार पहुँच जाने के बाद रानी पण्डित से कोई बोल नहीं सकता था। मसलन उन्होंने अफ्रीका पर बोलना शुरू कर दिया तो वहाँ की जलवायु, जनसंख्या, संस्कृति, खास रीति-रिवाज, पहनावा–करीब-करीब पूरे अफ्रीका को उगल कर वह मेज पर डाल देतीं।

सिविल सर्विसेज क्लब के सचिव उन दिनों रमेश भण्डारी थे। वैसे तो वह सहकारिता के सचिव थे, लेकिन आई. ए. एस. आफीसर्स एसोसिएशन की तरफ से उन्हें सिविल सर्विसेज क्लब का सचिव बनाया गया था। उनकी पत्नी नीरजा भण्डारी सीधी-सादी औरत थीं। लड़के तो उनके कई हुए, लेकिन उनको वहम था, वह सब बाप पर गये थे। फिर बड़े दिन बाद वह एक लड़की की माँ बनीं। बस यहीं से उनकी यातना का दौर शुरू हुआ। उनकी लड़की माला जैसे-जैसे बड़ी होती गयी, नीरजा भण्डारी परेशान रहने लगीं। उनको हमेशा डर बना रहता, कोई उनकी लड़की को उठा ले जायेगा। उनकी लड़की बिगड़ जायेगी। रेडियो

का गाना, सिनेमा का पोस्टर, पत्रिकाओं के पन्ने—हर जगह उन्हें बस कोई-न-कोई चाल नजर आती। उनकी सारी जिन्दगी बस इसी में गुजर गयी, वह अपनी बेटी माला को कैसे उन काल्पनिक खतरों से बचायें, जिन्हें उन्होंने अपने दिमाग में बुन रखा था !

सतीशबहादुर और रमेश भण्डारी का एक खुफिया रिश्ता था। रमेश भण्डारी पहले से सब तय कर लेता और फिर अपनी पत्नी-बच्चों को साथ लेकर सिविल सर्विसेज क्लब पहुँच जाता। महज मदद करने के लिए तब सतीशबहादुर क्लब में फोन करता, रमेश भण्डारी को मुख्य-सचिव या मुख्य-मंत्री या मंत्री ने तुरन्त याद किया था। तब तक रमेश भंडारी के घर में कोई-न-कोई कन्या पहुँच चुकी होती। रमेश भण्डारी, पत्नी नीरजा भण्डारी को बेटी माला के पास क्लब में छोड़कर चुपचाप घर खिसक जाता और वहाँ का काम निपटाकर क्लब वापस आ जाता। इसी खुफिया रिश्ते की वजह से सतीशबहादुर ने रमेश भण्डारी को बुलाया था जिसके साथ नीरजा भण्डारी और माला भण्डारी भी आयी थीं।

सतीशबहादुर के यहाँ उस दिन दावत का दूसरा ही रंग था। सामान्य रूप से जिस दावत में संकटाप्रसाद को आना होता, वहाँ सब-कुछ उनकी आँख के इशारे से होता। अफसर, उनकी बीवियाँ सज-धजकर आया करतीं और सबके बीच में संकटाप्रसाद किसी बादशाह की तरह विराजमान रहते। ज्यादातर सिर्फ संकटाप्रसाद ही बोलते और दूसरे लोग बड़े ध्यान से उनका प्रवचन सुना करते। सबकी नजर बस संकटाप्रसाद के गिलास पर रहती। उनका गिलास खाली होते ही एक साथ कई लोग दौड़ पड़ते, उसे भरने के लिए। मस्ती, रंगीन-मिजाजी और चुस्त चुटकलों से कुछ ही देर में सारा माहौल डोलने लगता।

वैसे तो संकटाप्रसाद के आते ही दावत शुरू हो गयी थी, लेकिन संकटाप्रसाद उस दिन कहीं और थे। उन्होंने न तो मीना अहूजा से चुटकी ली, न ही कमल तलवार को ड्रिंक लेने पर मजबूर किया। संकटाप्रसाद की लांग लाइफ के टोस्ट का प्रस्ताव किया था सतीशबहादुर ने और तालियों की गड़गड़ाहट के बीच विमल अहूजा ने उसका समर्थन किया था। उसके बाद किसी को कुछ पता नहीं रहा, कहाँ क्या हो रहा है। संकटाप्रसाद ने एक-आध जुमलों के बाद बस यज्ञदेव पण्डित से उनके दसवें ग्रह की खोज के बारे में बात करना शुरू कर दिया। कुछ देर तक तो विमल अहूजा, मीना अहूजा, रंजीत तलवार, कमल तलवार, रानी पण्डित, रमेश भण्डारी, नीरजा भण्डारी, माला भण्डारी—सभी संकटाप्रसाद को घेरकर बैठे रहे। लेकिन जब काफी देर तक यज्ञदेव पण्डित का दसवाँ ग्रह और तेरहवीं राशि खतम नहीं हुई और स्कॉच के तीन-चार पेग हो गये, तब निराश होकर यह लोग अलग-अलग गोल में बँट गये। सतीशबहादुर और जी. एन. तब भी संकटाप्रसाद और यज्ञदेव पण्डित के पास मजबूरी में बैठे

रहे। नीरजा भण्डारी तो अपनी बेटी माला का हाथ पकड़कर दूसरे कमरे में चली गयीं। उनको तो वहाँ हर कोई लुच्चा-लफंगा नजर आ रहा था। ऊपर से शराब की बू अलग तंग कर रही थी। बार-बार उनको उबकाई आ रही थी। वैसे मीना अहूजा, नीरजा भण्डारी से काफी जलती थी।

उस दिन मीना अहूजा और कमल तलवार ने एक खुफिया योजना बनायी थी। उनको नीरजा भण्डारी का वह सती-साध्वी रूप जरा भी अच्छा नहीं लगता था। कमल तलवार खुलकर तो ड्रिंक नहीं करती, लेकिन ड्रिंक से उसे कोई परहेज नहीं था। खासकर उस दिन जब उसे विमल अहूजा के साथ रहना होता था, वह थोड़ा-बहुत पी लिया करती थी। फिर माला भण्डारी को उस तरह सीने से चिपटाकर रखना भी उन लोगों को बहुत अखरता था। एक-आध बार इन लोगों में खुड़क भी हो चुकी थी। उस दिन महज मजा लेने के लिए मीना अहूजा और कमल तलवार ने कोल्ड ड्रिंक की बोतल में स्कॉच का पेग चुपके से मिला दिया था। रानी पण्डित को जब कोई और नहीं मिला तो उसने नीरजा भण्डारी को जा पकड़ा। रानी पण्डित हमेशा से नीरजा भण्डारी को दाबकर रखा करती थी। नीरजा भण्डारी को भी रानी पण्डित की बातों में रस मिलता था।

उधर नीरजा भण्डारी की बेटी माला भण्डारी जवानी की तरफ कदम रख चुकी थी। वह उस समय सोलहवें के करीब थी। उसे अपनी माँ से नफरत थी। पिछले कई महीनों से वह मौका ढूँढ़ रही थी। उसके साथ की लड़कियों के ब्वाय-फ्रेन्ड तो थे, लेकिन उसको कभी मौका ही नहीं मिलता कि वह अपने इर्द-गिर्द मँडरानेवाले लड़कों से कुछ बात कर सके। उधर कुछ दिनों से उसकी एक सहेली ने उसे मैंड्रेक्स की गोलियाँ खिलानी शुरू कर दी थीं। लेकिन उन गोलियों के कोल्ड ड्रिंक के साथ लेने पर उसके सारे बदन में असंख्य चींटियाँ रेंगने लगतीं। वह पागल-सी हो जाती। उसे लगता, बस उसे कोई उठा ले जाये, उसकी टाँगें चीर डाले, उसके बदन के टुकड़े-टुकड़े करके फेंक दे। उसे सारी दुनिया एक आग का दरिया नजर आती, जिसमें वह लगातार जल रही थी। उसके अंग-अंग में न जाने कौन-सी जकड़न पैठने लगती। उसे लगता, जैसे उसका सारा बदन टूट रहा है और कोई उसके अन्दर लगातार सुइयाँ चुभो रहा है। वह सी-सी करती और किसी असीम पीड़ा से सदैव कराहा करती। जब उसने अपनी माँ को रानी पण्डित की बातों में तल्लीन देखा तो वह बाथरूम के बहाने उठ गयी। पहले तो नीरजा भण्डारी अपनी बेटी के पीछे जा रही थी, लेकिन रानी पण्डित ने डाँटा तो बैठ गयी। फिर कुछ कोल्ड ड्रिंक के नशे में और कुछ रानी पण्डित की रस-भरी बातों में वह यह भूल ही गयी, उसकी बेटी माला बाथरूम गयी है, और उसे भी वहाँ जाना चाहिए था। स्कॉच का नशा धीरे-धीरे उसके सर पर चढ़ने लगा था। उसे तो सिर्फ रानी पण्डित दिख रही थी, वह

भी दो-तीन ! उधर मीना अहूजा ने नीरजा भण्डारी को कोल्ड ड्रिंक में स्कॉच का पेग मिलाकर दे दिया, तब कमल तलवार को भी मसखरी सूझी। रानी पण्डित का उस समय कोई अध्याय चल रहा था। कमल तलवार ने चुपके से उसकी कोल्ड ड्रिंक बदल दी। तब तक मीना अहूजा अपने लिए और कमल तलवार के लिए स्कॉच में लिम्का-कोला मिला चुकी थी। काले रंग के लिम्का-कोला का गिलास लेकर दोनों एक तरफ बैठकर पीने लगीं।

कृष्णा बहादुर उस दिन सज-धजकर तैयार हुई थी। उसको उम्मीद थी, संकटाप्रसाद खाने के बाद कुछ देर रुकेंगे या फिर हाथ धुलाने के वक्त कुछ बातें कर लेंगे। लेकिन संकटाप्रसाद तो उस दिन यज्ञदेव पण्डित के दसवें ग्रह के चक्कर में उलझे हुए थे। तभी उसने फोन करके गहलौट को बुला लिया था। विमल अहुजा ने तब तक तीन पेग पिये थे और रंजीत तलवार ने चार ! विमल अहूजा धीरे-धीरे पीता था, लेकिन रंजीत को पटियाला लगाते हुए देखकर उसे भी उस दिन कुछ जल्दी करनी पड़ी थी। रंजीत तलवार जल्दी-जल्दी पीता तो उसे चढ़ भी जल्दी जाती थी। दोनों अपनी-अपनी बीवियों को देखकर मुस्कराये। आगे का कार्यक्रम पहले से ही तय था। मीना अहूजा को रंजीत तलवार की गाड़ी में बैठना था और कमल तलवार को विमल अहूजा की गाड़ी में। तभी रंजीत तलवार के दिमाग में यज्ञदेव पण्डित के दसवें ग्रह के बारे में एक आइडिया आया। वह विमल अहूजा को संकटाप्रसाद के पास खींच ले गया। दोनों को तब तक चढ़ चुकी थी। वह कार्पेट पर संकटाप्रसाद के पैरों के पास बैठ गये। इन लोगों के आकर बैठने से सतीशबहादुर को मुक्ति मिली। वह भी कई पेग ले चुका था। फिर गिलास भरने के लिए उठा तो लौटकर नहीं आया। जी. एन. भी सतीशबहादुर के साथ उठ लिया था।

"गुरु जी ! यज्ञदेव पण्डित को अगर हम बता दें कि दसवें ग्रह की खोज हम बहुत पहले कर चुके हैं तो आपको कोई एतराज तो नहीं होगा ?" रंजीत तलवार झूम रहा था।

"नेवर माइण्ड, माय ब्वाय !" संकटाप्रसाद ने मुस्कराकर कहा।

"तो सुनिये महाशय ! नैप्टयून है वह दसवाँ ग्रह···।"

"हा-हा हा अ आ—ही इई ही ही—तलवार, तुम तलवार चलाओ, यह सब तुम्हारे बस का नहीं है।"

"क्यों ?"

"नैप्टयून ग्रह नहीं है, ग्रह की पूँछ है। मैं जिस ग्रह को खोज रहा हूँ, उसका वैज्ञानिक आधार है। वह मंगल से बड़ा होगा, बुध उसकी छाया में होगा, बृहस्पति···।"

"मेरे लिए ड्रिंक लाओ," संकटाप्रसाद ने कहा।

विमल अहूजा दौड़कर ड्रिंक बनाने लगा।

सतीशबहादुर और जी. एन. अलग खड़े होकर बात कर रहे थे। दोनों के हाथ में गिलास थे। जी. एन. तो ठीक था, लेकिन सतीशबहादुर को चढ़ गयी थी।

''जी. एन. तुम्हें एक बात बतानी थी,'' सतीशबहादुर ने फुसफुसाकर कहा।

''क्या बात ?''

''कल केस एडवाइजरी काउंसिल में जा रहा है। फाइल के दो पार्ट्स हो गये हैं। सिर्फ जाँच समिति की रिपोर्ट पेश होगी—फाइल की नोटिंग नहीं।''

''लेकिन फाइल में नोटिंग तो रहेगी।''

''वही मैं भी सोच रहा था।'' सतीशबहादुर की आवाज काँप रही थी।

''फिर ?'' जी. एन. की आँखें नशे में लाल थीं, लेकिन उसका दिमाग तेजी से काम कर रहा था।

''बाछिल मामा के पास फाइल का पहला हिस्सा है। उसी में है बड़े बाबू का नोट। जब तक वह नोट उस फाइल में रहेगा, हम सब फँसे रहेंगे। कभी कुछ भी हो सकता है।''

''यू मीन री-ओपन ?''

''हाँ।''

''तब ?''

''तब क्या ! ट्राय टु डू समथिंग एबाऊट दैट नोट ऐंड बाछिल मामा।''

जी. एन. की आँखों में एक हिंसक चमक आ गयी। उसे अपने सवाल का जवाब मिल गया था। फिर वह रुका नहीं वहाँ। संकटाप्रसाद से इजाजत माँगकर चला गया।

जी. एन. के जाते ही घर के पिछले हिस्से से किसी औरत के चीखने की आवाज आयी। सब लोग उधर की तरफ दौड़ पड़े। विमल अहूजा, रंजीत तलवार, यज्ञदेव पण्डित, संकटाप्रसाद, सतीशबहादुर, मीना अहूजा, कमल तलवार, रानी पण्डित और कृष्णा बहादुर ने देखा, नीरजा भण्डारी छाती पीट-पीटकर रो रही हैं। उसने बाथरूम से माला भण्डारी के साथ एक और छाया निकलते हुए देखी थी। वह छाया किसी मर्द की थी।

कोई नहीं पहचान सका था, उस मर्दानी छाया को, लेकिन सतीशबहादुर ने उसकी पीठ की झलक-भर देखकर जान लिया था, वह राजेश गहलौट था। उसने अपनी पत्नी कृष्णा बहादुर को अलग लाने के बाद, धीमी लेकिन सख्त आवाज में कहा था, ''इसे यहाँ किसने बुलाया ?''

''मैंने फोन किया था, लेकिन उसे यह नहीं मालूम, यह मेरा घर है।''

"तुम अपने को अक्लमंद और सबको बेवकूफ समझती हो," कहते हुए सतीशबहादुर संकटाप्रसाद के पास पहुँच गया, जो रोती-कलपती हुई, नीरजा भण्डारी को देखकर भयभीत हो गये थे, जबकि माला भण्डारी के चेहरे पर एक हिकारत-भरी मुस्कराहट कभी-कभी फूट रही थी।

## आठ

मालती शर्मा और भूपति, गृह-सचिव मोहनकृष्ण कौल के कमरे में, उनके लौटने का इन्तजार कर रहे थे। मालती शर्मा को देर तक रुकना पड़ा था, क्योंकि पहाड़पुर-नानकपुर कांड की फाइल उस दिन एस. पी. साहब के सामने रखी जानी थी। उस फाइल के कागज तैयार कर रही थीं मालती शर्मा, तभी भूपति मैलिसीडिन कांड की फाइल लेकर वहाँ आ गया था। उसके बाद मालती शर्मा और भूपति दोनों ही गृह-सचिव के पास एक साथ ही गये, क्योंकि माधुरी साहा ने हुक्म दे रखा था कि मैलिसीडिन कांड पर अन्तिम कार्यवाही के आदेश गृह-सचिव से उसी दिन करा लिए जायें। भूपति पी. ए. के पास रुक गया। फिर गृह-सचिव के पी. ए. ने उसे अन्दर भेज दिया। उस समय गृह-सचिव पहाड़पुर-नानकपुर कांड की फाइल देख रहे थे। फिर फाइल लेकर जब गृह-सचिव संकटाप्रसाद के यहाँ चले गये तब भूपति ने मालती शर्मा से बाहर चलने का इशारा किया। मालती शर्मा को मालूम था, गृह-सचिव को संकटाप्रसाद के यहाँ देर लगनी है। वह भूपति के साथ गेट नम्बर छह की तरफ निकल आयीं। वहाँ सिन्धी चाय का होटल बन्द हो चुका था। वह लोग राजभवन के पीछेवाली सड़क को पार करके, घंटाघर से लगी हुई सड़क पर चलने लगे। काफी देर तक दोनों ने कोई बात नहीं की। चुपचाप एक-दूसरे के बगल में चलते रहे, जैसे बात करने से पहले फासला पूरा करना जरूरी था। घंटाघर के पार्क के सामने पहुँचने पर भूपति ने कहा, "इस गर्मी में हम लोग चाय की तलाश क्यों कर रहे हैं ?"

"मैंने तो नहीं कहा था।"

"मेरा मतलब··चाय की जगह हम कुछ ठंडा ले सकते थे।"

"ले सकते थे नहीं, ले सकते हैं।" मालती शर्मा हँस रही थी।

"कोल्ड ड्रिंक या आइसक्रीम ?"

"दोनों··डू यू माइण्ड ?"

"नहीं तो।"

"फिर ?"

"कम ऑन !"

भूपति घंटाघर के सामनेवाली सड़क से निकलकर दूसरे किनारे की तरफ मुड़ गया। उस तरफ एक कोल्ड ड्रिंक की दुकान दिख रही थी। वहाँ भूपति ने ओरेन्ज में आइसक्रीम का कप अपने लिए और लिम्का-कोला में आइसक्रीम का कप मालती शर्मा के लिए तैयार करवाया। आइसक्रीम और कोल्डड्रिंक के गिलास लेकर मालती शर्मा और भूपति सड़क के किनारे की रेलिंग पर टेक लगाकर खड़े हो गये। शाम का वक्त था। शहर के बाजार में दूर-दूर तक रोशनी जगमगा रही थी। सड़क के उस कोने से दूर उस पार रंग-बिरंगे कपड़ों में लड़कियाँ, बच्चे, औरतें-आदमी, फुटपाथ से सड़क तक भरे हुए थे। एक तरफ थी रात की अँधेरी कालिमा, दूसरी तरफ था रोशनी में जगमगाता हुआ शहर। एक सिरे से दूसरे सिरे तक क्रासिंग की लाल, पीली, हरी बत्तियों के संकेत पर मोटर-गाड़ी और स्कूटर की कतारें निकल रही थीं। भूपति की आँखें सचिवालय के गुम्बद को छिपाये हुए घंटाघर की ऊँची मीनार को देख रही थीं। वहीं पार्क में बच्चे खेल रहे थे और बूढ़े शाम की सैर से वापस नहीं गये थे। भूपति जान बूझकर चुप था। जब मालती शर्मा पहाड़पुर कांड की फाइल लेकर गृह-सचिव के कमरे के अन्दर जा रही थी, न जाने कितना साहस बटोरकर भूपति ने कह दिया था, "आई लायक यू वेरी मच।" मालती शर्मा ने उस समय मुड़कर देखा था उसे, लेकिन कुछ कहा नहीं था। पेड़ की कतारों में रेलिंग से लगी हुई झाड़ियों और झुरमुट में मरकरी लाइट की रोशनी किसी-न-किसी को कुचलकर आगे बढ़ जाती थी। रेलिंग के सामने भूपति का साया, मालती शर्मा के साये के बगल में दूर पेड़ तक चला गया था।

मालती शर्मा की समझ में नहीं आ रहा था, वह भूपति को क्या जवाब दे ? उसे मालूम था, कितनी मुश्किलों के बाद, जैसा तपता हुआ रेगिस्तान पार करके भूपति ने उससे वह सब कहा था। चन्द दिनों में ही वह भूपति के काफी करीब आ गयी थी। लेकिन ऐसा नहीं था, वह भूपति के बारे में कोई फैसला कर सके। भूपति, मालती शर्मा के लिए किसी दिमागी हरकत का नतीजा था। मालती शर्मा को पहली बार लग रहा था, वह किसी मकसद के लिए जी रही है। फिर भी उसके दिमाग में एक दुश्चिन्ता बार-बार कसमसा रही थी। उस दिन भूपति मैलिसीडिन कांड की फाइल लेकर तो आ गया था, उस फाइल पर मुख्य-सचिव ने आदेश भी कर दिये थे, लेकिन माधुरी साहा के बारे में तब तक कुछ भी नहीं हुआ था। भूपति ने भैरवसिंह को मांगलिक के पीछे लगाया जरूर था, लेकिन उसने लौटकर कोई खबर नहीं दी थी। मालती शर्मा को मालूम था, सिर्फ मालती शर्मा को मालूम था कि माधुरी साहा ने एक जुआ खेला है, समय

का जुआ···। लेकिन उसमें खतरा था। मांगलिक के गिरफ्तार होने के बाद क्या होगा—यही सोच रही थी मालती शर्मा, उस वक्त। कहीं मांगलिक ने माधुरी साहा को भेद खोल दिया तो कितना बड़ा अनर्थ हो जायेगा···! धरती फट पड़ेगी, आसमान टूट पड़ेगा। सचिवालय में चारों तरफ एक तूफान, एक जलजला जैसे माधुरी साहा के समूचे जीवन को तहस-नहस करके चला जायेगा।

भूपति ने अपना और मालती शर्मा का गिलास आइसक्रीमवाले को वापस किया। उसे पैसे दिये और फिर रेलिंग के पास आकर खड़ा हो गया। ओरेन्ज में वनीला आइसक्रीम की मिलावट ने उसके गले से लेकर कलेजे तक तरावट फैला दी थी। दिन भर की भाग-दौड़ के बाद उस वक्त मालती शर्मा के साथ, सड़क के किनारे, रेलिंग के पास खड़े होने में उसे किसी अनोखे सुख की अनुभूति हो रही थी।

तभी उसकी निगाह घंटाघर की घड़ी से, पार्क के पेड़ों को छूती हुई, सिनेमा-हाल पर लगे पोस्टर को देखती हुई रोड क्रासिंग पर आकर रुक गयी। छह रास्तेवाली उस क्रासिंग पर चलती-बुझती, लाल-पीली-हरी बत्तियों को वह बड़ी देर से देख रहा था। कुछ ही दिन हुए, यह स्वचालित बत्तियाँ वहाँ लगी थीं। जब भी भूपति उधर से गुजरता, अपने-आप उसके कदम वहाँ रुक जाया करते। यह लाल-पीली-हरी बत्तियाँ उसकी जिन्दगी के तमाम रहस्य को और रहस्यमय बना देतीं। उसे लगता, उसने अपने अन्दर इस तरह के न जाने कितने रास्ते बना रखे हैं। लेकिन उसका जहन बार-बार इन्हीं लाल-पीली-हरी बत्तियों की तरह जलता-बुझता हुआ बताता रहता कि उसे किस रास्ते पर चलना है।

भूपति के अन्दर का ट्रैक घंटाघर, पार्क, सिनेमा-हाल, बाजार, क्रासिंग, लाल-पीली-हरी बत्तियों से ऊबकर मालती शर्मा की तरफ मुड़नेवाला ही था कि तभी उसकी नजर ठीक विपरीत दिशा में आकर रुकी हुई लाल रंग की मोटरसाइकिल पर पड़ी। वह चौंक पड़ा। उसे मालूम था, उधर कई दिनों से भैरवसिंह उस लाल रंग की ट्रायम्फ मोटरसाइकिल को चला रहा था। वह रेलिंग छोड़कर आगे की तरफ बढ़ने लगा। उसने मालती शर्मा से कुछ नहीं कहा। लाल बत्ती होने की वजह से उस तरफ की गाड़ियाँ रुकी हुई थीं। लेकिन उसने भैरवसिंह को पहचान लिया। उसने देखा, भैरवसिंह की मोटरसाइकिल से सटी हुई एक जोंगा जीप खड़ी थी। जिस सिगनल पर भैरवसिंह खड़ा था वहाँ से उसे सीधे उसी सड़क पर आना था जहाँ भूपति था। भूपति अपना फुटपाथ छोड़कर सड़क पर आ गया, ताकि वह भैरवसिंह को रोककर बात कर सके। सड़क पर आगे बढ़ने के पहले उसने पीछे मुड़कर मालती शर्मा को हाथ से रुकने का इशारा कर दिया था। इसी बीच सिगनल हो गया और भैरवसिंह की मोटरसाइकिल धड़धड़ाती हुई उसके करीब आने लगी। भूपति फुटपाथ से सड़क पर उतर कर

आगे बढ़ा तभी उसने देखा, वही बड़ी जोंगा जीप भैरवसिंह के ऊपर चढ़नेवाली थी। क्रासिंग पार करने के बाद भैरवसिंह तेज रफ्तार में था। लेकिन उसने एकाएक भूपति को देखा और गाड़ी उसकी तरफ मोड़कर ब्रेक लगा दिया और इगनिशन ऑफ कर दिया।

मोटरसाइकिल एक झटके में, ब्रेक की चीख के साथ, भूपति के पास रुक गयी। भैरवसिंह बायाँ पैर टेक कर गाड़ी को खड़ी करने की कोशिश कर रहा था, बस उतनी ही देर में जोंगा जीप भैरवसिंह के कान को छूती हुई निकल गयी। भूपति और भैरवसिंह की चीख एक साथ निकली थी। फिर दोनों एक-दूसरे को साबुत देखकर हँसने लगे। लेकिन भूपति का सारा बदन काँप रहा था, उस मौत के गुजर जाने पर जो उसने इतने करीब से देखी थी। वहाँ भीड़ होने लगी थी, इसलिए भूपति अलग हट गया। उधर मालती शर्मा चीख सुनकर और भीड़ देखकर आगे बढ़ने लगी थीं। उनके अन्दर भी किसी अनजाने भय की कँपकँपी उठने लगी थी। भैरवसिंह ने मोटरसाइकिल किनारे कर दी और वह भूपति के पास आ गया।

"क्या हुआ···यह चीख किसकी थी ?" मालती शर्मा भूपति की तरफ देख रही थीं। उनके माथे पर पसीने की बूँदें झलक रही थीं।

"मेरी चीख थी··· ।"

"मैं भी तो चीखा था !" भैरवसिंह हँस रहा था।

"क्यों···हुआ क्या था ?" मालती शर्मा घबरा गयी थी।

"देयर बाज डेफिनिट अटेम्प्ट ऑन द लाइफ ऑफ भैरवसिंह।"

"लेकिन क्यों ?"

"मुझे क्या पता ! मैंने सिर्फ इतना देखा···एक बड़ी जोंगा जीप भैरवसिंह के ऊपर चढ़ी आ रही थी.··· बस कुछ सेकेन्ड की देर थी··· । अगर मैंने इनकी लाल रंग की मोटरसाइकिल न पहचानी होती तो मैं सड़क पर वहाँ तक नहीं जाता।···तब शायद भैरवसिंह अपनी मोटरसाइकिल को इस तरफ नहीं मोड़ते।···ऐंड आई एम श्योर दैट बास्टर्ड मस्ट हैव रन हिम ओवर।···क्यों भैरवसिंह, कौन हो सकता है वह ?"

"कौन हो सकता है वह···?" भैरवसिंह ने सोचते हुए कहा, "जीप का नम्बर याद है आपको···?"

"नहीं···लेकिन मुझे ऐसा लगता है, नम्बर हाथ से लिखा था···, कुछ इस तरह कि पढ़ा न जा सके।···गाड़ी की डेंन्टिग चल रही थी, शायद···यही बहाना तय किया होगा···नम्बर-प्लेट न होने का।"

"मुझे कुछ···कुछ समझ में आ रहा है।···तो मैं चलता हूँ, साब ! अब आपने लगता है, मेरा काम बढ़ा दिया।"

"लेकिन इधर कहाँ जा रहे थे···?"

"आपसे मिलने, हुजूर !···शाम को कई बार फोन किया। आप कमरे में नहीं थे।···आपके घर होकर आ रहा हूँ।···सोचा था, सचिवालय में आप शायद हों।···एक खुशखबरी देनी थी।"

"खुशखबरी !···कौन-सी खुशखबरी ?" भूपति अभी तक समझ नहीं पाया था।

"आइये···इधर आइये।···मैडम, माफ करिएगा···, बस दो मिनट।"

"शौक से।"

भैरवसिंह और भूपति नीम के पेड़ के नीचे खड़े होकर बातें करने लगे। इसी बीच मालती शर्मा कोल्ड ड्रिंक की दुकान पर पहुँच गयीं। उन्हें सड़क पर अकेले खड़े होना अच्छा नहीं लग रहा था। उन्होंने देखा, शीशे के जार में टाफी, लेमनचूस और चुईंगम भरे हुए थे। उन्होंने चुईंगम का एक पैकेट लिया। तभी उन्हें याद आया, पर्स उनके पास नहीं था। फिर भी चुईंगम का पैकेट उन्होंने ले लिया। दुकानदार से पैसे भूपति से लेने के लिए कहकर वह धीरे-धीरे सचिवालय की तरफ बढ़ने लगीं। मालती शर्मा को उस समय यही लग रहा था कि माधुरी साहा के लिए कुछ नहीं कर सकी। यह इतनी बड़ी हार थी, उस समय और कुछ सोच पाना उसके लिए मुश्किल होता जा रहा था। यह सवाल सिर्फ माधुरी साहा का नहीं था, बल्कि पूरी एक व्यवस्था का था। सिर्फ मालती शर्मा को मालूम था, माधुरी साहा ने समय का दाँव लगाया था। जहाँ एक तरफ उन्होंने मांगलिक को यह विश्वास दिला दिया था, मैलिसीडिन कांड की फाइल पर आगे की कार्यवाही रुक गयी है, वहाँ दूसरी तरफ उन्होंने मांगलिक और बरुण हाल्दार दोनों को भारत रक्षा कानून में गिरफ्तार करने के आदेश पर के. डी. शर्मा की सहमति और मुख्य-सचिव का अनुमोदन करवा लिया था।

माधुरी साहा ने सिर्फ समय को दाँव पर लगाया था। उनकी रणनीति के अनुसार मांगलिक के गिरफ्तार होते ही उसे निलम्बित किया जा सकेगा। एक तो अपने पद से हटने पर मांगलिक की क्षमता कम हो जायेगी। लोग उसकी जमानत के लिए दौड़ेंगे। जमानत के बाद मुकदमा चलेगा···, नौकरी से निकाले जाने की कार्यवाही चलेगी··· । उस दौरान अनेक ऐसे मौके आयेंगे, जब मांगलिक से कोई सौदा किया जा सकेगा। उस समय शायद किसी मामूली मुद्दे के लिए बात की जा सकेगी। मालती शर्मा ने पूछा था कि अगर मांगलिक ने उतना इंतजार नहीं किया तब क्या होगा ? मालती शर्मा की रूह काँप उठी थी, यह सोचकर कि तब क्या होगा !

माधुरी साहा ने अपने अन्तिम संघर्ष की पूरी तैयारी कर ली थी। जहाँ एक तरफ उन्होंने अपने विदेश जाने का इंतजाम कर लिया था, दूसरी तरफ

डी. एन. साहा के साथ डायवोर्स के प्रश्न पर भी उन्होंने अपने को मानसिक रूप से तैयार कर लिया था। के. एन. शर्मा और मैडम जुबेदा की मदद से उन्होंने फिलीपीन्स में किसी यू. एन. जॉब के लिए तय कर रखा था। माधुरी साहा ने यह भी तय कर रखा था, अगर उनके खाविन्द डी. एन. साहा को वह तस्वीरें मिल गयीं तो वह उनसे डायवोर्स के लिए कह देंगी। मालती शर्मा अच्छी तरह जानती थीं, यह सब एक बार फिर माधुरी साहा को अन्दर तक तोड़ जायेगा, जैसे जिन्दा रहने की सतत कोशिश में वह एक बार फिर मर जायेंगी।

मालती शर्मा के मुँह में चुईंगम का स्वाद कसैला होने लगा था। उन्होंने चुईंगम के चिथड़े सड़क के किनारे थूक दिये। उन्हें लगा, उन सबकी नियति बस इसी चुईंगम की तरह होती है। जब तक चुईंगम की नर्म गुदगुदाहट, मुँह के अन्दरूनी रेशों को छेड़ती रहती है, तब तक उसे चबाते रहते हैं, लेकिन जैसे ही कसैला स्वाद निकलने लगता है उसे थूक दिया जाता है। चुईंगम के पिचके हुए, कुचले हुए, चबाकर निचोड़े हुए तमामा रेशे···एक-दूसरे से फिर भी बँधे रहते हैं। वह मुँह के अन्दर के मांसल रेशों में या दरारों में कभी नहीं फँसते।

''कन्ग्राचुलेशन ! मैडम ! ! भैरवसिंह हैज डन ए ग्रेट जॉब।'' भूपति ने हाँफते हुए कहा। वह करीब-करीब दौड़कर आया था।

एक आशा की किरण, दूर अँधेरे आकाश में दुबदुबाती हुई एक आशा की किरण दिखी थी, मालती शर्मा को। उनके पैरों में बच्चों सरीखी फुर्ती गुदगुदी बनकर जागने लगी। फिर भी संशय का नाग फन उठाये हुए खड़ा था।

''क्या ? ह्विच जॉब ?'' मालती शर्मा ने मुस्कराते हुए पूछा।

''वही मांगलिकवाला मामला। ही हैज डन इट।''

''सच !'' मालती शर्मा ने आगे बढ़कर भूपति को चूम लिया, ''आई एम सो हैप्पी। दी वुड बी सेव्ड। वी आल वुड बी सेव्ड।''

भूपति की कनपटी गर्म हो गयी। उसका मुँह लाल हो गया। उसकी गर्म साँस मालती शर्मा के होठों पर लग रही थी। सड़क पर हलकी-हलकी रोशनी अँधेरे को और गहन बना रही थी। दूर कहीं लाउडस्पीकर पर फिल्म की धुन बज रही थी।

''यस। वी आल वुड बी सेव्ड।'' भूपति ने धीरे से कहा।

''मुझे बताओ न। सब-कुछ बताओ···व्हेयर आर द निगेटिव्स ?''

''देयर आर नो निगेटिव्स।''

''क्या मतलब ?'' मालती शर्मा ने डर कर पूछा।

''इट वाज ए ब्लफ।''

''नो।''

''यस।''

“किसने कहा ?”

“भैरवसिंह ने।”

“भैरवसिंह झूठ बोल सकता है।”

“नहीं··कभी नहीं।”

“लेकिन...?”

“कम ऑन, बेबी··।” भूपति आगे बढ़ने लगा।

“बेबी ?”

“और क्या ! अभी जो हरकत की तुमने।”

मालती शर्मा को अजीब-सा लगा। उस समय तो किसी असाधारण उत्साह के तहत भूपति को उन्होंने चूम लिया था। लेकिन जब भूपति ने उसकी याद दिलायी तो वह नारी-सुलभ लज्जा के बोझ में झुककर फुटपाथ की मिट्टी पर पैर की चप्पल से लकीरें खींचने लगीं।

“आई एम सारी। मुझे ऐसा··।”

“शट अप।” भूपति ने प्यार में डाँटा, “जो कुछ बिना सोच-समझ के होता है, कितना स्वीट होता है, इट्स सो फैसीनेटिंग।”

“फिर भी यह सड़क है।”

“इसीलिए तो मैं कह रहा था, चलने के लिए।”

मालती शर्मा बिना बोले हुए चलने लगी। भूपति भी चुपचाप चलता रहा। गेट नम्बर आठ के करीब पहुँचने पर खुद भूपति ने कहना शुरू किया, “इससे पहले हम सचिवालय के अन्दर पहुँचें, आई वाण्ट टु टेल यू ऐवरीथिंग।”

मालती शर्मा रुक गयीं। लेकिन भूपति को चलते हुए देखकर फिर चलने लगीं। एक अजीब तरह के समर्पण का भाव था उस समय मालती शर्मा के अन्दर। पैर के नाखून से लेकर सीनें की गोलाइयों तक न जाने कौन-सी सिहरन बार-बार उठ रही थी। हवा का हर झोंका मालती शर्मा के दामन के लिपटकर सोये हुए अरमानों को छेड़ रहा था। सचिवालय के बाहर, उस वीरान सड़क पर, न जाने कौन-सी आत्मीयता मालती शर्मा को भूपति के साथ बाँध रही थी।

“भैरवसिंह को पहले पता ही नहीं था, वह कहाँ से शुरू करे। फिर उसने सी. आई. डी. में अपने संगी-साथियों से बात की। किसी समय मांगलिक ने हेड ऑफ डिपार्टमेण्ट की हैसियत से काम किया था। यू नो ! मुझे तो आज ही पता चला, हर हेड ऑफ डिपार्टमेण्ट की एक सीक्रेट फाइल होती है सी. आई. डी. में। मांगलिक की फाइल में किसी विदेशी एजेण्ट से टेलीफोन-बातचीत की ट्रांसक्रिप्ट लगी हुई थी। टेप लाइब्रेरी में था। जाहिर है, मांगलिक का फोन सरकारी आदेश पर टेप किया गया था। बस ! दैट डिड इट। ब्लैक-मेल अपना ब्लैक-मेल। और हाँ, उसके पास निगेटिव नहीं है, बस वह प्राइवेट मेटरनिटी होम

का फार्म था, जिसमें मैडम साहा ने फाल्स डिक्लेरेशन देकर एबॉरशन करवाया था। उस फार्म पर उनकी फोटो जरूर लगी है।''

''वह फार्म कहाँ है ?''

भूपति ने पिछली जेब से एक लिफाफा निकालकर मालती शर्मा को दे दिया। लिफाफा लेते समय मालती शर्मा ने अपना हाथ भूपति के हाथ पर कुछ ज्यादा देर तक रहने दिया था।

गृह-सचिव मोहनकृष्ण कौल अपने कमरे में नहीं आये थे, जब मालती शर्मा और भूपति वहाँ पहुँचे। भूपति को मालती शर्मा के साथ गृह-सचिव के कमरे में अकेले बैठना ठीक नहीं लगा। वह फिर पी. ए. के पास बैठ गया। कुछ देर अन्दर बैठने के बाद भूपति बाहर आ गया और कमरे से लगी हुई गैलरी में टहलने लगा। उसने गैलरी के पूर्वी सिरे से पश्चिमी सिरे तक तीन चक्कर लगा लिए थे। पूरे सचिवालय में एक सन्नाटा था, उबा देनेवाला सन्नाटा। सिर्फ मुख्य-सचिव के कमरे से रोशनी की लकीर निकल रही थी। पी. ए. से भूपति को मालूम हो चुका था, कौल साब संकटाप्रसाद के यहाँ से निकल चुके हैं और किसी वक्त भी वहाँ आ सकते हैं। भूपति गैलरी के किनारे एक खुली हुई खिड़की से, नीचे की तरफ देख रहा था। तभी उसने देखा, चार तिलंगों से घिरा हुआ एक आदमी जीने के रास्ते से ऊपर की तरफ आ रहा है। जैसे-जैसे आदमी ऊपर चढ़ रहा था, एक-एक तिलंगा नीचे रुकता जा रहा था। उस आदमी की हस्ती में एक खौफ था। भूपति खिड़की से हटकर पीछे घूमकर चलना चाहता था, लेकिन वहाँ मोहनकृष्ण कौल हँसते हुए उससे पूछ रहे थे, ''क्यों मिस्टर, आप किसके इंतजार में खड़े हैं ?''

''अरे सर आप ! मैं आपकी प्रतीक्षा कर रहा था।''

''यू मीन, तब से !''

''नहीं सर, बीच में मैं बाहर चला गया था।''

''क्या वह कल नहीं हो सकता ?''

''मैडम साहा ने सर, आज के लिए ही कहा था।''

''देन यू फालो मी।''

''ओ. के. सर !''

गृह-सचिव मोहनकृष्ण कौल अपने कमरे में गये तो मालती शर्मा उठकर खड़ी हो गयीं। भूपति अन्दर आकर कौल साब के बैठने का इंतजार करने लगा।

''अरे मालती, तुम अभी तक गयी नहीं ?''

''सर, आपने रुकने को कहा था।''

''नाट सो लांग। ऐनी वे। इट इज गुड। सिट डाऊन—बी कंफर्टेबल।''

कहते हुए कौल ने अपने फोन का बजर दबाया।

“पंत ! सेण्ड अस सम टी।”

“सर ! यह मैलिसीडीन केस की फाइल है…इस पर… ।”

“मुख्य-सचिव के आदेश हो चुके हैं।” कौल ने भूपति की बात पूरी कर दी।

“आपको पता है, सर ?”

“और क्या, मैं काम करता हूँ। आई कीप ट्रैक ऑफ एवरीथिंग।”

“हाँ, सर !” भूपति ने फाइल खोलकर मेज पर रख दी।

“नो प्राब्लम। मालती, मैं तुम्हें मार्क कर देता हूँ।”

“मुझे, सर ?”

“हाँ, फरदर ऐक्शन लाइज विद यू।”

“इसमें तो शायद सर, भारत सुरक्षा कानून के अन्दर… ।”

“राइट। लेकिन शासकीय आदेश तो गृह-विभाग से जायेगा… ।”

“किसे, सर ?”

“जिलाधीश को। कम ऑन, मैं लिखा देता हूँ…टेक दिस फाइल।”

गृह-सचिव ने फाइल पर दस्तखत करके उसे मालती शर्मा की तरफ बढ़ा दिया।

“फाइल पर मत लिखना…ड्राफ्ट अलग ले लो।”

“अच्छा सर ! मेरी एक शंका थी।” भूपति ने डरते हुए कहा।

“क्या ?”

“यह फाइल, सर, एडवाइजरी काउंसिल में अनुमोदन के लिए नहीं जायेगी ?”

“क्यों ?”

“मांगलिक गजटेड आफिसर है और मिस्टर बरुण हाल्दार भी एक उच्चस्तर के शहरी।”

“नहीं… ।” गृह-सचिव ने कलम से इशारा किया, “लेकिन जानते हो, “क्यों ?”

“नहीं सर !”

“तुम्हारी सचिव, मैडम साहा इज ए क्लेवर आफिसर। शी हैज डन स्प्लैंडिड जॉब…उन्होंने प्रिंसिपल केस बरुण हाल्दार के खिलाफ बनाया और फिर मांगलिक को कोन्सीक्वेंशियल तौर पर उसमें ब्रेकेट कर दिया…फिर रूल्स ऑफ बिजनेस के अनुसार मुख्य-सचिव को पूरा अधिकार है।”

“यह सर, सलाहकार परिषद…आई मीन एडवाइजरी काउंसिल होती क्यों है ? इसकी जरूरत क्या ?” मालती शर्मा ने पूछा।

“संविधान के अनुच्छेद 162 के अनुसार राज्यपाल को प्रदेश का शासन

करने के लिए नियम बनाने का अधिकार है।...जैसा तुमको मालूम होगा, राज्यपाल सामान्य रूप से मंत्रिमंडल की सलाह पर काम करता है।"

"मंत्रिमंडल तो है नहीं, सर !" भूपति ने कहा।

"हियर यू आर। तुम्हारी इसी बात में...तुम्हारे सवाल का जवाब मिल जायेगा।...अरे हाँ...चाय लो न।...ठंडी हो जायेगी।"

चपरासी चाय रख गया था। मोहनकृष्ण कौल ने चाय का प्याला उठाया, तीन-चार सिप लिए फिर एक बिस्कुट लेकर प्लेट मालती शर्मा की तरफ बढ़ा दी, "यू में शेयर विद हिम।"

मालती शर्मा ने 'शेयर विद हिम' पर भूपति की तरफ कनखियों से देखा।

"हाँ, सर !" भूपति बिस्कुट खाने के बाद चाय पीने लगा।

"तुमने कहा न, मंत्रिमंडल तो है नहीं।...सच बात तो यह है, राज्यपाल की संवैधानिक स्थिति सब-कुछ होते हुए भी कुछ नहीं है। हम सब राज्यपाल के नाम से काम करते हैं न...इन द नेम ऑफ गवर्नर ?"

"यस सर !"

"मंत्रिमंडल सिर्फ राज्यपाल के लिए ऐड ऐंड ऐडवाइस का काम करता है। ...लेकिन हाँ, राज्यपाल मंत्रिमंडल की सलाह मानने के लिए मजबूर है... ।"

"लेकिन सर ! जब मंत्रिमंडल नहीं होता और खुद राज्यपाल का शासन होता है...तब ?"

"तब। वही तो मैं कह रहा था।...राज्यपाल का संवैधानिक...या आधारभूत चरित्र तब भी नहीं बदलता।...क्योंकि राज्यपाल खुद सत्ता का प्रतीक है...ही इज गवर्नमेंट इन हिमसेल्फ...ही इज नाट सपोज्ड टु नो सो मेनी थिंग्स। इसीलिए तब भी उसे सलाह की...ऐड ऐंड एडवाइस की जरूरत होती है।"

"यू मीन, सर, आपके सलाहकार जो सलाह राज्यपाल को देंगे वह उसे मानने को उसी तरह बाध्य हैं, जिस तरह मंत्रिमंडल... ?"

"नाट एक्जेक्टली !...क्योंकि मंत्रिमंडल की जगह तब केन्द्रीय मंत्रिमंडल लेता है जो ऐड ऐंड ऐडवाइस करता है राष्ट्रपति को। यहाँ प्रदेश में राज्यपाल तो राष्ट्रपति के शासन का प्रतिनिधि है।...राज्यपाल रिपोर्ट देता है...राष्ट्रपति के हुक्म या इच्छा का पालन करता है।"

"तो सलाहकार परिषद, मंत्रिमंडल का पूर्ण रूप नहीं है, सर ?" मालती शर्मा ने पूछा।

"निश्चित रूप से नहीं...वरना ये बुड्ढे सचिवालय को बेच नहीं देंगे !" गृह-सचिव हँसते हुए बोले।

"और वो बुड्ढे... ?" भूपति मालती शर्मा की तरफ देखकर हँसा।

"कौन ?"

"मंत्रिमंडल के···?"

"वे···वह तो जनता के प्रति जवाबदेह हैं। अपने सलाहकार तो किसी के प्रति जवाबदेह नहीं हैं···यह तो ज्यादातर कब्र से उठकर आते हैं··· !"

भूपति और मालती शर्मा काफी खुश हो रहे थे। लेकिन कुछ गृह-सचिव के लिहाज से और कुछ सलाहकारों के नाम से दबकर हँस रहे थे।

"फिर सर ! इनकी जरूरत क्या होती है···क्या सचिव राज्यपाल को सलाह नहीं दे सकते ?"

"नहीं।···सचिव का काम सलाह देना नहीं है।···सत्ता को संविधान के अनुच्छेद 162 के तहत बनायी गयी कार्यप्रणाली या नियमावली, जिसे हम 'रूल्स ऑफ बिजनेस' कहते हैं, के अनुसार चलाना है। हम लोग नीति का कार्यान्वयन करते हैं।"

"इसीलिए सर, सचिव सलाहकार परिषद के सदस्य नहीं होते।"

"और न मंत्रिमंडल के।" कौल ने हँसते हुए मेज पर चाँटा मारा। "लेकिन इसका अर्थ यह नहीं है, हमारा महत्त्व कुछ कम है।"

"कैसे, सर ?"

"देखो, मिनिस्टर होता है न···उसके लिखित आदेश की कोर्ट में कोई वकअत नहीं होती।···कोर्ट वुड स्ट्राइक इट डाऊन।···मंत्रिमंडल का सदस्य निर्णय ले सकता है···आदेश नहीं दे सकता।···आदेश···राजाज्ञा कानूनी रूप से, सचिव या उसके द्वारा प्रदत्त अधिकारी द्वारा जारी होने पर ही वैध होती है।"

"सर ! इतने दिन से हम सचिवालय में हैं।···दिमाग में यह सवाल उठते थे ···लेकिन जवाब नहीं मिलता था।···वी आर ग्रेटफुल टु यू !"

"देखो भूपति ! सचिवालय भी एक विडम्बना है। सात करोड़ लोगों का भाग्य-विधाता वह होता है, जिसे अपने विषय की कोई जानकारी नहीं होती। ग्रामीण विकास का सचिव वह अफसर है जो कभी गाँव में गया ही नहीं। सहकारिता के सचिव को सहकारिता का अर्थ नहीं मालूम होगा। मेडिकल-सचिव को दवाओं की कतई जानकारी नहीं होती, वित्त-सचिव कोई आर्थिक विशेषज्ञ नहीं होता, उद्योग-सचिव उद्योग-धन्धों के बारे में कुछ नहीं जानता। विद्युत-सिंचाई-सचिव से अगर पूछा जाये, बिजली कैसे पैदा होती है तो, मेगावाट, किलोवाट, यह सब उसे कुछ नहीं पता होता। फिर भी सब शासन करते हैं, सत्ता-सरकार के मुखिया हैं।"

"लेकिन आप तो अपने काम के बारे में जानते हैं।"

"हर कोई जान सकता है।···बट दे नेवर ट्राय।···उन लोगों के लिए सचिवालय की नौकरी एक और पोस्टिंग है।···उन्हें इस बात का अनुमान ही नहीं है, यह सचिवालय कितनी बड़ी चीज है।···इसका यह विशाल रूप···कांक्रीट

या पत्थरों से नहीं बनता है।···इससे बड़ी इमारतें हो सकती हैं।···लेकिन सचिवालय की गरिमा···उसका अधारभूत दर्शन कौन समझने की कोशिश करता है ? हमें सिखाया जाता है, हम बहरे हैं···हम गूँगे हैं, लेकिन हम अंधे नहीं हैं। यहाँ तो दूसरा ही माहौल है। सब-के-सब अंधे हैं,···बहरे···गूँगे नहीं। तुम्हें बोर तो नहीं कर रहा हूँ ?''

''अरे सर !'' भूपति चकित रह गया।

''आप ऐसा कह रहे हैं, सर !'' मालती शर्मा ने आश्चर्य में कहा।

''नहीं···यह बात नहीं है।···आज के यंग आफिसर्स में जब्त करने की···सुनने की आदत नहीं है।···वह सोचते हैं···उन्हें सब आता है।···अपने को जनरलिस्ट कहकर वह सारी जिम्मेदारियों से बचना चाहते हैं।···उनका काम सिर्फ हुकूमत करना है···लेकिन हुकूमत करने के लिए भी तो मेहनत करनी होगी। ···हर चीज को समझना होगा।···और हम यहाँ इस सचिवालय में क्यों हैं ? उसे अपने वजूद को तौलना-नापना होगा।···जिस तरह राष्ट्र की सीमाओं की रक्षा करने के लिए फौज होती है, उसी तरह आंतरिक खतरों से लड़ने के लिए हम हैं। फौज का काम है सिर्फ बाहरी हमलों से देश की रक्षा करना, लेकिन हमारा काम तो उससे भी बड़ा है। हमें जहाँ एक तरफ समाज की आंतरिक खतरों से रक्षा करना हे, वहीं दूसरी तरफ हमें समाज के सर्वांगीण विकास के लिए ···एक कल्याणकारी राज्य की संरचना के लिए सतत संघर्ष करना होता है।''

मोहनकृष्ण कौल ने सिगार जला लिया था। सिगार का गाढ़ा धुआँ कमरे में फैलने लगा था। लेकिन धुएँ के साथ एक भीनी-भीनी खुशबू भूपति और मालती शर्मा के अन्दर जाने लगी थी। वह बड़ी श्रद्धा से उन्हें देख रहे थे। कौल साहब के कहे हुए एक-एक शब्द उनके अन्दर किसी मोहक सपने को बुनते जा रहे थे। किसी को घर जाने की जल्दी नहीं थी। उस वक्त जैसे सारा देश, समूचा सचिवालय सिमट कर मोहनकृष्ण कौल की आँखों में बस गया था, जिन्हें बड़ी हसरत से भूपति देख रहा था।

''हाँ सर, आप कुछ कह रहे थे।''

''मैं क्या कहूँगा !···उन लोगों ने मुझे कुछ कहने के काबिल नहीं रखा। ···मैं काम करता हूँ···डर कर काम करता हूँ।···एक हद तक नौकरी होती है···एक हद तक पैसा होता है।···उसके बाद··· ? और फिर इस तरह की नौकरी···सचिवालय की नौकरी···मैं तो कहा करता हूँ···यह नौकरी नहीं है।···यह इबादत है···पूजा है। ···लेकिन कौन मानता है ?···हम सब कमान्डर हैं।···फौजी लोग गोला-बारूद···बन्दूक···तोप का प्रयोग करते हैं।···हमारे गोला-बारूद हैं हमारे शब्द···हमारे विचार।···हमारा हथियार है हमारी कलम, हमारे आदेश।···उससे हम नष्ट भी करते हैं और सृजन भी करते हैं।···मालती···भूपति, कभी सोचा है तुमने,

हमारा राष्ट्रीय ध्वज, हमारा संविधान, हमारा राष्ट्रीय गान यह सब किसलिए है ? कभी सोचा है तुमने, नादान बच्चा, कॉलेज में पढ़नेवाला नौजवान अपनी आँखों में कितने सपने सँजोये होता है !···कौन है उसका सूत्रधार ?···हम, सिर्फ हम। लेकिन इस सचिवालय में कितने लोग ऐसे हैं जिन्हें इसकी चिन्ता है ? यह संसार जिसमें हम रहते हैं, इसमें बड़ा दुख है···दुख के सिवा कुछ नहीं है। कितनी विपदाओं से भरा हुआ है यह संसार ! जीवन के एक-एक क्षण में हम जरा-से सुख के लिए तरसते हैं।···भावात्मक सुख को जाने दो···सांसारिक सुख भी मिल पाना कितना कठिन होता है।···ऐसे संसार के इस हिस्से में सात करोड़ लोग रहते हैं···इस प्रदेश में सात करोड़ लोग रहते हैं न ?''

''हाँ, सर !'' भूपति ने समर्थन किया।

मोहनकृष्ण कौल ने जैसे भूपति की बात सुनी ही नहीं।···बुझे हुए सिगार को फिर सुलगाया और एक लम्बा कश लेकर, धुएँ को धीरे-धीरे बाहर छोड़ने लगे। फिर जैसे अपने आप से कहने लगे, ''सात करोड़ लोग···एक दिन में 168 करोड़ घंटे···10080 करोड़ मिनट···हम सचिवालय में हर मिनट जीते हैं। साधारण आदमी इन 10080 करोड़ में न जाने कितना दुख उठा लेता होगा और हम इस सचिवालय में उसके लिए कुछ नहीं कर पाते।···करते भी हैं तो बातें ···सिर्फ बातें···बड़ी···बड़ी बातें।···इतनी बड़ी बातें कि वह इन 10080 करोड़ मिनट प्रतिदिन के एक दुख को, एक विपदा को भी नहीं मिटा पातीं।''

मोहनकृष्ण कौल की आँखें भर आयी थीं। लेकिन अगले ही क्षण उन्होंने अपने को सम्भाल लिया। वह हँसने लगे। ''अरे, मैं भी कैसा पागल हूँ !···यह सब भला क्यों कह रहा था तुमसे !···नेवर माइण्ड। फारगेट···लीव दिस।''

''सर !'' भूपति धीरे से बुदबुदाया।

''हाँ।''

''क्या आपने यह बातें हमें भूलने के लिए कही थीं ! क्या इन्हें हम भूल पायेंगे ?''

''भूल जाना ही अच्छा होगा।···नहीं तो बड़े दुख उठाने पड़ेंगे···मेरी तरह। ···सच कह रहा हूँ।···वरना आज मैं मुख्य-सचिव नहीं होता !···पिछले मुख्य-मंत्री ने मुझे छोड़कर गोस्वामी को मुख्य-सचिव बना दिया।···मैं बन भी कैसे सकता था ? ···वह सब मुझसे नहीं होगा··· ।''

''लेकिन सुना है, सर···!''

''तुमने ठीक सुना है···मेरा नाम पेनल में है।···एस. पी. साब ने पेनल में नाम रखा है मेरा।···राज्यपाल ने भी उसे रिकमेन्ड किया है।···लेकिन मुझे पता है···मैं नहीं हो सकता।''

''क्यों सर ? अब तो शायद··· ।''

"आज···कल···अभी भी कुछ भी हो सकता है।···कब क्या हो जाये, कुछ पता नहीं।···मैं तो हमेशा रेजर-ऐज पर बैंठा रहता हूँ न।···नेवर माइन्ड, दिस इज लाइफ, यंग बायज ! नाउ कम ऑन। मैं क्या कह रहा था ?"

"वह ड्राफ्ट, सर ! भारत सुरक्षा कानून··· ।"

"हाँ···.ठीक है···टेक इट···!"

"मैं सर,···किसी फाइल से देख लूँगी।···मुन्ना बाबू को तो पता होगा।···आप परेशान न हों, सर !"

"नहीं, परेशान होने की क्या बात है ?···मैं बोल देता हूँ···तुम चेक कर लेना।···चार लाइन की होती है···लैट मी सी। मुझे याद भी है···?"

कौल साहब ने मालती शर्मा की ओर देखा, जो कलम पैड के ऊपर रखकर लिखने के लिए तैयार थी।

"राज्य सरकार का समाधान हो गया है कि लोक-व्यवस्था और सामाजिक वितरण बनाये रखने के लिए राष्ट्रीय सुरक्षा अधिनियम की धारा 3 (2) में आपकी निरिद्धि आवश्यक है।

एतद्द्वारा आपको अधीक्षक···कारागार की अभिरक्षा में निरुद्ध किया जाता है।"

"रेस्ट यू कैन डू, क्यों मालती ?"

"यस सर !"

"अच्छा, दो-एक काम करने हैं तुम्हें फर्स्ट आवर्स में।"

"क्या, सर ?"

"एक तो इस आदेश को जिलाधीश के पास अपने दस्तखत से भिजवा देना ···अब फाइल कहीं नहीं जानी है। और दूसरे कल सम्भवतः सलाहकार परिषद की मीटिंग होगी। उसमें वह पहाड़पुर कांड का केस जायेगा। फाइल तो मेरे पास है, लेकिन उस समय यू वी प्रेजेण्ट।"

"यस सर !"

"तो मिस्टर भूपति, हो गया तुम्हारा काम।···मैडम साहा से बता देना।"

"यस सर !"

"गुडनाइट !"

"गुडनाइट सर !"

"गुडनाइट सर !"

तिड़ीबाज किशनलाल को सचिवालय में आये हुए कई दिन हो चुके थे, लेकिन उसका काम नहीं बना था। उस दिन सिन्धी चाय के होटल में उसकी मुलाकात

मथुरादास से हो गयी थी। उसने मथुरादास के साथ कई बार सिनेमा भी देखा था। मथुरादास के जरिये किशन सचिवालय में घुस तो जाता, लेकिन एक बार बाहर निकल आने पर, बिना मुथरादास के अन्दर जाने में उसे इस बात का डर बना रहता कि कहीं किसी ने रोक दिया तो आगे के लिए दिक्कत हो सकती थी। फिर हर वक्त मथुरादास के साथ लगे रहने पर वह एक खास तबके के इर्द-गिर्द ही सीमित रह जाता, जबकि उसे अपना दायरा बढ़ाना था, उन लोगों का विश्वास प्राप्त करना था जो फाइलों का कारोबार करते थे। इसके लिए बेरोक-टोक सचिवालय के अन्दर आना-जाना जरूरी था। यह तभी सम्भव था जब उसके पास एक अदद पास हो। लेकिन पास को हासिल करना कहाँ इतना आसान था ? किशन को लगा, उसके सितारे गर्दिश में हैं और मजबूरन बरुण हाल्दार से पास का इंतजाम करने के लिए कहना पड़ेगा। यही काम वह नहीं करना चाहता था। इसीलिए तो उसने बरुण हाल्दार से पास माँगने के इरादे को कुछ समय के लिए मुल्तवी कर दिया।

वह रोजाना मथुरादास के साथ सचिवालय के अन्दर चला जाता और दिन-भर बाहर नहीं लिकलता। इस तरह से उसने सचिवालय के कोनेकिनारों के बारे में काफी जानकारी हासिल कर ली थी। उसने सचिवालय के उस चोर दरवाजे को भी ढूँढ़ निकाला था जो एक सुरंग के जरिये गेट नम्बर छह के नीचे से राजभवन के अन्दर जाकर निकलता था। एक अदद पास को हासिल करने की अपनी कोशिश जारी रखते हुए भी, इस बीच किशन ने मैलिसीडिन कांड की फाइल के सभी ठिकाने ढूँढ़ निकाले थे। उसे तब तक मालूम हो चुका था, मैलिसीडिन कांड की फाइल माधुरी साहा, भूपति, मालती शर्मा, मोहनकृष्ण कौल और मुन्ना बाबू के बीच में रहेगी।

माधुरी साहा के यहाँ उसने जिन्दल को और मालती शर्मा के यहाँ बी. डी. शर्मा को पकड़ा। जिन्दल की पत्नी के अनियमित मासिक धर्म के बारे में सबको पता था। किशन को जिन्दल को फाँसने के लिए किसी और हथियार की आवश्यकता नहीं थी। बजरंग के जरिये वह जिन्दल तक पहुँच गया और फिर बातों-बातों में मासिक धर्म के कई रहस्य, जिन्दल को ताबड़तोड़ बता डाले। जिन्दल तो आसमान से गिर पड़ा। उसे लगा, वह अनजान, अज्ञानी, मूर्ख है। इतने गुर की बातें किशन के अलावा भला और कौन बता सकता था ! उसके बाद किशन जब भी आता, कितना भी व्यस्त रहने पर जिन्दल उसे बिठा लेता। बजरंग से कहकर उसके लिए चाय मँगवाता, ठंडा पानी पिलवाता। बीच-बीच में मौका निकालकर चुपके से मासिक धर्म के बारे में कोई नया मुद्दा या पुराने मुद्दे का नया नुक्ता जानने-समझने लगता। किशन को वहाँ बस बातों की खेती करनी थी, जिसमें वह माहिर था।

उधर बी. डी. शर्मा को डायबिटीज की बीमारी थी। वैसे बी. डी. शर्मा के यहाँ बरुण हाल्दार का नाम काफी था, लेकिन किशन किसी भी स्तर पर अपना नाम बरुण हाल्दार के नाम के साथ नहीं जोड़ना चाहता था। बी. डी. शर्मा ने उसे अपने कमरे में आने की दावत दे डाली। किशन भला यह दावत कैसे छोड़ देता ? बस एक ही मुलाकात में उसने बी. डी. शर्मा को जप लिया। न जाने कौन-कौन-से फार्मूले उसे याद थे, न जाने कितनी जड़ी-बूटियों के घोल उसने बी. डी. शर्मा को पिला डाले थे। भूपति को उसने छोड़ दिया था और मुन्ना बाबू से वह बच कर रहता था। भूपति की पैनी निगाह, मुन्ना बाबू की फर्राटेवाली लफ्फाजी, किशन जानता था, कभी भी उसे फँसा सकती हैं। इन लोगों को देखते ही वह कतरा कर निकल जाता। इतने दिनों की उठा-पटक में किशन यह बात अच्छी तरह समझ गया था, मैलिसीडिन कांड की फाइल उसे माधुरी साहा, भूपति, मोहनकृष्ण कौल, मालती शर्मा के यहाँ से हासिल नहीं होगी। उसने नाप-जोखकर जान लिया था, फाइल उसे मुन्ना बाबू के सेक्शन से ही मिल पायेगी। किशन बस उसी दिन के इंतजार में था जब फाइल मुन्ना बाबू के यहाँ आनी थी। मुन्ना बाबू के सेक्शन में किशन ने डिसपैच-बाबू शांताराम को पकड़ रखा था।

मीनू तलवार ने जब बचपन से जवानी की तरफ कदम बढ़ाया था, तभी से उसकी छातियों में दर्द रहने लगा था। बड़े दिन पहले मीनू तलवार के सीने में जब छोटी-छोटी गिल्टियाँ निकलना शुरू थीं, तब घर के एक नौकर ने उन्हें टीप दिया था। वह भोली थी, नादान थी और नौकर तेज, चालाक। फिर नौकर को एक दिन रंगे हाथों पकड़ने पर घर से निकाल दिया गया। लेकिन जो टीस, जो दर्द वह मीनू तलवार की छातियों में जगा कर गया था, वह फिर कभी गया नहीं। धीरे-धीरे उसके सीने पर गोलाइयों की नाप बढ़ने लगी और उसके साथ-साथ वह नामुराद दर्द भी। मीनू तलवार को कुछ भी अच्छा नहीं लगता। उसे यही लगता जैसे दर्द का कोई गोला उसके अन्दर फट जायेगा। और उसके सारे बदन के चीथड़े उड़ जायेंगे। काफी दिनों तक उसे नौकर की याद आती रही। लेकिन याद तो उस असहनीय दर्द की दवा नहीं थी। इसीलिए मीनू तलवार स्कूल के दिनों से ही जिस-किसी से भी अपनी छातियाँ टिपवाने लगी थी। वह सिलसिला जो नौकर गिल्टियों के दिनों में उसके अन्दर जगा गया था, फिर कभी बन्द नहीं हुआ।

सचिवालय के पास-ऑफिस में मीनू तलवार मर्दों से घिरी रहती। अन्दर भी, बाहर भी, खिड़की के इस पार भी, उस पार भी मर्द-ही-मर्द उसे नजर आते।

घर से लेकर सचिवालय तक वह हमेशा मर्दों से घिरी रहती। पास बनानेवाले, पास बनवानेवाले और जिनके लिए पास बनाये जाते थे, वह सभी मर्द थे। हर नाम के साथ एक मर्द जुड़ा था और हर मर्द के साथ दो अदद हाथ जो उसके अन्दर उमड़ते हुए दर्द को, टीस को राहत पहुँचा सकते थे। सीने पर पड़ा हुआ दुपट्टा बार-बार हवा में उड़ता और मीनू तलवार को यही लगता जैसे कोई हाथ, उसकी छातियों की तरफ बढ़ रहा है। लेकिन ऐसा होता नहीं। तब मीनू तलवार के सिर पर एक जुनून सवार होने लगता और वह दिन-भर के इंतजार के बाद, सचिवालय के चक्कर लगाना शुरू करती। पास-ऑफिस के बाहर से गेट नम्बर पाँच तक, थककर चूर हो जाने तक, मीनू तलवार चक्कर लगाया करती, किसी मीठी हसरत की अँगड़ाइयों के बीच।

किशन के पास का इंतजाम तब तक नहीं हुआ था। तभी एक दिन शांताराम ने उसे मीनू तलवार को दिखाया। किशन पहले भी कई बार पास-ऑफिस के चक्कर लगा चुका था। जिस दिन मथुरादास बिना उससे मिलले सिनेमा देखने चला जाता था, उस दिन एहतियातन किशन, बी. डी. शर्मा या जिन्दल के नाम से पास बनवा लिया करता था। उसी सिलसिले में एक-दो बार उसकी मुलाकात मीनू तलवार से भी हुई थी। मीनू तलवार ने उसे भरी नजर से देखा था। शान्ताराम ने उसे जब मीनू तलवार को दिखाया तब किशन के सामने वही भरी हुई नजर घूम गयी थी। शांताराम कुछ मिचमिचाते किस्म का आदमी था, फिर इतने रंगीन मामले में उसका विश्वास कर सकना किशन के लिए मुमकिन नहीं था। वैसे शांताराम की दुआ-सलाम थी मीनू तलवार के साथ, लेकिन किशन उसके ज़रिये आगे नहीं बढ़ना चाहता था। वह खुद अपनी फितरत से मीनू तलवार पर हाथ डालना चाहता था। उसे तलाश थी, एक अदद मौके की जो आखिर एक दिन उसे मिल ही गया।

छुट्टी का दिन। सचिवालय में चारों तरफ सन्नाटा था। उस दिन मीनू तलवार की पास-ऑफिस में ड्यूटी थी। न जाने किस सनक में, महज अपने चक्कर काटने के दस्तूर की खानापूरी करने के लिए किशन वहाँ पहुँचा। सिन्धी चाय की दुकान बन्द थी। मथुरादास का कहीं पता नहीं था। किशन घूमघाम कर वापस जा रहा था, तभी उसने मीनू तलवार को पास-ऑफिस में घुसते हुए देखा। उस वक्त तो किशन वहाँ से चला गया, लेकिन कुछ देर बाद जब वह लौटकर आया तो मीनू तलवार पास की खिड़की पर बैठी हुई थी। अन्दर और कोई था नहीं, बाहर भी सन्नाटा था। छुट्टी के दिन भला कौन पास बनवाने के लिए आता ? किशन जब बाहरी दरवाजे से पास की खिड़की की तरफ बढ़ा, उस समय मीनू तलवार का हाथ दुपट्टे के नीचे, धीरे-धीरे हरकत कर रहा था। और साँस की गर्मी से धड़कती हुई छातियाँ बार-बार ऊपर-नीचे हो रही थीं।

उसके बाद किशन के लिए सब-कुछ आसान हो गया था। उस दिन उसने मीनू तलवार का सीना और पहला पास—दोनों हासिल कर लिए।

भूपति और मालती शर्मा चले गये थे। शाम के आठ बजे से ऊपर का समय हो चुका था। मोहनकृष्ण कौल ने टेलीफोन का बजर दबाकर पंत को जाने के लिए और चपरासी से गाड़ी लगवाने के लिए कह दिया। वह सामान्य रूप से देर तक बैठनेवाले अफसर थे। जो भी काम होता, उसे दफ्तर में ही निपटाकर वह निकला करते। डाक का बक्सा वह कभी घर नहीं ले जाते। उनके हाथ में एक छोटा ब्रीफकेस आते वक्त होता और जाते वक्त भी। दो-चार जरूरी कागज या एक-आध फाइल जिसकी जरूरत अगले दिन नाश्ते के बाद, देखने-समझने के लिए पड़ सकती थी, वह रख लिया करते। वैसे भी मोहनकृष्ण कौल अपने पारिवारिक जीवन की वजह से घर पर काम नहीं करते थे। घर पर काम करने का उन्हें समय ही कहाँ मिलता ? शाम को पहुँचते-पहुँचते नौ बज जाते और सवेरे नौ बजे से पहले ही वह सचिवालय के लिए निकल पड़ते। दावतों में वह शायद ही कभी जाते। बीमार पत्नी घर में टकटकी लगाकर उनका इंतजार करती रहे और वह इधर-उधर खाते-पीते रहें, यह उनकी आत्मा को गवारा नहीं था।

फिर सचिवालय की दावतों के दो ही मतलब हुआ करते—या तो वह किसी खास मकसद के लिए, धन्धे-पानी के लिए की जातीं या फिर औरतबाजी के लिए। दोनों ही स्थितियों में मोहनकृष्ण कौल को एक तरह की यातना का अहसास होता। उनका जीवन तो एक सीधी-सादी लकीर पर चल रहा था। उसी लकीर को पीटते-पीटते जहाँ वह उतना वक्त गुजार आये थे, कुछ और गुजर जाने की उम्मीद थी उन्हें। किसी तरह की अभिलाषा उनके अन्दर बाकी नहीं बची थी। वह एक बीमार जिन्दगी का जीता-जागता हिस्सा थे, जो घर से लेकर दफ्तर तक, हर पल हर क्षण, अन्दर-ही-अन्दर उन्हें कोचती रहती, कसोटती रहती। कई बार उनको हँसना पड़ता। लेकिन उनकी हँसी किसी खाली दीवार पर गर्द झाड़ने से अधिक नहीं होती। उनकी जिन्दगी में कुछ भी नहीं बचा था। फिर वह कैसे हँसते, कैसे जिन्दादिली के साथ जीते, किस तरह दावतों में जाते, खाते-पीते, ऐश करते ?

जिस समय जगन महाराज, गृह-सचिव मोहनकृष्ण कौल के कमरे में घुसा, वह अकेले थे। उनका पी. ए. पंत जा चुका था और चपरासी गाड़ी पोर्टिको में लगवाने के लिए नीचे चला गया था। यह महज इत्तफाक नहीं था। जगन महाराज इस तरह कहीं नहीं जाते। उनके तिलंगे, पहले पूरी छानबीन कर लिया

करते। फिर घेराबन्दी की जाती और तब कहीं जगन महाराज गाड़ी से नीचे कदम उतारता। उस दिन भी यही हुआ था। करीब एक दर्जन तिलंगे उस इलाके में फैल गये थे, जहाँ से गुजर कर जगन महाराज को मोहनकृष्ण कौल के कमरे तक जाना था। जगन महाराज का, मोहनकृष्ण कौल से मिलना बहुत जरूरी था। यह सिरफिरा गृह-सचिव जगन महाराज की राय में, उनके बाप के बनाये हुए साम्राज्य को नेस्तोनाबूद करना चाहता था।

मोहनकृष्ण कौल ने असल में, जगन महाराज के महल को घेरने का आदेश दे दिया था। गृह-सचिव के अधिकार का उपयोग करते हुए उन्होंने 'हाई-रेटेड' अपराधियों के विघटन के लिए कुछ महीने पहले एक विशेष पुलिस-दस्ते का गठन किया, जिसका मुख्य उद्देश्य जगन महाराज को खत्म करना था। मोहन कौल के लिए यह एक अजीब स्थिति थी। वह प्रदेश के गृह-सचिव हों और जगन महाराज का अपराधी-संसार, सामान्य जन-जीवन के ऊपर पुलिस-फोर्स की आँखों के सामने शासन करे, दुकानदारों से जजिया का कर वसूले, मकानों पर कब्जा कर ले, कारखानों को हथिया ले, खुलेआम तस्करी, डकैती करे, जिसे चाहे मिटा दे, जिसे चाहे बना दे, करोड़ों रुपयों की सम्पत्ति जमा करे और दिन-दहाड़े खून और कत्लेआम करवाये !

जगन महाराज के संसार में कोई कानून नहीं था और जगन सेठ···जगन महाराज···हर कानून से ऊपर था। दूर-दूर तक उसकी पहुँच थी, हर कोई उसे जानता था। राष्ट्र-विरोधी, अवांछनीय, असामाजिक तत्त्वों का वह बेताज बादशाह था। पूरे प्रदेश की पुलिस-फोर्स उसके नाम से घबराती थी। डर, हिंसा, लोलुपता भ्रष्टाचार किसी-न-किसी तरीके से वह हर बार अपने खिलाफ चलनेवाले आदमी को रास्ते से हटा दिया करता। बड़े-बड़े नेता, बड़े-बड़े मंत्री उसके पास जाकर उसके पैर छूते थे। जगन महाराज के बिना चुनाव, दलबन्दी, हदबन्दी—कुछ भी मुमकिन नहीं था। यह गुटों की लड़ाई थी, दलों का संघर्ष था। एक दल एक गुट का समर्थन करता तो दूसरा दल दूसरे गुट का। फिर दस-बीस, पचास लाख रुपया जगन महाराज के चुटकी बजाने से हाजिर हो जाता। शराब का धन्धा, ट्रकों के काफिले, तस्करी की लेन-देन, डकैती के माल का हेर-फेर, हथियारों की लूट, जायदाद का उलट-फेर, जाली नोट का चलन—कोई काम ऐसा नहीं था जो जगन सेठ के यहाँ नहीं होता।

मोहनकृष्ण कौल एक बार जगन महाराज के जिले में कलेक्टर थे। तभी से उन्हें सारा किस्सा पता था। उस समय तो वह मन मसोसकर रह गये थे, लेकिन वर्षों से यह साध मन में लेकर जी रहे थे कि जगन महाराज के विशाल साम्राज्य को नष्ट करना था उन्हें। यह काम इतना आसान नहीं था। इसीलिए तो इसमें इतना समय लग रहा था। पिछले एक बरस से, जब से उन्होंने

गृह-सचिव का काम सम्भाला था, वह अपनी योजना को अमली जामा पहनाने के लिए बेताब थे। न जाने क्यों, उनकी अन्तरात्मा बार-बार उन्हें, जगन महाराज को नेस्तोनाबूद करने के लिए प्रेरित किया करती। उनको मालूम था, वह किसी भयावह पैशाचिक आग से खेल रहे हैं।

शुरू-शुरू में तो उन्हें कहीं से सहयोग नहीं मिला। फिर किस्तों में, धीरे-धीरे उन्होंने अपनी योजना को कार्य-रूप देना शुरू किया था। एक साधारण-सी शिकायत उनके पास सचिवालय में घूमते-घामते आयी थी। वह शिकायत किसी रामशंकर की विधवा ने की थी। उसके मकान पर जगन सेठ के गुंडों ने कब्जा कर लिया था। जब रामशंकर ने उसका विरोध किया तो उसे मार डाला गया, उसकी दुकान का सारा सामान लूटकर आग लगा दी गयी। पुलिस ने इस अपराध को दर्ज नहीं किया था। जब तक अपराध दर्ज न हो जाये, रामशंकर की बेवा को बीमा का रुपया नहीं मिल सकता था। बस यहीं से मोहनकौल ने शुरू किया था। राष्ट्रपति शासन के दौरान मुख्य-मंत्री, विधायक का कोई चक्कर नहीं था, मुख्य-सचिव की उनसे बात करने की हिम्मत नहीं थी और सलाहकार स्तर पर कहने-सुनने से, उन्हें मालूम था, कुछ होना नहीं है। एक तरह से उस समय जगन महाराज प्रभाव-शून्य था, क्योंकि राज्यपाल नया आदमी था और केन्द्र से राजनैतिक प्रभाव को कारगर करा ले जाना, इतना आसान नहीं था। मोहन कौल ने राजनैतिक गुप्तचर विभाग को पकड़ा। उधर जगन महाराज का ध्यान जाने का प्रश्न ही नहीं उठता। वहाँ से मोहन कौल ने जगन सेठ के खिलाफ पूरा मामला तैयार करवाया और फिर अपने एक विश्वासपात्र डी. आई. जी. के जरिये जगन महाराज को घेर लेने की योजना बनायी। डी. आई. जी. ने आर्थिक अपराधों का बहाना लेकर एक विशेष पुलिस-दस्ता बनाया, जिसमें चुने हुए सिपाही, पूरे प्रदेश से छाँटकर रखे गये थे। मोहन कौल राष्ट्रपति शासन के दिनों में ही एक बार यह काम कर जाना चाहते थे, क्योंकि उसके बाद, उन्हें मालूम था, वह गृह-सचिव रहनेवाले नहीं थे। जगन सेठ उन्हें हटवा देगा। सारी तैयारी पूरी हो चुकी थी। विशेष पुलिस-दस्ता अगले दिन, जगन महाराज के इलाके में घुसनेवाला था।

ऐसा नहीं था, जगन महाराज इतने दिनों से चुप बैठा था, उसे मोहन कौल की गतिविधियों की खबर नहीं थी। उसे तो हलक से निवाला निकाल लेने की आदत थी। वह ठीक उस समय हमला करता जब कम-से-कम जोर-जबरदस्ती से काम निकाल सके। लेकिन इस मामले में उसे कुछ करना ही नहीं था। एक बार, बस एक बार उसे मिलना था, मोहनकृष्ण कौल से। उसके साम्राज्य में भगदड़ मचीं हुई थी। और जगन सेठ, बड़े आराम, बड़े इत्मीनान से उस मौके का इन्तजार कर रहा था। जगन सेठ के अन्दर हिंसा का पैमाना सबसे आखिर

में पैदा होता था। वह साम, दाम, भेद के बाद दंड को रखता था। एक सधे-सधाए खिलाड़ी की तरह, ताश का वह पत्ता वह रोककर रखता था जिसकी सामनेवाले को जरूरत हो सकती थी। लेकिन उस दिन वह समय आ गया था। उसे घेरने की तैयारी पूरी हो चुकी थी। विशेष पुलिस-दस्ते के अधिकारी अगले दिन मुँह-अँधेरे निकल जानेवाले थे। इतना बड़ा साम्राज्य कहीं छुपा कर तो रखा नहीं जा सकता था। खुद जगन महाराज को छुपा रहना पड़े, भागे-भागे घूमना पड़े, इससे बाजार में साख और गिरती थी। इसीलिए जगन महाराज ने आखिर ताश के उस पत्ते का इस्तेमाल करने का फैसला कर लिया था, जिसके चलने पर उसे मालूम था, बाजी उसके हाथ में होगी। जगन महाराज के तिलंगे उस दिन मोहन कौल के पीछे लगे थे। तिड़ीबाज किशन की मेहरबानी से सचिवालय में बेरोक-टोक आने-जाने के लिए, पास की व्यवस्था हो चुकी थी। संकटाप्रसाद के दफ्तर से मोहनकृष्ण कौल जब अपने कमरे की तरफ चले थे करीब-करीब उसी वक्त जगन महाराज गाड़ी से उतरकर सचिवालय की सीढ़ियाँ चढ़ रहा था।

"कौल साहब, नमस्कार !" जगन महाराज की थर्राती हुई आवाज कमरे में गूँज उठी।

मोहनकृष्ण कौल उस वक्त खड़े होकर ब्रीफ-केस बन्द कर रहे थे। वह चौंक पड़े। उन्होंने सामने देखा तो सफारी सूट में ठिगने कद का एक आदमी खड़ा था, जिसके गोल चेहरे पर एक हँसी खेल रही थी। उसने अपने निचले होंठ को चुनियाकर महीन मरोड़ में ले रखा था। कुछ अजीबसा लगा था मोहन कौल को। चेहरा कुछ जाना-पहचाना था। खासकर दाहिने गाल पर किसी घाव का निशान और निचले होंठ को मरोड़कर रोके रखने की मुद्रा से उन्हें लगा, वह परिचित हैं। ब्रीफ-केस छोड़कर उन्होंने अपने हाथ की उँगली से उसकी तरफ इशारा किया, "कौन हैं आप···हू आर यू ?"

"बैठ जाइये, कौल साहब ! मेरा नाम जगन महाराज है।"

"जगन महाराज···!" किसी ने जैसे उन्हें अंधे कुएँ में ढकेल दिया। मोहन कौल के अन्दर क्रोध का ज्वालामुखी फटा था।

"हाउ डेयर यू कम हियर !···गेट आऊट···गेट आऊट फ्रॉम हियर···!" मोहन कौल चीख रहे थे।

"मैं चला जाता···जरूर चला जाता या फिर यहाँ आता ही नहीं··· लेकिन शायद बात ऐसी है···!"

"कोई भी बात ऐसी नहीं हो सकती जो आपको मेरे कमरे में इस वक्त आने की हिम्मत दे।···एक बार मैं फिर कहता हूँ···चले जाओ यहाँ से, गेट आऊट ऐंड गेट लास्ट !"

जगन महाराज के चेहरे पर अभी भी मुस्कराहट थी। लेकिन चेहरा सिकुड़

गया था। चेहरे के सिकुड़ने से जैसे दाहिने गाल पर घाव का निशान खिसककर नीचे आ गया था। "इस पूरे संसार में किसी में इतनी हिम्मत नहीं है कि वह जगन महाराज से इस तरह बात...।"

"यू आर रॉंग...अब समझ लो, मोहन कौल नाम का एक आदमी है जो तुम्हें कमरे से बाहर निकाल सकता है।"

"मैं जा रहा हूँ...मिस्टर मोहनकृष्ण कौल...लेकिन इस कमरे से निकलने के बाद आप मुझे ढूँढेंगे...तलाश करेंगे...आई से...पागलों की तरह आप अपने बाल नोचेंगे और तब मैं आपको नहीं मिलूँगा...।"

"क्यों...ह्वाट इज सो गुड इन यू ?"

"नाट इन मी, बट इन यू...।" जगन महाराज ने अपनी बात जानबूझकर छोड़ दी थी। वह कुर्सियों का दायरा छोड़कर दरवाजे तक पहुँच गया। उसने दरवाजे का हैण्डिल पकड़ा, लेकिन घुमाया नहीं। एक बार फिर मुड़कर देखा। उसकी निगाह में उस समय एक हिंसक आग सुलग रही थी। जगन महाराज उस समय मोहन कौल को एक ऐसे शिकारी की तरह देख रहा था, जिसका शिकार उसकी पकड़ में था, लेकिन कुछ देर के लिए उसने छोड़ रखा था।

"मुझे मालूम है...सिर्फ मुझे मालूम है मिस्टर मोहनकृष्ण कौल, तुम्हारा बेटा कहाँ है।"

एक धमाका हुआ था। जैसे असीम विस्तार से टूटकर कोई नाद मोहन कौल के अन्दर फट पड़ा था। एक क्षण को उनका समूचा वजूद, उनकी सारी हस्ती जैसे सिमटकर छोटी पड़ गयी थी, इतनी छोटी कि वह उसे पहचान भी न सके। सारा आयतन, सारा आकार, बिखरकर छोटे-छोटे कणों में बदल गया था। न जाने अन्तस्तल की किन गहराइयों से दर्द की एक मरोड़, प्राण कँपा देनेवाली छटपटाहट, उनके सीने के अन्दर कसमसाने लगी थी। जैसे सब कुछ व्यर्थ था, निरर्थक था। किसी बटन के दबते ही जैसे असंख्य छोटे-छोटे काँच के टुकड़े, उनके रोम-रोम को अपनी लपेट में लेने लगे थे और उसकी जलन, उसका विघटन, सब-कुछ तार-तार हुआ जा रहा था।

"लौट आओ, जगन महाराज—उस सोफे पर बैठ जाओ।" मोहनकृष्ण कौल ने टूटती हुई आवाज में कहा था।

"मुझे आपसे यही उम्मीद थी।" जगन महाराज ने दरवाजे का हैण्डिल छोड़ दिया। वह वापस लौट आया और कुर्सियों-मेजों से अलग के किनारे पड़े हुए सोफे पर बैठ गया। मोहनकृष्ण कौल ने ब्रीफकेस नहीं उठाया। बस माथे पर रिसती हुई पसीने की बूँदों को पोंछ डाला। वह एक दूसरे सोफे पर जाकर बैठ गये। उनका सारा बदन काँप रहा था। उन्होंने अपने दाहिने हाथ को बायें हाथ की पकड़ में ले लिया और उसे जोर से दबाने लगे।

"जिस दिन तुम किशन को उठा ले गये थे···उसी दिन एक चीख निकली थी, आखिरी चीख—किशन। एक चीख, ऊँचे पहाड़ों से घिरी हुई वादियों की वह गूँज-भरी चीख जो अन्दर से सब-कुछ निकाल ले जाती है। एक चीख, बस वही एक चीख। किशन की माँ उसके बाद आज तक नहीं बोली। लेकिन मैं जानता नहीं हूँ क्या, वही आखिरी चीख अटकी हुई है उसके प्राणों में !" मोहनकृष्ण कौल की दुखती हुई रग अन्दर-ही-अन्दर, पर्त-दर-पर्त ठहरे हुए वेदना के कलपते हुए ठहराव को उधेड़-उधेड़कर निकाल रही थी। वह सचिवालय का कमरा नहीं था, वह गृह-सचिव नहीं थे, जगन महाराज वहाँ नहीं था, कहीं कुछ भी नहीं था। सिर्फ थी वह टीस, वह पीड़ा जो हर साँस, हर धड़कन में जैसे युग-युग से समायी हुई थी।

मोहनकृष्ण कौल उस वक्त जगन महाराज को नहीं देख रहे थे। वह देख रहे थे, सूनी दीवार पर उभरते हुए अनेक स्मृतियों के जाल को, जिसमें उनकी आत्मा, उनका मन, उनका शरीर कितने···कितने दिनों से तड़प रहा था। वह बोल नहीं सकती···। किशन की माँ कुछ नहीं कहती, लेकिन उसकी आँखों की भाषा मैं समझता नहीं हूँ क्या ?···वह बेचारी, अपाहिज, तड़पती हुई, कसमसाती हुई, सूनी निगाहों से बस यही कहती है, मुझे मेरा बेटा ला दो।···उसके प्राण अटके हुए हैं उसके किशन में। सोलह साल से वह बिस्तर पर पड़ी हुई है, अपाहिज। उसकी पीठ में घाव हो गये हैं। एक जीता-जागता नरक भोग रही है।

"···और उस दिन जब फिरौती के दस हजार रुपये लेकर बतायी हुई जगह पर मैं पहुँचा, किशन वहाँ नहीं था, कोई नहीं था···सिर्फ धुआँ उठ रहा था।···मेरे हाथ से ब्रीफकेस गिर गया···और जानते हो, उसी वक्त मेरे सारे बाल सफेद हो गये, जैसे मैं बूढ़ा हो गया।···और किशन की दीदी, मालूम है, आज भी इस भारत में है, उसका भाई विदेश में पढ़ रहा है।···पिछले दस सालों से मैं लिखाई बदलकर उसे चिट्ठियाँ लिख रहा हूँ···मेरी लिखी हुई चिट्ठियाँ पहले कनाडा जाती हैं।···फिर वहाँ से कोई भेजता है उसे।···वह अभागिन मर जायेगी, जिस दिन उसे मालूम होगा कि उसका भाई नहीं है।" फिर उन्होंने सीधे ही जगन महाराज से पूछा, "कहाँ है किशन ?···तुम बोलते क्यों नहीं हो···किशन कहाँ है ?"

"वह मेरे पास है।" जगन महाराज अपना दाँव सोच रहा था।

"उसे छोड़ दो···उसे लौटा दो।···उसका काम मैं करूँगा।"

जगन महाराज हँसने लगा, "इस विशाल प्रदेश के सचिवालय का आला अफसर, गृह-सचिव, भावी मुख्य-सचिव तिड़ीबाज का काम करेगा !···तिक···तिक···तिक···। नहीं कर सकेगा वह काम। और भी कोई वह काम नहीं कर

सकेगा।''

"मैं नौकरी छोड़ दूँगा।...तुम्हारी गुलामी करूँगा। किशन को लौटा दो, उसकी माँ को उसका बेटा दे दो। उसकी बहन अनब्याही बैठी है, उसे उसका भाई दे दो। उसका ब्याह हो जायेगा।''

"नहीं...तुम नौकरी नहीं छोड़ सकते।...तुम यहीं रहोगे और मैं...तुम्हें मेरा काम करना होगा।...दस्तखत तुम्हारे होंगे...निर्णय तुम्हारा होगा।...फाइल पर तुम वही लिखोगे जो हम कहेंगे।''

जगन महाराज अपने शिकार पर झपटने लगा था।

"यह नहीं होगा मुझसे।...गोली मार लूँगा मैं...अभी इसी वक्त।'' मोहनकृष्ण कौल अपने ब्रीफकेस की तरफ दौड़ने लगे।

"रुक जाओ, मोहन कौल !'' जगन महाराज की आवाज में चाकू सरीखी धार थी, "रुक जाओ तुम गोली चलाओगे तो सचिवालय के बाहर किशन के माथे पर एक गोली और चलेगी।''

मोहनकृष्ण कौल वापस आ गये, लेकिन दुबारा सोफे पर नहीं बैठे।... सोचते रहे कुछ देर, उनकी उँगलियाँ तेजी से हिसाब कर रही थीं, "तुम्हारी उम्र क्या है ?''

"क्यों ?''

"सवाल मैंने पूछा है, तुम्हारी उम्र क्या है ?''

"मैं किशन से छह बरस छोटा हूँ। यही जानना चाहते थे न ?''

"हाँ...तब तुम...!''

"किशन को न मैंने उठाया था, न ही मेरे बाप जगन महाराज ने। हम यह काम नहीं करते।''

"फिर ?'' मोहनकृष्ण कौल दूसरे सोफे की नोक पर टेक लगा कर बैठ गये।

"किशन को उठाया था, फुक्कन खान ने।...उसने भी तुम्हारे साथ, दगा नहीं की।...वह उसी दिन हमारे बाप मगन महाराज के तिलंगों के हाथों मारा गया...उसके गिरोह के लोग किशन को छोड़कर भाग गये। मगन महाराज के तिलंगे उठाकर लाये थे उसे।''

"तुम्हें कैसे मालूम यह सब ?''

"मेरे बापू ने बताया था...मरते वक्त।''

"उन्हें कैसे मालूम हुआ, किशन मेरा बेटा है।''

"शुरू में उनको भी नहीं मालूम था।...हमारे यहाँ इस तरह के बच्चों को खून-खराबा के काम में लगा दिया जाता था।...लेकिन दुआ दो मेरी माँ को, जिसने किशन को खून-खराबे से दूर रखा।...फिर काफी बाद में जब किशन

हमारे यहाँ से चला गया···तब फुक्कन खान के किसी गिरोही ने मेरे बापू को तुम्हारा नाम बताया था। उस समय तुम फौज में थे न ?''

''हाँ !···लेकिन कहाँ चला गया था किशन ?''

''घर में बिगड़ जायेगा यह सोच कर··· ।''

''क्या सोचकर ?''

''दैट्स आल···वह सब जानने का मतलब ?''

''एक बाप से पूछ रहे हो, बेटे के बारे में जानने का मतलब !''

''एक सवाल पूछूँ ?''

''क्या ?''

''सब लोग कहते थे, तुमने फौज की नौकरी किशन के लिए छोड़ी थी न ···तुम किशन को बहुत प्यार करते थे न !''

''हाँ,'' मोहन कौल ने फुसफुसाकार कहा, ''फौज में मुझे दूर-दराज के इलाकों में भेज दिया जाता था।···साल···साल-भर मैं किशन को देख नहीं पाता था और किशन की माँ को अकेला रहना होता था। जिस दिन तुम लोगों ने··· ।''

''फुक्कन ने।''

''हाँ, फुक्कन ने···शायद इसी नाम से फिरौती की रकम की चिठ्ठी आयी थी···जिस दिन किशन को उठाया था···मैं नौकरी से इस्तीफा देकर लौटा रहा था।···लेकिन जिसके लिए मैं आया था··· ।'' मौहन कौल की आँखें भर आयीं।

''हमारी माँ के कहने पर बापू ने किशन की माँ···बाप का पता करने की बड़ी कोशिश की।···हम लोग इस तरह का छोटा काम नहीं करते।···लेकिन जब तक पता लगा, बड़ी देर हो चुकी थी।''

''देर हो चुकी थी ! किसी को बेटा वापस करने में भी कहीं देर होती है ?''

''वह बात नहीं।···तब तक किशन किसी बिना औलाद की माँ के सीने से लिपटकर उसकी धड़कनों में समा चुका था··· । और किशन जिसे बाप कहता था उसे किशन भी छोड़ने को तैयार नहीं था।''

''यह क्या कह रहे हो तुम ?''

''हाँ। वह आदमी किशन के बिना मर जाता।···किशन उसका सपना बन चुका था।''

''ओ गॉड !''

''यह सब मुकद्दर के खेल हैं, कौल साहब !''

''क्या किशन को यह सब मालूम है ?''

''नहीं।''

"क्यों ?"

"एक बार...वह उसी वक्त बताया गया था उसे।...लेकिन अपने बाप का नाम...आई मीन...आपका नाम वह नहीं जानता।"

"आई सी।"

"मेरा ज्यादा देर यहाँ रुकना ठीक नहीं है, कौल साहब !"

"क्यों ?"

"इस समय सचिवालय में, इस कमरे के बाहर से लेकर गेट तक मेरे बारह आदमी रिवाल्वर, आँसू-गैस, फायर-बाम्ब और क्रेकर्स लेकर खड़े हैं। सिर्फ दस मिनट वह और इंतजार करेंगे।"

"ओ नो !"

"जी हाँ, उसके बाद उनको हुक्म है मुझे तलाश करने का। यहाँ भी आ सकते हैं वह लोग।...और यह सब शायद आप पसन्द न करें।"

"यू आर राइट।"

"तब ?"

"तुम क्या चाहते हो ?"

"मुझे लिक्विडेट करने का जो आदेश आपने दिया है... ।"

"उसे मैं वापस ले लूँ ?"

"हाँ।"

"तुम क्या समझते हो, यह सचिवालय किसी भटियारीखाने की दूकान है ...और मैं गृह-सचिव... ।"

"देखिये कौल साहब, मुझे 'न' सुनने की आदत नहीं है।"

"तुम मुझे धमकी दे रहे हो !"

"इसे आप कुछ भी समझ सकते हैं।"

मोहन कौल को यह अच्छी तरह से समझ में आ गया था कि जगन महाराज आदमी बुरा नहीं है। दूसरे, किशन को उसके यहाँ कोई खतरा नहीं है। फिर भी वह तौल रहे थे, जगन महाराज किस हद तक जा सकता है ?

"सवाल मेरे समझने का नहीं है।...सवाल है गृह-सचिव की प्रतिष्ठा का... ।"

"तो आप प्रतिष्ठा के लिए अपने बेटे का बलिदान...?"

"नहीं...यू विल नॉट से इट अगेन... । इस तरह की बात भी जुबान पर मत लाना।" मोहन कौल के दिमाग में द्वन्द्व चल रहा था। वह शासन के गणित से कोई फार्मूला निकालने की कोशिश कर रहे थे, "तुम मुझे...पुलिस-फोर्स में तुम्हारी पहचान का कोई है ?"

"हाँ। उस डी. आई. जी के बच्चे को छोड़कर, कोई भी।"

मोहन कौल के चेहरे पर एक संतोष की मुस्कहराट थी, "मतलब ?"

"आई. जी. पुलिस।"

"यू मीन सतीश माथुर ?" मोहनकृष्ण कौल के मुँह से सीटी बजाने की आवाज निकली।

"हाँ।"

"रियअली ? तब तुम्हारा काम हो जायेगा।"

"कैसे ?"

"आज वायरलेस से ख़बर आयी है।...बोलपुर में दंगा हो गया है।...वहाँ इस समय कोई पुलिस-अधीक्षक नहीं है...अगर आई. जी. पुलिस उस पुलिस-अधीक्षक को वहाँ भेज दें जिसे कल तुम्हारे खिलाफ आपरेशन में जाना है...मैं एतराज नहीं करूँगा।"

"लेकिन पुलिस-सुपरिन्टेण्डेण्ट की पोस्टिंग तो सचिवालय से होती है।"

"मैंने कहा न, मैं एतराज नहीं करूँगा।...सारा आपरेशन रुक जायेगा। वही अफसर जो कल तुम्हारे यहाँ जा रहा था...बोलपुर चला जायेगा।"

"उसके बाद ?"

"मैं गृह-विभाग छोड़ दूँगा।"

"एक काम और।"

"क्या ?"

"बरुण हाल्दार को बचा लीजिए।"

"यह कौन है ?"

"मैलिसीडिन कांड।"

"उसे कोई नहीं बचा सकता...वह कल गिरफ्तार होगा।"

"अगर वह अंडर-ग्राउंड हो जाये ?"

"तो वह गिरफ्तार कैसे होगा ?...उसके बाद कुछ करना हो तो तुम्हें के. डी. शर्मा और राज्यपाल को तोड़ने की कोशिश करनी चाहिए...मेरा उस केस से कोई ताल्लुक नहीं है।"

"ठीक है...मैं चलता हूँ।" जगन महाराज उठकर खड़ा हो गया।

"और किशन ?" मोहन कौल ने उठकर पूछा।

"किशन दो-एक रोज में अपनी माँ से मिलने आयेगा... । तब आप भी उससे मिल लीजिएगा।...अगर वह लौटना चाहे तो मुझे क्या एतराज हो सकता है ?...मैं तो उसके साथ खेला हूँ।...मेरे छोटे भाई के समान है वह। हम सब उसकी बड़ी इज्जत करते हैं।...गुडनाइट, कौल साहब !"

मोहन कौल चुपचाप जगन महाराज को जाते हुए देखते रहे।

# नौ

सदाशिव नारायण बरुआ को इस बार कुछ मजा नहीं आया था। बड़े अरमान से उन्होंने मुख्य-मंत्री के खिलाफ षड्यंत्र रचा था। राजभवन के विशाल प्रासाद के अन्दर राजनीति के मोहरे जो उन्होंने चले थे, वह आखिर में रंग ले आये थे। सत्ता का सुख उन्हें बहुत दिन बाद मिला था। जुलूस, आन्दोलन, हड़ताल और विद्रोह की राजनीति खेलते-खेलते वह थक गये थे, तब कहीं जाकर उन्हें राज्यपाल बनाया गया था। लेकिन दिनभर ऊँघनेवाला राज्यपाल तो वह बन नहीं सकते थे। इसलिए राजभवन में आने के बाद उन्होंने उखाड़-पछाड़ का नाटक शुरू कर दिया। फिर राष्ट्रपति शासन के बाद, निरंकुश शासन का समूचा अधिकार पाने के बाद, उन्होंने इस बात की चिन्ता नहीं की थी कि राजनीति का खेल किस करवट बैठेगा। उनको असल में इस बात की चिन्ता थी कि उनका शासन कितने दिन चलेगा ? शासन करने की बड़ी इच्छा थी उनके अन्दर। लेकिन समय का अभाव उनको भी खल रहा था। अभी प्रदेश के शासन में उनके पैर भी नहीं जम सके थे कि राष्ट्रपति शासन की मियाद पूरी होने लगी थी। ऊपर से उनके दिमाग में, मुर्गाबियों के शिकारवाले छर्रे, लगातार किसी चुम्बकीय दबाव में खिसकने लगे थे। उस असीम पीड़ा में वह सदैव छटपटाते रहते। किसी काम में उनका मन नहीं लगता। प्रशासकीय उलट-फेर का भी उनको समय नहीं मिल सका था।

फिर, सचिवालय में सदाशिव नारायण बरुआ की तूती बोल रही थी। छोटी-मोटी बातों पर वह ध्यान भी नहीं देते। बड़े, सिर्फ बड़े मामलों में ही वह हाथ डाला करते थे। चीनी मिल के सौदे, ताँबा और अल्यूमीनियम का खेल, दरों और कटौती का गणित, कच्चेमाल का आयात-निर्यात, वित्त और पूँजीकरण, कर जब्ती के आदेश, अरबों रुपये के कल-कारखाने उनकी गतिविधियों के अन्दर आते थे। लेकिन समय कहाँ था इस सबके लिए ? आखिर में हारकर सदाशिव नारायण बरुआ ने सचिवालय में अपना दबदबा बढ़ाने का फैसला किया था।

उस दिन राज्यपाल सदाशिव नारायण बरुआ, सचिवालय में करीब सात बजे आये थे। उसी दिन वह दौरे से लौटे थे। कई उद्घाटन किये थे उन्होंने, कई पत्थर गाड़े थे, लम्बे-चौड़े भाषण दिये थे और असंख्य जयजयकारी फूल-मालाओं का खजाना लपेटकर सीधे सचिवालय में आये थे। आना तो उन्हें अगले दिन था, लेकिन मैलिसीडिन कांड के सिलसिले में, मांगलिक रातों-रात उन्हें वापस घसीट लाया था। चन्द दिन तो बचे थे उनके एकछत्र साम्राज्य के, और मांगलिक को वह वादा कर चुके थे।

सचिवालय में जब सदाशिव बरुआ पहुँचे तो सलाहकार परिषद की मीटिंग होने जा रही थी। फिर भी सचिवालय की पहली मंजिल के पूर्वमध्य में स्थित अपने कमरे में उन्होंने तुरन्त मुख्य-सचिव, गृह-सचिव और के. डी. शर्मा को हाजिर होने का हुक्म दिया। हड़कम्प मच गया सचिवालय में, क्योंकि उनके उस दिन आने की कोई उम्मीद नहीं थी।

मुख्य-सचिव डी. के. गोस्वामी एक सधा हुआ खेल खेल रहे थे। उन्हें मालूम था, राज्यपाल उनसे नफरत करते हैं और उनको हटाने का प्रस्ताव केन्द्र को भेजा जा चुका है। लेकिन केन्द्रीय सचिवालय में डी. के. गोस्वामी ने कुछ ऐसा कर रखा था, नये मुख्य-सचिव की नियुक्ति के विषय में तब तक कोई निर्णय नहीं लिया जा सका था। इतने दिन वह गुजार लाये तो चन्द दिनों के लिए वह सदाशिव बरुआ को किसी तरह नाराज नहीं करना चाहते थे, भले ही इसके लिए उन्हें कुछ भी करना पड़े। सामान्य रूप से सदाशिव बरुआ डी. के. गोस्वामी से सीधे बात नहीं करते। जब भी उन्हें कुछ कहना होता, वह संकटाप्रसाद के जरिये ही कहलाया करते। लेकिन उस दिन सचिवालय में पहुँचते ही जब डी. के. गोस्वामी को राज्यपाल के दफ्तर में बुलाया गया तो उनका माथा ठनका। उन्हें यही लगा, वह मुख्य-सचिव नहीं रहे। फिर भी मन में शंका, विचारों में उत्तेजना और बवासीर से त्रस्त शरीर की कँपकँपी को लेकर वह तुरन्त अपने निचली मंजिल के कमरे से निकलकर चल दिये।

उधर के. डी. शर्मा को सचिवालय का विज्ञान दुखी किये हुए था। इतने दिनों बाद भी उनकी समझ में कुछ नहीं आ रहा था। उनको हर वक्त यही डर काटने को दौड़ता, वह कहीं फँस न जायें ! फाइलों के अम्बार के अम्बार देखकर जैसे उनके ऊपर जूड़ी सवार होने लगती। एक अजीब तरह की यातना का अहसास होने लगता उन्हें। फाइनेनशियल हैण्ड-बुक का पन्ना-पन्ना उन्होंने चाट डाला था, सारे वाल्यूम पढ़ डाले थे। कार्य प्रणाली नियमावलियाँ, अधिकार-नीति विषयक सिद्धान्तों की विवेचना जानते-समझते वह जैसे किसी दुरूह, अंधकारमय दुर्ग में जा फँसे थे। उन्हें हर समय किसी अँधेरे कोने में काल्पनिक सर्प के डसने का भय सताता रहता। सचिवालय उनको एक भूल-भुलैया की तरह सता रहा था। अनेक मिलते-जुलते रास्ते, दीवारें, मोड़ और किनारे थे, जिनकी पहचान या पकड़ पाना उन्हें कठिन ही नहीं, असंभव लग रहा था। वह कोई संकटाप्रसाद तो थे नहीं, जिन्होंने अपना सारा जीवन सचिवालय में बिताया था। सचिवालय के. डी. शर्मा के लिए एक भयानक असलियत बनकर खड़ा था, जिसे छू लेने तक से उनकी रूह काँप उठती।

वैसे भी के. डी. शर्मा बन्दूक के कुन्दों, डण्डों और लाठियों के आदमी थे। अंग्रेजों के जमाने में खूब मरम्मत की थी उन्होंने लोगों की। आजादी के

बाद भी फाइलों से उनका कोई खास साबिका नहीं पड़ा था। कुछ दिनों के लिए जब वह पुलिस महानिरीक्षक हुए थे, तब भी वह फाइलों से डरकर दूर भागा करते। उसके बाद दो-चार कमेटी, कमीशन, समितियाँ झेली थीं उन्होंने। लेकिन वहाँ की बात और थी। फिर वह थे, नानकपुर का फार्म था और गोबर, खाद, पम्प, ट्रैक्टर, धान-चावल, जौ, गेहूँ, बाजरा, दाल और बस गाय, भैस और भूसी थे। न जाने कितने वर्षों से वह इन्हीं सब में लिप्त रहे थे। सचिवालय में आकर उन्हें देखने पड़ रहे थे, फाइलों में वह तमाम काले स्याह हरफ, जिनमें उनको हर जगह जाल-बट्टा नजर आता। हर फाइल से उन्हें किसी फरेब की बू आती। उनको यही लगता, एक नहीं अनेक संकटाप्रसाद उन्हें चारों तरफ से घेर कर मारने की कोशिश कर रहे थे। ऊपर से भैरवसिंह ने उनको और डरा दिया था। नानकपुर-पहाड़पुर कांड के सिलसिले में उनको लगता, कहीं संकटाप्रसाद फाँस न दें। इसीलिए जब राज्यपाल सदाशिव बरुआ का संदेश उनको मिला, वह फाइलों का चक्कर छोड़कर भाग खड़े हुए।

मोहनकृष्ण कौल अपना खाता बन्द करने के चक्कर में थे। उन्होंने जगन महाराज को नेस्तोनाबूद करने का जो बीड़ा उठाया था, वह जगन महाराज ने एक झटके में साफ कर दिया था। कल रात से मोहनकृष्ण कौल किसी असीम यातना में छटपटा रहे थे। उन्हें लग रहा था, अनजाने में उनसे कोई बहुत बड़ा पाप हो गया था। वह किसी ऐसे कलंक के भागी बन गये थे, जो सदैव-सदैव उनके अन्दर कुढ़ता रहेगा। किसी छलावे की विडम्बना से पीड़ित मोहन कौल की मानसिक स्थिति विद्रोह के कगार तक पहुँच चुकी थी। एक तरफ, सोलह बरस से बिस्तर पर लेटी हुई उनकी अपाहिज पत्नी का आहत मन था। उनके अंतरंग के हिस्से-हिस्से में समाया हुआ बेटे किशन का प्यार था। दूसरी तरफ, सचिवालय की गरिमा, गृह-सचिव पद की प्रतिष्ठा उन्हें बार-बार किसी अंधी दीवार के करीब ले जाकर खड़ा कर देती थी। उनको लग रहा था, उनका खेल खत्म हो गया है। वह कुछ ही घड़ी के मेहमान हैं। गृह-सचिव के पद से उनको तुरन्त हट जाना है। वहाँ बने रहने का कोई औचित्य नहीं बचा है। वह बड़ी ···बड़ी बातें, इतने ऊँचे आदर्शों के मीनार जो उन्होंने कल जगन महाराज के आने से पहले भूपति और मालती शर्मा के सामने खड़े किये थे, उनको लग रहा था, वे सभी जगन महाराज के एक ही धक्के से धूल-धूसरित हो गये थे।

यह भाग्य की कौन-सी विडम्बना थी, सात करोड़ आबादीवाले प्रदेश के गृह-सचिव का लड़का एक तिड़ीबाज था और उस वक्त वह सचिवालय में किसी फाइल को उड़ाने में लगा हुआ था ! जीवन का इतना बड़ा छलावा, आत्मप्रवंचना का इतना बड़ा बोझ कभी उन्हें उठाना पड़ेगा—यह मोहन कौल ने सपने में भी नहीं सोचा था। यही था वह मुकाम जहाँ आकर सचिवालय की महानतम

परम्पराओं के प्रतीक, प्रशासन के उच्चतम आदर्शों के प्रतीक, कल्याणकारी राज्य की अतीव आस्था के ज्योतिपुंज मोहन कौल हार गये थे, पराजित हो गये थे। कोई भी क्षण, समय का कोई भी टुकड़ा, जीवन का कोई भी मोड़ उन्हें यहाँ लाकर खड़ा कर देगा, इसकी कभी भी मोहन कौल की उष्ण, उत्पादक, अर्जनशील मानसिकता ने कल्पना तक नहीं की थी। एक हारे हुए जुआरी की तरह, दोनों हाथ झाड़ कर वह कुर्सी से उठकर खड़े हो गये थे, जब राज्यपाल का बुलावा आया था उनके लिए। उस समय कुछ भी बाकी नहीं रह गया था उनके लिए उस सचिवालय में, जहाँ कितने-कितने वर्षों से उन्होंने निरन्तर संघर्ष किया था। किसी प्रजनित विश्वास के लिए। लेकिन निचली मंजिल के अपने कमरे से निकलते समय मोहनकृष्ण कौल को लग रहा था, उनसे अब कोई भी कुछ और नहीं छीन सकेगा। जितना टूटना था उन्हें, वह टूट चुके थे।

बाछिल मामा का, जीवन में पहली बार, सचिवालय के बाबुओं पर से विश्वास उठ गया था। मुन्ना बाबू का जिन्दल के किस्सा सुना था उन्होंने। उनके अपने अनुभाग में, मुनीश, कमलकांत, भीखू और बंसल—सब-के-सब बदले-बदले नजर आ रहे थे। सबकी निगाहों में बाछिल मामा को चोर और हरकतों में छिछोरापन नजर आता। अंधी श्रद्धा का दौर किसी मासूम गमक की तरह हवा में उड़कर काफूर हो चुका था। उस दिन संकटाप्रसाद के लिहाज में, बाछिल मामा ने धान कांड का पैंतरा बदल देने का जो सुझाव दिया था, उसको अमल में लाने के पहले से ही उनके अनुभाग का माहौल बदल चुका था। दूसरे दिन उन्होंने सतीशबहादुर के कहने पर, धान कांड की फाइल के दो हिस्से कर दिये थे। पहले हिस्से में लगाया था बड़े बाबू महाशंकर सिन्हा का वह नोट, जिसे पढ़ कर सतीशबहादुर और संकटाप्रसाद की रूह फना हो गयी थी। दूसरे हिस्से में थी, जाँच समिति की रिपोर्ट जिसे सलाहकार परिषद में शासन के निर्णय के लिए रखा जाना था। जाँच समिति की रिपोर्टवाला हिस्सा सतीशबहादुर को भेजा जा चुका था, लेकिन जिस हिस्से में बड़े बाबू महाशंकर सिन्हा का नोट था, वह बाछिल मामा के पास था। जिस हादसे के बाद बड़े बाबू ने वह जानलेवा नोट लिखा, वह बाछिल मामा को खुद अन्दर तक तोड़ गया था। फिर बड़े बाबू के समूचे जीवन का आक्रोश जिस तरह उस नोट में उमड़कर आया था, उसने बाछिल मामा को अन्दर तक छू लिया था, सहमा दिया था। बड़े बाबू के आक्रोश से जन्मा वह नोट बाछिल मामा को जान से भी ज्यादा प्यारा था। उसे वह किसी कीमत पर धान कांड की फाइल के पहले हिस्से से हटाने के लिए तैयार नहीं थे। उधर सतीशबहादुर ने यह समझ लिया था, जब तक वह नोट धान कांड

की फाइल में था, सबके ऊपर एक भयावह बवंडर मँडराता रहेगा। किसी भी समय खतरे की घंटी के बिना हमला हो सकता है। सब-के-सब फँस जायेंगे। खासतौर पर खुद सतीशबहादुर के लिए गम्भीर परिणाम हो सकते थे। इसीलिए सतीशबहादुर ने उस दिन, घनानन्द बिठौरिया उर्फ जी. एन. को इस बात का इशारा कर दिया था।

जी. एन. तब तक धान कांड से ऊब चुका था। असल में धान कांड इतना लम्बा खिंच चुका था कि जी. एन. का सारा धन्धा तबाह हो रहा था। जहाँ एक तरफ संकटाप्रसाद के मौजूद होने का फायदा उठाकर, जी. एन. इस विपत्ति से बच निकलना चाहता था, वहीं दूसरी तरफ वह चाहता था, धान कांड इस तरह दफन हो कि उसे फिर कभी न उखाड़ा जा सके। धन्धे के सिलसिले में जी. एन. इधर-उधर जाया करता। एक लम्बे दौर के लिए, उसे विदेश भी जाना था। फिर धान कांड को पकड़कर बैठे रहना भी तो मुमकिन नहीं था। इसी वजह से जब सतीशबहादुर ने उसे नोट के बारे में कुछ करने का इशारा किया, जी. एन. ने उसी रात अपना काम शुरू कर दिया था। सतीशबहादुर के यहाँ उसने बड़े बाबू महाशंकार सिन्हा का वह नोट पढ़ा था। उसकी अन्तरात्मा, उसका वजूद, अपने गुनाह के उस रूप को देखकर एक सिरफिरे खौफ में बार-बार डूबने लगता। जाँच समिति की रिपोर्ट का शासन द्वारा नामंजूर किया जाना आवश्यक था। लेकिन उससे भी ज्यादा जरूरी था उस नोट का धान कांड की फाइल में न होना। एक बार वह खुद बाछिल मामा से मिलने गया था, ब्रीफकेस में रुपयों का बंडल लेकर। लेकिन बाछिल मामा भला उसके हाथ कहाँ लगते ? उसने अपने गुर्गों के जरिये बाछिल मामा के पूरे अनुभाग को अपनी पकड़ में पहले ही ले रखा था। मुनीश, कमलकांत, भीखू, बंसल–कोई नहीं बचा था। जी. एन. ने सबको खरीद लिया था। लेकिन बाछिल मामा तो बड़े बाबू के उस नोट को जैसे सीने से लगाये हुए थे। मुनीश, कमलकांत, भीखू और बंसल में होड़ लगी थी उस नोट को उड़ाने में। लेकिन हजार कोशिशों के बाद भी वह लोग कुछ भी नहीं कर सके थे। समय निकलता जा रहा था। राष्ट्रपति शासन के दिन लदनेवाले थे। सलाहकार परिषद की मीटिंग होनेवाली थी। फिर उस रात को जब सतीशबहादुर ने इशारा किया था, तभी जी. एन. ने फैसला कर लिया था।

जी. एन. शराब में धुत था, उस रात जब वह बाछिल मामा से मिलने आया था। दस हजार रुपया वह देने को तैयार था। चाहने पर और भी दे सकता था। एक बार बाछिल मामा ने सोचा, वह रुपये लेकर बड़े बाबू को दे दें। लेकिन फिर जैसे घिन की झोंक उनके अन्दर जगी थी। उन्होंने जी. एन. को भगा दिया था।

उस समय बाछिल मामा की समझ में आ गया था, मुनीश, कमलकांत,

भीखू और बंसल की चोर निगाहों का अर्थ। आलमारी का ताला कौन खोलता था, दराज की फाइलें कौन उलट-पलट करता था, यह भी उसी समय बाछिल मामा समझ गये थे। दूसरे दिन दफ्तर पहुँचकर बाछिल मामा ने फाइल के हिस्से अलग किये। सतीशबहादुर को जाँच समितिवाला फाइल का हिस्सा भेजने के बाद, बाछिल मामा ने मुनीश और कमलकांत को बहुत डाँटा था। फिर उन्हें दिखाकर उस नोट को अपनी जेब में रख लिया था। बाछिल मामा ने यही गलती की थी। बिका हुआ आदमी और भूखा कुत्ता किसी का नहीं होता। बाछिल मामा के हाथों जलील होने के बाद, मुनीश और कमलकांत सीधे जी. एन. से मिलने गये थे।

ऊँचे आसमान में रोशनी का दयार डूब चुका था। शाम का धुँधलका सचिवालय के गुम्बद से उतर कर चारों तरफ फैल चुका था। काली-स्याह रात का लहराता हुआ आँचल सारी जमीन को अपने लपेट में लेने लगा था। चिड़ियों का चहचहाना बन्द हो गया था। कुछ चमगादड़ दरख्तों के बीच खाली हिस्से में मँडरा रहे थे। एक अजीब-सी घुटन, दहला देनेवाली खामोशी ने समूचे सचिवालय को डँस रखा था। बाछिल मामा का मन बड़ा उदास था। मुनीश और कमलकांत को जिस तरह से उन्होंने डाँटा था, उस पर उनको दुख हो रहा था। लेकिन बाछिल मामा जानते थे, उनको पता था कि वह मुनीश, कमलकांत को नहीं डाँट रहे थे, वह तो उस तमाम घिनौनी गन्दगी को उगल रहे थे जो उनके अन्दर न जाने कितने दिनों से जमा होती जा रही थी। मुनीश, कमलकांत, भीखू और बंसल—यह उनके अनुभाग के बाबुओं के नाम जरूर थे, लेकिन उनकी चोर निगाहें, उनकी छिछोरी हरकतें बाछिल मामा कितने-कितने दिनों से सचिवालय में देख रहे थे।

कौन-से ईमान, कौन-से धर्म, किस आस्था, किस विश्वास की बात करते वह ! चारों तरफ लूट-खसोट का भयानक अंधेरा, आदमी की नीयत को निगलता जा रहा था। बाछिल मामा जानते थे, आराम के लिए, जरूरत के लिए, ऐश्वर्य के लिए पूरी सभ्यता का ढाँचा बदल चुका था। हर जगह तेजी के साथ बदलाव आ रहा था। एक दौड़ चल रही थी। एक होड़ लगी हुई थी। सबसे बड़ी इमारत की सबसे ऊँची मंजिल से लेकर फुटपाथ तक कोई सुनहरा ख्वाब आदमी को खाये जा रहा था। वक्त नहीं था किसी के पास, कोई रुकना नहीं चाहता था। कोई भी व्यवस्था, कोई भी मूल्य, कोई भी रिश्ता, गीता, रामायण, वेद-पुराण, ग्रन्थ साहब, कुरान, बाइबिल का कोई तकाजा उस सुनहरे ख्वाब और हकीकत के बीच नहीं आ सकता था। सारे उद्देश्य, आदर्श की सारी बातें [illegible] लगती थीं। आदमी को अब समझ आ गयी थी। उसे उपदेश की, अकल की नहीं, पैसे की, ऐशो-आराम की जरूरत थी। चाहत और आकांक्षाओं का कुकुरमुत्ती

फैलाव, किसी के मन की मुट्ठी में समा नहीं रहा था। तरसती हुई निगाहों से सजी-सजायी दुकानों की तड़क-भड़क, किस्म-किस्म की चीजों को देख-देख कर एक कसक, एक भूख सबको खाये जा रही थी, बाछिल मामा को पता था, इस भूख, इस कसक को, सब-कुछ पा जाने के इस सुनहरे ख्वाब को दुनिया का सारा वैभव भी नहीं पूरा कर सकता था। यह खुद की खुद से लड़ाई थी। इसमें भला मुनीश और कमलकान्त क्या कर सकते थे ? बाछिल मामा सोच रहे थे—कल मिलने पर वह मुनीश और कमलकांत से मीठी-मीठी बातें करेंगे। आज जितनी कड़वाहट दी थी उन्होंने, उतना ही प्यार देंगे कल। सारे, समूचे मैल को धो डालेंगे वह···।

इस अजीब दुनिया का चलन भी निराला था। न जाने कितनी निराशा, कितनी हताशा, कितनी मार के बीच आदमी को जीना पड़ता, चारों तरफ फैली हुई खुशफहमियों के बीच तरस-तरस कर जीना पड़ता। और कोई चारा ही नहीं था। कोई भाग कर नहीं जा सकता, कोई भी बच नहीं सकता, असीम यातना के इस दौर से। बाछिल मामा इस सत्य को पहचान चुके थे। नन्हा-सा बच्चा जब जन्म लेता है, वह गरीब नहीं होता, अमीर नहीं होता, चोर नहीं होता, शाह नहीं होता। धीरे-धीरे उसकी पलकें खुलती हैं और इसी दुनिया में वह क्या से क्या बन जाता है। सब तो बाछिल मामा नहीं होते। अरमानों की भूख बड़ी जानलेवा होती है। पेट की भूख तो जिस्म को मारती है, लेकिन अरमानों की भूख आत्मा का हनन करती है। इससे कोई बच नहीं पाता। इसका कोई निस्तार नहीं।

सचिवालय से निकलने के बाद बाछिल मामा सिन्धी चाय की दुकान पर काफी देर खड़े रहे। वहीं खड़े-खड़े उन्होंने एक चाय भी पी। आते-जाते कई लोगों ने उनको छेड़ा भी, लेकिन बाछिल मामा ने किसी से बात नहीं की। कुछ नहीं बोले वह। चाय पीने के बाद उन्होंने बगल की दुकान से पान का बीड़ा लिया। फिर पीक का फुहारा दागने के बाद वह धीरे-धीरे आगे बढ़ने लगे। साइकिल पर नहीं चढ़े थे बाछिल मामा। साइकिल हाथ में पकड़कर चल रहे थे वह। गेट नम्बर आठ के मोड़ पर तभी उनके पीछे से एक मोटर आकर रुकी। उसमें से तीन आदमी उतरकर बाछिल मामा से किन्हीं कर्नल रामपाल का पता पूछने लगे। बाछिल मामा कर्नल रामपाल के नाम से कोई चुटकी लेनेवाले थे, तभी चौथा आदमी गाड़ी से उतरा और सनसनाती हुई लपक से उसने बाछिल मामा के पेट में छुरा भोंक दिया। बाछिल मामा के मुँह से एक डरावनी चीख निकली। वह सड़क के किनारे गिर पड़े। चारों आदमी मोटर में बैठकर भाग गये। उसके बाद बाछिल मामा ने बेहोश होने से पहले, सिनेमा देखकर लौटते हुए मथुरादास को रोते-बिलखते-कलपते, सिर्फ यही कहते हुए सुना था, "बाछिल

मामा ! बाआछिल मा आ मा मा आ ! यह देखना भी पाप है···बाछिल मामा, यह सब देखना भी पाप है।''

राज्यपाल सदाशिव नारायण बरुआ खद्दर की बुश्शर्ट और पैण्ट में उस समय सीधे लपेटे हुए खिचड़ी बालों को सहला रहे थे, जब डी. के. गोस्वामी और मोहनकृष्ण कौल उनके कमरे में दाखिल हुए। के. डी. शर्मा तब तक नहीं आये थे और न ही माधुरी साहा। माधुरी साहा तो घर चली गयी थीं। लेकिन सलाहकर परिषद की बैठक के सिलसिले में उन्होंने भूपति को वहाँ छोड़ रखा था। भूपति स्वास्थ्य-विभाग की तरफ से नये मेडिकल कॉलेज की स्थापना के प्रस्ताव के लिए और मालती शर्मा पहाड़पुर कांड के सिलसिले में उस समय कैबिनेट-रूम के बाहर खड़े थे। तभी राज्यपाल के पी. ए. द्वारा भेजे गये आदमी ने भूपति से सम्पर्क स्थापित किया। राज्यपाल के पी. ए. ने माधुरी साहा को फोन किया था। माधुरी साहा ने ही उसे भूपति के कैबिनेट के आसपास मौजूद होने की सूचना दी थी। भूपति और मालती शर्मा राज्यपाल के कमरे के बाहरी हिस्से में मोहनकृष्ण कौल से पहले ही पहुँच गये थे।

''हाँ गोस्वामी। स्वास्थ्य सचिव कहाँ हैं।'' राज्यपाल ने तीखी आवाज में पूछा।

''मेरे खयाल से वह तो हैं नहीं···लेकिन उनका डिप्टी बाहर खड़ा है।''

''कौन, क्या नाम है उसका ?''

''भूपति।''

''इससे पहले उसे बुलाया जाए···आई वुड लाइक टू मेक इंटेंपरी किलियर डेट मी यूनिट्स ऐक्शन इज रिक्वायर्ड इन दैट मैलसीडीन केस !''

''सर।'' डी. के. गोस्वामी ने मोहन कौल की तरफ हैरत में देखा। मोहन कौल ने सिर्फ कंधे उचका दिये। तभी के. डी. शर्मा कमरे में दाखिल हुए। डी. के. गोस्वामी और मोहन कौल उठकर खड़े हो गये।

''आइए शर्मा साहब।''

''गुड इवनिंग सर।''

''गुड इवनिंग। हाव आर यू।''

''काफी काम है बरुआ साहब। इन दिस ओल्ड मेन···लेकिन जब जिम्मेदारी ली है तो फेस करना पड़ेगा।''

राज्यपाल को, के. डी. शर्मा का उन्हें बरुआ साहब कहना अच्छा नहीं लगा। उन्होंने मन में सोचा, ''के. डी शर्मा को संकटाप्रसाद की नकल नहीं करनी चाहिए। फिर भी उस समय इस विषय को लेकर वह किसी किस्म की कड़वाहट

नहीं पैदा करना चाहते थे।'' ओल्ड इज गोल्ड साहेब !''

गोस्वामी, कौल, धीरे से मुस्करा दिये। के. डी. शर्मा ने हँसते हुए कहा, 'रोंग, इज योअर केस !''

राज्यपाल एकाएक गम्भीर हो गये। उन्होंने मोटे किस्म का अपना निचला होंठ चबाना शुरू कर दिया। उनके चपटे चेहरे पर, सतही नाक खूब फब रही थी। वह कटी हुई भौंहों के नीचे, पिचकी हुई आँखों से, के. डी. शर्मा को देख रहे थे, ''के. डी. साहब आपको पता है कुछ, उस मैलिसीडिन केस में क्या हुआ।''

जब के. डी. शर्मा से, कोई भी, किसी फाइल के बारे में पूछता तो उनकी नानी मरने लगती, ''मैलिसीडीन केस !''

''मेडिकल डिपार्टमेंट तो आपके ही पास है ना'' राज्यपाल ने व्यंग्य किया।

''वो तो है...लेकिन माधुरी साहा।''

''वह नहीं है यहाँ। आई थिंक शी हैज गान। दिस इज द वे वी आर रनिंग गवर्नमेंट। सचिव, पाँच बजे, बाबुओं की तरह चल देते हैं।''

''सर। वह मुझसे कहकर गयी थीं...उनका डिप्टी बाहर खड़ा है...लेकिन जहाँ तक मुझे याद है, मैलिसीडिन केस कौल साहब के पास था।''

''कौल साहब के पास। क्यों वह तो गृह विभाग के सचिव हैं।'' राज्यपाल ने कटी हुई भौंहें सिकोड़ीं !

''जी हाँ सर ! लेकिन वह केस तो क्लोज हो चुका है।'' मोहन कौल ने दोनों हाथ फैलाकर कहा।

राज्यपाल के सिर पर जैसे बम का गोला गिरा। उन्होंने अपने को, झटका दिया। शरीर के हिलने से मोहन कौल की बात का असर तो निकल गया लेकिन उनके सिर में जोरदार झटके की वजह से, वही पुराने छर्रे, एकाएक रेंगने लगे। एक असहनीय पीड़ा से राज्यपाल कराह उठे ! लेकिन मामला नाजुक था। सामने सलाहकार के. डी. शर्मा, मुख्य सचिव डी. के. गोस्वामी और गृह सचिव मोहन कौल बैठे थे। उनको मैलिसीडिन कांड भी निबटाना था। वह उनके सामने सिर पकड़ने की हरकत नहीं करना चाहते थे। उन्होंने सिर न पकड़कर, कुर्सी के हत्थे पकड़ लिए। उन्हें मालूम था, दो, तीन, चार सेकंड में दर्द का रेला निकल जायेगा। कुर्सी के हत्थों को पकड़ में लेने के साथ उन्होंने अपना निचला होंठ कसकर दबा लिया। दर्द का रेला निकला तो नहीं लेकिन उसका दबाव जैसे ही कम हुआ, तब राज्यपाल चीखने लगे।

''आइ डू यू मीन। केस क्लोज हो गया...मुझसे पूछा किसी ने। क्यों के. डी. तुमको पता था।''

''नहीं।'' के. डी. शर्मा ने धीरे से कहा।

"तब कैसे केस क्लोज हो गया।"

"एक्सक्यूज मी सर। केस क्लोज होने का मतलब मेरा सिर्फ इतना था उस पर ऐक्शन हो गया।"

"ऐक्शन लेने को···केस क्लोज होना कहते हैं।"

"नहीं सर लेकिन···"

"लेकिन क्या।" राज्यपाल ने डाँटा।

"मैंने समझा आप उन क्रिमनल्स को हेल्प करना चाहते हैं···इसलिए मैंने कहा था उनकी मदद करने का समय निकल चुका है।"

"क्रिमनल्स···गोस्वामी···के. डी.···कौल किसे क्रिमनल कह रहा है।"

गोस्वामी और के.डी. शर्मा ने आश्चर्य में मोहन कौल की तरफ देखा।

"बरुन हालदार और मांगलिक को।"

"यू मीन डॉ. मांगलिक इज ए क्रिमनल। ही इज माई फिजीशियन···मोहन कौल यही सम्मान देते हो तुम अपने सुपीरियर्स को।"

"सर ऐसा न कहें···मैंने आपको···"

"मुझे कुछ नहीं कहा···लेकिन इसका प्रिसाइजली मतलब तो यही हुआ ना मैं क्रिमनल हूँ।"

"ओ नो सर !"

"नेवर···नेवर सर।"

"आप क्या कह रहे हैं माननीय बरुआ साहेब।"

"देन आस्क हिम टु विद···क्रिमनल।"

"मैं अपने शब्द वापस लेता हूँ।" मोहन कौल ने शालीनता से कहा, "मेरा अर्थ माननीय राज्यपाल की भावनाओं को चोट पहुँचाना नहीं था।"

"ओ. के.।" राज्यपाल के माथे में छर्रों का चलना रुकने लगा था।

"मि. कौल क्या है उसमें। वट केस मुझे नहीं दिखाया गया क्या।"

"यह तो स्वास्थ्य सचिव जाने···लेकिन जहाँ तक मुझे याद है, उस फाइल में, आपके हाथ से लिखा हुआ है।"

"क्या।" के. डी. शर्मा के पैरों के नीचे से जमीन निकल गयी।

"हाँ सीन लिखकर आपने दस्तखत किए हैं।"

"सच में।" के. डी. शर्मा को विश्वास नहीं हो रहा था।

"मैं आपसे झूठ बोलूँगा।" मोहन कौल ने झिड़क दिया।

"कोई बताएगा मुझे उसमें क्या ऐक्शन हुआ था।" राज्यपाल ने घोषणा करने की मुद्रा में कहा।

"सर। उसमें बरुन हालदार और डॉ. मांगलिक को भारत सुरक्षा कानून की धारा तीन के अन्तर्गत गिरफ्तार करने के आदेश हो चुके हैं।"

राज्यपाल को लगा वह गश खाकर गिर पड़ेंगे।

"जी हाँ सर। अब तक तो क्लेक्टर के पास आदेश पहुँच चुके होंगे।

"ओ नो। यू मीन टु से डॉ. मांगलिक वुड वी ऐरेस्टेड टु डे।"

"यस सर।"

"नेवर...नेवर...यह नहीं हो सकता...स्टाप इट।"

"लेकिन कैसे सर। शासन का आदेश जा चुका है।"

"लेकिन किसकी स्वीकृति से।"

"मुख्य सचिव की स्वीकृति से।"

"क्यों गोस्वामी।"

"हाँ सर। स्वास्थ्य सचिव ने हमें पूरा केस बताया था...द मैटर इज सीरियस। फिर हमें आपके विचारों का पता नहीं था।"

"डेम इट ! कौल ! नाव यू काल आफ देट आर्डर।"

"क्या सर। मैंने आपसे कहा...वह आदेश क्लेक्टर पर सर्व हो चुका है।"

"इसीलिए तो कह रहा हूँ...काल इट आफ।" राज्यपाल ने सख्ती से कहा।

"लेकिन सर मैं उस आदेश को कैसे काल आफ कर सकता हूँ जो मैंने किया ही नहीं।"

"अब यह क्या है...अभी तो आपने कहा था न...आदेश जा चुका है।"

"मैं तो सिर्फ एक्जीक्यूटिंग अथॉर्टी हूँ। स्वास्थ्य सचिव का प्रस्ताव था ...मुख्य सचिव की स्वीकृति।"

"आई आबजेक्ट...स्वास्थ्य सचिव के प्रस्ताव पर मि. कौल आपने आख्या दी थी और जहाँ तक मुझे खयाल है...स्वास्थ्य सचिव ने सिर्फ सख्त ट्यूनिटिव ऐक्शन के लिए लिखा था। और आपने उसे विस्तार देकर भारत सुरक्षा कानून के अर्न्तगत गिरफ्तार करने की बात कही थी।"

"एनीवे इट इज द सेमथिंग।" मोहन कौल के चेहरे पर दृढ़ता थी।

"इट इज नाट सेमथिंग...कौल ! यू विद...द आर्डर।" राज्यपाल ने साफ कह दिया।

"हाँ कौल साहेब। डॉ. मांगलिक बरुआ साहेब का फिजीशियन भी...इससे शासन की पब्लिक इमेज भंग होती है।" के. डी. शर्मा राज्यपाल का समर्थन करने लगे।

"सर मुझसे यह नहीं होना।"

"क्यों ?" के. डी. शर्मा घूर रहे थे।

"डॉ. मांगलिक राज्यपाल महोदय का फिजीशियन है, इसलिए उसे छोड़ दूँ...उसकी वजह से जो लोग पागल हो गये...मर गये...उनका चीत्कार...कितनों की नस्ल खराब हो गयी...कितने खानदान बरबाद हो गये...जिसने नब्बे लाख की वह

दवा खरीदी जिसका इस्तेमाल एक सौ साल बाद होगा⋯इस एक करोड़ रुपए में कितने भूखे लोग खाना खा सकते थे⋯कितने मकानों पर छत आ सकती थी⋯इस एक करोड़ रुपए से या फिर बीमारी से तड़पते हुए कितने लोगों का इलाज हो सकता था।⋯इन लोगों ने किया क्या है, आपको मालूम है⋯विदेशों में जो दवा समुन्दर में फेंकी जा रही थी⋯उसे उठा लाए⋯सिर्फ लेवल छपाकर भेज दी⋯कच्चे माल का ब्लेक विदेशी मुद्रा कानून का हनन⋯नहीं होना मुझसे⋯आई एम सॉरी।'' कहकर मोहन कौल ने सिर झुका लिया। राज्यपाल के उस कमरे में सन्नाटा छा गया था। मुख्य सचिव, डी. के. गोस्वामी, के. डी. शर्मा, खुद सदाशिव नारायण बरुआ सब चुप थे। तभी राज्यपाल को लगा, उनकी आँखों के सामने उनको बेइज्जत किया जा रहा था। एक अदना-सा गृह सचिव उनके ऊपर कीचड़ उछाल रहा था। लेकिन अपने गुस्से को नियंत्रण में रखकर मुलायम आवाज में बोले, ''देखो। कौल ! आई एम सारी टु हियर आल दिस मुझे यह सब पता नहीं था। लेकिन जहाँ तक मुझे पता है⋯यह सारा घपला उस हालदार ने किया है⋯उसको गिरफ्तार कर लो⋯डॉ. मांगलिक इज ए नोबुल सोल⋯कभी⋯कभी हो जाता है⋯आफ्टर आल ही इज आवर आफिसर।''

मोहन कौल कुछ देर सोचते रहे, फिर वह उठकर खड़े हो गये। उन्होंने राज्यपाल की आँखों में सीधे देखा, ''आनरेबल सर। मैं जरूर करता, लेकिन आज मेरा सचिवालय में आखिरी दिन है⋯आई एम प्रोसीडिंग आन ए लांग लीव⋯नये गृह सचिव से आप करवा लें।''

''आई सी। आप जा सकते हैं।'' मोहन कौल के बाहर जाने के बाद राज्यपाल ने अपने अन्दर उबलते हुए आक्रोश को सँभालकर के. डी. शर्मा की तरफ देखा, ''के. डी. शर्मा कितनी बड़ी गलती⋯आई मीन बलन्डर तुमसे होने जा रही थी।''

''क्या बरुआ साहब !''

इस बार राज्यपाल ने के. डी. साहेब की तरफ नहीं देखा। उनको के. डी. शर्मा का बार-बार बरुआ साहेब कहना अच्छा नहीं लग रहा था। वह जैसे अपने आप से कहने लगे, ''इसे, इस एम. के. कौल को मैंने मुख्य सचिव बनाने का प्रस्ताव किया था⋯ओ गाड गेसस। ब्राइस्ट⋯कोलम्बस⋯ही इज मैड, टोटल मैड। अनफिट फार सेक्रेटियट,'' फिर राज्यपाल ने डी. के. गोस्वामी की तरफ देखा, ''गोस्वामी। आई नो यू मस्ट बी फीलिंग बैड़। लेकिन मैं क्या करता⋯मुझे तुम्हारे खिलाफ यही कहा गया था कि तुम भूतपूर्व मुख्यमंत्री के आदमी हो एण्ड यू नो इन हाई कमांड नोबडी लाइक्स हिम।''

''सर। नौकरशाही किसी की नहीं होती⋯वी आर कमिटेड टु द बॉस।''

''मैं आज ही टेलीफोन पर अपना प्रस्ताव वापस लेता हूँ⋯यू आर फिटेस्ट

पर्सन टु एक्ट ऐज चीफ आफ ब्यूरोक्रेसी।''

''थैंक यू सर।''

''नाव गोस्वामी यू गो ऐण्ड आर्गेनाइज द विदड्राल आफ दैट रेचेड आर्डर।''

''ठीक है सर। मैं कलेक्टर को ऐरेस्ट रोकने के लिए फोन कर देता हूँ ...और फाइल को री ओपेन करके आपके पास भिजवा देता हूँ।''

''गुड बाइ।''

गोस्वामी सिर झुकाकर बाहर निकल गये। उनको लग रहा था उनके अन्दर बवासीर फूटने लगी थी क्योंकि एक चिपचिपाहट का आभास हो रहा था उन्हें। तिड़ीबाज किशनलाल ने जिस सफाई से मैलिसीडिन कांड की फाइल उड़ाई थी, उसे खुद हैरत हो रही थी, अपनी सफलता पर। जितनी आसानी से उसका काम हो गया था, उसे देखकर यही लग रहा था, किशन को, यह तमाम दिन उसने यूँ ही बरबाद कर डाले थे। इतना कुछ करने की जरूरत ही नहीं थी। वह शांताराम के पास बैठा हुआ चाय पी रहा था, जब मुन्ना बाबू झूमते हुए मैलिसीडिन कांड की फाइल लेकर आये थे। हमेशा की तरह मुन्ना बाबू ने, अनुभाग में आते ही, हल्ला करना शुरू कर दिया था। कितने दिनों बाद तो करने के लिए उन्हें कोई काम मिला था। कुछ इसके कारण और कुछ मैलिसीडिन कांड ने उनके अन्दर सनसनी पैदा कर दी थी। मुन्ना बाबू ने फाइल मेज पर रख दी। बरुन हालदार और मांगलिक इनकी गिरफ्तारी का आदेश उन्हें टाइप कराना था। भारत सुरक्षा कानून के अन्दर होनेवाली गिरफ्तारी का ड्राफ्ट। वैसे तो मालती शर्मा ने उनको दे दिया था, लेकिन मुन्ना बाबू कुछ दूसरी फाइलों से उस ड्राफ्ट को चेक करने में लगे थे। तभी उनको पता लगा कि अनुभाग का टाइपराइटर जो महीनों से बिगड़ा पड़ा था, तब तक ठीक नहीं हुआ था। गुस्से में बिलबिलाते हुए मुन्ना बाबू, कहीं और आदेश टाइप होने का इंतजाम करने चले गये। इसी बीच दोपहर के खाने की छुट्टी का समय जैसे ही नजदीक आने लगा। एक-एक करके बाबू दफ्तर से खिसकने लगे। एक बजते-बजते अनुभाग का वह कमरा करीब-करीब खाली हो गया था। सिर्फ शांताराम और किशन वहाँ रह गये थे। किशन कहीं से ढूँढ-ढाँढ़कर उस दिन शांताराम के लिए चरस की सिगरेट लाया था। जब सब लोग दफ्तर में थे मुन्ना बाबू आये भी नहीं थे, तभी से किशन, शांताराम को सिगरेट पिला रहा था। कमरे के अन्दर सिगरेट पीना मुमकिन नहीं था इसलिए शांताराम बाथरूम जाने का बहाना करके बाहर चला जाता था। तब तक दो सिगरेट शांताराम पी चुका था। उसका माथा घूम रहा था। उसे लगता जैसे वह सचिवालय में नहीं बल्कि किसी चकरघिन्नी पर बैठा हुआ था। हर चीज उसके चारों तरफ घूम रही थी। मुन्ना बाबू के चले

जाने के बाद जब अनुभाग के कमरे में उसने और दी, बस इस तीसरी सिगरेट को पीकर शांताराम वहीं कुर्सी पर बैठे-बैठे सो गया। मुन्ना साहब की मेज पर मैलिसीडिन कांड की फाइल पड़ी थी। किशन, काफी देर से उस फाइल को घूर रहा था। मुन्ना साहब ने अपने आलाप के दौरान खुद जाहिर कर दिया था कि मैलिसीडिन कांड की फाइल वही थी। जैसे ही शांताराम खुर्राटे भरने लगा, किशन फाइल लपेट कर चल दिया।

किशन को मीनू तलवार की बड़ी याद आ रही थी। वह सचिवालय में, उसका आखिरी दिन था। दिन क्या, ये ही कुछ घंटे बाकी बचे थे। ऊपर से मैलिसीडिन कांड की फाइल बाहर ले जाने की समस्या भी थी, उसके सामने। वैसे किशन की जेब में एक साइलेंसर रूपी छोटी पिस्तौल थी। लेकिन वसूलन वह उसका प्रयोग अपने काम के सिलसिले में नहीं करना चाहता था। हालाँकि वह बरुन हालदार को फोन कर सकता था, लेकिन वह सोच रहा था, जहाँ इतने दिन तक उसने बरुन हालदार की मदद नहीं ली थी तो आखिरी मौके पर क्या ले। वह तो अपनी फितरत से, सचिवालय के बाहर, ले जाना चाहता था फाइल को। दिन-दहाड़े एक मामूली झोले में बिना किसी सवारी के फाइल को बाहर ले जाने में खतरा था। जगनमहराज ने जो तिलंगे, उसके लिए पहले छोड़ रखे थे उन्हें, जगनमहराज के साम्राज्य के ऊपर होनेवाले हमले की वजह से हटा लिया गया था। किशन ने तब अपने दिमाग में उपजी हुई अपनी पुरानी योजना से काम लिया। गेट नम्बर सात के सामनेवाले मैदान से लगे हुए जीने से वह ऊपर गया। जीने के सामनेवाली गैलरी पार करके वह गेट नम्बर आठ के करीब पहुँच गया। तभी उसने देखा सामने से मीनू तलवार आ रही थी। मीनू तलवार उसे देखकर मुस्कुरायी। किशन ने झोला उसे पकड़ा दिया। पाँच घंटे किशन ने सिन्धी चाय के होटल, जिन्दल और जी. डी. शर्मा के यहाँ गुजारे थे। मीनू तलवार ने उसका झोला पास आफिस की आलमारी में बन्द कर दिया था। अँधेरा होने के बाद मीनू तलवार किशन से उसी चोर दरवाजे पर मिली, जहाँ कई बार पहले मिल चुकी थी। चोर दरवाजा असल में पहले जमाने में अंग्रेज अफसरों के लिए बनाया गया था। उसके अन्दर एक तहखाना था जहाँ नैनीताल जाते वक्त अंग्रेज़ अफसर अपने घर का सामान, बंगले का किराया बचाने के लिए रख दिया करते थे। इसी तहखाने में मीनू तलवार और किशन मिला करते थे। उस दिन भी किशन वहीं पहुँच गया था। वहाँ मीनू तलवार के आने के बाद किशन ने, तहखाने के अँधेरे में फाइल और मीनू तलवार को एक साथ टटोला था।

मुन्ना बाबू हमेशा से ऐसे नहीं थे। पहले वह शराब नहीं पीते थे और नहीं यूँ अलाप करते थे। एक सीधे-सादे बाबू की तरह सचिवालय आते, दिनभर मेज के ऊपर रखी हुई फाइलों में आँख गड़ाए रहते और शाम को चुपचाप घर

चले जाया करते। न जाने कितने दिन, न जाने कितने महीने, न जाने कितने साल उन्होंने इस तरह गुजारे। एक दिन उनकी बीवी मर गयी और वह उदास रहने लगे। औलाद का सुख उन्हें मिला नहीं था। उदासी के उस दौर में मुन्ना बाबू का मन फाइलों के जंजाल में ठहर नहीं पाया। पहले उन्होंने छुट्टी ली पर बाद में दफ्तर आने पर भी, काम में उनका जी नहीं लगा। किसी तरह रफ्ता-रफ्ता वह अपनी फाइलें निपटा दिया करते। धुन के पक्के थे मुन्ना बाबू ! अपना काम कभी बकाया नहीं रखते। इसीलिए किसी की बात भी नहीं सुनते। तभी, विपदा के उन दिनों में, एक सचिव से उनकी झड़प हो गयी। सचिव मुन्ना बाबू से चिढ़ा हुआ था। उसने काम में गफलत के बहाने उन्हें ससपेन्ड कर दिया। बस यहीं से मुन्ना बाबू के जीवन में इन्कलाब का दौर आया। वर्षों की तपस्या का यह फल मिला था। सवेरे से लेकर, देर शाम तक, फाइलों के काले-स्याह अक्षरों को नापते-नापते, वितृष्णा की, उनकी पर्त दर पर्त से उपजी जो हताशा उनके सारे जीवन में व्याप्त हो गयी थी, एकदम उबलकर बाहर निकल आयी। उन्होंने सोचा सचिवालय पत्थर का जंगल था। जहाँ आदमी नहीं, पत्थर के पुतले, किसी तिलस्मी प्रतिष्ठान के हिस्से बनकर चलते-फिरते नजर आते। नहीं तो किसी की यह समझ में क्यों नहीं आया था, मुन्ना बाबू एक कुशल मेहनती, अनुरक्त कर्मचारी थे और उन्हीं दिनों उनकी बीवी मर चुकी थी। वहाँ दुःख, विपत्ति, दुर्घटना में जूझता हुआ आदमी नहीं चाहिए था किसी को। चाहिए था बस एक अदद कलम का मजदूर जो दिहाड़ी के पैसे लेकर काम करे और चला जाए। किस्से कहते मुन्नाबाबू, अपने मन की आशंका, कौन समझनेवाला था वहाँ, किसे फुरसत थी। सब अपने-अपने खेल में तल्लीन थे। फिर मुन्ना बाबू को वह सचिवालय तो कहीं नजर ही नहीं आता जिसके लिए वह कितने-कितने दिनों तक मरते-खपते रहे थे। सिर्फ दिहाड़ी का काम चाहिए था उन्हें। इनसानी जज्बातों का कोई अर्थ नहीं था। हर कोई दूसरे के कंधे पर सवार हो कर चलना चाहता, हर कोई दूसरे की आड़ में शिकार खेलना चाहता। किसी के तरकश में वह तीर नहीं था जो बुराई, विपदा, गरीबी, आतंक के रावण को मार सके। स्वार्थ, लिप्सा, अनाचार, भ्रष्टाचार में साँस-साँस तक डूबे हुए अफसर किसी लालची कुत्ते की तरह, फाइल में रुपयों के टुकड़े तलाश करते। हर योजना का अर्थ पैसा था, हर काम का अर्थ था प्राप्ति। फाइल, कागज का पुलिन्दा नहीं थी, उसमें तो पैसों की बू समायी हुई थी, इतनी बू जो दूर-दूर तक महका करती। रात में सोते वक्त, सबेरे उठकर, अफसर ईश्वर की याद नहीं करता था, करता था याद वह आँकड़े, वह पेंच, तर्क, तथ्य की वह दलीलें जिनसे पैसा दुहा जा सकता। सबके लिए सचिवालय जैसे सम्पदा, विलासिता, ऐश्वर्य का वह महामानव था, जिसकी सतत आराधना से, अर्चना से रिक्त जीवन

की कमियाँ पूरी की जा सकती थीं। उस महामानव का एक-एक अंश सब मिलकर लूट-खसोट रहे थे। कहीं भी किसी के मन में, एक बार भी विचार नहीं आता था, जो उस विशाल महामानव की असीम सम्पदा, अनन्त ऐश्वर्य, प्रदेश के सात करोड़ लोगों के बीच बाँटा जाय। कितने लोग दुखी थे, कितने लोग पीड़ित थे, कितनों की जीवन डोर, गरीबी, बीमारी, भुखमरी, अकाल, बाढ़, हिंसा, गुनाह, अनाचार के बीच काँप रही थी। असंख्य आँखें, अंतहीन विस्तार में, सूने आकाश की तरफ, अनन्त काल से टकटकी लगाकर देख रही थीं। किसी आशा उम्मीद की उस किरण को, जो न जाने कितने अकेले में छुपी थी। मुन्ना बाबू को लगता सब व्यर्थ था, किसी काम का नहीं था। वह अकेले भला, इतनी बड़ी लड़ाई कहाँ लड़ सकते थे। इसीलिए तो मुन्ना बाबू ने अपने निलंबित होने के बाद एक तरह से विद्रोह कर दिया था। वह अपने वाग्जाल से अफसरों को जलील किया करते। उनका प्रलाप समूचे सचिवालय में अन्तर्निहित हाहाकार को समेटने लगता। जैसे वह प्रलाप कहीं न कहीं, कभी न कभी किसी मूर्त चेतना को जन्म देगा।

एक बार मुन्ना बाबू की लाटरी गुम गयी। एक लाख रुपये का पुरस्कार मिला था उन्हें। शराब तो वह पहले ही पीने लगे थे। असहनीय पीड़ा दी थी उन्हें, सचिवालय के महामानव ने। खुद जीवन ने उन्हें बख्शा नहीं था। ढलती हुई उम्र में इतना कुछ सह सकने की हिम्मत नहीं बची थी, उनके अन्दर, वह पीने लगे थे। काम उनसे होता नहीं था। फिर जब लाटरी खुल गयी तो उनका पीना भी बढ़ गया। तमाम साथी उनके थे, पीनेवाले सचिवालय में बेलदारी लेन के ताड़ी खाने में, मुन्ना बाबू का एकाउंट खुला हुआ था। कोई भी उनका नाम लेकर पी सकता था वहाँ। दिन में ताड़ीखाना बन्द करवाकर आते, सचिवालय, मुन्ना बाबू और शाम को खुलने से पहले पहुँच जाते। उनको ताड़ीखाने में एक सुकून मिलता। आदमी धुत होकर नन्हे अबोध बालक की तरह मासूम हो जाता। मुन्ना बाबू सोचा करते वह अबोध भाव, वह मानवता, सचिवालय में क्यों नहीं दिखती। वहाँ पर जो लोग थे, वह पीने के बाद और विषाक्त हो जाते, और हिंसक हो जाते। तब तो वह सचिवालय के महामानव के टुकड़ों-टुकड़ों को झँझोड़कर खा जाना चाहते।

मुन्ना बाबू से उस दिन भूल हो गयी थी। मैलिसीडिन कांड की फाइल कोई उठा ले गया था, उनकी मेज से, बस उतनी ही देर में, जब वह अनुभाग का टापराइटर खराब होने के कारण, दूसरे अनुभाग से, बरुन हालदार और मांगलिक के गिरफ्तारी का आदेश टाइप करवाने गये थे। लौटकर आने पर फाइल उनकी मेज पर नहीं थी। तब भी मुन्ना बाबू के निश्छल मन में किसी तरह का पाप नहीं आया था। फाइल जायेगी, कहाँ, यह सोचकर उन्होंने मालती

शर्मा से आदेश पर दस्तखत करवा लिए थे। मालती शर्मा ने दस्तखत करते वक्त फाइल के लिए पूछा भी था, लेकिन मुन्ना बाबू चुप रह गये थे। गिरफ्तारी का आदेश कलेक्टर को भिजवाने के बाद मुन्ना बाबू ने फाइल ढूँढ़नी शुरू की। उस दिन उन्होंने पी भी नहीं थी, जो उन्हें गफलत का अंदेशा होता। दोपहर के बाद से, देर शाम तक मुन्ना बाबू उस फाइल को ढूँढ़ते रहे। फिर दफ्तर से जब और लोग चले गये, तब हारकर वह अपनी कुर्सी पर बैठ गये। मुन्ना बाबू गुमसुम, बदहवास, परेशान, चुपचाप सूनी दीवार को देख रहे थे। यह क्या हो गया था। जैसे उनके जीवन में एक बार फिर उनकी बीवी मर गयी थी। सब कुछ उजड़ गया। इतनी बड़ी-बड़ी बातें कहनेवाले मुन्ना बाबू जैसे एक छोटी-सी बात से टूट गये थे। उनके लिए उस फाइल का खो जाना किसी मौत से बड़ा हादसा था। वह पागलों की तरह अपने सिर के बाल नोचने लगते जैसे ही उनको फाइल की याद आती। वह हाँफते हुए, अनुभाग की एक-एक फाइल को अनगिनत बार देख रहे थे। जब मालती शर्मा उस फाइल को, मुख्यसचिव के आदेश पर, लेने आयी थीं।

''क्या बात है, मुन्ना बाबू ! आप कुछ परेशान दिख रहे हैं।'' मुन्ना बाबू को तेज झटके के रेले ने छू लिया था। वह लड़खड़ा गये। मुड़कर उन्होंने मालती शर्मा की तरफ लुटे हुए मुसाफिर की तरह देखा। मुन्ना बाबू रोए नहीं थे, लेकिन उनकी आँखें सूज गयी थीं। उनकी कमर फाइल ढूँढ़ते-ढूँढ़ते झुक गयी थी ! अन्दर से जैसे सारा सत्व निकल गया था। बढ़ी दाढ़ी में छुपा हुआ उनका पतला चौकोर चेहरा पीला पड़ गया था। सूजी हुई आँखें गड्ढों में अन्दर घुस गयी थीं। वह फटी-फटी निगाहों से, मालती शर्मा को देख रहे थे। मालती शर्मा मुन्ना बाबू की यह हालत देखकर डर गयी। वह दो कदम पीछे हटकर दरवाजे के करीब पहुँच गयीं।

''मुन्ना बाबू फार हेवेन सेक बोलिए तो क्या हुआ।''

''मैडम-मैडम...'' मुन्ना बाबू के होंठ बुदबुदा रहे थे।

''हाँ मुन्ना बाबू प्लीज !''

''मैडम ! मैलिसीडिन कांड की फाइल चोरी चली गयी।''

''वाह...क्या...मुन्ना बाबू क्या कह रहे हैं आप !''

मुन्ना बाबू ने धीरे से सिर झुका लिया।

''ओ नो ! मैं तो उसी फाइल के लिए आयी थी। मुख्य सचिव को इसी वक्त फाइल चाहिए। गिरफ्तारी का आदेश निरस्त करना है उन्हें...आपके मिलने की उम्मीद थी नहीं, इसीलिए, मैं चौकीदार को लेकर फाइल ढूँढ़ने आयी थी ...सोचा था, कमरा खुलवाकर फाइल निकालनी पड़ेगी...फिर यहाँ कमरा तो खुला हुआ था...मुन्ना बाबू फाइल की चोरी...क्या कह रहे हैं आप...कहीं रख दी होगी

आपने !"

"यही मैं भी सोच रहा था...दोपहर से अभी तक लगातार हर जगह मैंने तलाश किया..."

"और कहाँ हो सकती है !"

"फाइल नहीं है...मैं इसी मेज पर रखकर मसौदा टाइप करवाने गया था ...लौटकर आया तो फाइल नहीं थी...फाइल खोयी नहीं है...फाइल चोरी हुई है।"

"मैं मुख्यसचिव के यहाँ जा रही हूँ...मुन्ना बाबू...आप वहीं आइए, दिस इज डेम सीनियर।" कहकर मालती शर्मा निकल गयीं।

मुन्ना बाबू थके पाँव, उदास मन से मुख्यसचिव के कमरे की तरफ चल दिये। बेसमेंट से निकलकर वह मुख्य सचिव के कमरे की ओर जानेवाले जीने पर चढ़ने लगे थे, तभी बजरंग चपरासी दौड़ता हुआ उनके पास आकर रुक गया। वह हाँफ रहा था। "मुन्ना बाबू...मुन्ना बाबू जल्दी चलिए, बाछिलमामा को किसी ने सचिवालय के बाहर छुरा भोंक दिया।" बजरंग ने रोती हुई आवाज में, काँपती हुई सिसकियों के बीच कहा था।

सलाहकार परिषद की बैठक के बाद, मुख्यसचिव डी. के. गोस्वामी ने, संकटाप्रसाद और के. डी. शर्मा को, केबिनट रूम में रोक लिया था। दोनों सलाहकारों का रुकना जरूरी था क्योंकि राज्यपाल के आदेशानुसार मैलिसीडिन कांड के मुलजिम बरुन हालदार और डॉ. मांगलिक के गिरफ्तारी के सरकारी आदेश को निरस्त करना था। संकटाप्रसाद के पास गृह विभाग था और के. डी. शर्मा के पास स्वास्थ्य विभाग। मामला चूँकि स्वास्थ्य विभाग से सम्बन्धित था इसलिए के.डी. शर्मा का होना जरूरी था। और आदेश चूँकि गृह विभाग से जारी हुआ था, इसलिए संकटाप्रसाद को मौजूद रहना था। मुख्य सचिव, असल में किसी तरह का खतरा नहीं मोल लेना चाहते थे। सलाहकार परिषद की बैठक में अभी कुछ देर पहले वह के. डी. शर्मा और संकटाप्रसाद का टकराव देख चुके थे। पहाड़पुर कांड के विषय में के. डी. शर्मा ने भैरव सिंह और उसके साथियों की वकालत की थी। उधर संकटाप्रसाद, भैरवसिंह, हीरालाल, दीवानचन्द सहित सभी सिपाहियों को लाइनहाजिर करके गिरफ्तार करवाना चाहते थे। वह चाहते थे कि इन लोगों के ऊपर बलात्कार, हत्या, लूटमार, डकैती की दफाओं के मुकदमे खुली अदालत में चलें। मुख्यसचिव डी. के. गोस्वामी को ही सिर्फ पता था कि उस दिन की बैठक की कार्यसूची में सबसे अहम मसला धानकांड का था, और धानकांड में संकटाप्रसाद की दिलचस्पी थी। संकटाप्रसाद ने सलाहकार परिषद की बैठक शुरू होने से पहले ही, मुख्यसचिव को इस बात का इशारा कर दिया था कि धानकांड के सिलसिले में जांच समिति की रिपोर्ट शासन द्वारा नामंजूर की जानी थी। उस दिन राज्यपाल ने उनके खिलाफ अपने जेहाद को

वापस ले लिया था। राज्यपाल को खुश रखना जरूरी था। राज्यपाल को खुश रखने के लिए मैलिसीडिन कांड के सरकारी आदेश को निरस्त करना आवश्यक था। गृहसचिव मोहन कौल ने जिन शब्दों में, राज्यपाल के सामने, आदेश को निरस्त करने से मना कर दिया था, उसकी जानकारी संकटाप्रसाद को थी। संकटाप्रसाद एक तरह गोस्वामी के बार-बार कहने पर तैयार हो गये थे। लेकिन उन्होंने उसी समय धानकांड में वह क्या करवाना चाहते थे, इस बात का भी इशारा कर दिया था। मुख्य सचिव गोस्वामी बड़े धर्मसंकट में थे। जहाँ तक तरफ वह पहाड़पुर कांड पर के. डी. शर्मा के विचारों से सहमत नहीं थे, वहाँ दूसरी तरफ धानकांड में संकटाप्रसाद से उनका मतभेद था। उधर राज्यपाल मैलिसीडिन के मामले में जो कुछ भी उनसे करवाना चाहते थे, वह उनके पैमाने में सही नहीं बैठ रहा था। लेकिन मुख्यसचिव का पद भी बार-बार नहीं मिला करता। कुर्सी का मोह, डी. के. गोस्वामी के लिए उस धर्म संकट से बड़ा था जो उनकी अन्तरात्मा को कचोट रहा था। फिर राज्यपाल से उन्होंने वादा कर लिया था मामला गम्भीर था। गृहसचिव आदेश निरस्त करने को राजी नहीं था। ऊपर से सरकारी आदेश खुद उनकी पूर्व स्वीकृत से जारी हुआ था। एक अजीब तरह की यातना का अहसास हो रहा था मुख्यसचिव को। लेकिन उनको मालूम था, सचिवालय में ऐसा ही होता। सब लोग इसी तरह काम करते। अपनी मर्जी, अपने विचार, अपनी मानसिकता का कोई महत्त्व नहीं था। हमेशा-हमेशा से यही परम्परा चली आ रही थी। वही अफसर मुख्यसचिव हो सकता था या होने के बाद बना रह सकता था जो ऊपर से मिलनेवाले आदेश की पूर्ति करवा सके। यह शासन की क्षमता का प्रश्न नहीं था, यह तो सत्ता के अधिकार का प्रश्न था। वह शासन के प्रतिरूप थे लेकिन उनके पास सत्ता कहाँ थी। अधिकार तो उसके पास होते, जिसके पास सत्ता होती। उनका काम तो सिर्फ आदेशों का पालन करना था। जिसके पास सत्ता होगी, उसका आदेश उन्हें मानना ही होगा। कोई और चारा नहीं था। उनको सिर्फ आदेश मानना नहीं था, बल्कि सत्ता के विभिन्न-ध्रुवबिन्दुओं में किसी न किसी तरह तालमेल बिठाकर काम चलाना था। यह कितना कठिन काम था, कोई पूछता डी. के. गोस्वामी से। कई बार तो वह अन्दर की बात अपने मातहत को बता नहीं सकते और उनको काम निकालना पड़ता। और कई बार नियमों के जटिल व्यूह से, कार्यप्रणाली की दुरूह व्यवस्था से, सत्ता के अधिकारी वर्ग में संतुलन बनाए रखना पड़ता। सत्ता में गुट वैयक्तिक स्वार्थ, निरापद शोषण के दबदबे के बीच, मुख्यसचिव को सचिवालय से सम्पूर्ण आस्था और विश्वास महज किसी बाहरी ढकोसले में सजाकर रखना पड़ता। डी. के. गोस्वामी को मालूम था, काम चलते रहना चाहिए।

"गो मस्ट गो आन।"

इसीलिए मुख्यसचिव डी. के. गोस्वामी ने सलाहकार परिषद की बैठक से पहले, संकटाप्रसाद और के. डी. शर्मा से, विभिन्न मुद्दों पर बातचीत करली थी। यह बातचीत उन्होंने दो हिस्सों में की थी। पहली बार में दोनों सलाहकारों की राय जानी थी उन्होंने और दूसरी बार में उन्होंने सीधा-सा सौदा किया था। गोस्वामी ने संकटाप्रसाद से कह दिया था कि धानकांड के मामले में जांच समिति की रिपोर्ट तभी अस्वीकृत हो पाएगी जब वह पहाड़पुर कांड पर कुछ न बोलें। उधर के. डी. शर्मा की मुख्यसचिव ने बता दिया था कि पहाड़पुर कांड में पुलिस फोर्स को बचाने का सिर्फ एक उपाय था कि वह चुपचाप उनके न्यायिक जाँच के प्रस्ताव को मान लें और इंसपेक्टर हीरालाल और भैरवसिंह के तबादले के संकटाप्रसाद के आदेश पर विरोध न प्रकट करें। के. डी. शर्मा को डी. के. गोस्वामी ने धानकांड पर जाँच समिति की रिपोर्ट नामंजूर करने के सुझाव पर असहमति प्रकट करने से भी रोक दिया था। उसके बाद सलाहकार परिषद की बैठक में कुल बीस मिनट लगे थे, जिसमें चाय और बिस्कुट का दौर शामिल था। उस बीस मिनट में मुख्यसचिव ने करीब दस महत्त्वपूर्ण मामलों पर निर्णय-सिफारिश हासिल कर ली थी। उसके बाद मुख्यसचिव खुशफहमी की किन्हीं तरंगों में बह चले थे। अब उनको सिर्फ एक काम और करना था। वह काम था, बरुन हालदार और मांगलिक की गिरफ्तारी के आदेश को रद्द करना। आदेश चूँकि उनकी स्वीकृति से जारी हुआ था और गृहसचिव मोहन कौल ने चूँकि उस विषय में कुछ भी करने से मना कर दिया था, इसलिए यह आवश्यक था कि दोनों सलाहकारों की सहमति और राज्यपाल की स्वीकृति से आदेश रद्द किया जाय। बस इसी काम के लिए डी. के. गोस्वामी, कैबिनट रूम में, दोनों सलाहकारों को बारी-बारी से बातों में लगाए हुए बेसब्री के साथ मैलिसीडिन कांड की फाइल का इंतजार कर रहे थे। जिसे लेकर मालती शर्मा को आना था।

मालती शर्मा तो वहाँ कब की आ चुकी थीं। लेकिन उनकी समझ में नहीं आ रहा था वह मुख्य सचिव को फाइल चोरी चली जाने के विषय में कैसे बताएँ। कैबिनट रूम के बाहर खड़ी हुई मालती शर्मा को उस समय मोहन कौल का अभाव खल रहा था। जहाँ एक तरफ उनको मुन्ना बाबू के ऊपर पूरा विश्वास था, दूसरी तरफ उनको पता था, राज्यपाल के निर्देश के बारे में। मोहन कौल सचिवालय छोड़ने से पहले सारी बात मालती शर्मा को बता गये थे। फिर मुख्य सचिव ने अलग बुलाकर इनको इस बारे में, अपनी योजना बताकर ही फाइल लाने को कहा था। कैबिनट रूम में चाय का दूसरा दौर चल रहा था। मालती शर्मा उस समय मुन्ना बाबू के आने का इंतजार कर रही थीं। हैरत तो उनको इस बात पर हो रही थी कि मुन्नाबाबू नहीं आये थे। उन्होंने अपने चपरासी को दुबारा मुन्ना बाबू को ढूँढ़ने के लिए भेजा था। चपरासी को गये

हुए दस मिनट से ऊपर हो चुके थे। मालती शर्मा को मालूम था, चाय का दौर खत्म होते ही, मुख्यसचिव, कैबिनट रूम के अन्दर बुलायेंगे। वह असल में कैबिनट रूम के अन्दर अकेले नहीं, मुन्ना बाबू को लेकर जाना चाहती थीं, जिससे उनको अपने मुँह से, यह न कहना पड़े कि मैलिसीडिन कांड की फाइल चोरी चली गयी। बेनबोज रेस्त्रां का बैरा चाय के बर्तन उठाकर बाहर रख रहा था। यह देखकर मालती शर्मा बेदम होने लगीं। उन्हें डर लग रहा था। मुख्यसचिव वहाँ अकेले न थे, संकटाप्रसाद और के. डी. शर्मा थे वहाँ। वह सोच रही थीं, अन्त में उन्हें अकेले अन्दर न जाना पड़े। उस स्थिति से निपटने के लिए, वहाँ पर भूपति भी नहीं था। न ही तो वह उसकी मदद ले सकती थीं क्योंकि मुख्य रूप से मामला भूपति के विभाग का था। लेकिन भूपति तो उसी समय चला गया था, जब मोहन कौल ने राज्यपाल के निर्देश के बारे में उसे बताया था। भूपति का चला जाना ही उचित था। यह मालती शर्मा को मालूम था। क्योंकि भूपति अगर वहाँ मौजूद रहता तो उससे सम्भवतः कुछ न कुछ करने को कहा जाता। उधर भूपति स्वास्थ्य सचिव माधुरी साहा के निर्णय में भागीदार था। अब वह माधुरी साहा की पीठ के पीछे, बिना उनसे निर्देश लिए कुछ भी करना नहीं चाहता था। तभी कैबिनट रूम के अन्दर से घंटी बजायी गयी। मुख्यसचिव का चोबदार अन्दर गया। चोबदार ने लौटकर मालती शर्मा से मुख्यसचिव के पास जाने के लिए कहा। मालती शर्मा घबड़ायी हुई, विह्वल शेरनी की तरह, बार-बार मुड़ कर देखती जा रही थी। आखिर हारकर उन्होंने कैबिनट रूम के दरवाजे की मूठ पर हाथ रखा, बस तभी मुन्ना बाबू उनकी बगल आकर खड़े हो गये।

"यस, मिस शर्मा, फाइल दे दो मुझे··मुन्ना बाबू भी आ गये·· गुड।" मुख्यसचिव अब तक अपने को काफी हल्का महसूस कर रहे थे। उन्होंने एक तरह से मैदान मार लिया था।

"सर। फाइल··मुन्ना बाबू··सर।"

"देखता हूँ··फाइल नहीं है तुम्हारे पास··व्हाट्स द मैटर !"

"मैं बताता हूँ सर।" मुन्ना बाबू आगे बढ़ आये।

"अरे मुन्ना बाबू ! कैसे हो भई। तुम तो बूढ़े हो गये·· मैं कहता था न दूसरी शादी कर लो··नहीं माना तुमने··उसी का नतीजा है सब।" संकटाप्रसाद ने चुटकी ली थी।

"अब सर। आपको क्या बताऊँ··किस हाल में हूँ मैं।"

"क्यों सब ठीक तो है।"

"कहाँ ठीक है सर।"

"क्या बात है··अच्छा यहाँ नहीं··मिलना हमसे हाँ अआँ" संकटाप्रसाद

तपाक से कह गये थे।

"फाइल कहाँ है मुन्ना बाबू सलाहकार साहब रुके हुए हैं उसी फाइल के लिए।"

"सर। वह फाइल मैलिसीडिन कांड की फाइल चोरी हो गयी।"

"क्या व्हाट डू यू मीन।"

"फाइल की चोरी सर।"

"चोरी सचिवालय में वह भी फाइल की।" के. डी. शर्मा कुर्सी में सीधे होकर बैठ गये।

'जी हाँ।"

"यह जरूर उस ईडियट हालदार का काम होगा या फिर प्रेस।" मुख्य सचिव ने कहा।

"प्रेस। नो-नो प्रेस डू नाट कंमिट थेफ्ट।" संकटाप्रसाद ने फैसला किया।

"प्रेस नीड्स ओनली डीटेल्स।" के. डी. शर्मा पहली बार संकटाप्रसाद की बात का समर्थन कर रहे थे। कुछ सलाहकार परिषद की बैठक ने, और कुछ उस सिलसिले में मुख्यसचिव के लेनदेन ने, उनके मन के मैल को काफी हद तक कम कर दिया था। उस दिन के. डी. शर्मा खुलकर बात कर रहे थे, संकटाप्रसाद के साथ।

"यस लेकिन मुन्ना बाबू फाइल थी कहाँ।" मुख्यसचिव ने पूछा।

"अपनी मेज पर फाइल रखकर बस थोड़ी देर के लिए"

"आप घूमने गये थे।" के. डी. शर्मा ने ताना दिया।

"घूमने नहीं सर। हमारे अनुभाग का टाइपराइटर खराब है गिरफ्तारी के आदेश टाइप करके जब मैं लौटा फाइल वहाँ नहीं थी।"

"गोस्वामी तुम्हें याद है राज्यपाल के सामने मोहन कौल ने क्या सब कहा था।" के. डी. साहब की भौंहें चढ़ने लगीं।

"हाँ सर।"

"अब फाइल खो गयी"

"खो नहीं गयी के. डी. चोरी चली गयी तुम पुलिस के आदमी हो चोरी तो मानोगे नहीं।" संकटाप्रसाद हँस रहे थे।

"खो जाने और चोरी चले जाने के बीच बड़ी महीन-सी लकीर होती है। एस. पी तुम तो थे नहीं वहाँ राज्यपाल के सामने जिस हिकारत का परिचय दिया था, मोहन कौल ने, उसके बाद फाइल का चोरी चले जाना लाजमी था प्रोमिटेरियर सेम्पेथी नथिंग एल्स क्यों मुन्ना बाबू।"

"मैं तो राज्यपाल के कमरे में था नहीं।"

"यू मीन तुम्हें कुछ नहीं पता इज इट सो सिम्पल इतने महत्त्वपूर्ण केस

की फाइल जिसकी बिना पर भारत सुरक्षा कानून के तहत गिरफ्तारियाँ होने जा रही हैं...

"यू मीन...यू आर सो रेकेलेस...मेरे खयाल से ऐसे लोग सचिवालय में रहने के काबिल नहीं होते...गोस्वामी ही शुड वी डिसमिस्ड...कल अगर कोर्ट में फाइल माँगी जाय तो शासन क्या जवाब देगा...फाइल चोरी चली गयी...पूरा देश हँसेगा तुम्हारे ऊपर ! फाइल भी कोई घड़ी है...जेवर...कहना है जो चोरी चला जायेगा ...डोन्ट मेक अस ए लाफिंग स्टोक गोस्वामी...दिस आर इज डेलीब्रेट...वेल प्लेन्ड ...हैण्ड ओवर दिस केस टु पुलिस...यू विल गेट द फाइल...सेमलेस...हिसगस्टिंग हारीबुल।" के. डी. शर्मा गरज रहे थे। न जाने क्यों एकाएक चोरी के नाम से उनके अन्दर क्रोध का सागर उमड़ आया था। "सच कहो मुन्ना बाबू कितने पैसे में फाइल दे दी या कितनी बोतल शराब मिली तुम्हें। हमेशा तुम्हारे मुँह से शराब की बू आती है...उस समय पी रखी थी न।"

मुन्ना बाबू काफी देर से चुप खड़े थे। वैसे वह यहाँ कभी नहीं आते। बाछिल मामा के छुरा भोंक दिया गया था। वह अस्पताल में जीवन की अन्तिम साँसें गिन रहे थे। लेकिन इस फाइल का खो जाना, उनके लिए जैसे उनके हाथ से आराध्य देव की मूर्ति का गिर जाना था। उनकी आत्मा बार-बार उनको धिक्कार रही थी। इतने दिन इज्जत से गुजर गये थे अब अन्त में आकर यह कलंक भोगना पड़ेगा। मुन्ना बाबू के लिए यह मर जाने जैसी बात थी। इसीलिए अपनी जान से ज्यादा प्यारे बाछिल मामा को उस हालत में छोड़कर वह कैबिनट रूम में आ गये थे। दूसरे फाइल खोने के बाद उनको लगा था सचिवालय प्रशासन को बताना उनका कर्तव्य था। यह कोई मामूली बात नहीं थी। भारत सुरक्षा कानून के तहत की गयी गिरफ्तारियों का मामला था। उसकी एक निश्चित विधि थी प्रेस...पूरा देश हँसेगा...सचिवालय के ऊपर...गिरफ्तार किये हुए लोग छूट जायेंगे वह अलग...लेकिन के. डी. शर्मा की बात...पैसे ले लेने की बात ...तड़ाक से सनसनाती हुई छड़ी की तरह उनके सीने पर लगी थी।

मुन्ना बाबू का जी भरा हुआ था...दोपहर से अभी तक उन्होंने पानी तक नहीं पिया था। ऊपर से बाछिल मामा का हादसा उनके अन्दर सुलगते हुए नफरत के सैलाब की तरह फैल गया था। मुन्ना बाबू का रोम-रोम जल उठा। उनकी आँखों से चिन्गारियाँ फूटने लगीं। एक बार उनका मन हुआ वह के. डी. शर्मा को गरदन पकड़कर टीप दें। फिर दूसरे क्षण उन्होंने अपने ऊपर काबू पा लिया।

"और कोई समय होता तब के. डी. साब मैं आपकी बात का जरा ठीक से जवाब देता...कितने पैसे लिए हैं मैंने...शराब की कितनी बोतल मिलीं मुझे ...शर्म नहीं आयी आपको यह सब कहते हुए...क्या यही है वह मर्यादा जिसके

ऊपर आप सचिवालय में शासन की बुनियाद मजबूत करने आये हैं क्या यही अपेक्षा करते हैं आप अपने स्टाफ से रही फाइल की बात फाइल कैसे खो गयी उठा ली गयी चोरी चली गयी वह आपको कैसे मालूम हो सकता है आप तो बन्द कमरे में दिल और दिमाग की खिड़कियाँ बन्द करके शासन करते हैं न वर्ना आपको मालूम होता फाइल कैसे चोरी चली गयी नहीं जानते न आप, कैसे जानते आप कभी आपने अपने गरेबान में झाँककर देखा है क्या आपको पता है, सचिवालय के पास आफिस से चौबीस अस्थायी कार्ड पास कहाँ गये कौन हैं वह लोग जो उन चौबीस पास पर सचिवालय के अन्दर बेधड़क होकर घूमते हैं दिनभर चक्कर लगाते हैं क्या आपको पता है अभी आज शाम को ठीक सचिवालय के बाहर बाछिल मामा के पेट में छुरा भोंका गया कौन हैं वह लोग जिन्होंने बाछिल मामा को छुरा भोंका है क्या आपको पता है कि सचिवालय को जगनमहराज के तिलंगों ने कितने दिनों से घेर रखा है कौन हैं वह लोग जो सचिवालय के चारों तरफ बन्दूक, तमंचा, पिस्तौल, रिवाल्वर, आँसूगैस, फायरबाम्ब और छुरा लेकर घूमते हैं क्या आपको पता है घनानन्द बिठोरिया और बरुन हालदार ने सचिवालय के कितने अफसरों को खरीद रखा है सचिवालय में सुरक्षा कहाँ है पूछिए एस. पी. साहब से इन्होंने किसी सचिव के पास एक अत्यन्त गोपनीय पत्र भेजा था क्या हुआ था वह पत्र सब लोग संकटा प्रसाद की तरफ देखने लगे। संकटाप्रसाद ने सिर झुका लिया।'' मैं क्या बताऊँ फाइल कहाँ गयी रही बात सर्वहारा सहानुभूति की वह है और रहेगी लेकिन यह सचिवालय, अपना कर्तव्य हमें बहुत प्यारा है उसे कोई खरीद नहीं सकता मैं शराब पीता हूँ शराब की बू आती है मेरे मुँह से लेकिन मैं देख रहा हूँ आप सबके दामन पर देख रहा हूँ बाछिल मामा के खून के धब्बे। मुझे तो आपके करीब से आपसे लगा हुआ, आपसे सटा हुआ वह आदमी दिख रहा है जिसने बाछिल मामा को छुरा भोंका है फाइल खोयी नहीं है चोरी की गयी है इन दोनों स्थितियों में फर्क है मुन्ना बाबू तीर की तरह, कमरे से बाहर निकल गये।